Pamela Ball

Was TRÄUME verraten

Lexikon der Traumsymbole

NEUER HONOS VERLAG

Gesamtherstellung: NEUER HONOS VERLAG, Köln
Titelmotiv: Imagine

Vorwort

Vergangene Nacht hatten Sie einen interessanten Traum, und Sie möchten gerne mehr darüber wissen? Dann greifen Sie zu Stift und Papier, bevor Sie ihn wieder vergessen. Schlagen Sie dieses Buch auf Seite 103 auf und notieren Sie Ihren Traum nach dem vorgegebenen Beispiel. Haben Sie den Traum erst festgehalten, dann steht seiner Deutung nichts mehr im Wege.

Sind Sie nur an den wesentlichen Elementen und einem ersten Eindruck interessiert, dann schlagen Sie die Erklärungen einiger Symbole im „A-Z"-Teil nach, und gewinnen Sie Einblicke in einzelne Aspekte des Traums.

Möchten Sie allerdings etwas tiefer schürfen und den gesamten Traum ausführlicher untersuchen, dann können Ihnen die Schlüsselbegriffe in den Listen zu grundlegenden Bereichen (siehe S. 131 ff.) weiterhelfen. Sehen Sie sich als Anleitung vielleicht auch die Deutungen der Traumbeispiele auf S. 110 ff. an.

Möchten Sie noch weiter gehen, dann bestünde der nächste Schritt zur Erforschung Ihrer Traumwelt im Anlegen eines Traumtagebuchs, in das Sie Ihre Träume regelmäßig eintragen. Hierzu gibt es verschiedene Möglichkeiten (siehe S. 101 ff. und 126 f.). Mit Hilfe dieses Tagebuchs können Sie ebenfalls sogenannte „Traumserien" untersuchen, d. h. Träume, die in leicht abgewandelter Form immer wieder um ein bestimmtes Thema kreisen.

Ab hier sind der weiteren Traumarbeit keine Grenzen gesetzt. Sie können üben, Ihre Träume besser zu erinnern. Sie können sogar lernen, Ihre Träume zu lenken und sie dadurch kreativ für Ihr waches Leben zu nutzen (siehe S. 89 ff., 98 ff. und 127 ff.): Zum Beispiel können Sie erlernen, in Fortsetzungen zu träumen, um ein bestimmtes Problem, dass sich in Ihren Träumen zeigt, besser zu bewältigen. Oder Sie können „auf Wunsch" träumen und Ihr Unterbewusstsein um Ratschläge für ein weiteres Vorgehen in einer bestimmten Angelegenheit bitten. Sie können außerdem ganz allgemein Ihre Traumfähigkeit erhöhen, farbiger und intensiver träumen.

Hierbei handelt es sich jedoch nicht um ein vorgeschriebenes Programm, sondern um *Möglichkeiten*, die Ihnen offen stehen. Es bleibt ganz Ihnen selbst überlassen, wie intensiv Sie die Traumdeutung betreiben möchten.

Ihren Träumen kommt in Ihrem Leben eine Schlüsselfunktion zu: Ihre täglichen Erfahrungen, Erlebnisse und Gefühle werden darin verarbeitet. Indem Sie sich mit Ihrer Traumwelt bewusst auseinander setzen, können Sie sich selbst besser verstehen, Ihr Leben eher bewältigen, Ihre Probleme leichter lösen und Ihr schöpferisches Potenzial besser nutzen, um Ihre Wünsche zu verwirklichen.

Ein wesentlicher Aspekt der Traumdeutung, der nicht außer Acht gelassen werden sollte, ist, dass nur Sie selbst in der Lage sind, Ihre Träume wirklich umfassend zu deuten, denn nur Ihr eigenes Bewusstsein ist im Besitz aller Informationen und Erinnerungen, aus denen sich Ihre Träume bilden. Keinem Außenstehenden, und sei er in der Traumdeutung noch so erfahren, ist dies in gleichem Maße möglich. Nutzen Sie also den Vorteil dieses Wissens, und lernen Sie Ihre eigene Persönlichkeit durch die Deutung Ihrer Träume besser kennen.

Das vorliegende Buch besteht im Wesentlichen aus zwei Teilen: Der erste Teil bietet umfassendes Hintergrundwissen zum Thema „Traumdeutung“, während der zweite, längere Teil aus den Erläuterungen der verschiedenen Bilder besteht, also dem Lexikon der Traumsymbole von A–Z.

Im ersten Teil finden Sie zu Beginn einen informativen Überblick über die Geschichte der Traumdeutung, der ihre wichtigsten Strömungen und Methoden erfasst (Die klassischen Traumdeuter).

Als nächstes folgt ein Kapitel (Schlafen und Träumen), das sich mit dem Phänomen des Schlafs und der Schlafstörungen auseinander setzt und Ratschläge gibt, die einen gesunden Schlaf und das Träumen fördern.

Der nächste Abschnitt (Grundlagen der Traumdeutung) befasst sich eingehender mit den verschiedenen Arten von Träumen und erklärt klassische Archetypen der Traumdeutung (z. B. den Schatten oder den Animus). Auch auf unterschiedliche Methoden praktischer Traumdeutung, wie Gespräch, freie Assoziation oder Dramatisierung, wird an dieser Stelle eingegangen.

Das Kapitel „Anleitung zum kreativen Träumen“ enthält ausführliche Erläuterungen zur schöpferischen Nutzung des Traumzustands. Verschiedene Techniken zur Entspannung, Meditation und Visualisierung sollen Ihnen helfen, Ihre Traumwahrnehmung und Ihr Bewusstsein zu erweitern, um Ihnen eine kreative Traumarbeit zu ermöglichen. Diverse Anregungen zum Führen eines Traumtagebuchs und Vorschläge für mögliche Traumprojekte ergänzen das Bild. Anhand von Traumbeispielen und deren Deutungen wird die praktische Anwendung der zuvor erläuterten Theorien veranschaulicht und leicht nachvollziehbar gemacht.

Wenn wir träumen, zapfen wir ein ungeheures Reservoir an Erinnerungen, Erfahrungen, Wahrnehmungen und kulturellen Vorstellungen an und kombinieren die einzelnen Elemente zu neuen Ideen. Träume bieten daher Problemlösungen an, die auf bewusstem Wege scheinbar nicht gewonnen werden können. Während wir träumen, werden die Grenzen, die unser Bewusstsein den Denkprozessen auferlegt, aufgehoben, und der Geist kann nach Belieben umherschweifen und willkürlich Bilder zusammenstellen, die seinen eigenen Zwecken dienen. Je mehr wir diese Schatztruhe erforschen, umso subtiler und interessanter werden die Erklärungen. Je einfacher, leichter und relevanter diese Erklärungen sind, umso eher können wir das gewonnene Wissen für unsere Ziele nutzen. Träume müssen oft aus unterschiedlichen Blickwinkeln interpretiert werden, damit man sie voll und ganz verstehen kann. Die Traumdeutung kann daher nie eine exakte Wissenschaft sein und muss stets das Selbstverständnis des Träumers mit einbeziehen.

Die wesentlichen Aspekte der Traumdeutung sind folgende:

- Unser unbewusstes Ich besitzt Informationen, die es oder wir als Teil unseres bewussten Wissens benötigen, und darum wird der Traum behalten.
- Informationen werden oft in kodierter Form angeboten, also in Symbolen, und nicht in ihrer ursprünglichen Gestalt.
- Träume betonen häufig Aspekte unserer Persönlichkeit, mit denen wir uns nicht unbedingt beschäftigen möchten, wie z. B. Sexualität und Spiritualität.
- Das träumende Ich besitzt einen gigantischen Bestand an Informationen, an dem es sich schöpferisch austoben kann.

Nutzen Sie die Möglichkeiten, die Ihre Traumwelt Ihnen bietet: Wagen Sie einen Versuch mit praktischer Traumarbeit, und gewinnen Sie erstaunliche Einblicke in Ihr Unterbewusstsein und Ihre Persönlichkeit. Sie werden feststellen, dass Ihre schöpferischen Fähigkeiten im Bereich der Träume Ihr waches Leben in vielerlei Hinsicht enorm bereichern können.

Die klassischen Traumdeuter

Die Auslegung von Träumen war von jeher ein wesentlicher Bestandteil des menschlichen Lebens. Zu Beginn dieses Jahrhunderts bemerkte ein Schriftsteller: „Der Nachdruck, mit dem die großen Denker jedes einzelnen Jahrhunderts den Stellenwert von Träumen jeweils bejahen oder verneinen, steht in direktem Verhältnis zum Grad der spirituellen oder geistigen Aufklärung der betreffenden Zeit." Fairerweise muss man dazu sagen, dass im vorhergehenden Jahrhundert die Traumdeutung tief gesunken war und als Gesellschaftsspiel gepflegt wurde; erst als der Pariser Arzt Dr. Charcot den Grenzbereich zwischen Körper und Geist zu untersuchen begann, gewann der unterbewusste Teil des Ichs entschieden an Bedeutung. Charcot leistete Pionierarbeit im Bereich der Hypnose, von daher waren Träume für ihn ein nützliches Werkzeug zur Diagnose von Nervenkrankheiten. Seine Theorien sind mittlerweile zwar größtenteils widerlegt, doch er war der Erste, der sich mit wissenschaftlichen Mitteln auf die Suche nach einem besseren Verständnis des Unbewussten begab, und bleibt damit ein Vorreiter der Traumanalyse. Es heißt, dass Sigmund Freud einst sein Schüler war – auf ihn und seine Zeitgenossen wird im weiteren Verlauf noch ausführlicher eingegangen.

Bereits 25 v. Chr. bezeichnete Philon in seinem „Buch der Riesen und des bürgerlichen Lebens" Abraham als den Urvater aller Traumdeuter. Bis zu diesem Zeitpunkt hatte man Träume lediglich als Botschaften oder Aufträge der Götter verstanden – in der Tat waren die Chaldäer die ersten, die diese Art der Traumdeutung meisterhaft beherrschten und sowohl ägyptisches wie auch assyrisches Gedankengut stark beeinflussten. Die Ägypter glaubten, dass die Götter sich ihnen in Träumen offenbarten und religiöse Pflichterfüllung verlangten, während die Assyrer Träume als Omen betrachteten – meist wurden Träume als Ratschläge verstanden, Albträume erforderten allerdings ausdrücklich, dass man weitere Schritte unternahm.

Um Christi Geburt hatten die menschlichen Seelen offenbar ihren Bezug zum spirituellen Reich verloren, und Träume wurden zu Geschehnissen im Leben eines Individuums reduziert; sie waren nunmehr lediglich Warnungen und Ahnungen, die aus dem Inneren des Menschen kamen.

Diese Veränderungen ereigneten sich jedoch nur in der „Alten Welt“ und nicht in den „barbarischen“ Ländern des Nordens. Hier herrschten nach wie vor die alten Gottheiten und für die Druiden, wie auch für andere Religionen, bildeten Träume noch immer einen wesentlichen Teil der Gottesverehrung. In der altnordischen Region bezeichnete man Prophetinnen als Wollen und Kriegsjungfern als Walküren – die kriegerischen Könige jener Zeit wären nie in die Schlacht gezogen, ohne bei beiden Rat einzuholen; die Walküren wichen selbst während des Kampfes nicht von der Seite des Herrschers. Man gewinnt fast den Eindruck, als hätte man damals im Norden lebhaftere Träume und Visionen als im Süden gehabt.

In frühchristlicher Zeit wurde die Traumdeutung durch Plotin aufrechterhalten, der Heilige wie Basilius, Klemens und Gregor stark beeinflusste. Selbst Anselm und Hugo von Lothringen befürworteten noch seine Schriften. Die Unterdrückung der heidnischen Religionen und die Zwangsbekehrung zum Christentum bewog viele Mystiker und Traumdeuter, nach Arabien und Afrika auszuwandern, wo sie bald dem Schrecken der Kreuzzüge begegneten. Die Kreuzzüge hatten und haben in der Tat noch immer große Auswirkungen auf Träume und Traumdeutung; ihr blutrünstiges Wesen hat bis auf den heutigen Tag Albträume mit ausreichendem Stoff versorgt. Die Hölle der Schlachtfelder sollte die Beteiligten und diejenigen, denen sie davon berichteten, noch über viele Generationen nicht loslassen – selbst die Geschichte der Vampire lässt sich zurückverfolgen zu Geschehnissen während der Kämpfe gegen die Sarazenen. Diese Art von Ereignissen wurden später ein Teil dessen, was Jung (siehe unten) als das Kollektive Unbewusste bezeichnete. Mythen und Märchen lieferten jederzeit reichhaltiges Material, das in Traumbilder einfloss, und umgekehrt. Kunst und Kreativität aller erdenklichen Richtungen haben von Traumbildern gezehrt. In Stein gehauene Fabelwesen erschienen wahrscheinlich zu allererst in Träumen, um die Aufmerksamkeit des Träumers auf bestimmte Eigenschaften oder Furcht erregende Naturgewalten zu lenken. Im Hinblick auf die Archetypen gibt es viele mögliche Kombinationen aus dem Bereich des Fantastischen und Grotesken, die den kreativen Fähigkeiten des Träumers ein unbegrenztes Potenzial zur Verfügung stellen könnten. In den altnordischen Sagen der Edda-Schriften sind immer wieder Träume beschrieben, die die Gefühle der ruhelosen und kampflustigen Skandinavier offenbaren. Ihre symbolischen Traumbilder – Schutzgeister, Götter und Trolle – sind nicht nur vergleichbar mit dem Traumleben heidnischer Kulturen, sondern auch mit Beispielen, die so weit entfernt waren wie etwa Griechenland, Mesopotamien oder mohammedanische Traumkulte.

Artemidorus

Es ist wohl schade, dass heute die Arbeiten des Artemidorus (der im 4. Jahrhundert n. Chr. mit Träumen arbeitete) lediglich in der Übersetzung seiner Originalschriften erhalten sind, denn schließlich verdanken wir ihm einen Großteil unseres Deutungsmaterials. Auch er folgte den traditionellen babylonischen und griechischen Methoden der Deutung und spricht von „kosmischen" Träumen, die den „großen" Träumen des Elgonjistammes ähnlich sind, von denen C. G. Jung später wusste. Dies waren Träume, die von Gott gesandt waren und von denen es zwei Arten gab: Die „oracula", also sprachliche Botschaften, und die „visio", die aus Bildern bestanden. Der professionelle Traumdeuter vom Schlage des Artemidorus hatte mit dieser Art von Träumen wenig zu tun, denn sie gehörten in den Bereich der Priester und Seher. Und selbst sie mussten erst eine ganze Reihe von Vorbereitungen wie rituelle Waschungen und Gebete treffen, um überhaupt würdig zu sein, diese Informationen zu empfangen. Diese strikte Disziplin bedeutete, dass die empfangenen Träume bedenkenlos geglaubt werden konnten und von den Träumern selbst gedeutet wurden.

Artemidorus' Methode der Traumdeutung für die Massen war vielen suspekt, gerade weil sie so vernünftig war. Ihr fehlte jeder Mystizismus und Aberglaube. Artemidorus arbeitete auf eine logische und nicht etwa irgendeine pseudowissenschaftliche Weise. Seine Deutung basierte auf Erfahrung, denn er war der Ansicht: „Die wildesten Exzesse der Leichtgläubigkeit entstehen nicht daraus, dass man die Erfahrung ignoriert, sondern dass man ablehnt, diese zu korrigieren." Für ihn stellte der Traum eine Bewegung der Seele dar, die Bilder schuf, die anschließend vom Verstand interpretiert wurden. Er glaubte ebenfalls, dass sich im Schlaf die Seele auf zwei Arten bewegen konnte, entweder in Übereinstimmung mit dem Höchsten oder durch eigene Kraft.

Viele der Ideen, die im Altertum Gültigkeit besaßen, gibt es auch heute noch. Weil z. B. die rechte Seite des Körpers im Allgemeinen stärker und entwickelter war als die linke, wurde erstere als die männliche bezeichnet, und letztere als die weibliche. Die Astrologie griff diese Vorstellung auf, indem sie die Sonne dem rechten Auge zuordnete, und den Mond dem linken. Rechts zugeordnete Vorhersagen galten als gut, linke als schlecht. (Viele Hellseher verwenden heute noch dieses System, obwohl für manche von uns inzwischen die rechte Seite die Logik verkörpert und die linke die Intuition.) Die Medizin nutzte diese Überzeugung, um das Geschlecht des Nachwuchses vorherzusagen, und Äskulap, der Gott der Heilkunde, spendet Kraft über seine rechte Hand.

Artemidorus' traumdeuterische Arbeit führte zur Abfassung von fünf Bänden und geht ursprünglich vermutlich auf babylonische und byzantinische Quellen zurück. Viele seiner Überzeugungen und Klassifizierungen lebten im Christentum weiter, und einige seiner Deutungen finden sich noch in älteren Traumlexika. Wir sind heute zu einem persönlicheren psychologischen Ansatz übergegangen und haben bis vor gar nicht langer Zeit eigentlich nicht dazu geneigt, Träume aus einem philosophischen Blickwinkel zu betrachten. Erst im 19. Jahrhundert machte die Traumdeutung einen weiteren Schritt nach vorn.

Freud

Sigmund Freud (1856-1939) bezeichnete man häufig als „Entdecker" des Unbewussten, obwohl viele bereits vor ihm Theorien über die Komplexität einer Bewusstheit aufgestellt hatten, die unterhalb der Ebene des Bewusstseins zu liegen schien.

Freud war jedoch möglicherweise der erste Psychologe, der dieser Schicht der Bewusstheit, die er das Unbewusste nannte, eine vorrangige Stellung einräumte. Für ihn bedeutete ein Verständnis dieser Ebene vor allem, dass der Psychoanalytiker Zugang erhielt zu den verzerrten Vorstellungen und Spannungen, die seinen Patienten Probleme verursachten. Laut Freud sind Träume als Produkte dieser verborgenen Schicht von allergrößter Wichtigkeit. Er stellte fest, dass die Deutung von Träumen die „via regia“ zu einer Kenntnis der unbewussten Aktivitäten des Geistes sei.

Im Hinblick auf die moderne Psychologie war er der erste, der eine systematische Beschreibung der Arbeitsweise des Geistes vornahm und eine wissenschaftliche Methode entwarf, um die Produkte des Unbewussten in eine Sprache zu übersetzen, die auch für den Laien verständlich war. Freuds Auffassung der Traumdeutung und seine Entwicklung der „freien Assoziation“ aus der Hypnose entwickelten sich zu Meilensteinen der Psychoanalyse. Es sollte betont werden, dass Freud der Ansicht war, dass nur ein erfahrener Arzt in der Lage sei, Träume auf eine therapeutische Weise zu interpretieren, da der Geist des Patienten verschleiern würde, was sich unter der Oberfläche abspielte.

Wenn wir voraussetzen, dass wir jede einzelne Erfahrung, die wir je gemacht haben, behalten und auf irgendeine Weise absorbieren, dann muss der Geist einen Weg gefunden haben, die verschiedenen Ereignisse, die uns widerfahren, miteinander zu verknüpfen. Erinnerungen halten sich nicht ständig im Vordergrund der Gedanken auf, sondern können durch bestimmte Assoziationen wachgerufen werden. Zum Beispiel kann ein bestimmtes Musikstück uns daran erinnern, was wir taten, als wir es zum ersten Mal hörten, mit welchen Menschen wir zusammen waren, dass ein bestimmter Duft den Raum erfüllte usw. Es ist vergleichbar mit einer sorgfältig aufgebauten Reihe von Dominosteinen – wenn man einen davon anstößt, fallen durch eine Kettenreaktion alle anderen mit um.

Der Prozess des Erinnerns ist eine alltägliche Erfahrung, die uns regelmäßig ins Gedächtnis ruft, dass es einen Teil in uns gibt, der unabhängig vom Bewussten arbeitet. Zum Beispiel kann ein plötzlicher Geruch, Geschmack oder Klang in der Gegenwart uns an lang vergessene Situationen aus der Vergangenheit erinnern. Dies zeigt, dass wir sehr viel mehr unserer Erfahrungen im Gedächtnis bewahren, als uns bewusst ist. Es ist sogar möglich, dass wir alles, was sich je ereignet hat, verinnerlichen, ohne dass wir dies erkennen.

Es ist offensichtlich, dass wir uns nicht permanent aller unserer Erfahrungen bewusst sein können – unser innerer „Computer" würde dadurch erheblich überlastet. Darum muss es einen Weg geben, die Informationen zu speichern. In moderner Terminologie bedeutete dies die einzelnen „Verzeichnisse", die ähnliche Inhalte verwalten. Dieses Modell zeigt, dass Ideen und Vorstellungen tatsächlich verknüpft werden können, und wenn wir uns an etwas erinnern möchten, so können wir dies über die Assoziation erreichen.

Freud vertrat die Ansicht, dass es durch die freie Assoziation – d. h. alle Assoziationen, die für den Patienten eine Bedeutung besaßen, ganz gleich wie trivial diese auch sein mochten – möglich sei, die verborgene Bedeutung der Träume zu enthüllen. Es sollte an dieser Stelle jedoch nicht vergessen werden, dass Freud von Hause aus Psychoanalytiker war und versuchte, die entstellten Persönlichkeitsbilder seiner Patienten zu verstehen. Er verwandte die Traumdeutung als Werkzeug und praktizierte sie nicht um ihrer selbst willen. Daher basieren viele der von ihm untersuchten Träume auf therapeutischen Sitzungen seiner Patienten.

Freud behauptete, dass wir fähig sind zu vergessen, weil wir uns nicht erinnern wollen, und dass auch dieses verborgene Material gefunden werden muss. Es scheint also, als bestünden wir aus zwei getrennten Teilen – dem, der die Erinnerungen aufbewahrt, und dem, der entscheidet, ob wir uns an sie erinnern oder sie vergessen sollen. Die Freud'sche Bedeutung des „Unbewussten" definiert es als den Teil von uns, der sich nicht erinnert, weil wir es ihm nicht gestatten.

Freud glaubte, dass Träume Bedeutungsträger sind, dass sie jedoch in die Sprache des wachen Bewusstseins übersetzt werden müssten, damit wir verstehen, wie Vorstellungen und Ideen im Geist des Träumers zusammenpassen und auf welche Weise sie das Verhalten beeinflussen. Von der Voraussetzung ausgehend, dass alle Träume die Erfüllung eines Wunsches darstellen, muss die Traumdeutung selbst nach der Entschlüsselung noch deutlich machen, welche Wünsche es denn nun sind, die unterdrückt werden. Der erwachsene Geist wird langjährige Übung darin haben, den unbewussten Wunsch zu entstellen, und wird aufgrund dessen kompetente Hilfe benötigen, um ihn letztendlich auszudrücken. Nach Freuds Meinung können Träume unbewussten Trieben nur indirekt Ausdruck verleihen und müssen gedeutet werden, um einen direkten Ausdruck zu gewinnen.

Gemäß Freud gibt es vier Elemente der Traumdeutung:

Den manifesten Trauminhalt, eine grobe Beschreibung des Traums durch den Träumer, bevor irgendein Versuch unternommen wird, mit dem Traummaterial zu arbeiten.

Die Tagesreste, d. h. die Bilder, die mit den Erfahrungen des vorhergehenden Tages verbunden sind.

Den latenten Trauminhalt, der den eigentlichen Zweck des Traumes verkörpert, nämlich eine verständliche Assoziation unbewusster Gedanken, die oft mehrere verborgene Wünsche oder Sehnsüchte offenbart.

Die Traumarbeit beschreibt die Prozesse, die in Bezug auf den verborgenen Inhalt und die Tageserlebnisse verwendet werden, und durch die der Geist zum offenkundigen Traum gelangte.

Diese Vorgehensweise liefert dem Träumer ein Gerüst, mit dem er arbeiten kann, um die verborgenen Aspekte der Art und Weise zu enthüllen, wie die Persönlichkeit hilfreiche Einsichten und Bewusstheit verhindert hat.

Freud identifizierte vier Mechanismen, die der Geist in Träumen verwendet, um die Realität zu verfälschen:
Verdichtung Dies bedeutet, dass ein einziges Bild mehr als eine Idee symbolisiert. Nur über die richtigen Assoziationen können diese Ideen offenbart werden.
Verschiebung Manchmal kann man sich mit einer wichtigen oder bedeutungsvollen Idee nicht befassen, weil sie übermächtig ist. Der Geist greift dann zurück auf seine Fähigkeit, einen weniger gefühlsbetonten Sachverhalt, der auf irgendeine Weise mit der schwierigen Idee verbunden ist, an ihrer Stelle zu präsentieren.
Darstellbarkeit Traumbilder werden oft als Symbole für bestimmte Dinge dargestellt, wobei durch den Einsatz von Metaphern und Redensarten Bilder geformt werden.
Sekundäre Bearbeitung Die Einzelheiten eines Traums können vom Träumer geändert werden, damit der Traum selbst einen Sinn ergibt. Dies geschieht meist der Logik des Träumers entsprechend, und nicht etwa dem intuitiven Prozess.

Traumsymbole besaßen für Freud nur dann Gültigkeit, wenn der Träumer keine echte Assoziation dazu finden konnte. Wenn daher im Traum eine Pistole auftauchte, wurde zuerst nach einer Assoziation mit einer Pistole gesucht, bevor man annahm, dass sie männliche Aggression symbolisiert. Diese Arbeitsmethode barg allerdings das Problem, dass zu Freuds Zeiten die meisten Angelegenheiten in dieser Weise auf reine Sexualsymbolik reduziert werden konnten und sowohl den Psychoanalytiker als auch den Träumer mit der gleichen uninteressanten Deutung zurückließen.

Laut Freud hatte die Traumdeutung für das Leben, das der Träumer führte, relevant zu sein. Er hätte die Gültigkeit eines Traumlexikons nicht akzeptiert, da jede Deutung nur spezifisch für den jeweiligen Patienten war. Er fand jedoch gewisse allgemeine Symbole, die zu der Annahme führten, dass er in erster Linie vor allem an der Sexualität und sexuellen Belangen interessiert war. Alle Behältnisse oder hohlen Objekte, Eingänge und Früchte verkörperten in seinen Augen die weiblichen Sexualorgane, während alles, was eindrang, wuchs oder eine Flüssigkeit absonderte, den Phallus symbolisierte. Das Haus stand für den menschlichen Körper, und eine Reise signalisierte den Tod.

Nicht jeder wird Freuds Deutungen zustimmen, und es ist Sache des Träumers, zu entscheiden, ob seine Träume gemäß Freud'schen Theorien interpretiert werden können.

Carl G. Jung

Fantasien des Unbewussten

Laut Jung war das Unbewusste kein Wesen, sondern nur ein Begriff, über dessen metaphysische Essenz wir uns keine Vorstellung erlauben sollten. Mit anderen Worten, das Unbewusste ist kein Ding, das man in Zahlen ausdrücken kann. Jung stellte fest, dass man nichts über das Potenzial des Unbewussten behaupten oder bestreiten könne.

Erst im Laufe der Zeit hat das moderne Denken zu der Einsicht geführt, dass das Unbewusste eine Art Bildarchiv ist – das sowohl archetypische wie auch andere Bilder enthält – allerdings in Verbindung mit dem möglicherweise irrigen Glauben, dass dieses Archiv in irgendeiner Weise begrenzt ist. Wenn wir erkennen, dass das Unbewusste tatsächlich grenzenlos, aber doch für uns zugänglich ist, erhalten die Träume ihren angemessenen Platz in der Bewusstseinshierarchie, als ein Medium, das uns einen Zugriff auf diese unerschöpfliche Informationsquelle ermöglicht.

Zu Anfang war Jung mit Freud einer Meinung, dass unbewusste Fantasien für die psychoanalytischen Techniken nützlich seien, und dass die Parallelen zwischen den unbewussten Fantasien durch psychoanalytische Methoden und die Erforschung mythologischer Vorstellungen ans Licht gebracht würden. Jung stellte fest, dass die moderne Psychologie den klaren Vorteil habe, einen Bereich psychischer Phänomene zu eröffnen, die selbst die Matrix aller Mythen seien – nämlich Traumvisionen, Fantasien und Wahnvorstellungen.

Unser Gedankenmuster ergibt sich normalerweise aus dem in unseren Erinnerungen enthaltenen Material und stellt einen Kontrollmechanismus unseres eigenen, einzigartigen, unbewussten psychoanalytischen Prozesses dar. Jung glaubte allerdings, dass Träume in das Bewusstsein als ein komplexes Gebilde eintreten, das Elemente vereinigt, deren Verbindung untereinander nicht ohne weiteres erkennbar ist. Sie sind ebenfalls eines der deutlichsten Beispiele für psychische Inhalte, deren Zusammensetzung sich dem unmittelbaren Verständnis entzieht. Jung ging damals davon aus, dass Träume der Schlüssel zur Bildung von Neurosen seien, und erkannte erst später, dass Träume innerhalb der Entwicklung des spirituellen Ichs ihre Gültigkeit haben. Diese Auffassung führte ihn zum Begriff der großen (wichtigen) und kleinen (unwichtigen) Träume.

„Großträume", laut Definition des Elgonji-Stammes aus Zentralafrika, waren jene Träume, die die Priester und Häuptlinge hatten, und weil diese Träume von allgemeiner Bedeutung waren, hatten die Träumer das dringende Bedürfnis, sie mit anderen zu teilen. Solcherlei Träume entspringen dem Kollektiven Unbewussten und sind gekennzeichnet von dem, was Jung anfangs kollektive Bilder nannte, d. h. solche, die den Anschein kosmischer

Elemente haben. (In „Über die Psychogenese der Schizophrenie" schrieb er, dass derartige Träume vor allem zu solchen Zeitpunkten oder Perioden aufzutreten schienen, wenn der Mensch der Antike oder der Primitive es für nötig hielten, bestimmte religiöse oder magische Riten zu vollziehen, um Vorteile zu erzielen oder die Götter günstig zu stimmen.) In solchen Träumen besteht ein Gefühl der zeitlichen und räumlichen Unendlichkeit, der Geschwindigkeit sowie eine Ausweitung der Bewegung. Sie unterscheiden sich ebenfalls durch Symbole magischer und astrologischer Bedeutung, Mond- und Sonnenzeichen und sogar Veränderungen in den Proportionen des Körpers.

Solche Träume, die scheinbar direkt von den Göttern kamen, wurden zum Status eines religiösen Ritus erhoben, ähnlich dem der Taufe. Es war daher wichtig, ebenso wie in der analytischen Psychologie, Traumbilder symbolisch zu verstehen, d. h. sie nicht etwa wörtlich zu nehmen, sondern nach einer darin versteckten Bedeutung zu suchen.

Der Psychoanalytiker versucht, die ursprüngliche Bedeutung des Traums zu entdecken und die historischen Parallelen zu jedem Teil der Erfahrung zu sammeln. Träume sind symbolisch und erfordern eine Deutung, weil ihr Ursprung, ihre Bedeutung und ihr Zweck unklar sind und als solches eines der reinsten Produkte des Unbewussten darstellen. Sie entstammen einem unbekannten Teil der Psyche und können den Träumer auf die Ereignisse des folgenden Tages vorbereiten.

Um Traumgedanken zu verstehen, müssen die Persönlichkeit und die Umstände des Träumers betrachtet werden. Träume sind eine Reihe von Bildern, die widersprüchlich und bedeutungslos sein können, aber symbolisches Material enthalten, das eine klarere Bedeutung hervorbringen kann. Wie kommt es, dass Träume überhaupt symbolisch sind? Woher stammt diese Fähigkeit zur symbolischen Darstellung?

Der Vorgang läuft etwa folgendermaßen ab:
Wir beginnen einen Gedankengang mit einer Eingangsidee und gehen dann zu einzelnen Ideen über, die miteinander verbunden sind. Wenn wir uns den Denkprozess näher betrachten, und z. B. eine Lösung zu einem komplexen Problem suchen, so stellen wir fest, dass wir in Worten denken.

Wenn wir sehr intensiv nachdenken, fangen wir an, Selbstgespräche zu führen. Jeder tief schürfende Gedankengang löst sein Problem in verbaler Form. (Jung nannte dies das „Denken mit gerichteter Aufmerksamkeit".) Das Material, mit dem wir denken, liegt in der Sprache und in verbalen Begriffen.

Kreativer gedacht: Wenn wir den Bildern in unserem Geist erlauben könnten, einander mit der gleichen Kontinuität zu folgen wie die Worte es tun, würde sich die Lösung eines Problems häufig von selbst ergeben.

Träume und Traummotive können sich oft wiederholen, ohne dass wir etwas Neues darin entdecken. Die einzige Ausnahme hierzu ist, wenn ein bestimmtes Symbol oder ein ganzer Traum sich wiederholt, weil es oder er nicht richtig verstanden worden ist. Der Grund hierfür liegt häufig in der Fülle von Bedeutungen in dem Traum. Träume kompensieren oft die bewusste Situation und bieten das, was ihr fehlt. Dies kann dazu führen, dass wir in Gegensätzen träumen. (Eine nach außen hin optimistische Person kann überaus pessimistische Träume haben.) Unglücklicherweise wurde dieser Faktor der Kompensation vom Laien nicht richtig verstanden, und dies führte zu vielen Fehldeutungen von Traumsymbolen, wie z. B. dass die Geburt den Tod symbolisiert, und umgekehrt.

Man wird sich an Jung natürlich vor allem aufgrund seiner Arbeit über Archetypen (siehe Grundlagen der Traumdeutung) erinnern, doch ebenso aufgrund der Tatsache, dass er, nachdem er die Gültigkeit des geistigen Inhalts von Träumen erkannt hatte, der heutigen Traumdeutung den Weg bahnte. Sein Hauptanliegen war die Bildung einer Verbindungslinie zwischen dem inneren und dem äußeren Selbst. Er selbst akzeptierte die subjektive Existenz seines eigenen Wesens, das er Philomen nannte. Philomen erschien in der Form eines Alten Weisen und wusste offensichtlich eine ganze Menge mehr als Jung. Er war eine Figur der inneren Führung und gestattete Jung, Entscheidungen zu treffen, die die richtigen für ihn waren. Diese Vorstellung erlaubt es uns, eine Brücke ins Unbewusste zu schlagen und jenen Teil unserer Persönlichkeit zu akzeptieren, den man heute immer häufiger unter dem Namen „Höheres Selbst" kennt.

Fritz Perls

Ich tue meine Sache und du tust deine Sache.
Ich bin nicht auf dieser Welt, um deine Erwartungen zu erfüllen,
Und du bist nicht auf dieser Welt, um meine zu erfüllen.
Du bist du und ich bin ich,
Und wenn wir uns durch Zufall finden, ist das schön.
Wenn nicht, dann ist es nicht zu ändern.

Das Gestalt-Gebet formulierte die Prinzipien, auf denen die Arbeit Fritz Perls in Kalifornien gegen Ende der 60er Jahre basierte. Er war davon überzeugt, dass es unerlässlich ist, den Wachstumsprozess zu fördern und das individuelle menschliche Potenzial zu entwickeln. Damit meinte er nicht nur das Schlagen einer Brücke zwischen dem inneren und dem äußeren Selbst, sondern das Ausfüllen der Lücken in der Persönlichkeit, um die Person zu einem Ganzen zu vervollständigen. Dies erforderte eine „Investition" in sich selbst, um Spontaneität zu erzielen. Perls gefiel es nicht, wenn sich jemand als Gestalt-Therapeut bezeichnete, da dies den Einsatz einer Technik voraussetzte; und dennoch ist seine Art der Traumarbeit vermutlich eine der bekanntesten. Er glaubte nicht daran, dass Träume gedeutet werden mussten; er glaubte vielmehr, dass der Traum wiederbelebt und in der Gegenwart durchgespielt werden sollte.

Für ihn war jedes Detail des Traumes wichtig, jede Person, jedes Objekt und jede Stimmung. Indem der Träumer die Rolle eines jeden von ihnen übernahm und zwischen ihnen Treffen arrangierte, konnte er zu einem tieferen Verständnis seiner selbst als „realer" Persönlichkeit gelangen. Perls erkannte, dass wir im Traumzustand und durch das Verstehen der Träume gegensätzliche Kräfte in uns selbst miteinander versöhnen können.

Er unterschied drei Bewusstseinsebenen – die des Ichs, die der Welt und die einer Zwischenzone der Fantasie, die den Menschen davon abhielt, sowohl mit sich selbst wie auch mit der Welt in Verbindung zu stehen. Er zollte Freud höchste Anerkennung für die Entdeckung dieser Zwischenzone und die Erkenntnis, dass jederzeit eine Unmenge von Prozessen in unserer Fantasie abläuft. Freud nannte dies einen Komplex oder ein Vorurteil. Wenn eine Person Vorurteile hat, die oft durch die Welt, in der wir leben, oder durch andere Menschen in unserer Umgebung erzeugt werden, dann sind die Beziehungen zur Welt aus dem Gleichgewicht geraten und unkontrollierbar geworden. Das Vorurteil wird zu einer Maske, und die Person hinter der Maske kann nicht erreicht werden. Dann wird es notwendig, den Raum zu beseitigen, der für das Vorurteil geschaffen worden ist, um wieder einen engen Kontakt zwischen dem Selbst und der Welt herzustellen. Perls war der Meinung, dass Freuds Fehler darin bestand, sich nur mit der Zwischenzone zu beschäftigen und nicht nach einem Weg zu suchen, die Selbstsicht und die Weltsicht zu integrieren.

In diesem unbestimmten Bereich herrscht ein hohes Maß an Aktivität in Bezug auf die Fantasie oder die Illusion, das bewirkt, dass wir sowohl die Verbindung zu unserem wahren inneren Selbst verlieren, als auch die zur „realen" Welt. Sich mit diesem Bereich der Komplexe und Vorurteile zu befassen erfordert sehr viel Energie, die in einer Verbindung mit dem realen Individuum und der realen Welt besser genutzt werden könnte. Nur wenn wir das, was nicht rational ist, und das, was real ist, unterscheiden können, können wir herausfinden, wer wir wirklich sind. Wenn wir es schaffen, uns von den Illusionen und Trugbildern zu lösen, die wir angesammelt haben, haben wir oft das Gefühl, aufzuwachen oder aus einem dunklen Raum herauszutreten, und im Hier und Jetzt präsent zu sein. Dieses Gefühl, das man auch Satori („Erwachen" oder „Erleuchtung") nennt, umfasst in der Tat die volle Bandbreite der Sinne, so dass jeder Augenblick erfahren und genossen wird, ohne dass wir versuchen, den Vorgang zu analysieren.

In vielerlei Hinsicht ist dieses Gefühl der Traumerfahrung sehr verwandt. Wir nehmen die Dinge an, ohne sie zu hinterfragen, und die Deutung erfolgt erst im Nachhinein. Die Traumerfahrung kann daher genutzt werden, um die Probleme zu beseitigen, die durch unsere falschen Vorstellungen entstanden sind, und auch, um uns zu helfen, unser unmittelbares Leben mit Verständnis und Mitgefühl zu handhaben. Wenn wir Träume als Therapie nutzen, so ermöglicht uns dies, schöpferischer und spontaner zu sein.

Das Wesentliche für uns in diesem Zusammenhang ist, dass diese Art von Traumarbeit es erfordert, dass wir uns im Besitz jedes einzelnen Teils der Traumerfahrung befinden und mit etwas Übung in der Lage sind, die Lücken im Inneren unserer Persönlichkeit aufzufüllen. Man kann also zu Recht behaupten, dass diese Methode sich nicht mit der Traumdeutung befasst – d. h. wir sagen nicht, der Traum bedeutet dies oder das – sondern, dass der Traum uns eine bestimmte Einsicht in unsere Persönlichkeit vermittelt, die wir im Alltag nutzen können.

Calvin S. Hall

Calvin S. Hall ist wohl am ehesten für seine Untersuchungen zum Studium von Trauminhalten bekannt, die später in die kognitive Traumtheorie mündeten. Seine frühen Arbeiten beruhten auf anonymen Traumberichten von Studenten, die sich als gute Versuchsobjekte erwiesen, weil sie gerne an den Studien teilnahmen, und weil sie sich in der subjektiven Welt der Träume frei und ungezwungen bewegen konnten. In seinen Anfängen erforschte Hall das Verhalten und unterschiedliche Temperament von Ratten, doch das Studium der Träume und die quantitative Analyse ihrer Inhalte ist der Forschungsbereich, für den man sich vorrangig an ihn erinnern wird.

Bei seiner Analyse versuchte er nicht, Bedeutungen zu interpretieren, sondern er suchte nach erkennbaren Themenbereichen und wiederkehrenden Mustern. Dies führte zu einer Einteilung des Trauminhalts in verschiedene Kategorien: Figuren, Emotionen, Interaktion, Schicksal, Objekte und Rahmen. Es stellte sich heraus, dass in Träumen Vorstellungen, die man von Familienmitgliedern, Freunden, der sozialen Umgebung und der eigenen Persönlichkeit besitzt, ihren Niederschlag finden. Für Hall war die Verwendung von Symbolen in Träumen die gleiche wie die, die man im Slang und in der Dichtung kennt, und die Metaphorik bildete einen wesentlichen Teil dieser Symbolik.

Gemeinsam mit Robert van de Castle entwickelte er die Methode der quantitativen Kodierung, die auch heute noch in der Traumforschung eingesetzt wird. Sie ermöglichte es, Gefühle wie Bestimmtheit, Ungeliebtsein, Herrschsucht und Feindseligkeit zu klassifizieren.

Halls spätere Forschung zeigte, dass es große Ähnlichkeiten zwischen den Träumen von Menschen aus aller Welt gibt, wenn man davon absieht, dass kulturelle Verschiedenheiten logischerweise Abweichungen hervorrufen. Es ergaben sich individuelle Unterschiede in der Häufigkeit der „Traumelemente", wie er sie nannte, die auf eine Kontinuität zwischen dem wachen Denken und dem Trauminhalt schließen ließen. Mit anderen Worten, die Träume spiegelten die Sorgen, Interessen und den emotionalen Brennpunkt des wachen Lebens wider. Halls wissenschaftlicher Ansatz eröffnete der Traumforschung ganz neue Bereiche, doch seine populärsten Bücher waren „Die Bedeutung der Träume" und „Das Individuum und seine Träume", die dem Laien den Nutzen eines Traumtagebuchs nahebrachten und betonten, wie wichtig es sei, den größeren Rahmen des Traumphänomens ständig weiter zu erforschen.

Schlafen und Träumen

Um das Phänomen des Träumens verstehen zu können, muss man vielleicht erst das des Schlafens begreifen. Die Natur des Menschen arbeitet in Zyklen, was bedeutet, dass Zeiten der Aktivität mit Zeiten des Ausruhens und Entspannens abwechseln. Der Schlaf ermöglicht es uns, den Stimuli der Außenwelt zu entfliehen, die uns den ganzen Tag überfluten, und uns einer inneren Landschaft zuzuwenden, die eine Erneuerung und Verjüngung erlaubt. Der Mensch braucht den Schlaf, um gut „funktionieren" zu können, denn Schlafentzug hat erhebliche Auswirkungen auf seine Leistungsfähigkeit. Das Träumen scheint ein Teil dieses Erneuerungsprozesses zu sein. Bestimmte Experimente haben gezeigt, dass der Körper nach einer Periode des Schlafentzugs zusätzliche Zeit zum Träumen braucht, so als ob er die verlorene Zeit nachholen müsste. Eine Funktion des Träumens scheint also die Erhaltung des inneren Gleichgewichts zwischen psychologischer und physiologischer Aktivität zu sein. Man versteht darunter ebenfalls das Suchen des Verstandes nach einem erkennbaren Sinn und Zusammenhang zwischen den verschiedenen Arten von Informationen, die er täglich aufnehmen und bewältigen muss. Ohne die Erleichterung, die der Vorgang des Träumens dem Geist verschafft, gelangt der Mensch sehr schnell an den Rand des körperlichen und geistigen Zusammenbruchs. Während wir schlafen, träumt jeder von uns irgendwann, selbst wenn wir uns später nicht an den Traum erinnern können.

Aktivität während des Schlafens und Träumens

Obwohl der Schlaf selbst ein passiver Vorgang ist, beinhaltet er doch ständige Aktivität: Wenigstens alle fünfzehn Minuten wird der Körper in irgendeiner Form bewegt. Dabei kann es sich um eine deutliche Bewegung der Gliedmaßen oder des Körpers handeln, die scheinbar willkürlich ausgeführt wird. Wenn man nach dem Einschlafen erst einmal eine bequeme Lage gefunden hat, beginnt der Körper sich zu entspannen. Das Erlernen der unter dem Abschnitt „Entspannung, Meditation und Visualisierung" beschriebenen Technik ist hierbei von unschätzbarem Wert, weil sie nicht nur ein schnelleres Einschlafen sondern auch einen tieferen Schlaf ermöglicht. Wenn die Muskeln beginnen, sich von einem Zustand extremer Anspannung zu lösen, tritt gelegentlich ein unfreiwilliges „myoklonisches Zucken" auf. Es handelt sich dabei um eine Muskelreaktion, bei der die Muskeln sich selbst unwillkürlich entspannen. Während wir in den Schlaf sinken, kann dieses Zucken als ein plötzliches Fallen empfunden werden. Der Schläfer kann sich so dabei erschrecken, dass er davon aufwacht und den gesamten Vorgang des Loslassens von Neuem beginnen muss. Eine tiefe Entspannung ermöglicht einen schnelleren Zugang zum hypnagogischen Stadium – jenem Zustand zwischen Wachen und Schlafen, in dem wir besonders schöpferisch sein können. Auch andere unfreiwillige Reaktionen können während des Schlafs in Erscheinung treten, wie z. B. Erektionen ohne erkennbaren Stimulus.

Träume werden möglicherweise von bestimmten physischen Stimuli in unserer Schlafumgebung verursacht. Man ist geteilter Meinung, ob z. B. der Klang einer Türklingel oder eines Hundebellens sich im Trauminhalt niederschlagen wird. Wenn wir uns in unseren Laken verheddern, fühlen wir uns dann vielleicht im

Traum gefangen, oder wird ein Gefangensein im Traum dazu führen, dass wir uns in den Laken verheddern? Körperliche Entspannung ermöglicht es uns, aus unserem Schlaf den größten Nutzen zu ziehen und das Träumen als ein Hilfsmittel zur Erlangung einer vollkommenen Gesundheit einzusetzen. Die Meinungen gehen ebenfalls auseinander, ob der Genuss bestimmter Nahrungsmittel und andere physiologische Stimuli Auswirkungen auf das Träumen haben.

Die Verdauung scheint zumindest einen gewissen Effekt auf das Träumen zu haben, doch eher durch ihre Einwirkung auf den Solar plexus. „Solar plexus", oder Sonnengeflecht, bedeutet „das Sammeln der Sonne" und ist daher ein wichtiges Zentrum der Körperenergie. Bei vielen Menschen zeigt sich die Wirkung einer körperlichen oder emotionalen Verstimmung zu allererst in diesem Bereich, und folglich hat alles, was uns aus dem Gleichgewicht bringt, einen starken Einfluss auf unser Schlafmuster. (Manche Menschen suchen dann regelrecht Zuflucht im Schlafzustand, während es anderen ungemein schwer fällt, überhaupt Schlaf zu finden.)

Im wachen Zustand ist unser emotionales Selbst ständig neuen Stimuli und feinen Veränderungen ausgesetzt, die sich aus den Situationen ergeben, die wir durchleben. Wir können erstaunlich schnell umschalten – insbesondere in den sich schnell verändernden Umfeldern der heutigen Zeit – von Umständen, in denen wir ruhig und beherrscht bleiben müssen, zu Bedingungen, unter denen wir unseren Gefühlen freien Lauf lassen können. Andererseits können wir uns in stressigen Situationen befinden, ohne die geringste Möglichkeit, das überschüssige, angestaute Adrenalin loszuwerden. Dies alles hat Auswirkungen auf die feinen elektrischen Impulse, die wir als Hirnaktionsströme bezeichnen. Bereits in den 30er Jahren, als der Elektroenzephalograph (zur Aufzeichnung des EEG) erfunden wurde, entdeckte man, dass diese winzigen elektromagnetischen Stöße im Gehirn messbar waren.

Im Laufe der Jahre fand man zusehends mehr über die Verbindung zwischen dem Schlafen und Träumen heraus. Untersuchungen, die sich eher mit dem Schlaf als mit dem Träumen befassten, stellten schon gleich zu Beginn fest, dass die Gehirnströme sich während des Schlafs veränderten, und man identifizierte bestimmte Grundmuster, die die Gehirnaktivität im Schlaf charakterisierten. EEG-Muster weisen eine bestimmte Systematik auf. Im wachen Zustand ist die Wellenaktivität niedrig, die Frequenz jedoch hoch. Wenn wir uns entspannen, produziert das Gehirn Alphawellen, die dann in der ersten Schlafphase zu Thetawellen absinken. 1953 bestimmten Aserinsky und Kleitman Schlafphasen, in denen schnelle Augenbewegungen stattfanden (REM – Rapid Eye Movement). 1957 erkannte man dann einen Zusammenhang zwischen REMs und dem Träumen; scheinbar kennzeichneten die REMs eine Art Abtastvorgang (Scannen).

Im Zustand der Entspannung sinkt die elektrische Hirnaktivität ab. Alphawellen erreichen 8 oder 10 bis 11 oder 12 Zyklen pro Sekunde und wurden im Zustand der tiefen Meditation bei geübten Anhängern des Yoga, Zen-Buddhismus und Sufismus gemessen, alles philosophische Richtungen, die einen Zustand der wachsamen Bewusstheit vertreten.

Betawellenaktivität kennzeichnet gedankliche Anstrengungen, Konzentration oder Wachsamkeit und stellt die größte elektrische Aktivität des Gehirns dar. Man misst Frequenzen von mindestens 13 Zyklen pro Sekunde, bis maximal etwa 26. Diese Frequenzen können durch Angstzustände ausgelöst werden.

Thetawellen, die sogar langsamer schwingen als die mit dem Entspannungszustand assoziierten Wellen, bewegen sich im Bereich von 4 bis 7 Zyklen pro Sekunde. Eingenartigerweise treten sie in peinlichen

Die Gehirnaktivität wird weiterhin untersucht. Man stellte fest, dass ein ins Gehirn geleitetes Signal von 18.000 Hertz mystische Empfindungen erzeugt, was letztendlich bedeuten kann, dass Träume durch äußere Stimuli dieser Art beeinflusst werden könnten. Manche Forscher behaupten, dass das Gehirn einen Filter darstelle, der den Zweck erfüllt, die ungeheure Menge an einfließenden Daten zu reduzieren und Überflüssiges auszusondern, da sie andernfalls unser Bewusstsein überschwemmen würden. Dieser Filter wird in bestimmten Zuständen umgangen, wenn Information „paranormal" empfangen wird.

Früher war man der Ansicht, dass REM-Schlaf der einzige Zeitraum sei, in dem man träumte, und dass diese Träume die einzigen darstellten, die tatsächlich eine Deutung lohnten. Sie sind für gewöhnlich aktiv und realistisch, wenn auch mitunter etwas bizarr. Wir träumen allerdings auch zu Zeiten, in denen keine REMs

Situationen und bei Frustration auf, sind aber auch mit Kreativität und Inspiration verbunden. Möglicherweise bilden sie die Schnittstelle zwischen dem physischen und dem spirituellen Reich.

Deltawellen weisen 0,5 bis 3 Zyklen pro Sekunde auf und kennzeichnen den Tiefschlaf und einen Rückzug von bewusster Aktivität. Unregelmäßige Deltarhythmen kommen in den Monaten vor und nach einer Geburt sehr häufig vor, was scheinbar mit dem Ausstoß des Wachstumshormons zusammenhängt. Diese Deltarhythmen passen ins Bild der esoterischen Überzeugung, dass Babys sich ins Leben „hineinträumen".

Gammawellen besitzen eine Frequenz von 27 Zyklen pro Sekunde und mehr und sind noch nicht vollständig erforscht. Es wird auch nicht allgemein anerkannt, dass sie sich von den Betawellen unterscheiden.

(NREM) vorkommen. Diese Trauminhalte sind ganz anders, weniger anspruchsvoll, eher verschwommen und einer Gedankenform ähnlich. Es scheint, als seien die letzteren schwerer in Berichte zu fassen.

Die erste REM-Phase des Träumens im Schlaf erfolgt ungefähr eine Stunde nach dem Einschlafen und der tiefen Entspannung. Wenn wir nicht unmittelbar im Anschluss an diese Traumphase geweckt werden, ist es jedoch wahrscheinlich, dass wir den Traum vergessen. Eigenartigerweise sind wir aber zu diesem Zeitpunkt schwerer zu wecken, als zu irgendeiner anderen Zeit. Danach bewegen wir uns wieder die Skala empor, bis es scheint, als ob wir beinahe wach sind; REM- und NREM-Phasen wechseln sich im Laufe der Nacht noch vier- bis fünfmal ab. Die längste REM-Phase erleben wir direkt vor dem morgendlichen Erwachen, und die in diesem Zeitraum geträumten Träume erinnern wir am intensivsten und klarsten, so dass sie uns zur Deutung zur Verfügung stehen.

Physiologisch gesehen produziert das Gehirn im Schlaf scheinbar weniger Serotonin und Noradrenalin. Beide Substanzen sind erforderlich für die Übertragung von nervlichen Impulsen und Botschaften ans Gehirn und können am Prozess des Erwachens beteiligt sein. Es ist nicht bekannt, ob der Schlaf von diesen beiden Substanzen beeinflusst wird oder umgekehrt der Schlaf die Produktion der Substanzen beeinflusst. Die tiefe Meditation scheint die gleiche Wirkung auf den Körper zu haben wie der Schlaf, obwohl wir aus psychologischen Gründen scheinbar die Zuflucht des Schlafzustands nötig haben.

Es gibt verschiedene Störungen, die die Schlafqualität erheblich mindern und unsere Träume beeinträchtigen. Sie werden im Folgenden erläutert.

Schlafstörungen

Schlafapnoe

Die Schlafapnoe wird hauptsächlich von einem Atemstillstand gekennzeichnet und kann sowohl Neugeborenen wie auch Erwachsenen Probleme bereiten. Die Symptome umfassen häufige Anfälle, bei denen dem Patienten bis zu 30 Sekunden lang der Atem stockt. Diese Störung wird oft begleitet von einem lauten Schnarchen, das dem Geräusch eines Presslufthammers vergleichbar ist. Obstruktive Schlafapnoe ist die meistverbreitete Form, wobei die hinteren Muskeln des Kehlkopfes sich so weit entspannen, dass sie die oberen Luftwege behindern. Bei der zentralen Schlafapnoe bleiben die Luftwege geöffnet, doch das Zwerchfell und die Brustmuskulatur stellen die Arbeit ein. Diese Form der Krankheit ist gefährlicher, weil der Schläfer mehrmals in der Nacht geweckt werden muss, um die Atmung wieder zu mobilisieren (ein Schnarchen tritt hier nicht unbedingt auf). Gemischte Schlafapnoe ist eine Kombination der beiden Varianten und weist eine kurze Periode der zentralen Schlafapnoe auf, die von einer längeren Periode der obstruktiven Schlafapnoe abgelöst wird. Diese Kombination ist besonders bei übergewichtigen Männern mittleren Alters zu beobachten.

Dem Patienten wird zu Beginn der Krankheit als erstes bewusst, dass in vielerlei Hinsicht nicht alles in Ordnung ist, wobei er möglicherweise die Schwere des Problems unterschätzt. Meist ist das erste Anzeichen, das tagsüber in Erscheinung tritt, das Gefühl, nicht richtig geschlafen zu haben. Der Patient ist reizbar und vergesslich, es fällt ihm schwer sich zu konzentrieren, und nach dem Aufwachen verspürt er häufig starke Kopfschmerzen, die etwa eine Stunde lang anhalten. Die Libido lässt nach, nicht zuletzt aufgrund der Störung und der Sorge, die der Partner empfindet. All diese Symptome können, wenn sie in Kombination auftreten, Depressionen hervorrufen.

Der Patient kann tagsüber unvermittelt einschlafen, was möglicherweise zur Fehldiagnose der Narkolepsie führt.

Die Ursachen sind noch nicht ausreichend geklärt, doch die Experten sind sich im Allgemeinen einig, dass die Schlafapnoe wahrscheinlich mit einer hormonellen Störung zusammenhängt, wie z. B. einer Schilddrüsenunterfunktion oder gelegentlich auch der Akromegalie (einem übermäßigen Knochenwachstum aufgrund einer Überproduktion von Wachstumshormonen).

Auch das Marfan'sche Syndrom, bei dem anatomische Strukturen aus Bindegewebe besonders schwach sind, ist eine vererbte Störung, die Schlafapnoe verursachen kann.

Maßnahmen zur Lösung des Problems umfassen die Einnahme eines Schleimhaut abschwellenden Mittels, das Vermeiden des Schlafens auf dem Rücken oder sogar einen chirurgischen Eingriff. Die Verwendung einer speziellen Atemmaske lenkt die Luft in blockierte Bereiche und ermöglicht eine gewisse Linderung. Patienten mit Übergewicht, deren Zustand durch hohen Blutdruck oder Herzbeschwerden noch zusätzlich kompliziert wird, profitieren von einem Gewichtsverlust und einer gesünderen Ernährung.

Insomnie

Die vielleicht bekannteste Störung ist die Schlaflosigkeit oder Insomnie, die sich entweder im erschwerten Einschlafen oder der Unfähigkeit weiterzuschlafen äußert. Chronische Schlaflosigkeit liegt vor, wenn diese Beschwerden länger als einen Monat anhalten. Zu den Ursachen zählen Sorgen, Depressionen, Umweltfaktoren (z. B. eine schlechte Matratze oder Ruhestörung), ein generell schlechter Gesundheitszustand, Bewegungsmangel und die Verwendung von Drogen oder bestimmten Medikamenten. Verschiedene Methoden der alternativen Medizin, wie z. B. Akupressur, Aromatherapie, Heilkräuter, Homöopathie und Entspannungstechniken (siehe S. 93) können hilfreich sein.

Narkolepsie

Die Haupteigenschaft der Narkolepsie ist das Gefühl einer geradezu überwältigenden Müdigkeit zur Tageszeit. Menschen, die an dieser Krankheit leiden, werden zu den unpassendsten Gelegenheiten und an den unbequemsten Orten einfach vom Schlaf übermannt oder dämmern im Halbschlaf vor sich hin. Selbst eine erholsame Nacht mit ausreichendem Schlaf scheint das Problem nicht zu lösen.

Es scheint für dieses Phänomen keine erkennbare Ursache zu geben, obwohl man annimmt, dass eine Anomalie des zentralen Nervensystems hierfür verantwortlich ist. Die Narkolepsie ist ebenso weit verbreitet wie die Parkinson'sche Krankheit oder die Multiple Sklerose, und es gibt vermutlich eine genetische Verbindung. Die Krankheit wird häufig verwechselt mit anderen Störungen, wie Depressionen, Epilepsie oder Trägheit, und Erscheinungen, die auf Nebenwirkungen von Medikamenten (z. B. Steroiden) beruhen.

Die vier klassischen Symptome sind folgende:

1. Katalepsie (episodisch auftretender Verlust der Muskelfunktionen), die durch plötzliche gefühlsmäßige Reaktionen wie Lachen, Wut oder Angst hervorgerufen werden kann. Sie kann sich in einer leichten Schwäche, aber auch einem völligen Zusammenbruch des Körpers äußern, und die Anfälle können einige Sekunden bis zu mehrere Minuten andauern.

2. Schlafattacken können tagsüber mit oder ohne Ankündigung immer wieder auftreten. Interessanterweise kann der Nachtschlaf durch erhebliche Unterbrechungen gestört sein.

3. Hypnagogische Halluzinationen beim Einschlafen oder Dösen, die lebhafte, Furcht einflößende Erfahrungen sein können, ähnlich dem Traumzustand.

4. Schlaflähmung – von wenigen Sekunden bis zu mehreren Minuten – ist eine vorübergehende Unfähigkeit zu reden oder sich zu bewegen, während man einschläft.

Das Hauptsymptom ist die Müdigkeit am Tage, die übrigen erscheinen häufig erst Monate oder Jahre später. Nur etwa 20 Prozent aller Patienten leiden unter allen vier Symptomen. Die ersten Hinweise zeigen sich bei Teenagern und Erwachsenen unter 30 Jahren.

Bei der Narkolepsie ist die Reihenfolge und die Länge der REM- und NREM-Schlafphasen gestört, und daher sind die üblichen Eigenschaften des REM-Schlafs hier nicht gegeben (siehe S. 31 f.).

„Restless-Leg"-Syndrom

Dieses Syndrom der „unruhigen Beine" scheint auf einer Störung des Blutkreislaufs zu beruhen, die eine Reihe unangenehmer Gefühle hervorruft, wenn der Patient über längere Zeiträume sitzt oder sich hinlegt. Die Empfindungen, die überwiegend im Wadenbereich liegen, werden als ein Kriechen, Krabbeln, Prickeln oder Ziehen beschrieben. Sie können vom Oberschenkel bis zum Knöchel hinunterreichen und eines oder auch beide Beine in Mitleidenschaft ziehen. Es besteht ein unkontrollierbarer Drang, die Beine zu bewegen, der sich zu Zeiten der Entspannung oft noch verschlimmert. Die Symptome können unterschiedlich stark auftreten, oft jeden Tag und manchmal mit langen Pausen zwischen den Anfällen. Die Attacken scheinen abends und nachts schlimmer zu werden und bereiten den Patienten Probleme, ausreichend Schlaf und Erholung zu finden. Es gibt ebenfalls eine verwandte Schlafstörung mit einer periodisch auftretenden Bewegung der Gliedmaßen im Schlaf, die eine Verbindung zum Myoklonischen Zucken (siehe S. 28) zu haben scheint.

Die Ursache ist weitgehend unbekannt, doch es scheint, als sei der Zustand in manchen Familien häufiger vertreten als in anderen, d. h. dass er möglicherweise genetisch vererbt wird. Übermäßiger Genuss von Koffein, Eisenmangel und Blutarmut scheinen ebenso einen Einfluss darauf zu haben. Chronische Erkrankungen wie Diabetes, Nierenversagen und rheumatische Arthritis können das Syndrom begünstigen. Frauen, die während der Schwangerschaft darunter leiden, sind nach der Geburt meist beschwerdefrei. Auch „Wachstumsschmerzen" bei Heranwachsenden können mit dem Syndrom in Beziehung stehen.

Dem „unruhigen Bein" kann Linderung verschafft werden durch Wechselbäder, häufiges Kniebeugen, Massage, Stretching und Walking (schnelles Gehen).

Parasomnien

Dies sind Schlafstörungen, die nicht nur den Schlaf des Opfers beeinträchtigen, sondern auch die Lebensqualität der Menschen in seiner Umgebung.

Speiseröhren-Rückfluss

Hierbei handelt es sich um eine Art von Sodbrennen, die während des Schlafs eintritt und den Betroffenen mit einem sauren Geschmack und einem brennenden Druck oder Schmerzen in der Brust aufwachen lässt. Die Beschwerden können durch ein Höherbetten des Oberkörpers oder des Kopfes behoben werden.

Nachtängste

Sie treten zum ersten Mal in der frühen Kindheit, meist im Alter von 5 bis 7 Jahren, auf. Obwohl man sie ursprünglich für eine Störung hielt, die nur Kinder befällt, setzen sich solche Attacken auch im Erwachsenenalter fort. Sie treten in der Regel 15 Minuten bis eine Stunde nach dem Einschlafen auf und halten etwa eine Viertelstunde lang an. Der Betroffene schläft dann wieder ein und kann sich am Morgen an nichts erinnern. Wir wissen nichts über die Ursachen dieser Nachtängste, und der vielleicht erschreckendste Aspekt dieser Anfälle ist, dass der Patient gar nicht aufwacht, sondern den Anfall durchschläft. Der Betroffene scheint aufzuwachen, schnappt nach Luft, weint und stöhnt und starrt oft mit weit geöffneten, angsterfüllten Augen. Der Herzschlag erhöht sich dabei häufig auf etwa 160 bis 170 Schläge, das Doppelte des üblichen, und eine halb bewusste Panik hält noch 15-20 Minuten nach dem Anfall an. Die wirksamste Weise, dieses Problem zu behandeln, ist Bestätigung und Beruhigung durch geliebte Personen und Familienmitglieder (die das Problem möglicherweise selbst schon gehabt haben).

REM-Störung

Diese Störung kommt vor, wenn die normale Lähmung, die während des REM-Schlafs eintritt, ganz oder teilweise fehlt. Die Betroffenen erinnern sich an lebhafte Träume, die häufig körperlich ausagiert werden. Die Beschwerden treten am häufigsten bei älteren Männern auf und resultieren in Verletzungen und gewalttätigem Verhalten.

Schlafwandeln / Reden im Schlaf

Beide Beschwerden treten vor allem bei jüngeren Menschen auf und gehen mit Stress und Krankheit einher. So wie die nächtlichen Angstattacken finden auch sie in den Phasen des Tiefschlafs statt und werden meist genetisch vererbt. Das Reden im Schlaf ist im Grunde harmlos, wenn auch ein unglücklicher Umstand für den Partner. Im Schlaf zu wandeln (Somnambulismus) birgt jedoch ganz offensichtliche Gefahren – manche Betroffene haben im Schlaf schon meilenweite Ausflüge mit dem Wagen unternommen.

Schnarchen

Wenn man das Schnarchen auch unter die Schlafstörungen reiht, so ist es dennoch viel zermürbender für die Verwandten und Partner des Betroffenen. Das Schnarchen spielt zwar auch im Krankheitsbild der Schlafapnoe eine Rolle, ist jedoch nicht mit ihr identisch und muss möglicherweise getrennt behandelt werden. Es gibt verschiedene Möglichkeiten, die Beschwerden zu mildern. Das bekannte Mittel, einen Korken in die Pyjamatasche einzunähen, wirkt nur, bis der Betroffene gelernt hat, diese Unbequemlichkeit zu durchschlafen. Ein Aromatherapie-Beutel auf dem Kissen ist ebenfalls nützlich, wie auch die therapeutischen Öle des Eukalyptus, des Kajeput oder auch der Kiefer, die man aufs Kopfkissen oder ein Tuch träufelt. Manchmal kann sogar eine operative Entfernung der Nasenpolypen erforderlich sein, doch dies ist offensichtlich der allerletzte Weg.

Alle diese Beschwerden können durch gesunde Schlafhygiene gebessert werden – d. h. man muss regelrecht lernen, wie man richtig und gut schlafen kann.

Tipps für gesünderen Schlaf

Reduzieren Sie Stress, so weit Sie es können, und entspannen Sie sich. Tun Sie etwas, von dem Sie wissen, dass es Sie entspannt; nehmen Sie z. B. ein Bad mit Ölen aus der Aromatherapie, gönnen Sie sich eine Massage, machen Sie einen Spaziergang. Stress kann man auch reduzieren, indem man den Tag Revue passieren lässt und entscheidet, was man gut gemacht hat, was man vielleicht hätte besser machen können, und was möglicherweise ganz und gar nicht gelungen war. Man braucht sich damit nicht zu quälen; es genügt, wenn man diese Dinge für sich notiert und sie dann ziehen lässt.

Auf diese Weise können Sie Geschehenes abhaken und den nächsten Tag leichter angehen. Wenn Sie darin etwas Übung bekommen, werden Sie leicht die Dinge herausfiltern können, die Ihnen immer wieder Probleme bereiten, und sich in dieser Hinsicht neue Strategien überlegen.

Halten Sie eine Routine ein, was die Zeiten des Schlafengehens und Aufstehens angeht. Eine Routine, der Sie folgen, ohne darüber nachdenken zu müssen, ermöglicht es Ihrem Körper, sich einem angenehmen, untätigen Modus zu überlassen, und Ihrem Geist, allmählich zur Ruhe zu kommen, bevor es Schlafenszeit ist. Auch die Routine des Aufwachens kann hilfreich sein. Lassen Sie sich z. B. auf keinen Fall von einem lauten Wecker aus dem Schlaf schrecken, sondern verwenden Sie leise Musik oder eine Änderung des Lichts, um sich langsam aus dem Schlaf zu locken.

Vermeiden Sie belebende Getränke wie Kaffee oder Alkohol. Alkohol entspannt zwar zu Anfang, verursacht später in der Nacht jedoch Schlaflosigkeit und stört und verkürzt die wichtigen REM-Schlafphasen. Kaffee stimuliert das System und sorgt damit für Einschlafprobleme, und auch in diesem Fall wird die Schlafqualität beeinträchtigt.

Kämpfen Sie nicht darum einzuschlafen. Die Frustration des Nicht-einschlafen-Könnens allein wird Sie schon wach halten; außerdem könnten Sie zusätzlich anfangen, sich Sorgen über Ihre Gesundheit zu machen und darüber zu grübeln. Es ist viel besser, seine Sorgen niederzuschreiben und vielleicht in eine Reihenfolge zu bringen. Nachdem Sie in dieser Form etwas Praktisches in Bezug auf Ihre Sorgen unternommen haben, können Sie sie getrost zur Seite legen. Den Geist auf eine andere Aktivität umzuschalten, wie etwa ein gutes Buch oder einen Film, der „leichte Kost“ bietet, kann Ihnen dabei helfen, das Gehirn „abzuschalten“.

Wenn Sie dann eingeschlafen sind, versuchen Sie nur so viel zu schlafen, wie Sie es brauchen. Ihr persönlicher Schlafrhythmus und ihr Schlafbedürfnis wird sich von dem jedes anderen Menschen unterscheiden, und es lohnt sich, ein wenig zu experimentieren, um den für Sie besten Rhythmus zu ermitteln. Vielleicht stellen Sie fest, dass Sie frühmorgens am kreativsten sind und daher diese Zeit am liebsten für sich allein haben, ohne jede Störung.

Überprüfen Sie Ihre Essgewohnheiten und nehmen Sie nur Nahrung zu sich, die Ihnen gut tut. Komplexe Kohlenhydrate sind häufig gut; die Idee eines heißen Milchgetränks vor dem Schlafengehen hat also etwas für sich. Eine leichte eiweißhaltige Mahlzeit (z. B. Milch, Putenschnitzel und Bohnen, die L-Tryptophan enthalten) nicht zu spät am Abend kann das Einschlafen erleichtern, weil diese bestimmte Aminosäure in Serotonin umgewandelt wird. Sportliche Betätigung am späten Nachmittag oder frühen Abend ist ebenfalls eine gute Idee.

Eine abschließende Überlegung sollte man vielleicht noch anstellen und untersuchen, welche „natürlichen Störer" uns möglicherweise am Schlafen hindern. Dabei kann es sich um den Nachbarn handeln, der spät in der Nacht noch den Aufzug benutzt, oder um Fahrzeuge, die morgens regelmäßig Ihre Ruhe oder das Dunkel stören. Selbst Haustiere, die morgens recht früh wach werden, können ihren Besitzern den Schlaf rauben.

Der Einsatz auch nur eines einzelnen oder sogar aller dieser zuvor genannten Mittel kann Ihren Schlaf unterstützen und verbessern. Ein Weg, verlorenen Schlaf wieder hereinzuholen, bleibt jedenfalls ein kurzer Mittagsschlaf; er darf jedoch 15-20 Minuten nicht überschreiten, weil Sie sonst Gefahr laufen, in Tiefschlaf zu sinken. Ein anderer Weg, der allerdings die Ausnahme bleiben sollte, ist das Ausschlafen am Morgen oder das besonders frühe Zubettgehen am Abend, nicht jedoch beides.

Hilfsmittel zum Schlafen und Träumen

„Dass die typischen Träume, die auf Rauschgifte und schmerzstillende Mittel zurückzuführen sind, auf die physikalischen Wirkungen der Drogen zurückgehen, ist für den modernen Traumanalytiker ganz offensichtlich. Erschwerte Herztätigkeit, der Effekt gewisser Stimuli auf die verschiedenen Nervenzentren und Organe, die Netzhaut, die Lunge, die Blase usw., sie alle werden vom Traumbewusstsein in Begriffe übersetzt, die dem individuellen Temperament des Träumers entsprechen. Sie können jedoch gezwungen werden, als physikalische Stimuli Rede und Antwort zu stehen, daher ist ihr physikalischer Wert in Form von Träumen von geringer oder gar keiner Bedeutung."

Drogen, Kräuter und Pflanzen

Eine der Schwierigkeiten, der jeder Traumdeuter gegenübersteht, ist die Unterscheidung, was als „wirkliches" Träumen angesehen werden kann und welche Träume definitiv auf Drogen und Kräuter zurückzuführen sind. In der Antike wurden prophetische Träume, wie z. B. das Orakel von Delphi, mit größter Wahrscheinlichkeit durch die natürliche Einströmung von Kohlenmonoxid und anderen schädlichen Gasen durch Bodenrisse unter den Tempeln verursacht, und die Oberpriester und Lehrer der heiligen Bräuche verschmähten durchaus nicht den Einsatz von Drogen und Rauschgiften. Wenn die tödlichen Abgase fehlten, wurden andere Mittel zu Hilfe genommen. Die Hypnose und andere mysteriöse Fähigkeiten befanden sich in den Händen der Priesterschaft, die ihre Geheimnisse so erfolgreich hütete, dass sie häufig unwiederbringlich verloren gingen.

Auch Weihrauch und Düfte verschiedener Art sind Träumen und Visionen förderlich. Das Verbrennen von Opferweihrauch gehört zu den beliebtesten Motiven ägyptischer Fresken, und die Priesterinnen des Apollo verzehrten zuerst den heiligen Lorbeer und inhalierten anschließend seinen Rauch, bevor sie ihre Prophezeiungen offenbarten. Heute weiß man, dass Lorbeer giftig ist, ebenso der Efeu, den die Bacchanten verwendeten, doch damals kannten die Menschen die giftigen Eigenschaften verschiedener Pflanzen noch nicht.

Der Mohn, aus dem das tödliche Rauschgift Opium gewonnen wird, war bekannt als universelles Symbol des Schlafs und verkörpert ebenfalls den Demeter, die Mutter Erde und die Göttin der Ernte. Opium ist wahrscheinlich das älteste Rauschgift und de Quincey beschrieb in gewaltigen Worten den Gebrauch des Opiums: „Der Raum schwoll an und wurde erhöht zu einem Ausmaß unaussprechlicher Unendlichkeit." Später gab er jedoch zu, dass seine „Träume, die anfangs herrliche Phantasmen orientalischer Bildsymbolik waren, zusehends schwerer und bedrückender wurden, bis sie sich zum Schluss zur Bedrohung eines Albtraums verzerrten".

Morphium ist ein Opiumderivat, und während es einerseits Schmerzen erträglich macht, verursacht es andererseits Probleme durch Halluzinationen, die von Träumen bald nicht mehr zu unterscheiden sind. Todkranke Menschen, die sich dem Tode nähern, können durch die bizarren Bilder, die aus der Verschmelzung zweier Realitäten entstehen, oft tief beunruhigt werden.

Es gab noch viele andere Kräuter, Pflanzen und Substanzen, die sich auf Träume auswirkten:

Absinth oder ***Wermut*** wurde von französischen Soldaten aus Algier nach Europa gebracht. Er bewirkt fremdartige, unnatürliche Träume und Halluzinationen.

Alkohol verursacht im Anschluss an das erste, belebende Stadium des Rauschs, das den Trinker in Hochstimmung versetzt, fast immer unangenehme Träume, in denen der Träumer oft gebissen oder gestochen wird. Dieser Eindruck beruht auf der Stimulierung der Nervenenden in der Haut, die durch den Alkohol gereizt wird.

Bei anhaltendem Alkoholgenuss verlängert sich die Traumphase. Sie reicht dann über den Schlafzustand hinaus und manifestiert sich in einem übersteigerten Delirium. Bilder von Flammen und Blut begleiten mitunter die Stimmen, die den Alkoholtraum charakterisieren. In den Bacchanalien und dionysischen Exzessen der religiösen Riten der Antike hatte der Genuss von Alkohol die unterbewussten von den bewussten Fähigkeiten der Berauschten gelöst. Die Mexikaner brauten ein aus Getreide hergestelltes Getränk namens Soma, das die Oberschicht der Inkas im Übermaß genoss, dem gemeinen Volk war es jedoch verboten.

Anis förderte laut Plinius nicht nur ein jugendliches Aussehen, sondern besaß ebenfalls die Macht, „wenn er am Kopfkissen befestigt wird, so dass eine Person ihn riechen kann, während sie schläft, alle unangenehmen Träume zu verhindern".

Plinius und andere Schriftsteller erwähnen auch häufig die ***Zaunrübe*** als ein Schlafmittel, das lebhafte Träume schenke und Schlafwandeln verursache. Sie bewirke eigenartige Hoffnungen und Sehnsüchte nach Dingen, die selbst in der Seele des Träumers nie zuvor existiert hätten.

Belladonna (Solanum), von der man heute weiß, dass sie hochgiftig ist, bewahrte ihr erstaunliches Geheimnis durch biblische Sagen und mittelalterliche Magie bis ins gestrenge viktorianische Zeitalter. Der jüngere Name, Solanum, leitet sich von „solamen" ab, was Trost bedeutet und auf die Wirkung als Schlafmittel verweist. Die durch Belladonna ausgelösten Visionen wurden als wild und fantastisch beschrieben.

Bilsenkraut, das sich ebenfalls als giftig herausgestellt hat, verursachte das Sehen von doppelten Bildern und Lichtblitzen sowie Weitsichtigkeit. Unter dem Einfluss von Bilsenkraut erschienen häufig Personen im Traum, von denen man räumlich getrennt war. Es war beinahe so, als habe man ihren Geist herbeigerufen, denn der Eindruck ihrer Gegenwart hielt noch bis in den wachen Zustand an. Visionen von Rache und Bestrafung der erschienenen Personen im Falle von Eifersucht und Untreue entluden sich an den Anwesenden und machten diese Droge zu einer gefährlichen Waffe.

Hopfen in Form eines Hopfenkissens bewirkte sanften Schlaf und beruhigende Träume. Er wird auch heute noch als Einschlafhilfe verwendet.

Johanniskraut (Hypericum) sagte man nach, dass es den bösen Blick abwende, die Gegenwart von Hexen verriete und, in Öl getaucht, ein Allheilmittel für jede Art von Wunde sei. Der am Johannistag (24. Juni) von dieser Pflanze sorgsam abgenommene Tau galt als Medizin für Augenbeschwerden. In „Materia Medica" beschreibt Herring die vom Johanniskraut ausgelösten Träume als „Visionen von Geistern und Gespenstern, begleitet von dem Gefühl, hoch in die Lüfte erhoben zu werden". Auch eine Steigerung der intellektuellen Fähigkeiten des Träumers wurde der Pflanze zugeschrieben, und selbst heute noch setzt man sie zur Behandlung von Wechseljahrsbeschwerden, wie etwa der Vergesslichkeit, ein.

Lobelie wurde schon zur Zeit der Kreuzritter verwendet und ist heute noch in den amtlichen Arzneibüchern verzeichnet. Durch ihre Wirkung auf das zentrale Nervensystem verursacht sie unruhigen, traumreichen Schlaf. Bei zu häufigem Gebrauch bewirkte sie Traumbilder von amputierten Gliedmaßen oder z. B. auch einer Gewehrkugel, die den Kopf von einer Schläfe zur anderen durchschneidet.

Pulque war das beliebteste Rauschmittel der Mexikaner. Dem Destillat aus dem Saft des Peyote-Kaktus sagte man feurige Träume nach, die das innerste Wesen des Träumers verschlängen.

Schierling – ein besonders starkes Gift – verursachte grauenhafte Träume voller abergläubischer Schreckensvisionen und Unbehagen. Im Mittelalter war er ein beliebtes Heilmittel.

Stramonium (Gemeiner Stechapfel) sagt man nach, dass es ein beliebtes Heilmittel der Druiden gewesen sei. Historische Beschreibungen von Träumen, die mit dieser Pflanze ausgelöst wurden, erhärten die Theorie, dass die Druiden geächtet wurden, weil sie sich am Reich der Geister zu schaffen machten und mit den schwarzen Künsten Missbrauch trieben. Junge portugiesische Ehefrauen sollen mit Hilfe von Stramoniumsamen und einschmeichelnden Träumen ihre wilden Ehemänner gebändigt haben. Obwohl das Kraut in Nordamerika weit verbreitet ist, kennen die Indianer es als „Pflanze des weißen Mannes". Stramonium wurde von den Ärzten des 17. Jahrhunderts hoch geschätzt und dem Gebrauch von Laudanum vorgezogen,

Ysop und ***männlicher Farn*** wurden vor dem Zeitalter der modernen Medizin häufig benutzt, und Letzterer wird heute noch zur Behandlung eines Bandwurm-Befalls verwendet. Sie bewirkten nicht unbedingt sanfte, beruhigende Träume. Ysop, der heute noch als leichtes Beruhigungsmittel Einsatz findet, war ein bekanntes Schlafmittel, das schon in der Bibel erwähnt wird. Die Art der hervorgerufenen Träume hing vom Temperament des Träumers ab, schloss jedoch meist grauenhafte Bilder mit ein. Es ist gut möglich, dass diese Pflanzen von Kräuterkundigen benutzt wurden, um die Träume bestimmter Personen zu manipulieren.

In der heutigen Zeit gibt es viele Kräuter, die uns zu wohltuendem Schlaf verhelfen können und auf diese Weise unsere Träume leichter zugänglich machen. Anders als die oben genannten versuchen diese Kräuter nicht, unsere Träume zu beeinflussen; man kennt sie unter den Namen Hypnotika oder Schlafmittel. Unterschiedliche Kräuter wirken für unterschiedliche Menschen, daher sind sie in alphabetischer Reihenfolge aufgeführt, ohne irgendeines zu bevorzugen:

Baldrian ist in vielen amtlichen Arzneibüchern vertreten und wird als Beruhigungsmittel bei nervlicher Anspannung eingesetzt sowie bei Schlaflosigkeit aufgrund dieser Anspannung. Er kann als Aufguss, Tinktur oder in Form von Kapseln verwendet werden.

Helmkraut hat die allerbeste beruhigende Wirkung. Es beeinflusst das zentrale Nervensystem und hilft insbesondere bei nervlichen Erschöpfungszuständen. Man kann es als Aufguss oder als Tinktur einnehmen.

Hopfen wirkt auf das zentrale Nervensystem und ist ein wirksames Mittel gegen Schlaflosigkeit. Er kann als Aufguss oder Tinktur zum Einsatz kommen, jedoch nicht bei Depressionen.

Hundholzbaum ist ein Fischgift und sollte daher mit Vorsicht behandelt werden. Als Absud oder Tinktur hilft er in Fällen von Schlaflosigkeit und bei gestörtem Schlafrhythmus.

Mistel ist ein entspannendes Nervin, das das Nervensystem beruhigt. Sie kann als Aufguss oder Tinktur Anwendung finden, wobei ausschließlich junge, beblätterte Zweige genommen werden dürfen und nicht die Beeren.

Passionsblume entfaltet ihre Wirkung, ohne eine Katerstimmung zu hinterlassen, und ermöglicht dadurch jenen, die regelmäßig unter Schlaflosigkeit leiden, erholsamen Schlaf. Man nimmt sie am besten in Form eines Aufgusses oder einer Tinktur ein.

Wilder Salat ist von unschätzbarem Wert bei Ruhelosigkeit und Reizbarkeit und wirkt gleichzeitig beruhigend und schlaffördernd. Er wird normalerweise als Aufguss oder Tinktur eingenommen und ist besonders hilfreich bei Kindern.

Nervine haben eine wohltuende Wirkung auf das Nervensystem. Zu den Nervinen, die gleichzeitig Relaxantien sind, gehören: Eisenkraut, Frauenschuh, Günsel, Hafer, Kamille, Lavendel, Melisse, Pfefferminze, Pulsatilla und Schwarze Mehlbeere.

Kristalle

Kristalle sind ein wesentlicher Bestandteil des Kennenlernens und Verstehens der eigenen Persönlichkeit. Die im Folgenden genannten Kristalle sind allesamt dem Schlaf und dem Träumen förderlich:

Betaquarz soll beim Entschlüsseln von Träumen helfen.

Chinesischer Schriftstein ist porphyrisch und weist Muster auf, die an chinesische Schriftzeichen erinnern. Der Stein hilft uns, ins Traumstadium zu gelangen und die Träume gezielt zu lenken.

Diaspor sorgt dafür, dass man sich klar und deutlich an seine Träume erinnert.

Grüner Saphir unterstützt die Erinnerung von Träumen.

Jade ist auch bekannt als Traumstein und hilft bei der Lösung von Träumen und der Freisetzung von Gefühlen. Legen Sie ihn unters Kopfkissen, wenn Sie erfolgreich träumen möchten.

Jaspis (roter) ermöglicht die bildhafte Erinnerung von Träumen, so als sähe man ein Video, und ist sehr hilfreich bei der Technik des Träumens in Fortsetzungen.

Kyanit beruhigt und klärt und verhilft zu einem guten Erinnerungsvermögen und zufrieden stellenden Traumlösungen.

Lapislazuli vermittelt Einsichten in die eigenen Träume und ermöglicht eine Verbindung zum Höheren Selbst.

Manganit verbessert den Traumzustand und unterstützt das Gedächtnis sowohl während des Träumens, als auch hinterher.

Opal, der Stein des „glücklichen Traums“, verdeutlicht das Potenzial des Träumers.

Rhodonit macht Träume besonders lebendig und ermöglicht ein „Festhalten“ des Traums, während dieser schriftlich oder mündlich aufgenommen wird.

Rubin schützt vor unangenehmen Träumen.

Sterngranat hilft dem Träumer, seine Träume zu erinnern, insbesondere solche, die einen „chaotischen“ Zustand bereinigen.

Grundlagen der Traumdeutung

Dieses Kapitel befasst sich mit einfachen Erläuterungen von Symbolen und Traumbildern, die es dem Leser ermöglichen, einzelne Bilder selbst zu interpretieren und so einem Traum eine umfassendere Bedeutung zuzuordnen. Er wird ebenfalls in die Lage versetzt, die Beziehungen, die zwischen vielschichtigen Bildern bestehen, zu entschlüsseln und auf diese Weise zu einer klareren Deutung gelangen, die ihm vielleicht sogar neue Einsichten in seine Psyche gewährt.

Die Sprache der Träume

Das Erste, was man sich bei der Arbeit mit Träumen ansehen sollte, ist die Situation oder die Umgebung, in der der Träumer sich im Traum befindet. Hierbei erhält man wichtige Hinweise auf das grundlegende „Gefühl“ des Traumes: Wenn man zum Beispiel träumt, dass man sich in einem riesigen Gebäude befindet, bedeutet das, dass man erstens über die eigene Person und zweitens darüber träumt, wie man sich selbst im Zusammenhang mit seiner gegenwärtigen Lebenslage fühlt. Wenn man träumt, dass man sich in diesem Gebäude verirrt, kann das heißen, dass man sich über die eigenen Fähigkeiten nicht ganz im Klaren ist, und wenn es sich außerdem um ein Bürogebäude handelt, sollte man sich im täglichen Arbeitsbereich nach der Lösung umschauen. Der Träumer könnte dann den Traum zu seiner augenblicklichen Lebenssituation in Beziehung setzen und vor diesem Hintergrund herausbekommen, worauf das träumende Ich ihn aufmerksam machen will.

Anschließend folgt das Entschlüsseln der verschiedenen Bilder: Diejenigen, die für die Situation des Träumers relevant sind, können als Symbole dafür gesehen werden, was sich auf einer sehr versteckten Bewusstseinsebene abspielt. Dabei besteht die Möglichkeit, dass die Träume selbst Symbolik verwenden, so dass der Träumer versuchen muss, die Bedeutung zu entdecken, die sich hinter dem Traum verbirgt, anstatt sich nur mit dessen Oberfläche zu beschäftigen. So wie ein Kind lernt, dass bestimmte Worte Platzhalter für bestimmte Gegenstände sind, beginnt der Träumer, seine ganz persönliche Traumsprache zu verstehen. Die Figuren im Traum besitzen dann eine Bedeutung innerhalb des geschaffenen Dramas, und am Ende fügen sich alle Teile zu einem Ganzen zusammen, das dem Träumer eine bestimmte Botschaft vermitteln soll – denn jeder Traum vermittelt irgendeine Botschaft auf einer der Bewusstseinsebenen.

Die Geschichte, die im Traum erzählt wird, hat keine festgelegte Szenenfolge; die Schnitte springen scheinbar ohne eine bestimmte Ordnung vom einen zum anderen. Wenn wir jedoch davon ausgehen, dass der Geist subjektiv die Dinge hervorhebt, auf die der Träumer aufmerksam gemacht werden soll, dann gibt es in der Tat eine gewisse Ordnung: Das Thema des Traums ist dann der entscheidende Leitfaden, und nicht etwa eine anderweitig sinnvolle Reihenfolge. Ist das Thema des Traums erst einmal enthüllt, können die unterschiedlichen Aspekte aufgeschlüsselt werden, und die Traumsymbole werden auf das Individuum zugeschnitten interpretiert. Die einzige Deutung, die wahrhaft Gültigkeit besitzt, ist unsere eigene, obwohl wir natürlich andere um Hilfe bitten können, die gelernt haben, die Traumsprache zu verstehen. So wie das Sprachmuster eines jeden Menschen seine persönlichen Züge trägt, so verhält es sich auch mit der Traumterminologie.

Es kann nicht oft genug betont werden, dass die Trauminterpretation eine höchst individuelle Beschäftigung ist. Denjenigen, die genügend Geduld besitzen, vermittelt sie aufgrund ihrer Einzigartigkeit Einblicke in die zahlreichen Facetten der Persönlichkeit. Einer dieser Einblicke kann sich z. B. auf die Art der Träume beziehen.

Traumarten

Es gibt verschiedene Traumtypen, deren wir uns bewusst sein sollten.

Wiederkehrende Träume

Die meisten Menschen werden sich an wiederkehrende Träume der einen oder anderen Art erinnern. Häufig tauchen solche Träume als Antwort auf bestimmte Umstände im wachen Leben des Träumers auf, wenn die Umgebung, die Personen oder die Handlungen gleich oder ähnlich sind. Ein wiederkehrender Traum verweist z. B. auf eine belastende Situation, der wir auf den Grund gehen müssen, um sie zu bewältigen. Die meisten Wiederholungsträume haben mit irgendeinem Persönlichkeitsaspekt des Träumers zu tun, mit dem er sich noch nicht genug auseinander gesetzt hat. Es ist, als sei die Nadel auf der Platte hängen geblieben, und ein Teil der Melodie wird ständig wiederholt, bis das Problem erkannt ist.

Bestimmte Traumteile können ebenfalls wiederholt werden, um auf einzelne Elemente einer besonders schwierigen Situation hinzuweisen, die der Träumer erkennen soll. Dabei erscheinen diese Sequenzen in immer wieder anderen Traumumgebungen.

Der gängigen Meinung zufolge sind wiederkehrende Träume diejenigen, in denen die wichtigsten Elemente übereinstimmen. Vielmehr ist es jedoch so, dass es Träume sind, die das gleiche Thema oder gleiche Themen behandeln.

Angstträume

Häufig hinterlassen Begebenheiten aus der Kindheit ihre Spuren in der Psyche, und der Träumer muss sich später mit den Spuren dieser Ängste in Träumen auseinandersetzen, in denen sie immer wieder an die Oberfläche treten. Angstträume prägen sich dem Gedächtnis leichter ein als andere, ganz einfach weil ihr emotionaler Inhalt schwieriger zu handhaben ist und nicht so gut verstanden wird. Träume gestatten uns oft, dort mit Ängsten besser umzugehen als im wachen Zustand, da die Angst darin zwar durchlebt, aber auch darin zurückgelassen werden kann. Angstträume haben oft mit einem Aspekt der Erbringung von Leistung zu tun, der Tatsache, dass wir uns in einem guten Licht präsentieren wollen. Dies geht meist auf unser Bedürfnis des „Sicheinpassens" in die Welt, in der wir leben, zurück und basiert auf dem Bild, das wir als Kind von uns selbst hatten. Wenn wir nicht das Gefühl haben, dass wir das, was passiert, unter Kontrolle haben, schleichen sich Angstträume ein.

Präkognitive Träume

Es ist immer schwer, präkognitive Träume nachzuweisen, da genau genommen der Traum schon bevor das geträumte Ereignis tatsächlich eintritt (am besten schriftlich) festgehalten und berichtet werden müsste. Zu behaupten, dass man es schon vorher wusste, ist hinterher immer einfach. Erst in letzter Zeit wurde dieses Problem auf eine wissenschaftlichere Weise angegangen und die quantitative Analyse zu Rate gezogen.

Menschen haben jedoch auch einzelne präkognitive Träume, die auf der Kenntnis ihrer selbst und der Menschen in ihrer Umgebung beruhen. Sie entziehen sich obiger Analyse, und nur der Träumer wird die Bedeutung des symbolischen Ereignisses des Traums erkennen. Indem wir ein Traumtagebuch führen, wird es möglich, einen Nachweis der Entwicklung dieser „persönlichen präkognitiven Träume“ anzulegen und eine Liste von erkennbaren Symbolen zusammenzustellen. Diese Symbole können sich z. B. auf einen Ort, ein Gefühl oder eine bestimmte Traumfigur beziehen.

Prophetische Träume

Eine Untergruppe präkognitiver Träume sind die prophetischen Träume, insbesondere diejenigen, die das Schicksal eines Babys vorhersagen. Wir haben bereits gesehen, dass im Altertum die Gabe des Traums – d. h. die Fähigkeit, mit dem Göttlichen Verbindung aufzunehmen – der Priesterschaft und den Frauen zugestanden wurde. Durch ihre Fähigkeit der Intuition schienen Frauen in der Lage zu sein, diese Verbindung viel leichter herstellen zu können. Bei den Druiden in Gallien und Irland kamen auf einen Propheten zehn Prophetinnen.

Es scheint, als ob während einer Schwangerschaft die Mutter zu dem Ungeborenen eine Verbindung herstellt und über Träume Informationen empfangen kann, die das zukünftige Schicksal des Kindes betreffen. In der Mahabharata wird überliefert, dass Devali, die Mutter Krishnas, im Traum Prophezeiungen der Priester vernahm und daher wusste, dass ihr Kind ein göttliches sein würde.

Solcherlei Träume ziehen sich durch die Geschichte, und es ist vielleicht fraglich, ob die Träume der Mutter nicht Auswirkungen auf die Entwicklung des Kindes hatten, indem sie für eine passende Umgebung und Ausbildung sorgte – oder ob das Baby göttlich war und dies seiner Mutter während der Schwangerschaft mitteilte. Auch die Mutter des Zarathustra, der später den Parsismus in

Indien und Persien begründete, träumte in der Schwangerschaft, dass ihr Sohn göttlich sein würde.

Es heißt, dass das „Evangelium der Maria“ von Jakobus, dem Sohn des Josef verfasst wurde, und es zeigt, dass Maria, ihre Mutter Anna und auch ihre Base Elisabeth (die Mutter des heiligen Johannes) Prophetinnen waren und als Frauen galten, die „mystische Träume“ hatten. Man sagte zwar, Marias Träumen fehle die übliche Intensität der orientalischen Bildersprache, doch das Evangelium wurde von den frühen Christen als echte Schrift anerkannt – und wird es in der Tat heute noch von einigen orientalischen Kirchen. Erst zu Beginn des 14. Jahrhunderts ordnete man sie den Apokryphen zu. Es scheint, dass der Glaube der frühen Christen sich häufig in Mutter-Träumen niederschlug. Über die Jahrhunderte hinweg haben jedenfalls Berichten zufolge noch viele andere Mütter geträumt, dass ihre Söhne zu Großem bestimmt seien.

Auch heute noch scheinen Frauen auf einer unterschwelligen Ebene Informationen über ihre Kinder empfangen zu können oder deren Zukunft zu träumen, so dass sie ihr späteres Schicksal nicht sonderlich überrascht.

Albträume

Die negative Seite des Träumens lässt sich in Albträumen zusammenfassen. Es scheint, als ließen sie sich auf sechs Hauptursachen zurückführen, von denen die meisten in der Kindheit begründet sind. Albträume, die von Verlusten und Entbehrungen handeln, scheinen mit den Traumata und den Schwierigkeiten des Geburtsvorgangs verknüpft zu sein. Auch Träume, die sich mit der Angst vor einem Angriff auseinander setzen, scheinen sich um dieselbe Situation und die Angst vor inneren Motiven zu drehen. Sie alle sind verbunden mit dem elementaren Bedürfnis nach Nahrung, Wärme und Schutz. Die hilflose Wut, die ein Versagen der Befriedigung dieser Bedürfnisse in dem Kind auslöst, kann später in Form von Albträumen an die Oberfläche treten. In letzter Zeit sind viele Untersuchungen zum „Posttraumatischen Stresssyndrom" durchgeführt worden, die die Hypothese bestätigen, dass der Schmerz eines durchlebten Traumas erst viele Jahre später auftauchen kann. Es scheint, als sei dem Gehirn nicht die Möglichkeit gegeben worden, den Schock so weit zu verarbeiten, dass der, der ihn erlitten hat, sich davon erholen kann. Dies trifft auf viele Fälle des Kindesmissbrauchs zu, in denen die Opfer noch Jahre später unter diesbezüglichen Albträumen leiden. Die Motivation des Überlebens kann sich bei Erwachsenen auch als eine Angst vor der Zukunft, dem Wandel und dem Wachstum äußern – im Großen und Ganzen ist es eine Angst vor dem Unbekannten.

Viele Albträume enthalten ein Gefühl der Vorahnung, und so mancher würde sie daher als präkognitive Träume bezeichnen. Auch schwere Krankheiten, mit ihren Sorgen und Ängsten in Bezug auf den Tod, können Albträume verursachen. In diesem Fall können Therapie und Beratung Hilfe leisten.

Sexuelle Träume

Sexuelle Träume treten häufig zu Zeiten in Erscheinung, in denen das Individuum in sogenannten primitiven Gesellschaften an verschiedenen Initiationsriten teilnehmen würde. Moderne Menschen kennzeichnen zwar Zeiten, wie die Pubertät, die Geburt und den Übergang ins hohe Alter, nicht mehr mit Zeremonien, doch sexuelle Träume – d. h. die Integration eines Teils der Persönlichkeit in einen anderen Teil – erfüllen noch immer diese Funktion.

Es ist oft sinnvoll für den Träumer, die Art seines Traumes zu erkennen und zur weiteren Verwendung festzuhalten – hier kommt das Traumtagebuch ins Spiel, insbesondere, wenn es sich um eine Serie von Träumen handelt. Viele dieser Serien beschäftigen sich mit den Archetypen (Urbilder von Idealen, die jeder von uns in sich trägt), und im Folgenden sollen diese kurz erläutert werden.

Archetypen

Im Mittelalter, lange Zeit bevor die moderne Psychologie ins Spiel kam, war man der Ansicht, dass jeder Mann eine Frau in sich trug. Obwohl erst C. G. Jung die Anima (das Weibliche, das in uns steckt) als solche benannte – ebenso wie die verschiedenen anderen Seiten der Persönlichkeit – erkannte man schon lange vorher, dass der Art des menschlichen Denkens eine Dualität zu Eigen war. Es war, als ob er ein inneres Pendel besaß, das hin und her schwang, bis es schließlich die gegensätzlichen Vorstellungen zu einem vereinigten Ganzen versöhnen konnte. Heute wissen wir, dass das Unbewusste Informationen durch Vergleiche und Gegenüberstellungen zu ordnen scheint. Wenn wir eine Disharmonie in unserer Persönlichkeit wahrnehmen, sei es nun zwischen dem inneren und dem äußeren Ich, oder dem männlichen und weiblichen usw., neigen wir dazu, in Paaren zu träumen (männlich / weiblich, alt / jung, klug / dumm). Träume wurden stets dazu benutzt, Dingen einen Sinn zu geben, denen mit alltäglichen Begriffen nicht beizukommen war, und vielleicht bietet es sich an, direkt zu Beginn diejenigen Teile der Persönlichkeit zu definieren, denen in der modernen Welt eine eigene Berechtigung zugestanden wird.

Es gibt drei wesentliche Aspekte der Persönlichkeit, die sich immer wieder in Träumen manifestieren: den Schatten, den Animus oder die Anima, und das Ego. Viele von uns bemerken diese Facetten unserer Persönlichkeit, wenn wir sie nicht länger leugnen oder unterdrücken können, und eine Arbeit mit den Bildern, die im Traum erscheinen, kann hier von großem Nutzen sein. Manchmal zeigen sich die Archetypen in Bildern von Menschen, die wir kennen, manchmal auch als erfundene Figuren oder solche aus Mythen und Märchen. Sie können sogar in Form von Vögeln oder anderen Tieren in Erscheinung treten. Aus diesem Grund werden sie in dem vorliegenden Band in separaten Kategorien abgehandelt, die dem A-Z-Teil des Buches vorangestellt sind und so leichter nachgeschlagen werden können (siehe S. 131 ff.).

Der Schatten

Die schwierigste Seite unserer Persönlichkeit wird als der Schatten bezeichnet und ist der Inbegriff der schlimmsten Fehler und Schwächen, die wir besitzen. Er erscheint im Traum als eine vage, instinkthafte Figur, die der Träumer in der Regel nicht erkennt oder vor der er sich irgendwie fürchtet. Anfangs taucht der Schatten hinter dem träumenden Ich auf und gehört meist dem anderen Geschlecht an; aus diesem Grund kann man ihn zu diesem Zeitpunkt leicht mit dem Animus oder der Anima verwechseln. Erst später erkennt der Träumer, dass der Schatten dem gleichen Geschlecht angehört wie er selbst. Er ist der Teil der Persönlichkeit, der vernachlässigt wurde und unentwickelt blieb, und der in sich all jene Eigenschaften vereint, die unterdrückt und abgelehnt wurden, und noch andere, die nie erkannt worden sind. Der Schatten ist der Teil von uns, der hinter unseren übrigen Eigenschaften verborgen wurde, weil er uns Furcht einflößt und wir mit ihm nicht fertig werden.

Animus/Anima

Den Aspekt der Persönlichkeit eines Mannes, der alles Instinktive, Feminine und Sensitive in sich vereint – kurzum, jene Eigenschaften, die zum anderen Geschlecht gehören – bezeichnet man als Anima. Die männlichen Eigenschaften der Logik und der Objektivität werden in einer Frau als Animus bezeichnet. Beide Figuren sind idealisierte Wahrnehmungen des jeweils anderen Geschlechts, die durch Erfahrungen und Traumata entstellt werden. Keine Person kann auch nur annähernd dem Weiblichen im Mann oder dem Männlichen in der Frau entsprechen, doch wenn junge

Menschen ihre ersten Beziehungen außerhalb des Familienkreises eingehen, projizieren sie gewöhnlich ihr eigenes Ideal des anderen Geschlechts auf den Partner. Infolgedessen stoßen sie auf Probleme, wenn diese Person in keiner Weise dem Ideal entspricht. Diese Verwechslung des inneren Ideals mit der äußeren Realität kann das ganze Leben lang in der Beziehung zwischen Mann und Frau Probleme bereiten.

Es ist möglich, diese Figuren zu verstehen, und sie als das zu akzeptieren, was sie sind. Häufig werden sie durch Träume zur Grundlage unseres Verständnisses des anderen Geschlechts, und gleichzeitig helfen sie uns, uns unserem Inneren gegenüber zu öffnen und ein Potenzial der Kooperation zwischen den männlichen und weiblichen Teilen unserer Persönlichkeit zu nutzen. Wird dieses Potenzial der inneren Vereinigung missachtet oder falsch behandelt, ist es wahrscheinlich, dass der Mensch von der Verbindung zu den bedeutungsvollen Aspekten des anderen Geschlechts abgeschnitten wird. Es ist dann mehr als wahrscheinlich, dass der Mann sich in einer höchst instabilen, möglicherweise fast neurotischen Weise verhält, während die Frau streitsüchtig und aggressiv werden kann.

Das Ego

Wenn wir im Traumzustand beobachten, was dort geschieht, ist der Teil, der zur Seite tritt und die Vorgänge analysiert, das Ego. Im Traum werden uns die Reibereien zwischen ihm und anderen Aspekten unserer Persönlichkeit erst richtig bewusst. Das Ego ist der Teil von uns, der in unserer Wirklichkeit in der Welt einen Sinn sucht und findet; wir müssen jedoch auf der Hut sein, denn sonst kann sein Bedürfnis nach innerer Korrektheit – eine Art Selbstbetrug – diese Realität negativ beeinflussen.

Wenn sich das Ego von anderen Teilen der Persönlichkeit abspaltet, wird unsere Wahrnehmung von der Welt, in der wir leben, verzerrt. Es fällt uns dann schwer, irgendetwas anderes zu akzeptieren, als nur unsere eigene Sicht der Welt, wir werden selbstsüchtig und engstirnig und haben Schwierigkeiten in unserem Verhältnis zu anderen Menschen. Schreitet dieser Prozess zu weit fort, versuchen andere Aspekte über Träume das Gleichgewicht wieder herzustellen. Eine Ausgewogenheit kann z. B. durch die Entwicklung objektiver Selbstkritik und eine Beachtung unserer Fantasien mit viel Geduld erzielt werden. Als Ausgleich zwischen der Vernunft und der Fantasie muss das Ego darum unter Kontrolle gebracht werden, obwohl es nie ganz aufgegeben werden kann.

Das Wahre Selbst

In jedem von uns steckt ein Potenzial zur wahren schöpferischen Tätigkeit, das wahrscheinlich zuerst über Träume mit uns in Verbindung treten wird. Dieses Wahre Selbst erscheint anfangs als eine Figur oder eine Möglichkeit, die in die Zukunft gehört, doch während die anderen Aspekte der Persönlichkeit angemessen vereint werden, wird das Individuum in seinem wachen Leben in der Lage sein, in seinem Innern das vollständige, reale, vielseitige Selbst zu offenbaren. Wenn der Träumer lernt, mit archetypischen Bildern zu arbeiten, und außerdem bereit ist, sich die Mühe zu machen, diese verstehen zu lernen, übernehmen die Traumfiguren ihre Rolle und wirken bei der Schaffung einer tragfähigen Wirklichkeit mit, die sich in der realen Welt in Form von besseren Beziehungen, größeren Erfolgschancen und einer glücklicheren Lebensweise niederschlägt. Damit haben sie ihre Aufgabe erledigt, und es ist nun weniger wahrscheinlich, dass sie im Traum erscheinen, außer zu Zeiten von Stress und traumatischen Erlebnissen. Das innere Selbst ist randvoll gefüllt mit Potenzial, das durch den Einsatz des geeigneten Stimulus als Kraft genutzt werden kann. Wenn wir das Wahre Selbst nutzen, um unsere Fähigkeiten abzuschätzen, so bewirkt dies einen effizienteren Einsatz der Energie, die uns allen zu Eigen ist.

Zum eingehenderen Verständnis der Archetypen

Persönliches Wachstum findet statt, während wir lernen, die zahlreichen Facetten unseres Charakters zu verstehen und zu integrieren, doch jeder Aspekt der Persönlichkeit muss letzten Endes in seiner eigenen Sphäre wachsen und ein Gleichgewicht erreichen, ohne die Ziele der anderen zu stören. Es ist von grundlegender Bedeutung, das richtige persönliche Ziel im Auge zu behalten. Während jeder Teil des Charakters heranreift, sind wir in der Lage, die Art, auf die wir in der Welt agieren, immer besser nachzuvollziehen. Ergibt sich ein Konflikt zwischen den verschiedenen Aspekten, kann der Prozess zwar schmerzhaft sein, er sollte aber nicht zerstörerisch wirken, wenn wir ihn – mit Hilfe von Träumen – verstehen. Die Wechselwirkung der Archetypen sollte den Charakter verbessern und schärfen, und die Teile, die wir als getrennte Einheiten ansahen, bevor wir sie verstanden, sollten uns vertraut und kontrollierbar erscheinen und in die geeinte Persönlichkeit vollständig integriert sein. Auch dies vermittelt wiederum einen Zugang zu den höheren Aspekten der Kreativität.

Der Schatten

Wird ein Teil unserer Persönlichkeit unterdrückt oder vergessen, so kann er häufig eine Gestalt annehmen, die man als persönlichen Dämon bezeichnen könnte. Jeder hat seinen individuellen Schatten, seine schlechteste Seite, die nicht anerkannt worden ist. Seinem Schatten zu begegnen ist eine schmerzliche Erfahrung: Der Schmerz, uns selbst so zu sehen, wie wir in unseren schlimmsten Momenten wirklich sind, kann beinahe unerträglich sein und schlägt sich oft in Albträumen nieder. Ein Weg, um dem Schatten zu begegnen, ist derjenige, sich alle die Dinge vorzustellen, die wir an anderen am meisten hassen, alles das hinzuzufügen, was wir im Verhalten von Menschen gegenüber ihren Mitmenschen nicht akzeptieren können, und sich auszumalen, was für eine Person dies wohl ergeben müsste. Sie ist alles, von dem wir hoffen, dass wir es nicht sind, aber fürchten, dass wir es sein könnten – und wenn wir den Mut haben, andere um eine Einschätzung unseres Charakters zu bitten, werden wir unglücklicherweise vielleicht feststellen, dass sie genau diese Eigenschaften an uns wahrgenommen haben. Der sensible Künstler kann einen vollkommen egoistischen Schatten haben; Menschen, die großes Mitgefühl besitzen, können einen grausamen, herrischen Schatten haben, wenn man ihre Pläne durchkreuzt; der unerschrockene Bergsteiger muss erst seine Angst, sich lächerlich zu machen, überwinden, bevor er Erfolg haben kann.

Wenn wir in der Lage sind, diesem furchtbaren inneren Wesen mit Integrität zu begegnen, lernen wir, unsere eigenen Unzulänglichkeiten zu akzeptieren, und lernen aus dieser Akzeptanz, die übrige Realität auf ehrliche und offene Weise zu sehen. Im Traum erscheint der Schatten häufig als jemand, für den wir starke, negative Gefühle hegen, vor dem wir Angst haben oder den wir beneiden, den wir aber kaum ignorieren können. Wir sind einen Schritt weiter, wenn wir erkennen, dass wir durch die Träume eine Möglichkeit erhalten haben, solche Gefühle besser an die Oberfläche zu holen, als sie zu ignorieren. Dies ist der Weg zum größeren Verständnis für andere und zu einer neuen Wahrnehmung des Unbewussten. Wenn wir den Mut haben, uns dem Schatten zu stellen – diese negativen Verhaltensweisen in uns zu entdecken – dann befinden wir uns auf dem Weg zur Ganzheit. Wir können zugeben, dass der Schatten existiert, und ihn als das erkennen, was er ist: Eine Verzerrung der wahrgenommenen Realität, die oft noch durch Missverständnisse aus der Kindheit verstärkt wird.

Ein Kind verspürt vor allem das Bedürfnis, Dinge ganz nah bei sich in seiner Welt zu haben, und beginnt sehr früh damit, sich eine eigene Realität zu schaffen, in der dies möglich ist. Dies bedeutet oft, dass es Teile der Persönlichkeit unterdrückt, die es als unpassend empfindet, weil dies der einzige Weg ist, mit ihnen fertig zu werden. Es bedeutet ebenfalls, dass das Kind Projektionen der Persönlichkeit anderer Menschen akzeptiert, weil es nicht genügend Informationen besitzt, um ihre Gültigkeit in Frage zu stellen. Der Konflikt zwischen der inneren Persönlichkeit und der äußeren Information entwickelt sich äußerst destruktiv, entweder auf einer inneren oder auf einer äußeren Ebene, und es entsteht eine Art Grauzone, in der alles liegt, was nicht verstanden oder nicht richtig verarbeitet wurde. Das Träumen kann uns dazu befähigen, den Schatten auf eine solche Weise in die Persönlichkeit zu integrieren, dass wir in der Lage sind, uns sowohl auf der inneren wie auf der äußeren Ebene besser auszuleben. Träume können uns auf die Notwendigkeit einer Integration aufmerksam machen und gleichzeitig den Prozess unterstützen.

Durch Träume können wir oft wieder Verbindung zu jenen normalen Gefühlen, richtigen Reaktionen und kreativen Fähigkeiten aufnehmen, die wir zusammen mit den negativen und zerstörerischen Seiten unserer Persönlichkeit unterdrückt und verschüttet haben. Wenn diese Energie gezügelt und verstanden wird, entwickelt sie sich von einem gefährlichen Feind zu einer Kraft, die uns voranbringt.

Ein Wort der Warnung ist bei der Arbeit mit Archetypen jedoch angebracht. Es ist nicht sinnvoll, sich entweder völlig auf den inneren Bereich oder aber die äußere Realität zu konzentrieren, ohne die Fülle unseres Lebens einzuschränken. Wir laufen Gefahr, wieder Fantasien und Illusionen zu schaffen. Der introvertierte Mensch muss beginnen, die äußere Realität zu erfahren, und der extrovertierte, das innere Selbst zu erforschen. Dies ist eine neue Erfahrung, die es uns ermöglicht, das Leben auf eine ungekannte, innovative Weise zu empfinden, was zu Anfang vielleicht nicht immer angenehm ist. Der Extrovertierte stellt möglicherweise fest, dass er eine Zeit lang nicht in der Lage ist, mit seiner Beziehung zur Außenwelt zurechtzukommen, während der Introvertierte vielleicht sein Gefühl des inneren Friedens verliert.

Anima / Animus – Das jeweils andere Geschlecht

Anima

Dies ist die gefühlsmäßige und hellsichtige Seite in der Natur des Mannes. Alle Frauen, die er je gekannt hat, vor allem jedoch seine Mutter, tragen zur Bildung seiner Vorstellung vom Weiblichen bei und verleihen der femininen Energie, die er in sich trägt, eine Richtung. Im Traum kann sich diese weibliche Figur in Form einer unbekannten, idealen Frau offenbaren, als Aspekte bestimmter Frauen, die der Träumer kannte, oder sogar als weibliche Gottheiten.

Träume versuchen, unausgeglichene bewusste Einstellungen wieder ins Gleichgewicht zu bringen. Die Anima erscheint häufig, wenn ein Mann eine schöpferische Inspiration benötigt oder wenn er seine weibliche Seite nicht benutzt, indem er z. B. alles, was er ist, in seine männliche Seite zwingt. Während er sich des inneren Weiblichen bewusster wird, entwickelt der Träumer echtes Gefühl und kann in sich selbst die weiblichen Eigenschaften der Offenheit, Sympathie und ähnliche Einfühlsamkeit und anpassungsfähige Charakteristika akzeptieren. Gelingt es ihm nicht, diese weiblichen Attribute zu verwirklichen, wird man ihn als zu strikt oder verantwortungslos empfinden. Das unterdrückte Weibliche kann ebenfalls in plötzliches launenhaftes und irrationales Verhalten ausbrechen. Der Träumer wird außerdem ständig sein eigenes negatives Bild des Weiblichen auf jede einzelne Frau projizieren, die er trifft, und wird nicht begreifen, warum alle Frauen dieselben Fehler zu haben scheinen. Er wird dieses Bild auch auf ein „unerreichbares" Objekt projizieren und einem richtigen Kontakt mit dem anderen

Geschlecht aus dem Weg gehen. Wenn man ihr einen Strich durch die Rechnung macht, verwandelt sich die Anima in die durch und durch negative weibliche Illusion, die alles um sich herum zerstört. Diese Seite der Persönlichkeit wird nur dann zu einer Verbündeten und führt den Mann zur inneren Weisheit, wenn er sich seiner destruktiven Seite stellt und lernt, mit der Energie, die ihm zur Verfügung steht, umzugehen.

Animus

Den männlichen Teil der Persönlichkeit einer Frau bezeichnet man als Animus. Die vernünftige, vorausschauende Seite ihres Ichs und ihre Fähigkeit, Selbstbewusstheit zu entwickeln – also das innere Maskuline – wird von ihren ersten Kontakten mit dem Männlichen beeinflusst. Wenn die Männer in ihrer Umgebung sich in ihrem eigenen Verständnis ihrer selbst nicht entwickelt haben, dann wird der Animus einer Frau diesen Mangel an Verständnis übernehmen. Sobald sie jedoch lernt, ihren inneren männlichen Teil richtig zu integrieren, wird sie sich weiterentwickeln. Während der Animus bei jeder Frau vollkommen anders ist, wird sie erst in der Lage sein, ihn als natürlichen Führer zu den tieferen Schichten ihrer Persönlichkeit zu nutzen, wenn es ihr gelingt, diese Seite ihrer selbst zu fördern und sie beinahe als eine völlig getrennte Persönlichkeit zu betrachten. Sie stellt sich dann die Frage: „Was würde ich tun, wenn ich ein Mann wäre?"

Der Animus erscheint gewöhnlich im Traum um zu betonen, dass die Frau die männlichen Züge ihrer Persönlichkeit entwickeln muss. Es kann eine Frau verwirren, wenn ihr Urteilsvermögen durch die üblichen Vorstellungen getrübt ist, die sie für ihre eigenen hielt und bisher nie in Frage stellte. Diese Ansichten sind als Wahrheiten an sie weitergereicht worden und sie war nicht bereit, ihre eigene innere Philosophie zu Rate zu ziehen. Erst wenn sie lernt, ihr eigenes Urteilsvermögen zu entwickeln, kann sie das

Männliche in ihrem Inneren gut nutzen, ohne das Bedürfnis überzuentwickeln, mit Männern konkurrieren zu wollen oder in Bezug auf andere Frauen zerstörerisch zu wirken. Eine Frau muss die Seite ihres Ichs entwickeln, die urteilen kann, ohne voreingenommen zu sein, die eine Strategie entwerfen kann, ohne unflexibel zu sein, und die eher absichtlich als instinktiv ihre innere Realität im Griff behalten kann.

Wie die Anima auf die Frauen, so kann der Animus auf die Männer in der Umgebung der Frau projiziert werden, und wenn die negative Seite des Animus ihre Fähigkeit zu denken und zu planen beherrscht, dann kann sie starrsinnig und selbstsüchtig werden und denken, dass man ihr den Erfolg schuldig ist. Wenn sie nicht erkennt, dass sie ihre eigene männliche Seite widerspiegelt, wird sie ständig gereizt sein und feindselig gegenüber ihrem Partner. Beziehungen werden immer wieder in die Brüche gehen, bis sie erkennt, dass das Scheitern in ihrer Hand liegt. Wenn es ihr gelingt, für ihren Mangel an Einsicht die Verantwortung zu übernehmen, kann sie Fortschritte machen und wachsen, und mit ihr ihre Beziehungen.

Wenn wir mit dem Animus oder der Anima Verbindung aufgenommen haben, können wir sie in unser waches Leben integrieren und die frei gewordene Energie nutzen. Träume ermöglichen uns den Zugang zu den individuellen Eigenschaften, die jeden Menschen so einzigartig machen. Es mögen zwar Konflikte zwischen den männlichen und weiblichen Attributen bestehen, doch wenn erst einmal ein gewisses Gleichgewicht erreicht ist, kann die Integration des gesamten Charakters stattfinden. Dies führt zu einem höheren Bewusstsein – und macht das Leben erheblich einfacher.

Das Selbst

Weil unser wahres Potenzial uns aus der Zukunft zu sich lockt, kann die erste Erscheinung des Ichs in Traumform eine Figur sein, die uns ermutigt weiterzugehen. Das Selbst ist der Archetyp des Potenzials, das zwar immer präsent, aber nicht zu erkennen war, weil zuerst die Entwicklung der Persönlichkeit vollzogen werden musste, um es freizulegen. Später kann es zum Symbol der Ganzheit werden, mit dem wir im Hier und Jetzt arbeiten können, um eine tragfähige Zukunft zu schaffen. Das Selbst birgt das Geheimnis all der anderen Teile und ihrer letztendlichen Integration.

Wenn wir diesem Aspekt das erste Mal begegnen, nehmen wir ihn meist als eine heilige Figur wahr oder als irgendeinen Aspekt der Gottheit, die wir verehren (Christus, Buddha, Krishna usw.). Er ist die unbekannte, nicht fassbare, höhere geistige Eigenschaft, die in jedem von uns wohnt. Während wir mit dem Wissen, das wir von dieser Figur empfangen, immer vertrauter werden, erkennen wir, dass wir die Form und die persönlichen Attribute, die wir ihr verliehen haben, nicht mehr brauchen, sondern ein direktes Bewusstsein unserer Existenz erlangen können. Es ist vielmehr eine innere Führung, die wir verstehen und der wir vertrauen müssen; sie wird oft als ein Wissen wahrgenommen, das wir bereits besaßen, ohne dass wir uns dessen bewusst waren. Wir interagieren nicht nur mit anderen Menschen, sondern mit allem. Ohne die Interaktion, die sich auf jeder Ebene unseres Lebens ereignet, können wir nicht existieren, und wir müssen begreifen, dass wir letzten Endes alle Teil eines größeren Ganzen sind.

Wenn Bilder, die zu diesem Archetyp gehören, wie z. B. ein Guru, Gott, ein heiliges Tier, ein Kreuz, ein Mandala oder andere geometrische Formen im Traum in Erscheinung treten, sind wir bereit, die Vervollständigung unseres Wesens in Angriff zu nehmen. Wir sind dann in der Lage, unsere Selbstherrlichkeit hinter uns zu lassen und uns auf eine größere, höhere Wirklichkeit zuzubewegen, die wir nun zu schätzen wissen. Diese Wirklichkeit kann so sehr zu einem Teil unserer persönlichen Erfahrung werden, dass wir Gefahr laufen, zwischen den Bedürfnissen der physischen Welt und den Ansprüchen eines geistigeren Lebens die Orientierung zu verlieren. Nur durch die Bereitschaft, diese beiden miteinander zu verflechten und den Ansprüchen und Vorteilen beider Seiten Aufmerksamkeit zu schenken, leben wir unser Leben erfolgreich.

Erscheinen im Traum negative oder destruktive Symbole, wie z. B. Dämonen und Rachegötter, so werden wir darauf hingewiesen, dass wir die Macht des Ichs missachten. Oft entscheiden wir uns gerade an diesem Punkt, einen Vorstoß zu wagen und uns zum Besseren zu verändern. Tun wir dies nicht, wird uns die Veränderung möglicherweise sogar aufgezwungen.

Die Große Mutter / Mutter Erde

Dieser Archetyp ist die Verkörperung aller Aspekte der Weiblichkeit, d. h. positive wie auch negative. Auf der Suche nach diesem Ideal muss die Frau jede einzelne Funktion ihres Wesens nutzen und deuten. Sie muss lernen, Empfindungen, Gefühle, Denken und Intuition als ihre Werkzeuge zu nutzen und nicht als Waffen, und oft gelingt ihr dies durch Träume. Diese elementare Figur offenbart nicht etwa die nährende, bemutternde Seite der Frau, sondern ein spirituelles, weises Selbstbewusstsein. Alles Leben, und auch das instinkthafte Wissen um seine Prozesse, ist die Sphäre der Großen Mutter, und ihre Attribute können auf vielerlei Weisen entwickelt werden.

Das Ich einer Frau

Jede Frau ist selbst der Inbegriff der weiblichen Energie. Während sie heranreift, zeigen sich ihre Fähigkeiten in den Funktionen der Empfindung, des Gefühls, des Intellekts und der Intuition. Ihr Augenmerk liegt auf der nicht greifbaren Seite des Lebens, auf dem

Instinkt und dem Gefühl. Sie begreift die Prozesse des Lebens, des Todes und der Wiedergeburt. Idealerweise strebt sie danach, etwas zu erschaffen, ist sich aber gleichzeitig bewusst, dass sie in sich die Fähigkeit zur Zerstörung trägt. In dieser Zerstörung kann sie gnadenlos sein, weil sie keinen Sinn darin sieht, etwas beizubehalten, das fehlerhaft ist.

Jede Frau bemüht sich um den größtmöglichen Ausdruck ihrer einzelnen Funktionen, doch sie neigt dazu, ihren eigenen Unzulänglichkeiten entgegenzuwirken, indem sie versucht, durch ihren Partner ein Gleichgewicht zu finden. Der mütterliche Typ sucht z. B. eine Verbindung mit einem Mann, der „genährt" werden möchte. Diese Beziehungen funktionieren nur so lange, bis einer der Partner erkennt, dass er andere Seiten seiner eigenen Persönlichkeit entwickeln kann.

Der Alte Weise

Er ist der zentrale Archetyp für die gesamte Persönlichkeit des Mannes, weil er alle männlichen Charakteristika in sich vereint, die verstanden und integriert wurden. Wenn ein Mensch erkennt, dass die einzig angemessene Führung diejenige ist, die von innen kommt, erscheint oft der Alte Weise im Traum. Indem er aus dem tiefen Brunnen des Unbewussten schöpft, scheint ein Schützer und Verbündeter eine Quelle der Inspiration und des Verständnisses zu sein, zu beraten und notwendige Entscheidungen zu unterstützen. In dem Alten Weisen verbinden sich die Funktionen der Empfindung, des Gefühls, des Denkens und der Intuition.

Das Ich eines Mannes

Die Persönlichkeit eines Mannes drückt sich vor allem durch den Intellekt, die Logik und die Bewusstheit aus, obwohl die heutige Gesellschaft mitunter erreicht, dass er seine intuitive Fähigkeit verleugnet. Jeder Mensch reift durch die Entwicklung der Funktionen des Denkens oder des Intellekts, der Empfindung, des Gefühls und der Intuition. Für den Mann von heute wird die Trennung von der Mutter als ein Prozess der Individualisierung und der Entwicklung angesehen, und auch als das Bedürfnis, getrennt von – und doch verbunden mit – seinem unbewussten Selbst zu sein. Wenn ein Mann sich zu sehr auf einer intellektuellen, logischen Ebene verliert, werden seine Träume die Gefahr signalisieren, in der er sich befindet. Falls er sich daran erinnert, dass er seinem inneren Selbst nicht zuwiderhandeln sollte – indem er auf Kosten der anderen Aspekte seiner Persönlichkeit seine Macho-Seite entwickelt – wird er einen Zustand der Ausgewogenheit erreichen, der es ihm ermöglicht, zur übrigen Welt eine Beziehung zu finden, so wie er ist. Er braucht dann nicht zu versuchen, seine Unzulänglichkeiten durch seine Beziehungen zu kompensieren und kann als kohärentes menschliches Wesen seiner Bestimmung gemäß agieren.

Methoden der Traumdeutung

Da es heute so viele Lehrmeinungen in Bezug auf die Traumdeutung gibt, lohnt es sich, mit mehr als einer Methode zu experimentieren, um herauszufinden, ob der Traum all seine Erkenntnisse und nicht greifbaren Aspekte preisgibt. Hier sind einige Methoden, die Sie ausprobieren können:

Sorgen, Ängste und Zweifel

Es ist sinnvoll, sich Ihre Träume im Hinblick auf die Sorgen oder negativen Gefühle, die sie Ihnen bereiten, anzusehen. Wir neigen dazu, negative Träume eher zu erinnern als positive, und wenn wir herausfinden können, was uns auf einer tiefen Ebene in unserem Leben Sorgen macht, kann der Traum viel klarer gedeutet werden.

Assoziation

Diese Übung kann entweder mit dem ganzen Traum oder mit einzelnen Bestandteilen durchgeführt werden. Fragen Sie sich, welche Erinnerungen in Ihnen wachgerufen werden, und was Ihnen als Allererstes einfällt. Einige der Assoziationen werden Sie überraschen, andere dagegen relativ offensichtlich sein. Der Trick ist, trotzdem weiterzumachen, bis Ihnen nichts mehr einfällt oder bis ein starkes, sicheres Gefühl Ihnen beweist, dass Sie fündig geworden sind. Diese Übung kann nur von Ihnen selbst als dem Träumer ausgeführt werden, obwohl die Anwesenheit einer anderen Person den Vorgang erleichtern kann. Zum Beispiel könnten Sie geträumt haben, dass Sie einen Eimer mit Erde füllen. Die Assoziationen wären vielleicht folgende:

- Schaufel und Eimer
- Sand
- Strand
- Ferien
- Freiheit
- Spielen
- Kindheit
- Großeltern
- Eiskrem
- Rutschig
- Sturz
- Schmerz
- Wut

Die Assoziation könnte entweder hier enden oder tatsächlich weitergeführt werden, bis der Begriff der Wut vollständig geklärt ist.

Eine Erweiterung einer solchen freien Assoziation würde bedeuten, dass Sie alles aufschreiben, was Ihnen zu einem bestimmten Aspekt dieses Prozesses einfällt, und zwar so, dass Sie die Wichtigkeit jeder einzelnen Verbindung zwischen den Gliedern erkennen. Sie könnten etwas ausprobieren, das man „Mind-Mapping“ nennt, sozusagen die Anfertigung einer Art geistiger Karte. Wählen Sie z. B. aus der obigen Liste „Eiskrem“ aus.

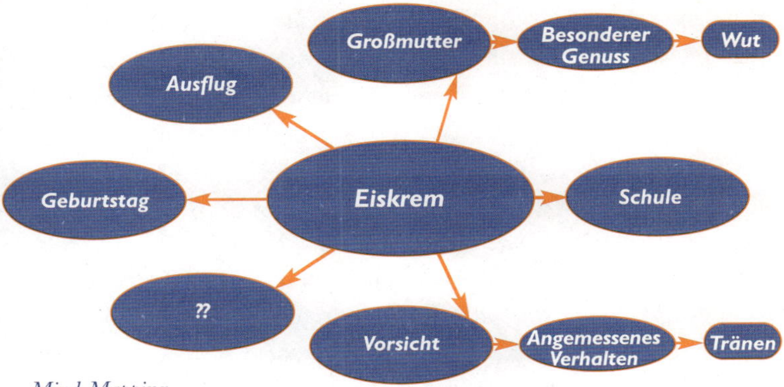

Mind-Mapping

Wenn Sie diese Übung noch ausführlicher gestalten wollen, machen Sie mit anderen Begriffen aus der Liste weiter. Sehen Sie sich diese „Karten" einige Tage oder sogar Wochen später noch einmal an; es ist gut möglich, dass Sie inzwischen weitere Einsichten in Ihr Bewusstsein gewonnen haben, die das Bild ergänzen.

Gespräch

Wenn wir die Theorie zugrunde legen, dass alle Teile des Traums Aspekte Ihrer Persönlichkeit sind, dann lohnt es sich oft, ein Gespräch zwischen Ihnen und einem Teil Ihres Traums auszuprobieren. Sie können dieses Gespräch entweder im Kopf stattfinden lassen oder zwei Stühle einander gegenüber aufstellen und abwechselnd die eigene Rolle und die des Traumaspekts übernehmen.

Versuchen wir es mit dem oben angeführten Beispiel des Sandeimers. Sie könnten den Eimer fragen, wie es sich für ihn anfühlte, mit Sand gefüllt zu werden. Als Eimer könnten Sie antworten, „Sättigend, danke" oder „Ich wünschte, man würde mich mit diesem Sand in Ruhe lassen". Wichtig ist, dass Sie das Erste sagen, das Ihnen spontan in den Sinn kommt, ohne darüber nachzudenken. Sie können ein solches Gespräch auch zwischen zwei Teilen des

Traums veranstalten, z. B. zwischen dem Eimer und dem Sand. Diese Methode klingt vielleicht etwas schräg, kann jedoch äußerst aufschlussreich im Hinblick auf unsere innere Motivation sein – und führt in der Tat häufig zu weiteren klärenden Träumen.

Dramatisierung

Jeder unserer Träume ist eine dramatische Darstellung irgendeines Teils des Verständnisses, das wir von unserem Leben haben, daher kann es interessant sein, den Traum durchzuspielen und über den Augenblick des Erwachens hinweg weiterzuentwickeln. Wenn Sie gleich gesinnte Freunde haben, besteht die Möglichkeit die Träume gegenseitig durchzuspielen und herauszufinden, was als Nächstes hätte geschehen können. Zum Beispiel könnte die Traumszene Sie in einem Laster der sicheren Katastrophe entgegenrasen lassen. Spielen Sie durch, was als Nächstes geschieht, mit Ihnen, dem Laster, der Straße, und in was Sie hineinrasen oder was Sie vermeiden können.

Eine zusätzliche Erweiterung dieser Technik besteht darin, einen Teil des Traums zu übertreiben und aufzublähen oder andererseits schrumpfen zu lassen, und damit zu experimentieren, was passieren könnte. Was passiert z. B., wenn der Laster ein Sattelschlepper ist? Fühlen Sie sich sicherer oder unsicherer? Was geschieht, wenn er statt dessen ein winziges Spielzeugauto ist?

Spuren des Tages

Sehen Sie sich Ihren Traum im Hinblick darauf an, was Sie vielleicht auf einer unterschwelligen Ebene in den letzten 36 Stunden aufgeschnappt haben könnten, und überprüfen Sie, welche Version davon in Ihrem Traum erscheint. Fragen Sie sich, warum sich Ihnen dieses Ereignis eingeprägt hat. Entscheiden Sie dann für sich selbst, ob Sie Ihre Reaktion noch weiter untersuchen sollten, und ob Sie Ihnen Informationen vermittelt, die Sie verwenden können.

Wiederholung des Traums

Sie haben die Möglichkeit, den Traum vor Ihrem geistigen Auge immer wieder Revue passieren zu lassen. Manchmal wird er genau so ablaufen, wie Sie ihn geträumt haben, doch mitunter werden zusätzliche Bilder auftauchen, entweder als Ergebnis einer neuen Einsicht, oder als Erklärung eines Umstands, den Sie noch nicht vollkommen verstanden haben. Sie werden vielleicht auch feststellen, dass bei dieser Wiederholung körperliche Gefühle oder andere Empfindungen auftreten, die Sie weiter erforschen können.

Der richtige Rahmen

Bestimmte Teile des Traums können viel aufschlussreicher sein als die verschiedenen Bilder, Menschen usw. Betrachten Sie die Umgebung und die Umwelt, die in Ihrem Traum erscheint, und werten Sie diese Informationen aus.

Farben

Farben können im Traum vielerlei Einsichten gewähren, denn sie sind ein wesentlicher Teil der Symbolik. Dies hängt unter anderem mit der Schwingungsfrequenz zusammen, die jede einzelne Farbe besitzt, und teilweise auch mit der Tradition. Neuere wissenschaftliche Untersuchungen sollten erforschen, welche Wirkung eine Farbe besitzt, und die Ergebnisse haben bestätigt, was Okkultisten und Heiler schon immer wussten. Wenn wir mit den Farben des Regenbogens arbeiten, dann stellen wir fest, dass die warmen, lebendigen Farben – die Licht wiedergeben – Gelb, Orange und Rot sind. Kalte, passive Farben sind Blau, Indigo und Violett. Grün bildet eine Synthese aus warm und kalt, während weißes Licht sämtliche Farben enthält.

Es besteht die Möglichkeit, sich gesund zu erhalten, indem wir mit unserem ganz persönlichen Farbspektrum arbeiten. Einige Bedeutungen, die man Farben zuschreibt, sind folgende:

Blau Dies ist die Farbe des strahlend blauen Himmels und gleichzeitig die wirksamste Heilfarbe. Sie signalisiert Entspannung, Schlaf und Ruhe.

Braun Die Farbe der Erde, des Todes und des Versprechens.

Gelb Diese Farbe kommt dem Tageslicht am nächsten. Sie ist mit dem emotionalen Selbst verbunden, und ihre Eigenschaften sind logisches Denken, gelegentlich Lustlosigkeit und Urteilsvermögen.

Grau Wahrscheinlich gibt es gar kein wirkliches Grau. Es bedeutet Dienst und Hingabe.

Grün Dies ist die Farbe des Gleichgewichts und der Vereinbarkeit. Es ist auch die Farbe der Natur und des pflanzlichen Lebens.

Orange Dies ist im Wesentlichen eine fröhliche, aufmunternde Farbe. Die Eigenschaften, die damit assoziiert werden, sind Zufriedenheit und Autonomie.

Purpur In gewisser Weise ist dies eine Farbe, die das Körperliche mit dem Geistigen verbindet. Sie signalisiert Kapitulation, Selbstlosigkeit, Perfektion und meditative Praxis.

Rot Vitalität, Stärke, Dynamik, Leben, Sinnlichkeit und Macht, sie alle sind mit dieser Farbe verbunden. Dies trifft vor allem auf ein schönes, klares Mittelrot zu – wenn andere Rottöne im Traum erscheinen, könnten die Bedeutungen sich verschieben.

Schwarz Diese Farbe trägt potenziell alle Farben in sich. Sie signalisiert Verwirklichung, Pessimismus und Urteilsvermögen.

Türkis Diese Farbe ist ein klares, grünliches Blau. In manchen Religionen gilt sie als Farbe der befreiten Seele. Sie bedeutet Erholung und Einfachheit.

Violett Diese Farbe, die manche Menschen für zu stark halten, signalisiert Erhabenheit, Wertschätzung und Hoffnung. Sie soll erhebend wirken.

Weiß Die Farbe, die alle Farben in sich vereint. Sie symbolisiert Unschuld, geistige Reinheit und Weisheit.

Die Farbe bestätigt uns die Existenz des Lichts. Auf der spirituellen Ebene ist Rot die Farbe des Selbstbildes und der Sexualität, Orange die der Beziehungen zu uns selbst und zu anderen. Gelb ist das emotionale Selbst, Grün ist Selbstbewusstheit und Blau ist Weisheit und Ausdruck der Persönlichkeit. Indigo ist die Farbe der Kreativität, während Violett kosmische Verantwortung verkörpert. Emotionen und Gefühle im Traum sind es wert, untersucht zu werden, da wir oft im Traum Dinge ausdrücken, die wir im Alltagsleben für unangebracht halten, auch wenn diese Gefühle real sind. Mitunter lohnt es sich auch, den Traum einmal umzudrehen und mit den entgegengesetzten Gefühlen zu beschreiben.

Positionen

Die Position von Objekten kann wichtig sein. Wird im Traum eine bestimmte Position hervorgehoben, so signalisiert sie in der Regel unseren moralischen Standpunkt oder unsere Position im Leben. Sie kann ebenfalls Aufschluss darüber geben, wie wir bestimmte Situationen in unserem Leben bewältigen. Wenn sich z. B. etwas am falschen Platz befindet, so bedeutet dies, dass wir die Dinge falsch angehen.

Alles, was sich in einer höheren Position oder über uns befindet, symbolisiert den Geist oder einen Aspekt des Höheren Ichs, die intellektuelle Seite sowie unsere Ideale. Dies ist auch der Fall, wenn wir von einem oberen Teil von etwas träumen (z. B. einem Gebäude oder einem Körper). Alles, was sich tiefer, unter uns oder etwa im Keller befindet, symbolisiert die anarchische oder unmoralische Seite unserer Persönlichkeit; dies kann auch unsere sexuellen Impulse einschließen. Etwas, das verkehrt herum erscheint, betont das Potenzial an Chaos und Schwierigkeiten. Die Persönlichkeit hat das Bedürfnis, die Höhen und Tiefen ihrer Erfahrung auszubalancieren, und wenn dies nicht geschieht, erhalten wir gewöhnlich im Traum eine Warnung.

Fern/Nah Im Traum können Raum und Zeit austauschbar sein. Wenn wir von etwas träumen, das weit entfernt ist, kann das bedeuten, dass sich dies auf die Zeitachse bezieht. Weit vorn kann demnach „in der Zukunft“ bedeuten, weit hinter uns, „in der Vergangenheit“. Nah signalisiert „vor kurzem“ oder „hier und jetzt“.
Gegenüber Alles, was sich im Traum einander gegenüber befindet, kann auf ein Dilemma hinweisen im Hinblick auf den Versuch, Gegensätze miteinander zu vereinbaren (gut/schlecht, männlich/weiblich, oben/unten usw.). Es kann auch, aber muss nicht, auf Antagonismus schließen lassen. Wenn ein Ding mit Absicht einem anderen gegenübergestellt wird, so signalisiert dies einen bewussten Versuch, Unfrieden zu stiften. Wird eine Position allerdings so verändert, dass keine Opposition mehr besteht, so deutet das an, dass Unterschiede miteinander versöhnt werden können.
Gerade Etwas Gerades symbolisiert einen direkteren Ansatz, den kürzesten Weg zwischen zwei Objekten oder Orten.
Horizontal Dies symbolisiert im Allgemeinen die materielle Welt.
Links Die linke Seite verweist auf die weniger kontrollierende, eher empfangende Seite. Häufig verbindet man damit alles, was dunkel, unheimlich und instinktiv ist, sowie die Seiten unserer Persönlichkeit, die wir nach Kräften im Zaum zu halten versuchen. Sie ist verbunden mit dem, was wir innerlich als gut empfinden, und mit dem persönlichen Verhalten, ohne Rücksicht auf irgendwelche Verhaltensregeln. Sie ist mitfühlend im Ausdruck und von Natur aus verständnisvoll, daher kann alles, was im Traum auf der linken Seite erscheint, als Beweis einer Unterstützung gewertet werden. Jeder Schmerz, der auf der linken Seite gefühlt wird, wird im Hinblick auf die Empfindsamkeit interpretiert. Häufig symbolisiert die Linke die Vergangenheit. Außerdem verkörpert sie die weiblicheren Eigenschaften. Eine Unentschlossenheit in Bezug auf rechts oder links signalisiert eine Unfähigkeit, zu entscheiden, ob man sich lieber auf die Kraft oder die Intuition verlassen soll.

Mittelpunkt Wenn wir uns des Mittelpunkts irgendeines Aspekts in unserem Traum bewusst sind, bedeutet dies, dass wir ein bestimmtes Ziel vor Augen haben, oder vielleicht, dass uns das Wahre Selbst des Träumers bewusst ist. Möglicherweise besteht ein Bedürfnis im Mittelpunkt der Aufmerksamkeit zu stehen, wie auch immer die Umstände sind.

Oben Wenn wir an der Spitze sind, haben wir unser Ziel erreicht, meist nach einigen Anstrengungen. Auf der Spitze zu sein bedeutet, dass wir eine Führungsposition angenommen haben. Versuchen wir, die Spitze zu erreichen, so verweist das darauf, dass noch größerer Einsatz erforderlich ist.

Rechts Die rechte Seite symbolisiert die kontrollierende, logische, selbstsichere Seite, die die Außenwelt auf eine unpersönliche Art wahrnimmt. Sie befasst sich mit der „Richtigkeit", mit Anstand, Moral und Sozialverhalten. Alles, was im Traum auf der rechten Seite wahrgenommen wird, ist in der Regel von Bedeutung für den weiteren Weg des Träumers. Jeder Schmerz auf der rechten Seite kann auch im Hinblick auf die Motivation interpretiert werden. Die rechte Seite zeigt die männlicheren Eigenschaften. Eine Bewegung nach rechts signalisiert, dass irgendetwas ins Bewusstsein gerückt wird.

Rechts/Links Der Konflikt zwischen rechts und links symbolisiert im Allgemeinen den Wettstreit zwischen der Logik und der Intuition.

Rückseite/Vorderseite Ablehnung und Anerkennung können im Traum dadurch signalisiert werden, dass man die Rückseite oder die Vorderseite von etwas sieht.

Rückwärts/Vorwärts Eine oder auch beide dieser Bewegungen verweisen gewöhnlich auf die Möglichkeit, eine rückschrittliche oder rückwärts gewandte Haltung einzunehmen. Es besteht ein Bedürfnis oder eine Neigung, sich in die Vergangenheit zurückzuziehen, wenn man vielmehr die Angst bei den Hörnern packen und vorangehen sollte.

Unten Vielleicht legen wir unterwürfiges Verhalten an den Tag, das uns anderen gegenüber in eine niedere Position bringt und ihnen das Handeln überlässt. Wenn wir uns unterhalb von etwas oder jemandem befinden, so kann dies manchmal ein Bedürfnis anzeigen, die Tiefen oder die negative Grundstimmung einer Beziehung oder Situation zu erforschen. Es kann allerdings auch anzeigen, dass wir Schutz suchen oder dass wir einen Teil von uns verstecken, vielleicht einen Teil, der weniger leistungsfähig und verletzlicher ist.
Vertikal Das Vertikale verkörpert im Traum meist das geistige Reich. Wenn wir von einem Kompass träumen, so kann uns dieser zeigen, wo wir uns spirituell befinden: Der Norden bedeutet das Unbekannte, und daher manchmal die Dunkelheit. Er verkörpert die Geistigkeit innerhalb der Welt. Der Osten verweist traditionell auf die Geburt und mystische Religionen. Er symbolisiert ebenfalls die Bewusstwerdung. Der Süden symbolisiert die irdische Leidenschaft und Sinnlichkeit. Der Westen kann den Tod verkörpern, aber eigentlich eher den Zustand nach dem Tod, wenn wir ein erhöhtes spirituelles Bewusstsein erleben. Traditionell kann er auch die logischere Seite unseres Wesens symbolisieren.

Zahlen

Die Geometrie und die Verwendung von Formen im Traum kann faszinierend sein, da sie sich aus einem unterschwelligen Bewusstsein der Bedeutung von Zahlen ergibt. Es können viele Formen auftauchen, die der Träumer auf der Traumebene wiedererkennt, ohne zu wissen, was sie verkörpern. Die Bedeutung der Zahlen ist folgende:

a) Zusammenfassung der Eigenschaften, die die Primärzahlen symbolisieren:

Eins *Unabhängigkeit, Selbstachtung, Entschlusskraft, Zielgerichtetheit. Intoleranz, Einbildung, Engstirnigkeit, Erniedrigung, Starrköpfigkeit.*

Zwei *Gelassenheit, Integrität, Selbstlosigkeit, Geselligkeit, Harmonie. Unentschlossenheit, Gleichgültigkeit, mangelndes Verantwortungsbewusstsein, Sturheit.*

Drei *Freiheit, Wagemut, Spaß, Enthusiasmus, Brillanz. Lustlosigkeit, übertriebene Selbstsicherheit, Ungeduld, nachlässiges Benehmen.*

Vier *Loyalität, Beharrlichkeit, praktische Veranlagung, Ehrlichkeit. Ungeschicktheit, Dumpfheit, Konservatismus, mangelndes Anpassungsvermögen.*

Fünf *Abenteuerlust, Aufgewecktheit, Mut, Gesundheit, Empfänglichkeit, Sympathie. Unüberlegtheit, Verantwortungslosigkeit, Wankelmut, Unzuverlässigkeit, Gedankenlosigkeit.*

Sechs *Idealismus, Selbstlosigkeit, Ehrlichkeit, Großzügigkeit, Treue, Verantwortung, Überlegenheit, Weichheit. Mangelnde praktische Veranlagung, Unterwürfigkeit.*

Sieben *Weisheit, Urteilsvermögen, Philosophie, innere Kraft, Tiefe, Besinnung. Morbidität, übermäßige Kritik, mangelnde Tatkraft, Ungeselligkeit.*

Acht *Praktische Veranlagung, Kraft, Geschäftssinn, Entschlossenheit, Kontrolle, Beständigkeit. Fantasielosigkeit, Unverblümtheit, Selbstgenügsamkeit, Herrschsucht.*

Neun *Intelligenz, Diskretion, Kunst, Verständnis, Brillanz, hohe Moral, Genie. Verträumtheit, Lethargie, mangelnde Konzentration, Ziellosigkeit.*

b) Die esoterischen Bedeutungen sind folgende:

Eins *Das Selbst, der Anfang, der Erste, Einheit.*

Zwei *Dualität, Unentschiedenheit, Gleichgewicht, das Männliche gegen das Weibliche, die zwei Seiten eines Streits, Gegensätze.*

Drei *Das Dreieck, Freiheit.*

Vier *Das Quadrat, Stärke, Stabilität, praktische Veranlagung, die Erde, Realität; die vier Seiten der menschlichen Natur: Empfindung, Gefühl, Denken, Intuition; Erde, Luft, Feuer und Wasser.*

Fünf *Der menschliche Körper, das menschliche Bewusstsein im Körper, die fünf Sinne.*

Sechs *Harmonie oder Gleichgewicht.*

Sieben *Lebenszyklen; magische, spirituelle Bedeutung; menschliche Ganzheit.*

Acht *Tod und Auferstehung, Unendlichkeit.*

Neun *Schwangerschaft, das Ende des Zyklus und der Beginn von etwas Neuem, spirituelle Bewusstheit.*

Zehn *Ein Neuanfang, das Männliche und Weibliche gemeinsam.*

Elf *Die elfte Stunde, die Meisterzahl.*

Zwölf *Zeit, ein kompletter Kreislauf, Ganzheit.*

Null *Das Weibliche, die Große Mutter, das Unbewusste, die absolute oder verborgene Vollständigkeit.*

Anleitung zum kreativen Träumen

In manchen Religionen gilt der Schlaf als Vorbereitung auf den Tod. So wie man annimmt, dass Babys sich in die körperliche Existenz „hineinträumen“, so ermöglichen uns Träume einen Zugang zu einer anderen Dimension des Seins – der Spiritualität oder Geistigkeit. Träume können dann zu einer Lernerfahrung werden, die uns eine umfassendere Perspektive ermöglicht als die der gewöhnlichen weltlichen Existenz, an die sich die meisten unter uns gewöhnt haben. Eine Definition des Begriffs „Spiritualität“ beinhaltet, dass man sich anderer Dimensionen des Daseins bewusst ist, die jenseits der greifbaren, rein körperlichen Welten liegen.

Das Wissen, das wir durch Träume erwerben, eröffnet uns eine ungeheure Bandbreite an Kreativität. Wenn wir nur den Mut aufbringen, diese zu nutzen, steht sie zu unserer Verfügung. Vielleicht besteht das größte Problem darin, dass es ohne irgendeine Art der Schulung allzu leicht ist, mit dem Erwachen den Inhalt eines Traums zu vergessen. Darum ist es wichtig, dass wir lernen, unsere Träume zu erinnern, zu kategorisieren und schriftlich festzuhalten, und gerade hierzu werden in diesem Buch an anderer Stelle verschiedene Methoden vorgeschlagen.

Es gibt viele kreative Träume, die aufgezeichnet worden sind, wie z. B. Kekules Traum über die chemische Struktur des Benzolmoleküls. Während er versuchte, das Rätsel der Struktur zu lösen, träumte er, dass das Allerwichtigste sei, dass die Moleküle einen vollständigen Kreis bildeten: Kekule nahm ihn als Schlange wahr, die sich in den Schwanz beisst. Wenn man bedenkt, dass dieser Traum aus der zweiten Hälfte des 19. Jahrhunderts stammt, als das chemische Wissen noch in den Kinderschuhen steckte, stellte dieser Traum eine bahnbrechende Erkenntnis dar – der Benzolring bildete die Basis für die gesamte Wissenschaft der Molekularchemie. Es ist auch interessant, dass das kreisförmige Schlangensymbol die Form des Ourobus wiedergibt (das Symbol des Daseinszyklusses).

Viele Autoren, Künstler, Dichter, Wissenschaftler und Ingenieure sind in der Lage, ihre Träume kreativ zu nutzen. Vielleicht liegt der Grund darin, dass künstlerisch veranlagte Menschen spielerischer mit dem Denken umgehen und dadurch ihre Träume leichter erinnern und regelrechte Quantensprünge der Erkenntnis zurücklegen können. Die Denkprozesse von Wissenschaftlern und Ingenieuren wiederum neigen eher zur Logik und Linearität; sie werden ihre Träume nicht unbedingt akzeptieren, wenn sie deren Wirklichkeit nicht im wachen Leben überprüfen können.

Immer wieder berichten Menschen, dass sie im Anschluss an einen Traum schöpferische Geistesblitze erleben. Es ist als ob ein fehlender Puzzlestein plötzlich an seinen Platz gelangt und es einem ermöglicht, das gesamte Bild zu betrachten und die Lösung eines kreativen Problems zu erkennen. Oft bleibt ein Bruchteil einer Melodie, eines Gedichts oder scheinbaren Schüttelreims im Gedächtnis haften und klingt nach. Er ist bei näherer Betrachtung zwar nicht so schön wie er im Traum zu sein schien, aber dennoch enthält er den Keimling einer Idee oder eines Projekts. Der Geist hat sich Möglichkeiten und Potenzialen gegenüber geöffnet, die weit jenseits des Bewusstseins, das wir im Wachzustand haben, liegen. Die Meditation kann diesen Prozess des kreativen Träumens unterstützen, ob man sie nun vor dem Einschlafen einsetzt, um sich dem schöpferischen Selbst gegenüber zu öffnen, oder nach dem Träumen, um den Traum besser verstehen zu können. Beispiele solcher Techniken finden Sie auf S. 94 f.

Ein wesentlicher Teil des kreativen Traumprozesses beruht auf der Fähigkeit, die Beschränkungen, die die Gesellschaft uns auferlegt hat, zu entfernen. Es ist von entscheidender Bedeutung, dass wir uns selbst kennen und verstehen, dass wir wissen, was uns zu den einzigartigen Individuen macht, die wir nun einmal sind, und was wir tun müssen, um das Beste aus uns herauszuholen. Die Art, wie die Erkenntnis eines Kindes wächst, während es heranreift, ist eine gute Matrix für das spirituelle und schöpferische Wachstum, das wir erfahren – ein Prozess, der übrigens häufig im Traum erscheint, während wir immer geübter darin werden, unser Leben zu verstehen und selbst in die Hand zu nehmen.

Als Kinder müssen wir zu allererst lernen, unsere Umgebung wahrzunehmen. Wir formen ein Bild von uns selbst und müssen lernen, mit anderen Personen in unserer Umgebung auf eine Weise zu verkehren, die uns Erkenntnisse darüber vermittelt, was sowohl für uns als auch für andere akzeptabel ist. Wir lernen mit unseren Gefühlen umzugehen und vor allem, sie zu verstehen, und würdigen die Tatsache, dass wir Teil einer größeren Welt sind, in der wir für uns selbst Verantwortung übernehmen können. Möchten wir ein positives Leben führen, so müssen wir in der Lage sein, die Geschehnisse mit einem gewissen Maß an Gelassenheit hinzunehmen, und uns nicht automatisch selbst die Schuld geben, wenn etwas schief geht. Oft ahmen Träume diesen frühen Bewusstseinsprozess nach und bieten uns so die Gelegenheit, frühere Traumata zu verarbeiten.

Wenn wir dies einmal erreicht und allen unnötigen Ballast abgeworfen haben, sind wir in der richtigen Position, um unser individuelles Potenzial abzuschätzen. Die Welt verwandelt sich in einen aufregenden Ort, und wir können anfangen, das ursprüngliche Bild, das wir von uns geformt hatten, in eine verfeinerte und bessere Version abzuändern. Die Art, auf die wir unserer Persönlichkeit Ausdruck verleihen, gewinnt zusehends, und wir können ehrlicher und offener sein. Mit dem Bewusstsein, dass wir Teil eines größeren Ganzen sind, können wir beginnen, Verantwortung zu übernehmen für die Schaffung einer besseren und ausgefüllteren eigenen Existenz und erkennen, dass wir auf der Basis des Geschaffenen eine bessere und stabilere Zukunft aufbauen können. Welches Stadium der Erkenntnis wir auch erreicht haben mögen: Träume können uns weiterhelfen und ermutigen, oder aber darauf hinweisen, dass wir möglicherweise einen Weg eingeschlagen haben, der wenig Erfolg versprechend ist.

Träume können als unabhängige Ereignisse betrachtet und als solche interpretiert werden. Ob das einen Sinn ergibt, oder ob wir uns entschließen, im Hinblick auf die gewonnene Information zu handeln, entscheidet der Träumer. Träume können als Ausdruck des unbewussten schöpferischen Ichs verstanden werden und eine Botschaft enthalten, die entweder in leicht verständlicher Form oder in der Sprache der Symbolik vermittelt wird, deren Bedeutungen zu Anfang nur schwer zu entschlüsseln sind. Erst wenn wir die Kreativität, die hinter dem Prozess des Träumens steht, erkennen, eröffnen wir uns die unterschiedlichen, neuartigen Wege, auf denen wir uns unseren Begabungen und Fähigkeiten nähern können.

Das hypnagogische und das hypnopompische Stadium

Um die reiche Bildersprache, die uns zur Verfügung steht, einsetzen zu können, ist es wichtig, zwei Bewusstseinszustände zu nutzen, die in kreativer Hinsicht für die Organisation und das Verständnis von Träumen von entscheidender Bedeutung sind. Es handelt sich dabei um die halb wachen Zustände unmittelbar vor (hypnagogisch) und nach (hypnopompisch) dem Schlaf. Viele Traumdeuter sind der Meinung, dass diese beiden Stadien sich sehr ähnlich sind, und in gewissem Maße trifft dies auch zu. Beide stellen Zeiten dar, in denen das Material, das dem träumenden Ich zur Verfügung steht, überprüft wird.

Im hypnopompischen Stadium sind wir in der Lage, die Bilder des Traumstadiums festzuhalten, und die „großen“ Träume oder alles, was wir für wichtig erachten, zu erinnern. Es bildet den Übergang zwischen Schlafen und Wachen, eine Art Luftschleuse des Bewusstseins, in der die Bilder nicht unbedingt miteinander verbunden sind, sondern wahllos auftauchen und in der Geschäftigkeit des Alltags sehr schnell verloren gehen. Nur wenn wir uns darin üben, die Bilder zu erinnern und mit ihnen zu arbeiten, können wir dieses Stadium zu unserem Vorteil nutzen. Oft hört der Träumer in diesem Zustand, dass jemand seinen Namen ruft – man geht davon aus, dass es sich hierbei um die Stimme eines verstorbenen Familienmitgliedes, des Geistführers oder des Höheren Ichs handelt. Viele Menschen halten dies jedoch nicht für plausibel und schenken dieser äußerst kreativen Zeit keine Beachtung. Mit ein wenig Übung kann sie allerdings ein Zeitraum sein, in dem Wünschen Gewicht und Substanz verliehen wird, damit wir sie in die Wirklichkeit umsetzen können.

Das hypnagogische Stadium ereignet sich zwischen dem Wachen und dem Schlafen. Während wir in den Schlaf hinübergleiten, tauchen wiederum wahllos Bilder auf, die in diesem Fall häufig sehr schön sind. Es kann sich dabei um Landschaften, ruhige, spirituelle Szenen, Darstellungen der vier Elemente oder Gesichter handeln. Es ist zweifelhaft, ob der Träumer irgendwelche dieser Bilder kennt oder wiedererkennt, doch in gewisser Weise entspricht der Vorgang dem Überfliegen einer „Clip-art"-Datei einzelner Bilder auf dem Computer. Der Träumer sucht vielleicht nach etwas Bestimmtem, wird aber gleichzeitig auf andere Bilder aufmerksam. Der Geist beruhigt sich und sinkt in ein Stadium, in dem er sich dem Material, aus dem die Träume entstehen, öffnet. Oft finden sich hier ebenfalls Klangfetzen, einige Töne einer Melodie, bestimmte Redewendungen, besondere Worte oder das Rauschen oder Plätschern von Wasser. (Aus diesem Grund sind Entspannungs-Kassetten, die den Klang des Wassers oder eine andere Art weißen Rauschens beinhalten, so wirkungsvoll.)

Die beste Erklärung dieser beiden Stadien stammt aus dem Bereich des Spiritismus. Die Astralebenen sind jene Bewusstseinsebenen, in denen die verschiedenen Gedankenformen gelagert werden, und in den hypnagogischen und hypnopompischen Stadien erhält der Geist Zugang zu diesen Bereichen, ohne sich vollständig in die Sphäre des geistigen Wesens zu begeben. Einige dieser Bilder können unangenehm sein oder uns Angst machen und müssen mit einem gewissen Maß an Objektivität behandelt werden, das nur durch Übung gewonnen werden kann. Erscheinen solche negativen Bilder häufig, dann lohnt es sich, den Vorgang einigermaßen unter Kontrolle zu bekommen, nicht etwa, indem wir sie verbannen – was ihnen nur zusätzliche Macht verleiht – sondern, indem wir ihre Berechtigung vorübergehend akzeptieren und bereit sind, uns im bewussteren Zustand mit ihnen auseinanderzusetzen. Es sind jene Dämonen, Kobolde und Teufel, die oft aus unseren eigenen Unsicherheiten und Selbstzweifeln entstehen. Es scheint, als ob die meisten Menschen zu irgendeinem Zeitpunkt des Umgangs mit Traumbildern und Träumen solche Erfahrungen machen, und es ist wichtig zu erkennen, dass sie den Versuch des Geistes darstellen, lieber der Herr als der Diener zu sein.

Während die Traumdeutung nicht notwendigerweise ein Verständnis der „Hypno"-Stadien erfordert, oder umgekehrt, ist es oft hilfreich Traumbilder zu verwenden, um die willkürlichen Formen, die in diesen Stadien erscheinen, zu interpretieren. Der halb wache und halb träumende Zustand des Bewusstseins, den wir im hypnagogischen Stadium erreichen, bietet insbesondere Gelegenheit, einen Gedankengang zu verfolgen, der Probleme auf beinahe magische Weise beseitigen kann. Der Geist ist dann untätig, und ein Überblick über die Ereignisse des Tages kann auf überraschende und erfrischende Weise zu Einsichten über unser Verhalten oder unsere Einstellungen führen. Indem wir dieses Vor-Schlafstadium nutzen, um das Material jedes einzelnen Tages „herunterzuladen", kann der Geist im Traum tiefer liegende und bedeutungsvollere Bilder aufrufen, die es uns schließlich ermöglichen, größere Kontrolle über unser Leben zu gewinnen. Wir können kreativ träumen und das Träumen nicht nur als eine Art Mülldeponie verwenden. Wir können dann den nächsten Tag wie ein unbeschriebenes Blatt beginnen und das hypnopompische Stadium nutzen, um Ordnung in diesen neuen Tag zu bringen. Ein Weg, dies zu tun, wird am Ende dieses Kapitels erläutert. Während der beiden „Hypno"-Stadien können wir uns im Wachträumen üben.

Eine andere Sichtweise der beiden „Hypno"-Stadien ist die eines Programm-Managers unseres Geistes. Wenn wir uns den Traumzustand als Festplatte unseres Geistes vorstellen, dann stehen uns verschiedene gespeicherte Programme zur Verfügung, die wir nicht alle gleichzeitig benutzen können; zu manchen von ihnen haben wir zu einem bestimmten Zeitpunkt keinen Zugriff, andere wiederum übersteigen unsere Kenntnisse. Während unser Verständnis dieses Werkzeugs zusehends wächst, werden wir immer mutiger und beginnen, auch die komplizierteren Programme und die darin gespeicherte Information zu nutzen – wir lernen sogar, unterschiedliche Programme zu verknüpfen, um uns größeren Zugriff auf unsere Festplatte zu ermöglichen. Es gibt allerdings Zeiten, in denen zu unserer eigenen Sicherheit nur das Piktogramm oder Symbol erscheinen wird, oder wir zwar nicht das ganze Programm laden können, aber stattdessen eine Versuchsversion, die wir erst einmal ausprobieren können, um dann abzuwägen, ob wir das Programm wirklich starten möchten. Dies kann eine aufregende Zeit sein, die vielerlei Möglichkeiten eröffnet, wie z. B. eine Erforschung der Telepathie, der außersinnlichen Wahrnehmung (ESP – Extra-Sensory Perception) oder der Heilung. Welchen Weg wir hier einschlagen möchten, bleibt uns selbst überlassen. Im „Hypno"-Stadium sind die Filter, die im bewussten Geist arbeiten, außer Betrieb gesetzt, und die Themenbereiche, die nicht zum wachen Ich gehören, werden uns leichter zugänglich gemacht.

Außersinnliche Wahrnehmung

Die meisten Menschen stellen sich unter außersinnlicher Wahrnehmung (ESP) Geistererscheinungen, Vorahnungen und ähnliche übernatürliche Phänomene vor. Doch eigentlich sollte sie vielmehr als Hellsehen (Klarheit der Wahrnehmung), Hellhören (Hören klanglicher Fragmente), Präkognition (Voraussehen zukünftiger Ereignisse) und Psychokinese (Bewegung von Objekten) definiert werden. Mediale Eigenschaften, Channelling (Kontaktaufnahme durch medial veranlagte Menschen) sowie ein Bewusstsein des Reichs der Geister könnten ebenfalls in diese Kategorie mit einbezogen werden. All diese Bewusstseinszustände werden als paranormal angesehen. Auch die Telepathie wird mitunter hier eingeschlossen, signalisiert jedoch eher eine Begegnung zweier Intellekte und den Austausch von Eindrücken untereinander. Alle diese Vorgänge erfordern Bewusstheit, doch ihr erstmaliges Auftreten geschieht meist spontan – häufig in einem der „Hypno"-Stadien. Wie oft haben wir schon gesagt, „Ich wusste, dass das passieren würde" oder „Das hab' ich doch schon mal gehört", ohne dass wir eigentlich sagen können, woher dieses Wissen stammt? Wenn der oben bereits erwähnte astrale Zustand alles beinhaltet, das „ist, war und jemals sein wird“, dann haben wir all dies tatsächlich bereits gewusst, weil uns die Information im Übergangsstadium zwischen Wachen und Schlafen zugänglich gemacht wurde. Geistesblitze außersinnlicher Wahrnehmung sind grundsätzlich undeutlich und symbolischer Natur. Ereignen sie sich spontan in einem der „Hypno“-Stadien, so sind wir eher bereit, sie als stichhaltig zu empfinden und sie für ebenso deutbar wie Traumbilder zu halten, von denen sie sich manchmal nicht gut unterscheiden lassen. Wenn wir in der Arbeit mit diesem Stadium eine gewisse Übung gewonnen haben, fällt es uns leichter, unsere übernatürlichen Sinne zu gebrauchen, falls wir dies wünschen. Wir sind dann in der Lage, ein weitaus größeres kreatives Potenzial auszunutzen, als es unserem „normalen“ Bewusstsein zur Verfügung steht.

Wachträume

Das wache Träumen ist eine Erweiterung des „Hypno“-Bewusstseins, wobei die Kontrolle in diesem Fall mit ins Traumstadium hineinreicht. Es gibt Menschen, die vollkommen ohne Schlaf auszukommen scheinen, obwohl dies normalerweise ein hohes Maß an spirituellem Bewusstsein erfordert. Mit einiger Übung können wir uns jedoch als Erstes bewusst werden, dass wir träumen, und als Nächstes ein gewisses Maß an Kontrolle über den Traum gewinnen. Es können dann Entscheidungen gefällt werden, in welche Richtung der Traum fortgesetzt werden soll. Diese Manipulation wird im Allgemeinen bei unangenehmen Träumen vorgenommen, um ihnen doch noch ein akzeptables oder sogar glückliches Ende zu geben.

Wenn wir erkannt haben, dass wir träumen – eine Art Aha-Erlebnis – wird der Traum in gewisser Weise „wirklicher“. Die Traumbilder erscheinen heller, farbiger und schärfer und werden leichter zugänglich, so dass wir die Kontrolle übernehmen können.

Es ist jedoch wichtig zu erkennen, dass es sehr schwierig ist, immer wach zu träumen; obwohl bestimmte Techniken, wie die Meditation, unterstützend wirken und weiterentwickelt werden können, produzieren sie nicht immer das gewünschte Ergebnis und können sich nach mehrmaligem Erfolg auch als nutzlos erweisen. Eine der charakteristischen Eigenschaften des Wachträumens ist daher seine Unberechenbarkeit, die uns beunruhigen kann. Manche Experten meinen, dass nur bestimmte Teile von Träumen wach geträumt werden können, andere wiederum nicht. Es scheint dann der Fall zu sein, dass, obwohl wir uns des Träumens bewusst sind, die letzte Entscheidung doch dem träumenden Selbst vorbehalten bleibt, und nicht dem bewussten Selbst.

Die ersten Wachträume, die uns überliefert sind, gehen zurück auf das 5. Jahrhundert und zwar keinen Geringeren als den heiligen Augustinus. Etwas später hatten die Tibeter eine Technik entwickelt, die es ihnen erlaubte, den gesamten Traumvorgang über bewusst zu bleiben; sie konnten auf diese Weise ein Verständnis ihrer selbst gewinnen, das das unsere bei weitem übersteigt.

Erst zu Beginn des 19. Jahrhunderts wurde dann nach einer wissenschaftlichen Erklärung des Phänomens gesucht – als viele Menschen versuchten, mittels ihrer Träume die Geister zu rufen, widmete man dem Wachträumen besondere Aufmerksamkeit. Um 1870 belegte ein Buch des französischen Gelehrten Hervey de St. Denis mit dem Titel „Träume und wie man sie führt“ einen Großteil seiner Untersuchungen sowie seine persönliche Entwicklung in Bezug auf das wache Träumen. Damals wie heute war die Erinnerung der Träume eine wichtige Voraussetzung, die gefördert und entwickelt werden musste, bevor man sich überhaupt bewusst werden konnte, dass man träumte.

Im Jahre 1913 lenkte Frederick van Eeden die Aufmerksamkeit der Gesellschaft für Parapsychologie auf seine Forschungsergebnisse, die er in 14-jähriger Arbeit zusammengetragen hatte. Sein Werk führte den Titel „Eine Studie der Träume“. Stephen LaBerge und Lynn Nagel brachten die Forschungsergebnisse auf den neuesten Stand. Weitere Studien sind noch im Gange, sowohl in Großbritannien wie in den USA.

Technisch gesehen findet waches Träumen dann statt, wenn wir uns in einem Traum zu irgendeinem Zeitpunkt bewusst werden, dass wir träumen. Ein einfacher Test ist die Entscheidung, ob eine bestimmte Handlung oder ein Geschehnis im alltäglichen Leben nicht möglich wäre und wir daher träumen müssen. Wenn wir dann einen wachen Bewusstseinszustand aufrechterhalten, ist es möglich, den Traumvorgang zu beeinflussen. Das erste Stadium betrifft die Manipulation z. B. eines unerwünschten schlimmen Endes zu einem positiven. Die einfache Erkenntnis, dass wir dieses Ausmaß an Kontrolle besitzen über etwas, das ein unbewusster Vorgang sein sollte, reicht aus, um uns alle erdenklichen Möglichkeiten im wachen Leben zu eröffnen. Es wird dann möglich, die Beeinflussung der Umstände, die uns umgeben, sehr viel positiver zu sehen und uns selbst die Tatsache vor Augen zu halten, dass wir den Traumzustand nutzen können, um eine Basis für zukünftige Geschehnisse zu schaffen.

Diese Technik wurde in Amerika als therapeutisches Hilfsmittel entwickelt, um mit unangemessenen Gefühlen fertig zu werden.

Sie gliedert sich in die folgenden vier Schritte:

❶ Erkennen Sie einen negativen Traum, während er geschieht;

❷ Identifizieren Sie das schlechte Gefühl;

❸ Halten Sie den Traum an (anfangs ist dies vielleicht nur durch Aufwachen möglich, doch nach einiger Übung genügt es, sich im Traum bewusst zu machen, dass man träumt);

❹ Verändern Sie das negative Gefühl in ein positives Gefühl.

Auf der zweiten Entwicklungsstufe geht es darum zu entscheiden, welche anderen Elemente des Traums verändert werden können. Oft ist es besser, diese experimentelle Ebene unbekümmert anzugehen und z. B. Farben oder kleinere Details des Szenarios zu verändern. Dies ermöglicht es dem Träumer, seine ganz persönliche Methode der Entwicklung von Kontrolle in den Griff zu bekommen. Mitunter kann dieser Prozess frustrierend sein, da, wie bereits erwähnt, noch andere Faktoren einen Einfluss auf die Fähigkeit des wachen Träumens zu haben scheinen; andererseits können sich aber auch große Erfolge einstellen, insbesondere dann, wenn man ebenfalls die Fähigkeiten der Meditation oder der kreativen Visualisierung weiterentwickelt.

Auf der dritten Stufe arbeitet man daran, den Traum der eigenen Kreativität entsprechend weiterzuentwickeln. Hier ist es ratsam, den Traumvorgang auf natürliche Weise beginnen zu lassen und dann innerhalb des Traums zu entscheiden, welcher Handlungsstrang gerade bearbeitet wird und was an ihm verändert werden sollte. An dieser Stelle muss jedoch betont werden, dass man sich zwischen dem normalen Träumen und dem wachen Träumen, sowie dem wachen Träumen und den „Hypno“-Stadien nur auf einem jeweils schmalen Grat bewegt, und dass ein Versuch, die eigenen Träume in extremem Maße zu manipulieren, nur zu Enttäuschung und Frustration führen kann. Es ist besser, die Dinge auf natürliche Weise geschehen zu lassen, als zu versuchen, sie zu erzwingen, und aus diesem Grunde sollte zu jeder Zeit nur ein einziger Handlungsstrang bearbeitet werden. Auf diese Art sollte es möglich sein, die Umgebung zu verändern oder die Gefühle oder die Handlungen der Beteiligten, aber nicht alle auf einmal. Durch Meditation lässt sich ebenfalls ein Bewusstseinszustand erreichen, der dem des wachen Träumens sehr ähnlich ist und der es Ihnen erlaubt, Ihr Traummaterial so zu beeinflussen, dass es eine Wirkung auf Ihre Kreativität im wachen Zustand hat.

Entspannung, Meditation und Visualisierung

Als Einschlafhilfe sind die Techniken der Entspannung, Meditation und Visualisierung allesamt ausgezeichnete Hilfsmittel. Je besser man diese Techniken beherrscht, umso leichter erreicht man auch den Zustand des wachen Träumens. Im Folgenden finden Sie einige Vorschläge:

Entspannung

Beginnend mit den Zehen, spannen Sie und entspannen Sie nacheinander alle Muskeln Ihres Körpers, so dass Sie den Unterschied zwischen „angespannt" und „entspannt" fühlen können:

- Spannen Sie Ihre Zehen an, dann entspannen Sie sie. Tun Sie dies dreimal.
- Spannen Sie die Knöchel an, dann entspannen Sie sie. (3x)
- Spannen Sie die Wadenmuskeln an; entspannen Sie sie. (3x)
- Spannen Sie die Oberschenkel an; entspannen Sie sie. (3x)
- Spannen Sie nun beide Beine über die ganze Länge an; entspannen Sie sie. (3x) Diese Übung ist besonders gut, wenn man unter „unruhigen" Beinen leidet.

Gehen Sie nun über zum übrigen Teil des Körpers.
Mit jeweils drei Wiederholungen spannen und entspannen Sie nun der Reihe nach Ihren Po, den Bauch, die Wirbelsäule, den Hals, die Hände, die Arme und den Nacken, das Gesicht und die Kopfhaut.

Zum Abschluss spannen Sie jeden einzelnen Muskel, den Sie gerade benutzt haben, und entspannen ihn dann vollkommen. Wiederholen Sie dies dreimal. Mittlerweile sollten Sie den Unterschied zwischen dem Entspannungszustand zum Beginn der Übung und dem am Ende der Übung spüren.

Mit der Zeit und einiger Praxis werden Sie irgendwann in der Lage sein, sich vollkommen zu entspannen, indem Sie nur den letzten Teil der Übung ausführen.

Meditation

Einer der besten Wege, um den Prozess des Träumens zu unterstützen – sowohl durch einen Zugang zum Unbewussten als auch ein verbessertes Erinnerungsvermögen – ist die Meditation. Die Technik zu erlernen und regelmäßig zu üben bringt viele Vorteile psychologischer und spiritueller Art. Auch im Alltagsleben wird dadurch die Konzentration und das Bewusstsein erheblich erhöht.

Meditationstechniken

Ziel der Meditation ist es, den Geist wach und doch entspannt zu halten, während er sich auf einen einzigen Gedanken konzentriert – das unaufhörliche innere Geplapper, das normalerweise im Kopf für Unruhe sorgt, wird einfach abgeschaltet. Eine kurze Phase der Meditation oder kreativen Visualisierung vor dem Einschlafen ermöglicht den Zugang zur schöpferischen Traumwelt, während die gleiche Übung am nächsten Morgen die Deutung der Träume und ihre Nutzung fördert.

Wählen Sie einen Ort, an dem Sie nicht gestört werden, und hängen Sie den Hörer des Telefons aus. Für den Anfang reicht eine fünfminütige Meditation vollkommen. Setzen Sie sich aufrecht auf einen Stuhl oder Sessel oder im Schneidersitz auf den Boden, und stützen Sie nötigenfalls Ihren Rücken. Es ist wichtig, dass die Position so bequem wie möglich ist. Sie sollten sich jedoch nicht hinlegen, da Sie sonst einschlafen könnten, bevor die Meditation beendet ist.

Schließen Sie Ihre Augen zum Teil, um die Außenwelt abzuschirmen, oder schließen Sie die Augen ganz. Wenn Sie mit Meditation bereits

Erfahrung haben, fällt es Ihnen vielleicht leichter, Ihre Augen gedanklich auf den Nasenrücken zu konzentrieren oder auf die Stirnmitte.

Beginnen Sie gleichmäßig und tief zu atmen; zählen Sie anfangs beim Einatmen und Ausatmen jeweils bis vier. Hat sich dieser Rhythmus erst einmal stabilisiert, atmen Sie etwas länger aus als ein, jedoch so, dass es immer noch angenehm ist. Lenken Sie Ihre Aufmerksamkeit vom Atmen auf den Atem selbst. Atmen Sie beim Einatmen Frieden und Ruhe ein, und atmen Sie beim Ausatmen alles Negative aus. Auf diese Weise sollte es Ihnen möglich sein, einen Zustand tiefen Bewusstseins zu erreichen, der es Ihnen, falls dies gewünscht wird, sofort erlaubt, in den Schlaf zu sinken, oder sich morgens auf jeden beliebigen Traum zu konzentrieren, den Sie geträumt haben. Jeder abschweifende Gedanke fällt ins Auge und kann sofort beiseite geschoben werden.

Abends können Sie, wenn Sie dies wünschen, Ihr Ich anweisen, jeden Traum, der vielleicht folgt, zu erinnern oder ein bestimmtes Problem, das Sie gern lösen möchten, zu überdenken. Sie können diese Phase ebenfalls dazu nutzen, sich etwas, das Sie sich wünschen, kreativ vorzustellen – d. h. zu visualisieren – so dass dieser Gedanke vielleicht mit in die Traumwelt hinübergenommen wird. In diesem Fall konzentrieren Sie sich morgens nach dem Erwachen auf die Lösung des besagten Problems oder die Verwirklichung des Wunsches.

Sobald Sie etwas Übung mit der Technik haben, werden Sie feststellen, dass die Phase der Meditation sich von sich aus verlängert und bis zu zwanzig Minuten einnimmt. Wenn Sie die Meditation beenden, bewahren Sie Ihren Geist in dem gleichen ruhigen Zustand. Am besten gehen Sie gleich zu Bett. Bewegen Sie Ihren Körper ohne Eile, in harmonischem Fluss und Einklang mit ihrem Bewusstsein. Wenn Sie sich zum Schlaf hinlegen, erlauben Sie Ihrem Bewusstsein am gleichen Ort zu ruhen, an den Ihre Meditation Sie geführt hat.

Die Turm-Meditation

Im Traum kann jedes beliebige Gebäude als Symbol für das Ich oder die Persönlichkeit gewählt werden. Durch die Verwendung dieses Symbols kann uns die Visualisierung oder Meditation Zugang zu Informationen über uns selbst gewähren, die uns ein kreativeres Träumen ermöglichen. Erfahrungsgemäß eignet sich insbesondere der Turm für diesen Zweck. Manchmal erscheint daraufhin der Turm spontan in einem Traum, oder er kann nach einer Meditation dazu beitragen, den Geist zu konzentrieren. Diese Meditationsübung kann man entweder auswendig lernen oder auf eine Kassette aufnehmen und abspielen. Meditationserfahrene Leser werden in dieser Übung die sieben spirituellen Zentren wiedererkennen.

Die Traumdeutung und die Meditation teilen sich viele Symbole, daher gewährt die Visualisierung dem Träumer Zugang zur Sprache der Kreativität. Das erste Bild des Turms lässt uns erkennen, in welcher Form wir uns der Außenwelt präsentieren, ein runder Turm verweist in dieser Hinsicht auf einen spirituelleren Ansatz, während ein quadratischer Turm eher auf eine praktische Veranlagung schließen lässt. Die Meditation verläuft wie folgt:

Stellen Sie sich einen Turm vor, sehen Sie sich seine Form und seine Struktur an, doch verwenden Sie im Moment nicht zu viel Zeit auf Details. Beachten Sie, wie Sie sich dem Turm nähern und betrachten Sie den Eingang. Öffnet die Tür sich nach innen oder außen? Ist sie stabil gebaut oder allzu leicht? Ist sie dekorativ oder schlicht?

All diese Dinge vermitteln einen Eindruck davon, auf welche Weise wir im Alltagsleben anderen gestatten, sich uns zu nähern.

Betreten Sie nun den Turm und sehen Sie sich um. Beachten Sie, ob er eingerichtet ist oder leer steht, und versuchen Sie eine

Treppe zu finden. Diese führt entweder nach oben oder nach unten. Führt sie nach unten, dann erforschen Sie zunächst Ihr unterbewusstes Ich, führt sie nach oben, eine leichter zugängliche Seite Ihrer Persönlichkeit. Jede Art von Hindernis, das sich auf der Treppe befindet, weist auf Schwierigkeiten hin, die überwunden werden müssen. Nun kann jede Etage des Turms der Reihe nach untersucht werden, wobei Sie auf jeder Etage Farben, Formen und ungewöhnliche Dinge beachten sollten (oft erscheinen diese Dinge später als Bilder in Ihren Träumen).

Wenn Sie damit fertig sind, steigen Sie zur Spitze des Turms hinauf. Merken Sie sich interessante Dinge, die Ihnen unterwegs auffallen und über die Sie zu einem späteren Zeitpunkt nachdenken oder träumen können. Haben Sie die Spitze erreicht, verweilen Sie ein wenig und denken Sie darüber nach, was Sie soeben geleistet haben. Dann steigen Sie wieder herunter und beachten Sie auf jeder Etage mögliche Veränderungen, die sich spontan ergeben haben. Diese Veränderungen können Ihnen Hinweise darauf geben, welche Art von Veränderungen Ihnen im täglichen Leben wichtig sein könnten. Wenn Sie unten angekommen sind, sehen Sie sich noch ein letztes Mal dort um, treten Sie dann heraus in den Sonnenschein und schließen Sie die Tür hinter sich. Denken Sie daran, dass Sie jederzeit zu diesem Turm zurückkehren können, entweder in der Meditation oder im Traum. Wenn Sie das nächste Mal herkommen, könnten Sie sogar geheime Zimmer oder Gänge entdecken, die näher erforscht werden sollten. Gehen Sie von dem Turm fort und lassen Sie ihn hinter sich verblassen, während Sie sich sanft in den Schlaf sinken lassen.

Traum-Inkubation

Wenn wir lernen, durch Träume um Hilfe und Rat zu bitten in Bezug auf Entscheidungen, die unser Leben verändern können, dann werden wir wahrhaft kreativ. Dies knüpft auch an den Glauben an, dass es irgendwo in unserem Inneren einen Teil von uns gibt, der weiß, was der ideale Weg für uns wäre. Manche nennen diesen Teil das Höhere Ich. Oft sind wir uns dieses Teils nicht bewusst, wenn wir uns jedoch durch unsere Träume einen Zugang zu ihm erlauben, so kann dies erhebliche Auswirkungen haben auf die Art, wie wir unser Leben meistern. Offensichtlich können wir mit seiner Hilfe Probleme lösen und Gefühle klären, die wir sonst nur schwer bewältigen können. Wichtiger ist allerdings, dass Traumhypothesen uns einen Weg bieten, negative Tendenzen in den Griff zu bekommen. Sie können außerdem positive Tendenzen verstärken und unsere natürlichen Fähigkeiten und Begabungen fördern. Es besteht hier also die Möglichkeit, auf geradezu magisch erscheinende Weise Erfolge zu erzielen.

Träume auf Bestellung

Diese Technik ist besonders nützlich, wenn eine starke, leidenschaftliche und tief empfundene Verbindung zu der Frage oder Bitte besteht. Sie wirkt am besten bei denjenigen, die schon gelernt haben ihre Träume zu erinnern und aufzuschreiben, weil sie bereits die Kommunikationswege kennen. Sie wirkt jedoch ebenfalls bei Menschen, die meditieren oder andere Werkzeuge des Selbstmanagements einsetzen, wie etwa kreative Visualisierung oder Sprechgesang. Die Technik ist im Grunde sehr einfach, insbesondere, wenn man bereits durch die Arbeit oder andere Erfahrungen gelernt hat, sich auf eine Sache zu konzentrieren. Es ist so, als hätte man ein Beratungsgespräch bei einem Management-Guru, dem eine ungeheure Menge an Informationen zur Verfügung steht.

Die einzelnen Schritte sind logisch aufgebaut und relativ leicht zu behalten:

- Klären Sie das Anliegen
- Stellen Sie die Frage
- Wiederholen Sie sie
- Träumen und dokumentieren Sie sie
- Untersuchen Sie den Traum

Klären Sie das Anliegen Verwenden Sie einige Zeit darauf, das Anliegen wirklich auf den Punkt zu bringen. Indem Sie die wesentlichen Aspekte der Situation identifizieren, die Ihren Fortschritt blockieren oder in der Sie feststecken, können Sie einen Einblick gewinnen, wie Ihre gedanklichen Prozesse ablaufen. Wenn Sie dem Anliegen auf den Grund gegangen sind, formulieren Sie es so positiv wie möglich: Zum Beispiel „Die Beförderung weicht mir aus", und nicht etwa „Ich werde nicht befördert". Das Unterbewusstsein klammert sich nämlich eher an negative Feststellungen als an positive; wenn Sie also das Problem negativ formulieren, verleihen Sie den negativen Aspekten der Situation bereits von vornherein zusätzliches Gewicht.

Stellen Sie die Frage Formulieren Sie die Frage so präzise wie möglich, indem Sie die bewährte Technik der Journalisten anwenden: Fragen Sie nach dem „Wer? Was? Wo? Wann? Warum?". Auf das obige Beispiel bezogen könnten Sie z. B. fragen:
Wer kann mich am besten in meinem Beförderungswunsch unterstützen?
Was muss ich tun, um auf der Beförderungsliste zu stehen?
Wo liegen für mich die besten Chancen?
Wann wird es mir möglich sein, meine größere Erfahrung auszuspielen?
Warum wird mein Wissen nicht anerkannt?

All diese Fragen sind offene Fragen, die nicht unbedingt an eine bestimmte Zeit gebunden sind. Wenn Sie eine ungenaue Frage stellen, werden Sie aber nur eine ungenaue Antwort erhalten, gehen Sie daher der Sache so tief auf den Grund wie nur möglich. Durch unpräzise Fragen könnten Sie ebenfalls Antworten erhalten, die Sie lieber nicht wissen möchten.

Wiederholen Sie sie Dadurch, dass Sie die Frage mehrfach wiederholen, verankern Sie sie im Unbewussten. Blöcke dreimaliger Wiederholungen sind im Allgemeinen ratsam, wenn Sie also die Frage in drei Blöcken zu je drei Wiederholungen abgehandelt haben, sollte diese Frage jeden Teil ihres Wesens erreicht haben.

Traumbeherrschung bedeutet, dass man sein inneres Selbst davon in Kenntnis setzt, dass man einen Traum haben wird, der einem hilft. Während Sie sich auf den Schlaf vorbereiten und Ihre Entspannungstechniken einsetzen, sagen Sie sich, dass Sie einen Traum haben werden, der Ihnen eine Antwort geben wird.

Eine Warnung: Das träumende Ich ist recht launisch, es ist daher möglich, dass Sie anfangs keine Antwort in der Nacht erhalten, in der Sie sie haben wollen. Vielleicht erhalten Sie nur einen Teil einer Antwort, oder auch gar keine, mehrere Nächte lang; doch dann kann eine Reihe von Träumen folgen, die Ihnen das sagen, was Sie wissen wollten. Es handelt sich hierbei um einen äußerst individuellen Prozess, und niemand kann vorschreiben, wie er sich vollziehen sollte. Mit der Zeit werden Sie Ihr eigenes Muster erkennen – Sie müssen allerdings dazu bereit sein, mit sich selbst Geduld zu haben.

Träumen und dokumentieren Sie sie Wenn Sie träumen, halten Sie diesen Traum so bald wie möglich schriftlich fest, indem Sie einfach das Thema notieren. Erklärungen zu Traumthemen finden Sie an anderer Stelle in diesem Buch.

Untersuchen Sie den Traum Studieren Sie den Traum eingehender, wenn Sie ausreichend Zeit dazu haben. Schauen Sie sich die Bildersprache des Traums genau an, die wahrscheinlich relativ klar und offensichtlich sein wird. Suchen Sie nach Details, Hinweisen und versteckten Bedeutungen, und überprüfen Sie, ob irgendwelche davon auf Situationen Ihres alltäglichen Lebens angewendet werden können.

Während Sie Erfahrungen darüber sammeln, worin mögliche Hindernisse bestehen können, werden Sie feststellen, dass sich Ihre Fragen ändern. Zum Beispiel fragen Sie sich nun vielleicht, „Wie muss ich vorgehen, damit das und das passiert?“ oder „Was würde geschehen, wenn ich...?“ Hierin manifestiert sich die wahre Kreativität Ihres inneren Ichs, das nun in Ihrem äußeren Leben zum Vorschein tritt. Es ist ein spannender Prozess.

Traumtagebuch

Das Führen eines Traumtagebuchs – d. h. das Aufschreiben jedes einzelnen Traumes, an den wir uns erinnern – kann eine faszinierende, mitunter jedoch recht mühselige Aufgabe sein. Über einen bestimmten Zeitraum hinweg kann es uns Informationen aus allen erdenklichen Blickwinkeln vermitteln. Vielleicht stellen wir fest, dass wir uns gerade in einer Phase befinden, in der die meisten oder sogar alle unsere Träume sich um ein bestimmtes Thema zu drehen scheinen. Wenn wir glauben, dass wir diese Traumserie verstanden haben, können wir dieses Thema bewältigen und zur Seite legen. Interessanterweise können das gleiche Muster und das gleiche Thema Monate oder Jahre später wieder auftauchen, allerdings mit zusätzlicher Information und größerer Klarheit. Durch das Führen eines Traumtagebuchs sind wir in der Lage, unsere Fortschritte in der Erkenntnis unserer Persönlichkeit und dem Verständnis unseres wachen Lebens zu verfolgen und nachzuvollziehen.

Jeder einzelne Traum besitzt eine eigenständige Bedeutung, es kann jedoch auch notwendig sein, ihn im Zusammenhang anderer Träume zu betrachten. Das träumende Ich arbeitet sehr effizient, indem es uns Informationen so lange auf unterschiedliche Weise präsentiert, bis wir die Botschaft verstanden haben. Gleichzeitig kann das träumende Ich allerdings überaus ineffizient arbeiten, indem es diese Information unter unwesentlichem Material versteckt, so dass wir erst danach „graben“ müssen. Träume besitzen viele verschiedene Facetten und können daher auf ganz unterschiedlichen Ebenen interpretiert werden. In der Tat trifft gewöhnlich mehr als eine Deutung zu. Es ist Sache des Träumers zu entscheiden, welche Erklärung die relevantere ist. Zum Beispiel kann ein Fenster etwas, das Licht hereinlässt, symbolisieren, doch ebenfalls einen Fluchtweg; es könnte außerdem eine Schranke darstellen, die das Selbst von der Außenwelt trennt.

Ein Traumtagebuch ermöglicht es uns auch, nicht nur den Inhalt unserer Träume einzuschätzen, sondern ebenfalls das Muster, nach dem wir träumen. Viele Menschen scheinen sehr viel zu träumen, andere wiederum weniger, und bemerkenswerte Träume scheinen bei ihnen eine Seltenheit zu sein. Tatsächlich träumt jedoch jeder von uns irgendwann in der Nacht, oft, ohne dass wir uns daran erinnern können. Es scheint allerdings auch der Fall zu sein, dass wir immer mehr und geübter träumen, je mehr wir über unsere Träume lernen – das Träumen verhält sich hierin offenbar wie ein gut trainierter Muskel.

Das Festhalten der Träume ist mitunter nicht ganz einfach. Viele Menschen verwenden heutzutage ein Diktiergerät oder einen Kassettenrekorder, um die unmittelbare Reaktion direkt nach dem Aufwachen einzufangen. Diese Methode spart Zeit und erfordert weniger Konzentration als das Aufschreiben unserer Träume, so dass wir (falls dies mitten in der Nacht passiert) schneller wieder einschlafen und träumen können. Manchmal ist es einfacher, den Traum in der Gegenwartsform (Präsens) festzuhalten, z. B. „Ich stehe auf einem Hügel", und nicht „Ich stand auf einem Hügel". Auf diese Weise bleibt das Geschehene eine Erfahrung des Träumers als Teilnehmer des Traums, und nicht als Beobachter.

Die altbewährte Methode, Notizbuch und Bleistift auf dem Nachttisch bereitzuhalten, genügt jedoch den meisten Menschen völlig. Nicht jeder möchte seine Träume im Detail analysieren, sondern möglicherweise nur die ungewöhnlicheren oder unerklärlichen für sich festhalten. Für diese Zwecke reicht es aus, die Hauptstichpunkte des Traums kurz zu notieren, einschließlich der Kulisse, der Personen, ihrer Handlungen und eventueller Gefühle oder Emotionen. Verwenden Sie Materialien – schön gebundene Bücher, Zettel, Füller, Bleistift oder Kuli – die Ihnen bequem und angenehm erscheinen; sie bleiben voll und ganz Ihnen überlassen. Das Hauptproblem besteht vielmehr darin, dass man morgens nicht in der Lage ist, das in der Nacht Gekritzelte zu entziffern! Folgendes Schema kann Ihnen helfen, die wesentlichen Punkte – auch im Hinblick auf mögliche weiterführende Untersuchungen – zu erfassen:

Datum des Traums

Wo waren Sie, als Sie sich an den Traum erinnerten?

Nennen Sie den Inhalt des Traums

Notieren Sie alles, was Sie an diesem Traum ungewöhnlich fanden (z. B. Tiere, bizarre Situationen)

Was waren Ihre Gefühle während des Traums? / Welche Gefühle haben Sie im Hinblick auf den Traum?

Wenn Sie sich ausführlichere Unterlagen zu Ihren Träumen anlegen möchten, sollten Sie Stilvorgaben für sich festlegen. Entscheiden Sie sich, ob Sie z. B. Anmerkungen und Fußnoten zu den Träumen schreiben möchten. Wie Ihre Auswahl aussieht, bleibt ganz Ihnen selbst überlassen, doch versuchen Sie möglichst, diese Regeln der Übersicht halber auch einzuhalten.

Aus zweierlei Gründen ist es hilfreich, wenn Sie sich die ungefähre nächtliche Traumzeit notieren können. Zum einen können Sie dadurch Ihre produktivsten Traumzeiten ermitteln, zum anderen besagen chinesische Überlieferungen, dass bestimmte Körperorgane zu bestimmten nächtlichen Zeiten besonders aktiv sind. Diese Information hilft unter Umständen bei der Deutung des Traums. Unter ganzheitlichem Blickwinkel können wir unsere inneren Prozesse besser verstehen und effektiver träumen, je besser unsere Verbindung zum eigenen Körper ist.

Diejenigen, die ein größeres Interesse an der Analyse und der Deutung ihrer Träume haben, sollten sich, wenn möglich, diesbezüglich eine Datenbank im PC anlegen. Geben Sie ein, was Sie am Abend des Traums unternommen haben und wo Sie waren, was Sie gegessen haben, und mit welchen Gefühlen Sie zu Bett gingen, beziehungsweise mit welchen Sie aufgewacht sind. Im Computer können Sie ebenfalls bestimmte Symbole vergeben, um bestimmte Aspekte eines Traums zu kennzeichnen, wie z. B. das Auftauchen gewisser Bilder, Objekte, Tiere oder Personen. Per Suchlauf können Sie später diese Symbole oder bestimmten Bilder leicht und schnell auffinden, um Vergleiche anzustellen oder eine Art von Statistik zu erheben, die eher einer Analyse als einer Deutung entspricht.

Wenn ein Traum eine besondere Bedeutung zu haben scheint, tragen Sie Ihr Traumtagebuch oder einen Block am besten bei sich, damit Sie jeden bedeutsamen Aspekt, der Ihnen ins Auge fällt, sofort notieren können. Schon Aristoteles bemerkte 350 v. Chr., dass häufig ganz gewöhnliche Alltagstätigkeiten ein Traumbild „aufbrechen“ können und es einem ermöglichen, mit größerer Klarheit zu einem Traum zurückzukehren. Auf diese Weise gewinnen wir Einsichten in die Anwendung des Traums auf unser tägliches Leben.

Wenn Sie gerade erst damit beginnen, Ihre Träume zu notieren, ist das Allerwichtigste, dass Sie das Ganze entspannt angehen. Versuchen Sie nicht, Resultate zu erzwingen, und regen Sie sich nicht darüber auf, wenn Sie sich nicht an Ihren Traum erinnern können. Die besten Ergebnisse kommen wie von selbst, wenn Sie erst ein wenig Übung haben.

Haben Sie sich für das Führen eines Traumtagebuchs entschieden, dann schließen Sie es in Ihre abendliche Routine ein, und richten Sie Ihren Geist auf die Aktivität des Träumens. Denken Sie über eine bestimmte Situation nach oder meditieren Sie darüber, bevor Sie einschlafen, und vielleicht öffnen sich auf diese Weise die Türen des Unbewussten und Sie erhalten eine Lösung zu einem Problem. Legen Sie sorgfältig Ihre Schreibgeräte zurecht, lesen Sie vielleicht einige frühere Träume nach, verwenden Sie die Tiefenentspannung und nehmen Sie unter Umständen auch entspannende Öle oder Kräutertees zur Hilfe, bitten Sie möglicherweise sogar das Über-Ich um geeignetes Traummaterial – all dies kann den Vorgang des Träumens unterstützen.

Versuchen Sie, morgens auf natürliche Art zu erwachen, ohne den schrillen Ton eines Weckers. Es gibt verschiedene Geräte zu kaufen, die dabei nützlich sein können: z. B. Tageslicht-Simulatoren, die allmählich heller werden, Dimmer, oder auch Wecker, die anfangs sehr leise sind und zunehmend lauter werden. Auch ein Radio oder Kassettenrekorder, die darauf programmiert sind, leise, entspannende Musik zu spielen, können verwendet werden. Am besten eignet sich hierzu Instrumentalmusik, da manche Träumer berichten, dass Worte die Träume scheinbar vertreiben. Durch den Einsatz dieser Weckhilfen können wir möglicherweise nach einer gewissen Zeit das hypnagogische Stadium festhalten und kreativ für uns nutzen.

Wenn Sie erwachen, liegen Sie einen Moment lang so still wie möglich und versuchen Sie, sich daran zu erinnern, was Sie geträumt haben. Oft werden Sie sich als Erstes an das erschreckendste Objekt oder Gefühl erinnern, dem dann andere Elemente folgen. Übertragen Sie diese Elemente in Ihr Tagebuch und notieren Sie die „Geschichte" Ihres Traums in groben Zügen. Auf diese Weise erhalten Sie wahrscheinlich eine erste Deutung, die Ihren Erfordernissen genügt.

Listen Sie später die Elemente des Traums in alphabetischer Reihenfolge auf und entscheiden Sie zuerst die einzelnen Bedeutungen jeden Aspektes. Ermitteln Sie anschließend das Thema des Traums und finden Sie heraus, auf welchen Bereich Ihres Lebens es sich anwenden lässt. Häufig erscheint das Thema in verschiedenen Varianten, damit Sie die Botschaft auch wirklich erhalten. Als nächstes rekonstruieren Sie den Traum und deuten ihn auf einer tieferen Ebene, damit Sie ersehen können, um welche Art von Traum es sich handelt: Vermittelt er Informationen über den Status quo der Dinge, oder schlägt er eine bestimmte Handlungsweise vor, oder bietet er etwa eine Erklärung dazu, was gerade in Ihrem Über-Ich vor sich geht? Zuletzt schauen Sie, ob Sie den Traum auch auf eine andere Weise interpretieren können, indem Sie z. B. Freud'sche, Jung'sche oder auch Gestalt-Methoden zur Anwendung bringen. Vorschläge zur diesbezüglichen Traumarbeit finden sich am Ende dieses Kapitels.

Manchmal ist es auch nützlich, die Traumhandlung weiterzuführen, anhand der Frage: „Was passiert als Nächstes?" oder „Was wäre, wenn...?"

Einblicke in Träume gewinnen

Es gibt verschiedene Wege, auf denen durch Träume Einblicke gewonnen werden können, und dieser Prozess ist nicht unbedingt identisch mit der Deutung des Traums. Wir können damit beginnen, die konventionelle Bedeutung eines Traumelements zu ermitteln, das uns hilft, unsere Situation zu verstehen. Nehmen wir einmal an, der Träumer steht oben auf einem Kliff und blickt hinaus aufs Meer. Die konventionelle Bedeutung ist, dass der Träumer sich am Rande von etwas befindet, möglicherweise an der Grenze zu einer neuen Erfahrung. Diese Erfahrung kann mit Emotionen zu tun haben, denn Wasser im Traum symbolisiert häufig Gefühle.

Der Einblick erfolgt dann, wenn der Träumer bewusst rational an das Traumszenario herantritt. Durch Nachdenken wird die Ordnung und Klarheit der Bilder deutlich, die vorher wie eine wahllose Ansammlung erschienen. Im oben genannten Beispiel ist sich der Träumer der Tiefe und Weite des Meeres bewusst und versteht dadurch, dass seine Gefühle viel tiefer und bedeutsamer sind, als er angenommen hatte. Hier geht es um einen Einblick in seine Persönlichkeit. Bringt der Träumer nun diese Einsicht im Alltagsleben zur Anwendung, dann hat der Traum einen Nutzen gebracht.

Der Träumer ist sich im Traum bewusst, dass er sich nicht entscheiden kann, ob er vom Kliff herunterspringen (ein Risiko eingehen) oder lieber weggehen sollte (sich weigern, der Situation ins Auge zu blicken oder einer Gefahr auszuweichen). Er findet sich am Fuße des Kliffs wieder. Die Deutung besagt, dass er das erreicht hat, von dem er fühlte, dass es richtig war, die Erkenntnis jedoch, dass es egal ist, auf welchem Wege er es erreichte. Wenn man die Interpretation schlicht hält, ist der gewonnene Einblick oft umso aufschlussreicher.

Wenn man die grundlegende Bedeutung der Traumhandlung oder des Traumsymbols ermittelt hat, kann man die notwendigen Informationen herausziehen, die zum Verständnis des Traums erforderlich sind. Anhand der Informationen erhält man nun die Deutung, und durch Arbeit mit der Deutung erhält man den Einblick. Das Traumvokabular ist sowohl mehrdeutig wie auch träumerspezifisch, und jeder Mensch ist so komplex, dass mehrere Erklärungen gleichzeitig möglich sind, von denen alle gleichermaßen Gültigkeit haben. Der Träumer selbst muss hier entscheiden, welche davon für ihn den größten Wert besitzt.

Mit anderen Personen gemeinsam eine Traumdeutung zu erarbeiten, ganz gleich, ob der Träumer diese Menschen kennt oder nicht, kann eine äußerst interessante Erfahrung sein. Alle Facetten eines Traums zu erinnern und zu erforschen, wird die Einsichten vertiefen. Jemandem, der uns gut kennt, können möglicherweise Bezüge auffallen, die uns durch die Nähe der eigenen Situation nicht klar werden. Jemand, der uns nicht kennt, bringt unter Umständen ein hilfreiches Maß an Objektivität in die Diskussion ein und bringt uns auf diese Weise weiter. Die Hilfe, die uns Freunde durch ihre Einsichten in unsere Träume gewähren, kann für unser eigenes und auch für ihr Leben einen großen Unterschied bedeuten. Manchmal kann das Durchspielen einer Traumsituation im Freundeskreis uns Aufschluss über eine weitere Handlungsweise geben. Der Träumer kann ebenfalls Meditation, Assoziation und andere Methoden wählen, um die Deutung seiner Traumsymbolik eingehender zu erforschen. Auf unterschiedliche Techniken wird an anderer Stelle in diesem Buch näher eingegangen.

Kreativ mit Träumen arbeiten

Wenn Sie eine Zeit lang Ihre Träume schriftlich festgehalten haben, könnten Sie es hilfreich finden, einen davon für ein kreatives Projekt zu nutzen. Hierbei könnte es sich um ein Gemälde, eine Skulptur oder eine andere künstlerische Form handeln, z. B. eine Kurzgeschichte, die den Traum weiterspinnt, oder ein Theaterstück – jedenfalls etwas, das jenseits der normalen, alltäglichen Aktivitäten liegt. Durch die Anerkennung der kreativen Prozesse im Traum und ihre Umsetzung in der Realität eröffnen Sie sich eine große Bandbreite an Möglichkeiten und Bewusstseinsveränderungen.

Unsere Wahrnehmung der uns umgebenden Dinge profitiert auf jeden Fall. Farben können strahlender, Formen klarer und Klänge deutlicher wirken. Diese Veränderungen können sehr subtil sein, bewirken jedoch im Allgemeinen, dass das Bewusstsein geschärft und die Kreativität bestmöglich genutzt wird. Das Leben erhält eine neue Bedeutung.

Traumsymbole bieten einer Meditation fruchtbaren Boden, die unbewusste Erkenntnisse zu Tage fördern kann und damit ebenfalls die Kreativität unterstützt. Meditieren Sie über das Grundgefühl oder auch einen bestimmten Aspekt eines Traums. Wenn Sie feststellen, dass Sie über Ihr Traumprojekt träumen, haben Sie den Kreis beinahe geschlossen – von der Eichel zum Eichenbaum und wieder zurück zur Eichel – ein Prozess, der einer Wiedergeburt gleicht.

Es ist unwichtig, ob Ihr Projekt gut oder schlecht ist, was zählt ist, dass es Ihnen Spaß macht. Allein die Erkenntnis, dass Sie in einen Bewusstseinsstrom eingetreten sind, der uns allen zu Eigen ist, aber den nur wenige tatsächlich anzapfen können, vermittelt tiefe Befriedigung und gleicht die Male aus, bei denen Sie während des Vorgangs steckenbleiben oder vor eine Wand geraten. Nur Ausdauer führt letzten Endes zu einem besseren Verständnis unseres inneren Ichs.

Legen Sie ein separates Tagebuch an, in dem Sie die Fortschritte Ihres Traumprojekts aufzeichnen. Arbeiten Sie jeden Tag für kurze Zeit an Ihrem Projekt, und halten Sie Ihre Erfahrungen und Bewusstseinszustände in dem Buch fest, damit Sie sehen können, wie weit Sie auf dieser anstrengenden Entdeckungsreise schon gelangt sind. Es ist ungeheuer interessant, rückblickend festzustellen, zu welchen Zeiten Ängste und Zweifel aufgetreten sind, und wie Sie sie bewältigt haben. Vielleicht gewinnt Ihr kreatives Tagebuch eine Zeit lang die Oberhand über Ihr Traumtagebuch. Möglicherweise stellen Sie auch fest, dass Ihre Träume sich verändern, wenn Sie sich in einer besonders kreativen Phase befinden. Falls Sie auf eine kreative Blockade stoßen, bitten Sie Ihre Träume um eine Antwort oder versuchen Sie es mit wachem Träumen. Sie werden mit der Zeit feststellen, dass Sie, wenn dies notwendig wird, die verschiedenen Bewusstseinszustände miteinander verknüpfen können, ohne dass auch nur einer von ihnen dabei seine eigene Realität einbüßt. Hierin liegt die wahre Nutzung des kreativen Träumens.

Beispiel eines Traumtagebuch-Eintrags

Ich sollte in einer Herberge zusammen mit anderen Frauen wohnen, von denen die meisten depressiv waren und langweilige Jobs hatten – überhaupt nicht die Art von Frauen, die ich mochte, aber die Art, die ich selbst hätte werden können. Um aufgenommen zu werden, musste man sich untersuchen lassen, wobei festgestellt wurde, dass ich Kopfläuse hatte, besonders auf der rechten Seite. Ich war entsetzt darüber, und die Läuse waren mir nicht einmal aufgefallen. Übrigens war, bevor das passierte, mein Haar mit Lausseife gewaschen und mit einem engzinkigen Kamm gekämmt worden.

Die Krankenschwester/Ärztin war die Gefängnisaufseherin, von der ich früher schon geträumt hatte – überkritisch und voller Vorurteile. Ich musste akzeptieren, dass irgendetwas ganz und gar nicht in Ordnung war, und ging weiter durch in den Esssaal. Dort nahm etwa die Hälfte der Anwesenden überhaupt keine Notiz von irgendetwas, während andere die Situation gutzuheißen und zu akzeptieren schienen und wieder andere die Vorstellung hier zu sein hassten.

Die Bestandteile des Traums

Herberge

Frauen

Depression

Untersuchung

Kopfläuse

Rechte Seite

Unbewusstheit

Altmodische Lausseife

Engzinkiger Kamm

Krankenschwester / Ärztin

Gefängnisaufseherin

Akzeptanz

Nicht in Ordnung

Esssaal

Notiz nehmen oder nicht

Alphabetisch Sortieren

Akzeptanz: Sie vermittelt das Thema des Traums, in dem es um die Anerkennung durch eine Gruppe geht, der die Träumerin zwiespältig gegenübersteht.

Altmodische Lausseife: Signalisiert überholte Methoden.

Depression: Die grundlegende Stimmung des Traumes war depressiv und „grau".

Engzinkiger Kamm: Stellt die Verbindung zur Entfernung der Nissen dar, der Ursache eines erneuten Befalls.

Esssaal: Der Esssaal war in gewisser Weise reglementiert und im Großen und Ganzen abweisend.
Frauen: Obwohl sie in diesem Traum negativ erscheinen, stellen sie die Peer-Gruppe der Träumerin dar und sollten vielleicht näher betrachtet werden.
Gefängnisaufseherin: Ihr Erscheinen im Traum verkörpert in der Regel die eingeschränkte Seite der Persönlichkeit der Träumerin.
Herberge: Sie betont die Idee der Gemeinschaftsaktivität: das Zusammenleben.
Kopfläuse: Sie signalisieren einen Befall, der von einer äußeren Quelle ausgeht, etwas, mit dem die Träumerin sich angesteckt hat.
Krankenschwester / Ärztin: Sie symbolisiert die Heilerin, die in der Träumerin steckt.
Nicht in Ordnung: Zu diesem Zeitpunkt gibt es im Leben der Träumerin ein zusätzliches Maß an Negativität.
Notiz nehmen oder nicht: In diesem Traum war es letzten Endes unwichtig, ob die Träumerin akzeptiert wurde oder nicht.
Rechte Seite: Sie ist die männliche, logische Seite unseres Wesens.
Unbewusstheit: Eine Ansteckung birgt ein Überraschungselement.
Untersuchung: Die Träumerin muss eine Art Prüfung bestehen.

Thema

Das Thema dieses Traums befasst sich mit der Akzeptanz innerhalb einer größeren Gruppe, die offensichtlich recht strenge Verhaltensregeln besitzt. Die Gruppe ist weiblich und wird von der Träumerin eher negativ gesehen. Die Träumerin wird näher überprüft, wobei sich herausstellt, dass eine Art von Verseuchung (die Kopfläuse) auf der intellektuellen Seite (rechts) herrscht, die selbst nach einer Reinigung auf altmodische Weise (Seife und Kamm) immer noch vorhanden ist.

Die Gefängnisaufseherin ist eine bekannte Größe, die bereits in früheren Träumen der Träumerin jene Seite ihrer Persönlichkeit verkörperte, die sie einschränkt und kein Verhalten akzeptiert, das als übertrieben gelten könnte. Obwohl sie dazu gebracht wurde, dass sie sich selbst als anders und negativ empfand, erkannte die Träumerin, dass sie sich dem Urteil der Gruppe stellen musste, wenn sie akzeptiert werden wollte. Sie tat dies in einer nährenden Umgebung (dem Esssaal). Die anderen reagierten ganz unterschiedlich – so, wie sie es für richtig hielten. Daher sagt dieser Traum mehr darüber aus, wie die Träumerin sich selbst empfindet, als darüber, was andere von ihr denken.

Weitere Arbeit könnte Aufschluss darüber geben, was genau die Kopfläuse symbolisieren, und eine Weiterentwicklung des Traumes könnte zeigen, was geschieht, nachdem sie in die Gruppe aufgenommen worden ist.

Eine esoterischere Deutung des Traums

In Anbetracht der Tatsache, dass die Gruppe die weibliche Seite der Träumerin verkörpert, wird offensichtlich, dass sie in ihrem Inneren Negativität und Angst empfindet. Ein Teil ihrer Persönlichkeit kann nicht in die Gesamtheit des Weiblichen integriert werden, weil irgendeine Art der Verseuchung oder Ansteckung stattgefunden hat. (Interessanterweise musste die Träumerin im wirklichen Leben gerade Hausschwamm in ihrer Wohnung bekämpfen und gefühlsmäßig verarbeiten.) Auf einer gewissen Ebene braucht sie Akzeptanz im Hinblick auf ihre Unfähigkeit, mit normalen, alltäglichen Dingen fertig zu werden und sinnvolle Entscheidungen zu treffen. Sie neigt dazu, zu hart mit sich selbst ins Gericht zu gehen, und sollte erkennen, dass in diesem Fall die eigene Akzeptanz ihrer selbst das Wichtigste ist.

Der nächste Traum zeigt, wie Träume einzeln gedeutet werden können, oder in manchen Fällen auch als Element einer Reihe.

Traumbeispiele

Träumer Nr. 1

Mein Freund Mike, meine Mutter und ich waren in einem großen alten viktorianischen Haus.

Wir gingen alle in einen großen Raum, und uns wurde klar, dass wir ihn durch den Kamin verlassen mussten. Zuerst konnten wir den Schlüssel nicht finden, doch dann fanden wir ihn. Wir steckten den Schlüssel in ein Loch im Kamin und nach einiger Zeit gelang es uns, ihn zu öffnen. Die Öffnung war zu eng für meine Mutter, und obwohl Mike und ich beide recht kräftig gebaut sind, passten wir durch. Wir wurden von einem älteren Mann begrüßt, den man, glaube ich, als einen Künstlertyp bezeichnen würde. Er war nicht gerade sehr erfreut, uns zu sehen. Wir wussten, dass wir durch diesen Raum gehen würden und wieder durch den Kamin hinaus mussten. Diesmal war der Schlüssel ein einfaches Stück Metall, das sich leicht drehen ließ. Wieder war ich diejenige, die herausfand, wie es zu tun war. Das nächste Zimmer gehörte einer Frau, die etwa so alt war wie ich und wiederum ein Künstlertyp war. An einer Wand stand ein riesiger Kleiderschrank. Wir schauten uns gerade um, als wir die Bewohnerin des Zimmers zurückkommen hörten, und an dieser Stelle wachte ich auf und war irgendwie enttäuscht.

Die wichtigsten Symbole dieses Traumes sind:
Älterer Mann, Haus, Junge Frau, Kamine, Kleiderschrank, Kleine Öffnung, Schlüssel, Versteckte Zimmer.

Menschen verkörpern bestimmte Aspekte unseres Wesens. Das ***Haus*** symbolisiert unsere alltägliche Persönlichkeit, unser Seinsgefühl, das in diesem Fall altmodische Werte signalisiert. ***Kamine*** verweisen in der Regel auf einen Brennpunkt oder einen Ort der Wärme, oder auch auf einen Ort der Verwandlung. ***Kleiderschränke*** symbolisieren entweder Übergänge oder Arten, auf die wir der Außenwelt begegnen. ***Schlüssel*** verkörpern im Allgemeinen Wissen oder Informationen, die wir besitzen und einsetzen können, und ***versteckte Zimmer*** symbolisieren Teile unserer Persönlichkeit, die wir entweder ignoriert oder abgelehnt haben.

Das übergreifende Thema dieses Traumes ist das Vorankommen durch die Überwindung ganz bestimmter Hindernisse (die Kamine), indem die richtigen Werkzeuge verwendet werden – die „Schlüssel". Die Verbindung des Träumers zu seiner Mutter wird dadurch abgebrochen, dass sein Forschungsvorhaben nur in Begleitung eines alten Freundes durchgeführt werden kann. Der Träumer sucht offensichtlich nach etwas – in diesem Falle nach einer Verbindung zum Weiblichen, d. h. entweder der weiblichen Seite seiner eigenen Persönlichkeit oder tatsächlich nach einer Frau, die seine Bedürfnisse erfüllt. Dies kann er erreichen, indem er eine kreative Phase durchläuft, die ihn seine empfindsame, weibliche Seite leichter erreichen lässt.

Der Traum weist zahlreiche Symbole auf, die sich auf den Übergang von einer Phase in eine andere beziehen, und das Fortkommen wird zusehends einfacher. Der Traum zeigt dem Träumer, dass er durch eigene Anstrengungen Dinge über sich selbst lernen kann. Zu diesem Zweck muss er durch Probieren herausfinden, wie er das Wissen, das er sammelt, für seine Ziele einsetzen kann – hat er den Schlüssel gefunden, muss er mit ihm experimentieren. Seine schöpferische Seite hat einige Zeit brachgelegen und funktioniert nicht gleich zu Anfang. Dieser Teil der Persönlichkeit war jedoch nicht das wahre Ziel des Traums, der deutlich zeigt, dass es noch einen weiteren Aspekt zu entdecken gilt – den der Empfindsamkeit und der Intuition. Auf diesen kann mit der Zeit relativ leicht zugegriffen werden (der zweite „Schlüssel"), und dann schließt sich ein Zeitraum an, in dem der Träumer sich mit den Übergängen und Gewöhnungsprozessen befassen muss, die nun folgen.

Träumer Nr. 2

Der Träumer ist ein 31-jähriger Mann, der gerade seinen Beruf vom Grundschullehrer zum Naturheilkundigen wechselt.

Ich befand mich in einer Gruppe von Leuten, die auf eine hölzerne Festung zurannten. Ich kann mich nicht erinnern, ob wir bereits verfolgt wurden oder erst noch verfolgt werden würden, aber es lag eine Dringlichkeit in der Luft. Ich rannte ein ganzes Stück hinter der Gruppe. Wir rannten auf zwei große, hölzerne Türen zu, die sich natürlich genau vor meiner Nase schlossen. Die Leute, die drinnen waren, drängten mich, über den Zaun zu klettern, der drei- oder viermal so hoch war wie ich. Er bestand aus einem Gitter aus großen Planken, also fing ich an zu klettern, etwa so, wie man eine Leiter hochklettert, aber mit etwas größerer Anstrengung. Ich erinnere mich, dass ich Angst davor hatte, die Spitze zu erreichen und beide Beine hinüberschwingen zu müssen. Ich ermahnte mich, nicht hinunterzusehen, wenn der Moment kommen würde.

Zur gleichen Zeit kletterte einer meiner Schüler auf der anderen Seite hoch. Ich wusste, dass meine Mutter und seine Mutter auch auf der anderen Seite waren. Als ich die Spitze erreichte, erkannte ich, dass dieser Teil des Zauns vollkommen glatt war – es sah aus wie eine glänzende, schwarze Plastikoberfläche. Ich musste mich nach links hinüberbewegen, doch der Junge war mir im Weg. Während ich mich an der Oberkante des Zauns festhielt, schwangen sich die letzten drei oder vier Fuß rückwärts und nach unten, an Scharnieren, die ich nicht bemerkt hatte. Ich lief Gefahr, zerquetscht zu werden. In diesem Moment wachte ich auf, und mein Herz schlug wild.

Angst: Sie definiert die Grundstimmung des Traums, da der Träumer sich der Dringlichkeit innerhalb des Traumes bewusst ist.

Behindert werden an der Spitze des Zauns: Er greift nach der Spitze des plötzlich unüberwindbaren Hindernisses.

Beide Beine: Beine symbolisieren im Allgemeinen den Weg nach vorn und den Antrieb, erfolgreich zu sein.
Drei oder vier: Zahlen im Traum betonen meist eine bestimmte Eigenschaft. Die Drei kann Stabilität und Erfolg verkörpern, während die Vier Loyalität und mitunter auch Ungeschicktheit symbolisiert.
Gitterwerk: Es kann zweierlei Bedeutungen haben: entweder Verhaltensmuster im Leben des Träumers oder die Wahl bzw. die Entscheidungen, die der Träumer treffen muss.
Glatte Oberfläche: Während der Aufstieg schwierig war, ist das Heruntergleiten leicht, wenn auch ein wenig gefährlich.
Große Holztüren, die sich schlossen: Die Türen symbolisieren den Eintritt in eine neue Lebensphase. Da sie dabei waren, sich zu schließen, hatte der Träumer offensichtlich Angst, eine Gelegenheit zu versäumen.
Gruppe von Leuten: In diesem Fall bedeutete die Gruppe Menschen, zu denen der Träumer eine enge Beziehung hatte. Sie können ebenfalls verschiedene Teile der eigenen Persönlichkeit verkörpern.
Hinterherrennen: Verdeutlicht das Bewusstsein des Träumers, dass er im Geschehen den Anschluss verlieren kann.
Hölzerne Festung: Sie signalisiert in der Regel den inneren, privaten Ort, oder den Teil von uns, der sakrosankt ist.
Leiter: Verweist auf unsere Fähigkeit, zu einer neuen Bewusstseinsebene vorzustoßen.
Mutter: Die hegende, nährende Seite unserer Persönlichkeit, obwohl sie gelegentlich auch destruktiv sein kann.
Mutter des Schülers: Ein weiterer Aspekt der Weiblichkeit, der zwischen dem notwendigen Bemuttern eines Kindes und dem Bemuttern eines Erwachsenen unterscheidet
Rennen: Vermittelt ein Gefühl der Dringlichkeit.
Schüler: Hier verkörpert der Schüler seine kindlichen Eigenschaften – Unreife könnte dem Fortschritt im Weg stehen.

Schwingen: Symbolisiert das Bedürfnis, angesichts einer schwierigen Situation das eigene Gleichgewicht zu bewahren.
Wild schlagendes Herz: Signalisiert Angst und verweist damit auf die Beklommenheit zu Beginn des Traums.

Wenn man den Traum in seine einzelnen Elemente zerlegt, ist das Thema leicht zu erkennen. Dringlichkeit und Angst gehen Hand in Hand, also ist sich der Träumer bewusst, dass er es sich nicht leisten kann, Gelegenheiten zu versäumen. Durch andere ermutigt, ist er bereit Risiken einzugehen, um Hindernisse, die ihm den Weg versperren, zu überwinden sowie Entscheidungen zu treffen, die seinen Zielen dienlich sind. Das Kind, das in ihm steckt, macht ihm die Sache jedoch nicht leicht und bringt ihn sogar in Gefahr, indem es scheinbar gegen ihn arbeitet. Dies bringt seine „höheren" Ziele ins Wanken und setzt ihn dem Risiko aus, besiegt zu werden (der bewegliche Zaun). Er hat seine Ängste noch nicht so weit bewältigt, dass er in der Lage wäre, die Instabilität zu verkraften, und wacht darum auf.

Zweiter Traum
Ich trat in Frauenkleidern auf!! Ich würde einige Lieder singen, irgendwie. Es schien, als wären es nur vier oder fünf. Ich war mir nicht sicher, dass ich mich an den Text erinnerte, aber ich kannte die Melodien. Ich glaube, dass ich den Text doch kannte, und nur einige Worte vergaß. Es war kein kleiner Saal, obwohl ich das ursprünglich gedacht hatte. Als sich der Vorhang öffnete, wurde mir klar, dass es tatsächlich so etwas wie ein kleines Theater war und nicht etwa ein Lokal, wie ich angenommen hatte.

Dieser Traum ist ähnlich wie einer, den ich vor einigen Monaten hatte, als ich träumte, dass ich Parsifal sang in der Oper von Wagner. Auch hier kannte ich nicht den Text, nur die Musik.

Ähnlicher Traum: Die Musik spielt eine wichtige Rolle im Leben des Träumers, und die Betonung liegt darauf, sowohl den Text als auch die Melodie richtig zu erinnern.
Frauenkleider: Sich für eine Aufführung ein weiblicheres, empfindsameres Äußeres geben.
Größer als erwartet: Der Träumer ist in der Lage, ein größeres Publikum anzusprechen.
Lieder: Verkörpert die Nutzung der Kreativität und der Bewusstheit eines anderen.
Theater, kein Lokal: Der Träumer wird sich bewusst, dass das, was er nun vorhat, nicht mehr informell und ungezwungen ist, sondern größere Förmlichkeit besitzt.
Vergesslich: Er ist sich bewusst, dass er das Wissen hatte, sich aber nicht daran erinnern kann.
Vier oder fünf: Konzentriert sich auf die Form (Vier) einer Sache, und nicht so sehr auf ihren Ausdruck (Fünf).
Vorhang: In diesem Fall eine Schranke zwischen dem Träumer und seinem Publikum, die sich hebt, um das Unerwartete zu enthüllen.
Worte kennen: Er ist im Besitz des grundlegenden Wissens.

Das Thema dieses Traums ist die adäquate berufliche Leistung und die hierfür erforderlichen Bedingungen.

Der Traum hebt einige der Ängste hervor, die der Träumer bewältigen muss, während er sich in den formelleren Teil seines Weges vorwagt. Er wird sich zunehmend bewusst, dass er in der Lage ist, auf einer breiteren Ebene zu arbeiten als er zunächst geplant hatte, und dass es „dort draußen“ Menschen gibt, die ihm zuhören werden. Zu diesem Zeitpunkt gibt es viel zu lernen, anzugleichen und in eine kohärente Form zu bringen, und der Träumer weiß, dass er dies kann. Er kann ebenfalls sein Lampenfieber auf glaubwürdige Weise überwinden. Durch das Symbol der Musik teilt ihm sein „Traum-Ich“ mit, dass seine Entscheidung im Hinblick auf den Berufswechsel richtig war, und versichert ihn gleichzeitig seiner letztendlichen Fähigkeiten, vorausgesetzt, er nutzt seine Intuition und die empfindsame Seite seiner Persönlichkeit.

Obwohl sich dieser Traum mit beruflicher Leistung und zukünftiger Arbeit beschäftigt, lernt der Träumer in spiritueller Hinsicht, wie er im Leben eine Rolle übernehmen kann, die zwar bewältigt werden will, aber auch große Befriedigung mit sich bringt. Mit diesem Traum kann in zweierlei Weise weiter gearbeitet werden. Zum einen könnte der Träumer den Traum mit Hilfe der „Was geschieht als Nächstes?“-Methode weiterführen, um zusätzliche Einsichten in seinen Entwicklungsprozess zu gewinnen. Er könnte verschiedene Szenarien durchspielen und herausfinden, was er in Zukunft gerne tun würde, wobei er die gleiche Symbolik wie im Traum verwenden sollte. Zum anderen könnte er den Traum für ein kreatives Projekt nutzen. Er könnte die Lieder auswählen, die er singen möchte, sich einen geeigneten Ort für das Konzert überlegen usw. Es ist gut möglich, dass dieser Prozess weitere Aspekte seiner Kreativität enthüllt, die er noch nicht mit Selbstvertrauen und Zuversicht für seinen Berufswechsel nutzen kann.

Träumer Nr. 3 – Adams Traum

In diesem Fall hatte der Träumer kürzlich seine Mutter verloren. Bevor sie starb hatte er sich eingehender mit Aspekten der spirituellen Reiche beschäftigt und auch mit der „inneren Bewusstheit“. Viele Träume, die der Träumer hatte, während seine Mutter krank war, waren von Bedeutung, doch der folgende wurde ausgewählt, weil er besonders gut den Prozess der Bewältigung des Todes veranschaulicht und ebenso die Entwicklung der Fähigkeit des Träumers, die eigenen Träume zu deuten. Er war in der Lage zu erkennen, dass ihm andere Reiche und Seinsdimensionen zur Verfügung standen, die ihm Trost spenden würden.

Eine große, pilzförmige Wolke in Creme und Weiß hängt am Himmel. Kleine Sterne reisen auf sie zu. Das Zentrum der Wolke wird ein helles, weißes Licht, und ich erkenne, dass die Sterne Menschen sind. Ich kann einen von ihnen heranzoomen, und ich sehe, dass es meine Mutter ist. Nun schwimmt sie im Meer, und hohe Wellen brechen sich gegenseitig und bewegen sich auf sie zu. Sie lacht, als sie in die Welle eintaucht. Ich sehe, wie ihre Waden und ihre Füße in der Gischt verschwinden.

Die große, pilzförmige Wolke deutet auf den überwältigenden Schmerz hin, den der Sohn fühlt, doch das helle Licht in der Mitte symbolisiert seine Vorstellung vom „Höchsten". Er erkennt, dass die Verstorbenen zum Höchsten zurückkehren und versteht, dass dies auch mit seiner Mutter geschieht.

Er versteht ebenfalls, dass die Emotionen, die ihren Tod umgaben (das Meer und die Wellen), ihr keinen Schaden zufügen, sondern dass ihre Seele diese Energie nutzt, um sich von weltlichen Belangen zu befreien. Manchmal verkörpert das Meer das „Urmeer", dem wir alle entstammen, und in diesem Falle ist es das zweite Symbol des Höchsten, das im Traum erscheint. Es betont, dass die Mutter nun frei ist und sich in spirituellere Belange vertieft.

Träumerin Nr. 4

Erhalten über das Internet.

Ich ging durch einen Eingang meines Hauses und bemerkte eine sehr große, durchsichtige Plastiktüte in der zwei große Weihnachtskränze lagen, einer der beiden war geflochten, bei dem anderen weiß ich es nicht mehr, und sie hatten goldene Bänder. Auf einem Regal in der Nähe lag eine kleinere, durchsichtige Plastiktüte, in der orangefarbene Schuhe steckten. Beide Tüten waren mit einem Knoten verschlossen und gehörten nicht mir. Als ich mich vom Eingang aus umsah, sah ich den Mann, den ich liebe. Er schlief mit einer anderen Frau, und während ich keine Einzelheiten erkennen konnte, fühlte ich, dass sie mich nicht bemerkten ... Dann wachte ich auf.

Die Umgebung des Traums kannte ich nicht: Es war weder sein Haus noch meines. Ich finde es seltsam, dass ich weiß, dass ich in Farbe träumte, wobei die Jahreszeit offenbar Weihnachten war. Ich träumte diesen Traum vor zwei Wochen (am 6. August) und trage ihn noch immer mit mir herum. Normalerweise erinnere ich mich nicht an meine Träume. Dieser Traum verwirrte mich einerseits, machte mich aber gleichzeitig neugierig. Wir haben uns erst vor kurzem entschlossen, ein gemeinsames Leben zu beginnen. Er nimmt große Umstände auf sich, um es zu ermöglichen.

Andere Frau: Ein Aspekt der Persönlichkeit der Träumerin.
Geflochten: Jedes Muster im Traum signalisiert Kreativität.
Goldene Bänder: Emotionen, mitunter auch männliche Energie.
Große, durchsichtige Plastiktüte: Es gibt eine Situation, die „durchschaut" werden soll.
Kranz: Eine Vollständigkeit oder Ganzheit wird gefeiert.
Mein Haus: Der Traum beginnt in einer vertrauten Umgebung, die im Weiteren jedoch nicht erkannt wird. Dies deutet darauf hin, dass die Zweisamkeit des Paares die bisher gewohnte Umgebung verändern wird.
Mit Knoten verschlossene Tüten: Es soll etwas bewahrt werden.
Orangefarbene Schuhe: Schuhe symbolisieren Bodenständigkeit und die Fähigkeit, sich zu bewegen. Orange ist häufig die Farbe der Beziehung.
Träumerin wird nicht bemerkt: Die gegenwärtige Persönlichkeit wird nicht anerkannt.
Weihnachtskränze: Kennzeichnen möglicherweise einen Zeitraum.

Dieser Traum ist recht einfach zu deuten und das Thema liegt auf der Hand. Auf einer unterschwelligen Ebene ist sich die Träumerin der Veränderungen bewusst, die mit dem Beginn des gemeinsamen Lebens eintreten müssen.

Die Umgebung muss angepasst werden von einer Räumlichkeit, die bisher sicher war (ihr Haus), in etwas, das eine unbekannte Größe ist. Es gibt Dinge, die wertvoll sind (die goldenen Bänder) und die es zu bewahren gilt, und auch Aspekte der Beziehung, die gefeiert werden sollten, allerdings noch nicht jetzt.

Die „andere Frau“ ist vermutlich keine Rivalin, sondern die Träumerin selbst, die sich durch die feste Beziehung verändert hat. Sie muss versuchen, ihre Fähigkeit, innerhalb dieser Beziehung frei zu sein, zu bewahren (die geschützten orangefarbenen Schuhe). Der Traum betont das Bewusstsein der Träumerin im Hinblick auf die Veränderungen, die sich in ihr vollziehen, während sie eine dauerhafte Lebensgemeinschaft eingeht, und ermöglicht es ihr, sich mit ihren Ängsten auseinander zu setzen.

Träumerin Nr. 5

Dieser Traum wurde von einer 19-jährigen Frau eingereicht.

Ich ging ins Schlafzimmer und sah meinen Ehemann unter der Bettdecke – er telefonierte. Ich konnte zwar nicht wirklich verstehen, was er sagte, doch ich wusste, dass er mit einer anderen Frau sprach. Ich entriss ihm das Telefon und es gab einen kurzen Kampf. Ich fragte die Frau am Telefon, wer sie sei, und sie sagte, sie sei die Freundin meines Mannes. Ich fragte, ob sie miteinander geschlafen hätten, aber sie antwortete nicht. Ich legte auf und mein Mann sagte, er wollte nicht mit ihr zusammensein; er sei nur verwirrt und es täte ihm Leid.

Ich war wütend, verletzt und verwirrt. Machte mir Sorgen um AIDS.

Schlafzimmer, Ehemann, Bettdecke, Telefon (zweimal), Andere Frau, Kampf, Freundin, Sex, Keine Antwort, Leugnen, Wut, Mangelndes Verständnis, AIDS, Verwirrtsein.

AIDS: Bedeutet heutzutage Angst vor Ansteckung und vielleicht sogar Angst vor dem Tod.
Andere Frau: Sie kann häufig eine andere Seite der eigenen Persönlichkeit symbolisieren.
Bettdecke: Kann entweder auf einen Zufluchtsort hinweisen oder auf den Wunsch, etwas zu verbergen.
Ehemann: Ist in diesem Traum wohl ihr wirklicher Ehemann.
Freundin: Wiederum ein Teil der Persönlichkeit der Träumerin.
Kampf: Der Kampf bezog sich auf den Besitz des Telefons.
Keine Antwort: Fehlende Kommunikation.
Leugnen: Die Weigerung, eine gegebene Situation zu akzeptieren.
Mangelndes Verständnis: Kommunikationsschwierigkeiten.
Schlafzimmer: Ein Zufluchtsort.
Sex: Sehr oft bedeutet Sex Nähe, ist jedoch auch ein Symbol der Einheit oder der Vereinigung.
Telefon (zweimal): Das Telefon ist ein Mittel der Kommunikation.
Verwirrtsein: Signalisiert im Traum, dass die Träumerin sich nicht sicher ist, was sie fühlen sollte.
Wut: Eine Emotion, die wir uns im Traum erlauben können, wenn sie im täglichen Leben vielleicht nicht angebracht wäre. Sie kann ebenfalls auf eine verdrängte Angst hinweisen.

Dieser Traum hätte sehr leicht als präkognitiv, also als vorheriges Wissen, verstanden werden können, das der Träumerin und ihrem Ehemann erhebliche Schwierigkeiten bereitet hätte. Es ist jedoch viel wahrscheinlicher, dass es sich hierbei um einen Angsttraum handelt, der alle Sorgen und Zweifel der Träumerin in einer kohärenten Form präsentiert. Indem sie sich mit dem Traum bewusst auseinander setzt, wird die Träumerin die Beziehung zu ihrem Mann entscheidend verbessern können.

Im Traum verheimlicht der Ehemann die Tatsache, dass er mit einer anderen Frau kommuniziert, und hierin besteht auch das Thema des Traums: Schwierigkeiten mit der Kommunikation. Es finden sich verschiedene Symbole für Kommunikation: Die Träumerin verstand nicht, was ihr Ehemann sagte; das Telefon sowie der Kampf um den Besitz des Telefons; die fehlende Antwort der anderen Frau auf die Frage nach dem Geschlechtsverkehr, der letztlich auch selbst eine Form der Kommunikation darstellt.

Die Träumerin hat Angst, dass ihr Ehemann „verseucht" (AIDS) oder angesteckt worden ist durch den Kontakt mit einer Seite ihrer eigenen Persönlichkeit, die sie vielleicht selbst nicht besonders schätzt, und auf diese Weise wird ihr ein eifersüchtiger oder ängstlicher Zug ihres Wesens bewusst, der Probleme bringen könnte.

Im Traum ist ihr Ehemann verwirrt und entschuldigt sich für sein Verhalten – beides Gefühle, die die Träumerin in sich selbst suchen und bewältigen sollte. Der Traum selbst verwirrt die Träumerin, da er Emotionen zu Tage fördert, von denen sie vermutlich nichts ahnte, und man gewinnt den Eindruck, dass sie das Gefühl braucht, in einer Beziehung die Stärkere zu sein und die Dinge unter Kontrolle zu haben.

Vielleicht beruhigt die Haltung ihres Ehemannes die Träumerin, doch sie sollte auf jeden Fall erkennen, dass es ihr eigener Traum ist, der ihr eigenes Problem aufzeigt, mit dem sie sich selbst auseinander setzen muss, und nicht etwa er.

Traumtagebücher und Projektarbeit

Die folgenden Vorschläge für Traumtagebücher und Traumprojekte sind für Ihren persönlichen Gebrauch bestimmt und orientieren sich an den oben erwähnten Methoden der Traumdeutung. Sie können sich einen bestimmten Ansatz auswählen, der Ihnen besonders zusagt, sie aber auch kombinieren und mit verschiedenen Wegen experimentieren.

Traumtagebuch – Methode 1

1. Der Traum: ...
2. Die Liste der wichtigsten Symbole: ...
3. Alphabetisch sortierte Liste mit kurzen Erläuterungen der Bedeutung: ...
4. Das Thema: ...
5. Die Deutung: ...

Traumtagebuch – Methode 2

1. Der Traum: ...
2. Traumelemente:
   Tiere – ...
   Reise – ...
   Menschen – ...
   Umwelt – ...
   Andere, in alphabetischer Reihenfolge – ...
3. Deutung: ...

Traumtagebuch – Freie Assoziation

Traum: ...
Gewählte Begriffe zur freien Assoziation: ...
Das erinnert mich an ...
Dieser Traum handelt von ...

Traumtagebuch – Tagesreste

Traum: ...

Ich habe dies geträumt, weil ich in den letzten 48 Stunden Folgendes

❶ gesehen habe ...

❷ gehört habe ...

❸ erkannt habe ...

Traumtagebuch und Projekt – Gestalt-Methode

Traum: ...

Wenn alle Teile des Traums Teile oder Spiegelungen meiner eigenen Persönlichkeit sind, dann ist der Teil, mit dem ich nun kommunizieren möchte, die Person/das Ding, die in meinem Traum durch ... symbolisiert wird.

(Wenn es dem Träumer die Übung erleichtert, kann er zwei Stühle einander gegenüberstellen und abwechselnd die gewählten Rollen übernehmen. Eine andere Möglichkeit ist, sich vor einen Spiegel zu setzen.)

Ergebnis: ...

Traumtagebuch und Projekt – Träume auf Wunsch

❶ Klären Sie das Anliegen und schreiben Sie es nieder.

❷ Stellen Sie sich mündlich die Frage, auf die Sie eine Antwort suchen. Versichern Sie sich, dass Sie sie positiv (siehe oben) formuliert haben und schreiben Sie sie nieder.

❸ Wiederholen Sie sie mündlich und schreiben Sie sie wiederum nieder. (Sie unter das Kopfkissen zu legen hilft mitunter, den Geist darauf zu konzentrieren.)

❹ Träumen und dokumentieren Sie die Antwort. (Hinweis: Dies kann mehrere Nächte dauern. Notieren Sie die Zeit.)

❺ Untersuchen Sie den Traum eingehend und entscheiden Sie, ob er hilfreich war oder ob weitere Arbeit notwendig ist. Notieren Sie Ihre Reaktion.

Projektarbeit – Gruppenarbeit mit Träumen

Die Gruppe sollte am besten klein gehalten werden – nicht mehr als acht Teilnehmer – und sich in regelmäßigen Abständen treffen, vielleicht alle zwei Wochen oder einmal im Monat. Dies gibt jedem Einzelnen genug Zeit, um mit seinem Traum zu arbeiten. Wählen Sie in jeder Sitzung eine andere Person, die die vorhandene Zeit einteilen und die Diskussion leiten soll.

❶ Bringen Sie einen Ihrer Träume mit in die Gruppe, am besten einen, bei dem Sie sich nicht scheuen ihn vorzutragen.

❷ Alle Teilnehmer berichten nacheinander ihren Traum. Versuchen Sie beim Erzählen in der Gegenwartsform zu bleiben, da dies den Traum lebendiger macht.

❸ Jeder Traum wird dann in der Gruppe diskutiert und mögliche Deutungen vorgeschlagen, entweder von den einzelnen Teilnehmern nacheinander oder gemeinsam als Gruppe. Dem Träumer steht es frei, mitzumachen oder nur zuzuhören.

❹ Träume oder Traumteile können von der Gruppe durchgespielt werden, um mehr Klarheit zu gewinnen, falls der Träumer dies wünscht.

❺ Der Träumer sollte seine Gefühle und Schlussfolgerungen schriftlich festhalten, um später darauf zurückgreifen zu können. Denn während der Sitzung können sich neue Gefühle und Einsichten offenbaren, über den Traum, über den Träumer selbst oder über die Gruppe.

Ein eigenes Traumprojekt

❶ Entscheiden Sie, welchen Ihrer Träume Sie für dieses Projekt auswählen möchten.

❷ Entscheiden Sie, um welche Art von Projekt es sich handeln soll, und notieren Sie es (z. B. Geschichte, Theaterstück, Skulptur, Tanz).

3. Denken Sie jeden Tag eine Weile darüber nach, machen Sie sich aber keine Sorgen, wenn die Ideen etwas auf sich warten lassen. Notieren Sie Musikstücke, die Sie vielleicht verwenden möchten, Wörter, Bewegungen usw.
4. Entscheiden Sie, welche Figuren oder Aspekte aus Ihrem Traum Sie verwenden möchten. Machen Sie sich Notizen dazu und recherchieren Sie nach Belieben. Denken Sie daran, dass hierbei die Spontaneität im Vordergrund steht.
5. Notieren Sie mögliche Frustrationen, Schwierigkeiten usw. Oft verlieren diese bereits durch das Aufschreiben an Bedeutung. Notieren Sie, wie Sie mit ihnen umgehen.
6. Tragen Sie jederzeit ein Notizbuch oder ein Diktiergerät bei sich und schenken Sie den hypnagogischen und hypnopompischen Zuständen besondere Aufmerksamkeit.
7. Notieren Sie die Bewusstseinsveränderungen, die sich ergeben, und wenn Sie sich sicher genug fühlen, diskutieren Sie sie mit anderen. Versuchen Sie das Projekt zu Ende zu führen, damit Sie zufrieden mit sich sein können, und denken Sie daran, dass diese Arbeit Spaß machen soll.

Eigene Projektarbeit mit hypnopompischen und hypnagogischen Zuständen

1. Halten Sie nach der Tiefenentspannung (Sie wird oben auf S. 93 erläutert)) Ausschau nach sich bewegenden hellen Lichtern und Farben. Beobachten Sie, was geschieht, und schreiben Sie es später auf.
2. Im Laufe der Zeit, wenn Sie mehr Übung bekommen, werden Sie feststellen, dass die Formen klarer werden und als Gesichter usw. zu erkennen sind. Notieren Sie, wann dies geschieht.
3. Häufig verwandeln sich die Formen in einen bunten „Tunnel", der an Ihnen vorbeizurauschen scheint. Versuchen Sie die

Farben zu ändern, ohne sich dabei besonders anzustrengen, hören Sie auf, wenn dies geschieht, und lassen Sie die Dinge einfach ihren Lauf nehmen. (Dies gilt als gute Vorbereitung für Wachträume.) Notieren Sie das Erlebnis am nächsten Morgen.

Anfangs ist es wahrscheinlich besser, nur zur Schlafenszeit oder am Morgen zu arbeiten, bis Sie sicher genug im Umgang mit einem der Zustände sind. Unter keinen Umständen sollten Sie sich Leistungsdruck auferlegen oder die Übungen unter Einfluss von Drogen oder Alkohol versuchen. Wenn Sie sich zu dieser Projektarbeit entschließen, könnte es außerdem sinnvoll sein, jemanden zu suchen, mit dem Sie das Geschehene besprechen können. Die Bewusstseinsveränderungen sind oft sehr subtil, aber dennoch bedeutungsvoll. Halten Sie mögliche Veränderungen und Erkenntnisse schriftlich fest.

Traumlexikon

Zuvor ein Hinweis: Um dem Leser die Deutung seiner Träume zu erleichtern, werden die häufigsten Traumbilder in Gruppen zusammengefasst.

Im Folgenden werden Symbole aus den grundlegenden Bereichen ***Tiere***, ***Umwelt***, ***Reisen*** und ***Menschen*** aufgeführt. Aus ihnen ergibt sich meist das Thema des Traums, und daher sollten sie als Allererstes untersucht werden, bevor man sich für eine tiefer gehende Analyse dem alphabetischen Teil des Buches zuwendet.

Im A-Z-Teil finden Sie Sammeleintragungen zu den Bereichen ***Blumen***, ***Formen***, ***Körper***, ***Möbel***, ***Nahrungsmittel***, ***Religiöse Bilder***, ***Sex*** und ***Tierkreiszeichen***. Manche der unter diesen Schlagwörtern erläuterten Bilder haben auch eigene Einträge (z. B. Homosexualität), die zusätzliche Informationen bieten.

Zu den Symbolbereichen, die den thematischen Rahmen Ihres Traums näher bestimmen, gehören ***Farben***, ***Positionsangaben*** und ***Zahlen***. Listen dieser wesentlichen Elemente finden Sie am Ende des Kapitels „Traumdeutung“ (siehe S. 73 ff.).

Tiere

Tiere erscheinen im Traum, um uns Informationen über unsere psychologischen Bedürfnisse und Triebe zu vermitteln, die uns insbesondere die instinktiven Seiten unserer Persönlichkeit besser verstehen lassen. Mit den meisten Tieren verbinden wir ganz bestimmte Eigenschaften, und diese Charakteristika symbolisieren sie im Traum.

Die einzelnen Tiere sollten möglichst vor dem Hintergrund der grundlegenden Traumsituationen betrachtet werden, die im Folgenden aufgeführt sind. Der anschließenden Erläuterung der verschiedenen Tierarten folgt ein separater Abschnitt über die besondere Symbolik der Vögel.

Situationen

Bedrohliche Tiere Jede Bedrohung durch Tiere verweist auf die Ängste und Zweifel des Träumers im Hinblick auf seine Fähigkeit, die Regungen des Unbewussten zu bewältigen.

Gottähnliche, sprechende, Furcht einflößende oder weise Tiere, oder auch solche mit menschlichen Zügen Diese Aspekte, die sowohl in Märchen als auch in Träumen in Erscheinung treten, bilden einen wichtigen Teil unseres Wesens: Sie symbolisieren die Seite unserer Persönlichkeit, die mit instinktiver Weisheit Situationen erfasst, im Trubel des Alltagslebens jedoch allzu oft untergeht. Die Tiere haben die „größere" Kraft, die sie geschaffen hat, noch nicht herausgefordert, daher ist ihre Weisheit unschuldig und schlicht. Sie folgen dem Kreislauf des Wachstums und Verfalls, den die Natur vorgibt, ohne sich dagegen aufzulehnen.

Halb Tier, halb Mensch (ähnlich dem Zentaur) Die animalischen Instinkte des Träumers werden allmählich identifiziert und vermenschlicht. Die Figur kann ebenfalls auf das Sternzeichen Schütze verweisen.

Haustiere Sie symbolisieren bedingungslose Liebe, Zuneigung und gegenseitige Wertschätzung. Ein verstorbenes Haustier kann das Ende der Kindheit oder den Verlust der Unschuld symbolisieren.

Hilfreiche Tiere Die Tierfiguren erleichtern es dem Träumer, Hilfe von der unbewussten Seite seiner Persönlichkeit anzunehmen. Im modernen Schamanismus verdeutlicht sich dies in der Entwicklung einer besonderen Beziehung zum jeweiligen Totemtier.

Kaltblütige Tiere Die feindselige, herzlose Seite der Instinkte wird oft von Reptilien und anderen Kaltblütern verkörpert. Sie werden als destruktiv und fremd angesehen.

Körperteile der Tiere Sie haben die gleiche Bedeutung wie die des menschlichen Körpers. Falls die Vierbeinigkeit eines Tieres besonders betont wird, so unterstreicht sie die abgerundete Persönlichkeit, bei der alle vier Funktionen des Geistes voll entwickelt sind.

Missgebildete Tiere Durch einen solchen Traum erkennt der Träumer, dass einige seiner Impulse verletzend oder abstoßend wirken.

Prähistorische Tiere Ein Trauma aus der Vergangenheit oder der Kindheit kann hier Probleme bereiten.

Tier mit Jungen Dieses Tier symbolisiert mütterliche Eigenschaften und verkörpert die Mutter.

Tierjunges Der Träumer befasst sich mit der kindlichen Seite seiner Persönlichkeit oder möglicherweise auch mit Kindern, die er kennt.

Töten des Tieres Es kann auf das Bedürfnis hinweisen, die Energie, die man aus den niederen Instinkten zieht, zu vernichten. Der Träumer ist sich möglicherweise bewusst, dass er nicht aus den reinsten Motiven handelt, und dass eine Seite seiner Persönlichkeit unterdrückt werden muss.

Verletztes Tierjunges Dem Träumer fällt es schwer, erwachsen zu werden oder sich dem Leben zu stellen. Es kann von therapeutischem Nutzen sein, über die Arbeit mit Träumen eine Verbindung zum „inneren Kind“ herzustellen und einige der Traumata zu untersuchen, die die Kindheit zwangsläufig begleiten. Hier ist nicht von Kindesmissbrauch die Rede, sondern vielmehr von den Dingen, die das Kind aufgrund noch mangelnden Wissens oder mangelnder Reife nicht bewältigen konnte. Dabei kann es sich um eine Krankheit oder einen Todesfall in der Familie handeln, einen Umzug an einen neuen Wohnort oder Ähnliches. Was in dieser Hinsicht bei dem einen Kind ein Trauma auslöst, kann von einem anderen wiederum ohne Probleme akzeptiert und verarbeitet werden.

Verspeisen des Tieres Gemäß heidnischem Glauben eignete man sich durch das Verspeisen eines Tieres Eigenschaften an, die – in mancher Hinsicht – den gewöhnlichen menschlichen Eigenschaften überlegen waren. Dieser Glaube kann sich in Träumen widerspiegeln. Ein solcher Traum kann ebenfalls von selbst erschaffenen „Dämonen“ handeln, die nur durch eine konstruktive Wiederaufnahme überwunden werden können. Tiere stehen häufig als Symbole für unsere niederen, primitiven Triebe.

Verwandlung von Tieren Die Verwandlung des Träumers oder anderer Personen in Tiere und umgekehrt signalisiert, dass jede Situation die Möglichkeit der Veränderung in sich trägt. Der Verwandlungsprozess sollte hierbei ebenso Beachtung finden wie die Eigenschaften der betreffenden Tiere.

Verwundete Tiere Der Träumer erleidet vielleicht emotionale oder spirituelle Wunden.

Wilde Tiere Im Allgemeinen symbolisieren wilde Tiere Gefahr, gefährliche Leidenschaften oder gefährliche Personen. Eine destruktive Kraft steigt aus dem unbewussten Teil der Persönlichkeit empor und gefährdet die Sicherheit des Betreffenden. Ein solcher Traum ist möglicherweise ein Versuch, sich mit Ängsten auseinander zu setzen.

Wirbellose Tiere Sie verkörpern in der Regel die instinktiven Reaktionen einer Person.

Wirbeltiere Wenn das Rückgrat eines Tieres hervorgehoben wird, sollte sich die Deutung des Traumes auf die Eigenschaften des Tieres und möglicherweise unterdrückte Gefühle konzentrieren.

Zähmen oder Anleinen des Tieres Dies zeigt den Versuch des Träumers, seine Instinkte in den Griff zu bekommen und sie, wenn möglich, produktiv und nutzbringend einzusetzen. Dieser Vorgang ist mit der Zähmung eines Wildpferdes zu vergleichen. Träumen wir von bereits domestizierten Tieren, sind wir uns der Seiten unserer Persönlichkeit bewusst, die wir schon bewältigt haben. Bestimmte Leidenschaften werden auf eine kontrollierte Weise genutzt, obwohl auch angedeutet wird, dass diese Leidenschaften von vornherein nicht besonders stark und bedrohlich waren.

Zuflucht vor Tieren Der Versuch, durch den Bau einer Verteidigungsstellung oder durch Weglaufen vor Tieren Zuflucht zu finden, verweist auf den inneren Kampf des Träumers mit seinen animalischen Instinkten und wirft die Frage auf, ob die getroffenen Maßnahmen angemessen sind. Der Träumer fürchtet diese Instinkte vielleicht und erkennt, dass sie jederzeit außer Kontrolle geraten und ihn überwältigen können.

Zusammengesetzte Tiere Sie signalisieren eine Unentschlossenheit, welche Eigenschaften in einer bestimmten Situation erforderlich sind. Die unterschiedlichen Charakteristika der einzelnen Tiere müssen angeglichen und integriert werden. Diese Figur vereint verschiedene Wachstumspotenziale.

Die verschiedenen Tierarten

Affe Die Eigenschaften der Verschmitztheit, Frechheit und Neugier werden mit dem Affen verbunden und kennzeichnen die unreife, kindliche Seite der Persönlichkeit des Träumers. Während diese Züge oft als Rückfall in kindliche Verhaltensweisen gewertet werden, ist die Eigenschaft der lebhaften Neugier notwendig zur Erhaltung spiritueller Leichtigkeit.

Bär Die Figur der Mutter erscheint im Traum in vielerlei Gestalt, und der Bär ist eine davon. Er kann eine besitzergreifende Mutter verkörpern, die einen „verschluckt“, oder auch eine sich aufopfernde, treu sorgende Mutter. Falls es sich um einen männlichen Bär handelt, kann dies eine herrische, Ton angebende Person sein, möglicherweise auch der Vater.

Chamäleon So wie das Chamäleon sich verändert, um sich in seine Umgebung einzufügen, so muss auch der Mensch lernen, sich bestimmten Gegebenheiten anzupassen.

Eichhörnchen Das Eichhörnchen verkörpert die besitzergreifenden Aspekte unserer Persönlichkeit, kann jedoch auch auf unsere Fähigkeit, für die Zukunft vorzusorgen, verweisen.

Eidechse Die Eidechse im Traum verkörpert instinktive Handlungen und „einspuriges“ Denken.

Elefant Ein Elefant im Traum signalisiert Treue, ein hervorragendes Gedächtnis, Geduld und Stärke. In esoterischer Hinsicht symbolisiert er klaren Verstand und Weisheit.

Esel Der Esel symbolisiert entweder Geduld oder auch Dummheit und Starrköpfigkeit.

Frosch Er symbolisiert eine Zeitspanne oder einen Akt der Verwandlung (ein Frosch verwandelt sich aus einer Kaulquappe und wechselt von Wasseratmung zu Luftatmung). Etwas Abstoßendes verwandelt sich in etwas Wertvolles (z. B. ein Frosch in einen Prinzen).

Fuchs Ein Fuchs im Traum verkörpert Verstellung, Gerissenheit und listiges Verhalten.

Hase Aufgrund seiner Verbindung zum Mond kann der Hase den weiblichen Aspekt der Priesterin/Hexe oder den männlichen Aspekt des Priesters/Hexenmeisters symbolisieren – die Intuition, spirituelle Erkenntnis und auch die instinktiven „Sprünge“. Verrücktheit entspringt jedoch daraus, dass man seine Kräfte nicht sinnvoll einsetzt, was zur Illusion führt. Als positives Bild ist er ebenfalls der strahlende Hase (der oft sein Junges in einer Höhle umschlungen hält) und damit die Mutter Gottes.

Hund Der Träumer erkennt in ihm entweder einen ergebenen und treuen Begleiter, einen Beschützer, oder jemanden, den der Träumer nicht loswerden kann und der Ärger bereiten könnte. Wenn es ein Hund ist, den der Träumer einmal besaß oder kannte, können Erinnerungen mit jener Lebensphase assoziiert werden, die den Schlüssel zu gegenwärtigem Verhalten in sich tragen. Ein Traum von einer Jägerin mit Hunden suggeriert, dass der Träumer eine Verbindung zu einem der weiblichen Archetypen herstellt, nämlich dem der Amazone. Ein Hund, der ein Tor bewacht oder sich in der Nähe eines Friedhofes befindet, versinnbildlicht den Hüter einer Schwelle oder möglicherweise den Tod, und auch Kreaturen, die in Schlaf versetzt oder gezähmt werden müssen, bevor eine Aufnahme in die Unterwelt stattfinden kann.

Hyäne Weil sie von Aas lebt, symbolisiert die Hyäne im Traum Unvollkommenheit, Mangel an Stabilität und Verschlagenheit.

Igel Der Igel kann Missetaten und Unhöflichkeit symbolisieren, oder auch unsere Unfähigkeit, mit einer kitzligen Situation fertig zu werden.

Jaguar Seine Haupteigenschaften sind Geschwindigkeit und Gleichgewicht. Im Traum steht er darum für das Gleichgewicht zwischen den negativen und den positiven Kräften.

Känguru Das Känguru symbolisiert oft Mutterschaft und Stärke.

Kaninchen Kaninchen im Traum haben eine offensichtliche Verbindung zur Fruchtbarkeit. Auch die gewitzte Seite ihrer Persönlichkeit kann im Vordergrund stehen. Ein weißes Kaninchen kann dem Träumer den Weg zur inneren, spirituellen Welt weisen und als Führer dienen.

Katze Ein Traum von einer Katze schafft eine Verbindung zur sinnlichen Seite des Menschen, insbesondere von Frauen. Auch das verfeinerte und doch kraftvolle, selbstständige Wesen der Frau wird von der Katze symbolisiert. Göttinnen wie die ägyptische Katzengöttin Basted besitzen traditionell zwei Seiten, die eine verschlagen, die andere hilfreich, daher verkörpert die Katze häufig die kapriziöse Natur des Weiblichen.

Kojote Der Kojote symbolisiert Veränderung – in der Regel wandelt er negative Energie in positive. Er steht auch für die Figur des Schwindlers.

Kröte Mit der Hässlichkeit der Kröte wird die Kraft zur Veränderung und das Heranwachsen zu etwas Schönem verbunden. Ein Traum von einer Kröte schafft eine Verbindung zu alledem, was der Träumer im Leben als hässlich erachtet, bestätigt jedoch ebenfalls die Möglichkeit einer Transformation. Erscheinen im Traum eine Kröte und ein Adler, so symbolisieren sie den Unterschied zwischen irdischen und spirituellen Werten.

Kuh Das ewig Weibliche, insbesondere die Mutter oder Mutterfigur, wird oft als Kuh dargestellt. Der Grund hierfür liegt zum Teil in der Versorgung mit Milch und Nahrung.

Lamm Das Lamm verkörpert die unschuldige Seite der menschlichen Natur. Es heißt, dass das Böse solcher Unschuld nicht standhalten kann.

Leopard Der Leopard symbolisiert Unterdrückung, Aggression und den versteckten Missbrauch von Macht.

Löwe Ein Lamm und ein Löwe, die beieinander liegen, signalisieren die Vereinbarkeit der Gegensätze: Instinkt und Geist gehen Hand in Hand. Der Löwe symbolisiert Würde, Stärke und Mut, kann aber ebenfalls das Ego verkörpern. Findet im Traum ein Kampf mit dem Löwen statt, so kann er sich erfolgreich entwickeln, solange der Träumer nicht überwältigt oder der Löwe getötet wird.

Luchs Im Traum symbolisiert der Luchs Objektivität und Klarsichtigkeit, da er für sein scharfes Auge bekannt ist.

Maulwurf Dem Maulwurf sagt man oft nach, dass er die dunklen Mächte verkörpert, doch häufig symbolisiert er die Beharrlichkeit und die Zähigkeit, die es dem Träumer ermöglicht, sein Ziel zu erreichen.

Maus Eine scheue Maus kann dem Träumer zeigen, dass Scheuheit aus Chaos und mangelndem Verständnis entstehen kann.

Ochse Der Ochse verkörpert die Fähigkeit, unermüdlich zu sein und zugunsten anderer Opfer zu bringen.

Otter Der Otter signalisiert die Fähigkeit, in einer Umgebung zu existieren, die stark emotional geladen ist.

Pferd Die Figur des Pferdes im Traum verkörpert die Vitalität, die dem Träumer zu Eigen ist. Traditionell signalisiert ein weißes Pferd den spirituellen Bewusstseinszustand des Träumers; ein braunes verweist auf die rationalere und vernünftigere Seite der Persönlichkeit, während ein schwarzes Pferd die leicht erregbare Seite symbolisiert. Ein bleiches Pferd signalisiert den Tod und ein geflügeltes die Fähigkeit der Seele, die irdische Ebene zu überschreiten. Wirkt das Pferd zu stark beansprucht oder stirbt es sogar, so besteht vielleicht ein Problem im Hinblick auf die Eigenmotivation, und möglicherweise gibt es im Leben des Träumers unüberwindbaren Druck von außen. Wird dem Pferd Zaumzeug angelegt, so kann es sein, dass der Träumer sich zu sehr auf durchweg praktische Ziele konzentriert. Im Traum eines Mannes bedeutet eine Stute die Anima, eine Frau oder das Reich des Weiblichen. Wird die Frau in ihrem Traum von einem Pferd getreten, so signalisiert dies ihren Animus oder auch ihre Beziehung zu einem Mann. Ein Pferd, das durch jede Tür hindurchgelangt und alle Hindernisse zertrümmern kann, gilt als Symbol des kollektiven Schattens – jener Aspekte der Persönlichkeit, die die meisten Menschen zu unterdrücken versuchen. Das Pferd als Lasttier verkörpert häufig die Mutter oder den Archetyp der Mutter. In der modernen Traumsymbolik hat das Auto weitgehend die Symbolkraft des Pferdes übernommen.

Ratte Die Ratte verkörpert den verunreinigten und verschlagenen Teil des Träumers oder seiner Situation. Sie kann auch etwas Abstoßendes symbolisieren. Die traditionelle Symbolik deutet an, dass dem Träumer durch einen Freund oder Kollegen Untreue widerfährt.

Schaf Das Schaf ist bekannt für seinen Herdeninstinkt. Die Hilflosigkeit des Schafes, wenn es aus dem Gleichgewicht gerät, ebenso wie sein scheinbarer Mangel an Intelligenz, sind weitere erkennbare Merkmale. Das gottesfürchtige „gute Schaf" und auch seine passive Natur können im Zusammenhang des Traums von Bedeutung sein. Von Schafen und Wölfen oder Schafen und Ziegen zu träumen verweist auf den Konflikt zwischen Gut und Böse.

Schakal Im esoterischen Bereich ist der Schakal der Diener des Verwandlers, der die Seelen von der irdischen Ebene ins Licht geleitet. Er wird oft mit Friedhöfen assoziiert und daher auch mit dem Tod.

Schlange Die Schlange ist ein universelles Symbol, das männlich oder weiblich oder selbst erschaffen sein kann. Sie kann den Tod oder die Zerstörung verkörpern, aber auch das Leben und die Verjüngung. Sie ist die instinktive Natur und die potenzielle Energie. Wenn die Macht der instinktiven Natur verstanden wurde und gezähmt ist, kann der Träumer seine Sexualität und Sinnlichkeit begreifen und die höheren, spirituellen Energien nutzen, die hierdurch freigesetzt werden. Im Traum eines Mannes kann eine Schlange erscheinen, wenn er den weiblichen oder intuitiven Teil seiner Persönlichkeit noch nicht verstanden hat oder wenn er seine Männlichkeit in Zweifel zieht. Im Traum einer Frau kann sich die Schlange manifestieren, wenn sie sich vor dem Geschlechtsakt fürchtet oder auch vor ihrer Fähigkeit, andere zu verführen. Aufgrund ihrer Verbindung zum Garten Eden steht die Schlange als Symbol für Doppelzüngigkeit und Hinterhältigkeit und verkörpert ebenfalls die Versuchung und die Suche nach dem Spirituellen. Eine Schlange, die das Schwanzende im Maul trägt, ist eines der ältesten Symbole und verkörpert die Vervollkommnung und die Vereinigung des Spirituellen mit dem Physischen.

Schwein Das Schwein symbolisiert Dummheit, Selbstsucht, Gier und Schmutzigkeit. Es ist möglich, dass das bessere Ich des Träumers diese unschönen Eigenschaften an sich zu erkennen beginnt. Ohne eine solche Erkenntnis ist keine Verwandlung oder Bewältigung möglich. Große Würfe mit vielen Ferkeln können Fruchtbarkeit verkörpern, obwohl diese mitunter keine Resultate zeigt, denn die Sau kann auch die destruktive Mutter symbolisieren.

Stier Im Traum verkörpert der Stier sexuelle Leidenschaft oder schöpferische Kraft sowie ausgeprägte Männlichkeit und Bestimmtheit. Je nach den übrigen Aspekten des Traums signalisiert er jedoch auch negatives Verhalten, wie Zerstörungsdrang und Angst oder Wut. Einen Stier zu besiegen ist ein sehr starkes Bild, das an traditionelle Feste erinnert und auf die Initiation in die Welt des reifen Mannes verweist, dem es gelingt, seine Instinkte zu beherrschen.

Tiger Der Tiger symbolisiert Königtum, Würde und Macht und ist sowohl Schöpfer als auch Zerstörer.

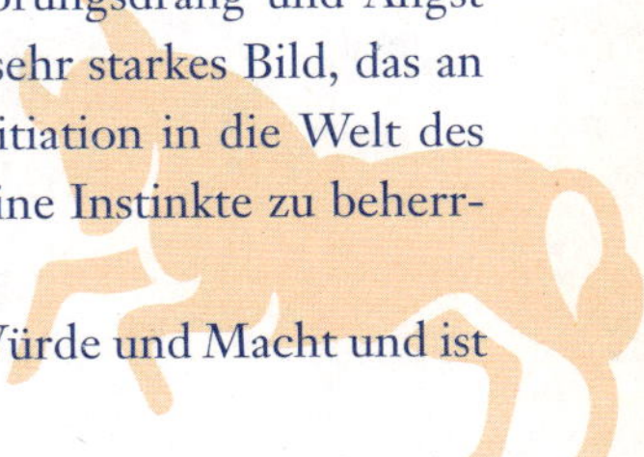

Ungeziefer Im Hinblick darauf, dass es unerwünscht ist und in den Raum anderer Wesen eindringt, symbolisiert Ungeziefer eine Negativität, die man beseitigen muss.

Wal Da der Wal ein Säugetier ist, das im Wasser lebt, verkörpert er die Macht der Auferstehung und der Wiedergeburt – die Fähigkeit des Menschen, von den Toten zurückzukehren und mehr als nur eine Situation bewältigen zu können.

Widder Der Widder ist das Symbol der männlichen Potenz und Autorität.

Wiesel Das Wiesel verkörpert traditionell die verschlagene, kriminell orientierte Seite unserer Persönlichkeit.

Wild/Rentier Wild symbolisiert Stolz und Vornehmheit. Es zeigt auch, wie eine Herde auf der Basis einer strikten Rangfolge organisiert wird. Der Träumer erkennt auf diese Weise seinen Platz in der Welt.

Wildschwein Der Eber symbolisiert das archetypische männliche Prinzip und daher den negativen Animus im Traum einer Frau. Vielleicht versucht der Träumer vor einer Sache davonzulaufen, der er sich stellen und die er mutiger angehen muss.

Wolf Von Wölfen zu träumen kann darauf verweisen, dass wir von anderen bedroht werden, ob nun einzeln oder im „Rudel". Möglicherweise hat der Träumer grausame und sadistische Fantasien, für die er keine Verantwortung übernehmen will. Die Wölfin symbolisiert nicht nur die Hure, sondern auch diejenige, die sich um Waisen und verstoßene Junge kümmert.

Zebra Es hat die gleiche Bedeutung wie das Pferd, mit dem zusätzlichen Aspekt, dass es das Positive und das Negative auf sehr dynamische Weise ins Gleichgewicht bringt.

Ziege Sie ist das Symbol des Steinbocks im Tierkreis. Ihr negativer Aspekt verweist auf die dunklere Seite der menschlichen Natur, die Unmoral und offene Sexualität. In positiver Hinsicht bedeutet ein Traum von einer Ziege das Erkennen schöpferischer Energie und männlicher Kraft. Die Ziege kann ebenfalls den Teufel oder Satan symbolisieren.

Die Symbolik der Vögel

Vögel haben sich im Laufe der Jahre zum Symbol für die Seele entwickelt – sowohl für ihre dunkle als auch ihre erleuchtete Seite. Man sah in ihnen ebenfalls ein Medium, das die Seele in den Himmel tragen konnte. Im Traum symbolisieren Vögel in der Regel Freiheit, Vorstellungskraft, Gedanken und Ideen, die von Natur aus Freiheit brauchen, um in Erscheinung zu treten. Bereits seit der Steinzeit fasziniert den Menschen der Vogel und seine Fähigkeit zu fliegen, und aus diesem Grund wurden ihm häufig magische und mystische Kräfte zugeschrieben.

Da das Verhalten der Vögel vollkommen natürlich ist, können sie im Traum dazu dienen, das menschliche Verhalten zu verdeutlichen. Im Folgenden werden wiederum zuerst Grundsituationen beschrieben und anschließend die einzelnen Vogelarten und ihre Charakteristika erläutert.

Ein frei fliegender Vogel symbolisiert Ziele und Wünsche und möglicherweise den Geist, der befreit zum Göttlichen emporsteigt.

Ein hoch fliegender Vogel verkörpert das spirituelle Bewusstsein oder den Teil von uns, der nach Weisheit strebt und aus diesem Grund aufsteigen und erhoben werden muss.

Im Traum eines Mannes kann ein Vogel die Anima symbolisieren, im Traum einer Frau signalisiert er das Ich, im Sinne des spirituellen Ichs.

Vögel können mitunter die weibliche, freie Seite der Persönlichkeit symbolisieren.

Der Vogel mit den goldenen Flügeln hat die gleiche Bedeutung wie das Feuer und verkörpert spirituelle Ziele.

Ein Vogel als Haustier kann entweder einen Grundsatz oder ein Ideal verkörpern, das uns lieb und teuer ist, oder auch unser Gefühl eines sorgfältig gehegten und gepflegten Glücks, das jedoch nicht ganz frei ist.

Ein Vogel im Käfig kann auf irgendeine Beschränkung oder ein Gefangensein hinweisen.

Eine Vogelschar mit sowohl gefiederten als auch gerupften Vögeln verweist auf eine Unklarheit oder einen Konflikt zwischen körperlichen oder materiellen Überlegungen und spirituellen Zielen.

Weiße oder schwarze Vögel können die beiden gegensätzlichen Aspekte der Anima oder des Ichs symbolisieren. Der schwarze Vogel verkörpert die dunkle, unbeachtete oder verborgene Seite, der weiße die offene, klare und unbeschränkte Seite.

Ein Zurschaustellen des Gefieders signalisiert die äußere Fassade des Träumers – die Art, auf die der Träumer sich selbst sieht oder sich der Welt präsentiert.

Adler Als Raubvogel symbolisiert der Adler im Traum Herrschaft und Überlegenheit. Er kann ebenfalls Eifer und Bewusstheit sowie scharfe Wahrnehmung und Objektivität verkörpern. Wenn sich der Träumer mit dem Adler identifiziert, so zeigt dies seinen Wunsch nach Dominanz, obwohl vielleicht andere Teile seiner Persönlichkeit nur schwer unter einen Hut zu bringen sind. Fühlt sich der Träumer durch den Adler bedroht, gefährdet irgendeine Person seine gegenwärtige Situation.

Eisvogel Der Eisvogel symbolisiert Ehre und Friedfertigkeit.

Elster/Dohle Da man diesen beiden nachsagt, Diebe zu sein, können sie darauf hinweisen, dass ein Kollege versucht, einem etwas Wertvolles zu nehmen. Die Elster kann auch gute Neuigkeiten signalisieren.

Ente Sie kann im Traum oft eine gewisse Oberflächlichkeit darstellen – möglicherweise, weil sie auf der Wasseroberfläche schwimmt. Eine Ente kann auch kindisches Auftreten signalisieren.

Eule Athene, der Göttin der Kriegskunst und der Weisheit, war die Eule heilig, und daher schreibt man diesem Vogel im Traum jene Eigenschaften zu. Weil die Eule mit der Nacht assoziiert wird, kann sie ebenfalls den Tod symbolisieren.

Falke Der Falke besitzt als Raubvogel die gleichen Eigenschaften wie der Adler. Er verkörpert Freiheit und Hoffnung für diejenigen, die in irgendeiner Weise eingeschränkt werden. Durch die Kontrolle, die der Falkner über ihn ausübt, kann er ebenfalls den Sieg über die Begierde symbolisieren.

Fasan Ein Traum von Fasanen sagt allgemein Wohlstand und Glück voraus.

Gans Der Gans schreibt man die Eigenschaften der Umsicht und der Liebe zu. Ein Schwarm von Gänsen verkörpert häufig die Kraft der Intuition und warnt die Menschen vor einem Unglück. Ebenso wie der Schwan kann die Gans den Tagesanbruch und einen Neuanfang symbolisieren. ***Wildgans*** Die Wildgans kann die Seele symbolisieren und verweist häufig auf die heidnische, wilde Seite unserer Persönlichkeit. Gänse werden als Hausgeister der Hexen angesehen.

Geier / Bussard Der Geier lebt von Aas und schlachtet das Gefundene aus. Er wird mit dem weiblichen Aspekt in Form seiner destruktiven Persona assoziiert.

Hahn Der Hahn symbolisiert den neuen Tag und auch die Wachsamkeit. Er verkörpert das Prinzip des Männlichen und daher das Bedürfnis, direkter und mutiger aufzutreten.

Henne Die Henne symbolisiert Vorsicht, Bemuttern und Fortpflanzung. Wenn eine Henne im Traum kräht, so signalisiert dies weibliche Herrschaft.

Huhn Die Vorstellungskraft wird in den Dienst eines praktischen Zwecks gestellt. Es besteht ein gewisses Wachstumspotenzial, obwohl dies vielleicht nur durch Zugehörigkeit zu einer Gruppe entsteht. Das Huhn kann ebenfalls Dummheit und Feigheit verkörpern.

Ibis Der Ibis, der gelegentlich mit dem Storch verwechselt wird, ist das Symbol der Beharrlichkeit und der hohen Ziele.

Krähe Traditionell warnt die Krähe vor dem Tod, kann aber auch Weisheit und Verschlagenheit symbolisieren.

Kuckuck Die Bedeutung des Kuckucks ist ambivalent, da er sowohl Verschlagenheit als auch unerwiderte Liebe symbolisieren kann. Als Frühlingsbote signalisiert er den Wechsel von verbrauchter Energie zum Neuen und Frischen.

Lerche Sie verkörpert traditionell die Transzendenz des weltlichen Ichs.

Möwe Die Möwe symbolisiert Freiheit und Macht.

Pelikan Der Pelikan bedeutet im Traum Opferbereitschaft und Hingabe oder treu sorgende Mutterliebe.

Pfau Im Traum einen Pfau zu sehen, signalisiert die Ausweitung der Kenntnisse vom Einfachen und Schlichten bis hin zur Schönheit des vollkommen gefiederten Vogels. Ebenso wie der Phönix symbolisiert auch er die Wiedergeburt und die Auferstehung.

Phönix Der Phönix ist ein universales Symbol der Wiedergeburt, der Auferstehung und der Unsterblichkeit (er stirbt, um zu leben).

Pinguin Der Pinguin verkörpert traditionell Harmonie, jedoch mitunter auch Dummheit.

Rabe Wenn der Rabe spricht, symbolisiert er eine Prophezeiung. Seine Bedeutung kann jedoch ambivalent sein, da er sowohl das Böse und die Sünde als auch die Weisheit verkörpern kann.

Schwalbe Eine Schwalbe signalisiert den Anbruch des Frühlings und daher einen Neuanfang.

Schwan Der Schwan ist die Seele des Menschen und wird oft als göttlicher Vogel bezeichnet. Er kann ebenfalls einen friedlichen Tod bedeuten.

Spatz Er verkörpert Geschäftigkeit und Fleiß.

Specht In der Mythologie behütet der Specht sowohl Könige als auch Bäume. Man sagt ihm magische Kräfte nach.

Storch Ein Storch symbolisiert neues Leben und einen Neuanfang.

Strauß Der Strauß signalisiert, dass der Träumer versucht, sich seiner Verantwortung zu entziehen, oder dass er sich vor einer Erkenntnis versteckt.

Taube Die Anima. Sie bringt traditionell die Ruhe nach dem Sturm und symbolisiert im Traum die friedfertige Seite der menschlichen Natur.

Truthahn Er wird traditionell bei festlichen Anlässen und Feiern serviert und signalisiert den Anbruch guter Zeiten.

Wachtel Eine Wachtel symbolisiert glühende Verehrung, manchmal auch Mut und häufig den glücklichen Zufall. In negativer Hinsicht kann sie Zauberei und Hexerei verkörpern.

Umwelt

Oft kann die Kulisse oder die Umgebung eines Traums Aufschluss über den geistigen Zustand des Träumers geben. Eine besonders dunkle, bedrückende Atmosphäre kann die Gefühle des Träumers in Bezug auf seine Situation zu diesem speziellen Zeitpunkt vermitteln oder aber eine Warnung im Hinblick auf zukünftige Umstände sein. Ein heller, luftiger Raum kann Glück und Potenzial signalisieren und außerdem die Einstellung des Träumers zum Leben im Allgemeinen verkörpern. Ein Zimmer kann z. B. eine bestimmte Facette unserer Persönlichkeit zeigen, während ein ganzes Gebäude verdeutlicht, wie wir uns generell in unserer Haut fühlen. (Im Traum kommt dem Haus eine besondere Bedeutung zu, da man es als Symbol der Seele erachtet.)

Wenn wir die Attribute bestimmter Örtlichkeiten, die im Traum erscheinen, deuten, so erhalten wir damit ein Bild unserer „inneren Landschaft“. Eine Landschaft, die im Laufe des Traums fruchtbar oder heller wird, signalisiert, dass ein Aspekt, den der Träumer früher nicht gewürdigt hat – oder als unangenehm empfand – jetzt ungeahnte Möglichkeiten und Potenziale entfaltet, möglicherweise im Hinblick auf die spirituelle Entwicklung. Eintönige, unwirtliche Landschaften oder ruhige, günstig gelegene Örtlichkeiten spiegeln mit großer Wahrscheinlichkeit die subjektive Sicht des Träumers in Bezug auf die Welt wider.

Das Land, in dem der Traum sich ereignet, oder der Bestimmungsort, den der Träumer zu erreichen versucht, kann für ihn bestimmte Dinge assoziieren. Ein solcher Traum kann auch kulturelle Unterschiede hervorheben oder auf die Erfüllung eines Wunsches verweisen.

Eine ländliche Umgebung kann eine bestimmte Stimmung oder ein Gefühl signalisieren, insbesondere das der Freiheit. Eine städtische Umgebung kann Stress, Betriebsamkeit oder auch Eile verkörpern, während rasche Szenenwechsel das Thema des Traums auf grafische Weise betonen.

Orte, die uns vertraut sind, beschwören bestimmte Stimmungen herauf, die an frühere Erfahrungen anknüpfen – auch wenn die Einzelheiten sich verändert haben können, um eine Veränderung in unserer Einschätzung dieser bestimmten Erinnerung anzudeuten. Der Geburtsort des Träumers signalisiert z. B. einen sicheren Ort; wenn er nun jedoch bedrückend wirkt, so ist er möglicherweise kein Zufluchtsort mehr.

Unbekannte Örtlichkeiten stellen Aspekte unserer Persönlichkeit dar, deren wir uns noch nicht bewusst sind. Ein Ort, der vertraut erscheint, den wir aber tatsächlich nicht kennen, signalisiert eine Situation, die wir im Leben immer wieder durchspielen, ohne sie je lösen zu können. Ein geschützter Ort bietet Frieden und Ruhe, während weite, offene Räume Bewegungsfreiheit verkörpern.

Gebäude

Gebäude können den Aufbau oder die Ordnung symbolisieren, die wir unserem täglichen Leben zu geben versuchen. Die Einstellungen und Überzeugungen, die wir uns auf der Basis von Wahrnehmung und Erfahrung angeeignet haben, und auch die Überzeugungen und Wahrnehmungen anderer Menschen in unserer Umgebung, stellen sich im Traum häufig als Gebäude dar. Im wirklichen Leben lernen wir sehr viel über einen Menschen, indem wir uns seine persönliche Umgebung anschauen. Und Träume spiegeln in der Umwelt des Traums oft den Charakter, die Hoffnungen und Sorgen des Träumers wider. Die Eigenschaften des Gebäudes entsprechen dann den persönlichen Eigenschaften des Träumers. Zum Beispiel signalisiert ein Haus, dessen Tür schwer zu öffnen ist, möglicherweise eine gewisse Schüchternheit oder Probleme damit, Menschen kennen zu lernen.

Gebäude können in Bereiche untergliedert sein und verwirrend wirken. Um einen Traum verstehen zu können, sollten wir zunächst die Grunderscheinung des Gebäudes deuten und anschließend die sekundäre Erscheinung als die zu bestimmenden Eigenschaften. Verschiedene Gebäude besitzen dabei ganz bestimmte Bedeutungen:

Burg, Zitadelle, Festung Als ein Raum, der verteidigt wird, kann ein solches Bild entweder die weibliche Natur, einen sicheren Ort oder unser innerstes Selbst verkörpern.

Haus Ein Haus bezieht sich fast immer auf die Seele und die Art, wie wir unser Leben einrichten. Wenn wir gleich zu Anfang bemerken, dass das Haus nicht leer ist – wenn sich z. B. Einrichtungsgegenstände darin befinden – so signalisiert dies einen Aspekt des Träumers, der untersucht werden sollte. Befindet sich eine andere Person im Haus, so kann dies bedeuten, dass der Träumer sich von einem bestimmten Aspekt seiner eigenen Persönlichkeit bedroht fühlt. Finden in dem Gebäude verschiedene Aktivitäten statt (insbesondere, wenn diese sehr unterschiedlich sind), so verweist dies auf einen Widerstreit zwischen zwei Seiten unserer Persönlichkeit, möglicherweise der kreativen und der intellektuellen, oder auch der logischen und der intuitiven. Die Fassade des Hauses verkörpert das Bild, das wir der Außenwelt von uns selbst präsentieren. In das Haus hineinzugehen oder aus ihm herauszukommen bedeutet, dass wir selbst entscheiden können, ob wir zu diesem Zeitpunkt introvertierter oder extrovertierter sein sollten. Sich vor dem Haus zu befinden verweist auf die öffentliche Seite unserer Persönlichkeit. Im Traum von einem eindrucksvollen, Ehrfurcht gebietenden Haus sind wir uns unseres Ichs oder unserer Seele bewusst, d. h. der „höheren“ Aspekte unserer Persönlichkeit. In ein größeres Haus umzuziehen impliziert, dass sich in unserem Leben etwas ändern muss, vielleicht müssen wir offener leben, vielleicht brauchen wir aber auch einfach mehr Platz für Gefühle. Ein kleines Haus signalisiert, dass der Träumer Sicherheit sucht, möglicherweise die, die er in der Kindheit besaß, als er keine Verantwortung tragen musste. Wirkt die Kleinheit des Hauses beengend, wird der Träumer vielleicht von seinen Pflichten gefangen gehalten und muss eine Möglichkeit finden, zu fliehen. Arbeiten, die an dem Haus vorgenommen werden – Zementieren, Reparieren und allgemeine bauliche Veränderungen – signalisieren, dass an Beziehungen gearbeitet werden muss oder diese repariert werden sollten. Vielleicht müssten wir aber auch gesundheitliche Dinge überprüfen. Möglicherweise sollen wir auf den Schaden oder den Verfall, der sich in unserem Leben vollzogen hat, aufmerksam gemacht werden.

Die verschiedenen Räume und Teile des Hauses verweisen auf die unterschiedlichen Aspekte der eigenen Persönlichkeit und unserer Erfahrungen. Zum Beispiel:

Badezimmer Im Traum kann unsere Einstellung zur persönlichen Reinlichkeit wie auch unsere geheimsten Gedanken und Handlungen durch das Badezimmer oder die Toilette verkörpert werden.

Bibliothek Unser Verstand und die Art, wie wir erhaltene Informationen speichern oder lagern, kann in Form einer Bibliothek erscheinen.

Dachboden Wenn wir träumen, dass wir uns auf dem Dachboden befinden, so verbindet uns dies mit früheren Erfahrungen und alten Erinnerungen. Interessanterweise kann er auch familienbezogene Verhaltensmuster und Einstellungen betonen, die intern weitergegeben wurden.

Flur Der Flur signalisiert im Traum die Art, wie wir auf andere Menschen zugehen und mit ihnen zurechtkommen, obwohl er ebenfalls erkennen lässt, wie wir den Übergang vom privaten zum öffentlichen Selbst bewältigen und umgekehrt.

Keller Der Keller verkörpert meist das Unterbewusstsein sowie jene Dinge, die wir unterdrückt haben, weil wir nicht in der Lage waren, mit ihnen fertig zu werden. Ein Keller kann auch die Kraft symbolisieren, die uns zur Verfügung steht unter der Voraussetzung, dass wir sie tatsächlich nutzen wollen. Möglicherweise sind wir mit uns im Hinblick auf unsere Sexualität nicht im Reinen und halten sie lieber versteckt. Der Keller kann außerdem Überzeugungen und Gewohnheiten der Familie verkörpern, insbesondere jene, die wir übernommen haben, ohne es zu bemerken.

Küche Als „Herz" des Hauses zeigt sie, auf welche Weise wir andere nähren und für sie sorgen.

Schlafzimmer Das Schlafzimmer bedeutet einen sicheren Ort, an dem wir entspannen und so sinnlich sein können, wie wir nur möchten.

Zimmer Zimmer können im Traum verschiedene Teile unserer Persönlichkeit oder Ebenen des Verständnisses verkörpern, bedeuten jedoch häufig entweder den Mutterleib oder die Mutterfigur.

Wohnzimmer Ein Wohnzimmer signalisiert die entspannte, bequeme Seite unseres Ichs, die nach Wohlbehagen strebt.

Hotel, Pension Ein Hotel signalisiert entweder eine Situation, die vorübergehender Natur ist, oder es zeigt, dass wir uns unserer Unsicherheiten bewusst sind und vielleicht das Gefühl haben, dass wir keine wirkliche Basis besitzen.

Iglu Aufgrund seiner Form symbolisiert der Iglu Vollständigkeit und einen Zufluchtsort. Im Inneren ist es warm und draußen ist es kalt, daher signalisiert der Iglu den Unterschied zwischen dem Inneren und dem Äußeren.

Kirche, Tabernakel, Tempel etc. Jedes religiöse Gebäude bedeutet einen Zufluchtsort, wo wir mit unseren Überzeugungen in Frieden leben können. Ein geheiligter oder geweihter Ort ist oft jener Teil unserer Persönlichkeit, an dem wir mit unserer Vorstellung der göttlichen Kraft in Verbindung treten können.

Pyramide Die Pyramide symbolisiert eine Konzentration der Kraft, wenn sie daher im Traum erscheint, bedeutet dies eine

Konzentration auf unsere innere Kraft. Ihr Aufbau aus dreieckigen Formen kann Körper, Geist und Seele symbolisieren.

Turm (Obelisk, Kirchturm, Leuchtturm etc.) Jedes Bild eines Turms verkörpert die Persönlichkeit und die darin befindliche Seele. Trotz der offensichtlichen Verbindung zur Männlichkeit, sollte der Turm vielmehr als das Selbst in einem weiteren Kontext verstanden werden. Anschließend kann den übrigen Attributen des Turms Aufmerksamkeit geschenkt werden, z. B. wo sich die Fenster, Türen und Treppen befinden. Dies führt zu einem besseren Verständnis des Spirituellen Ichs.

Gebäudeteile

Aufzug Ein Aufzug signalisiert in der Regel, wie wir mit Informationen umgehen. Ein Aufzug, der nach unten fährt, verweist auf einen Abstieg ins Unterbewusste, während ein Aufzug, der nach oben fährt, sich in Richtung des Spirituellen bewegt. Es heißt, dass wir im Zustand des Schlafs unseren Körper verlassen, und dies kann sich in Träumen von Aufzügen manifestieren. Fahren wir nach unten und bleiben stecken, so signalisiert dies das Gefangensein des Spirituellen im Körper, während ein Hinauffahren und Steckenbleiben andeutet, dass wir zu sehr an der materiellen Welt hängen.

Balkon (Fensterbrett, Sims etc.) Ein Balkon oder Sims symbolisiert sowohl Unterstützung als auch Schutz. Er (oder es) kann ebenfalls die Mutter in ihrem schützenden Aspekt verkörpern.

Flur, Gang Jede Art von Gang kann für Durchgänge innerhalb des Körpers stehen, also für die Vagina, den After, den Darm etc. In gleicher Weise können Gänge auf psychologischer Ebene andeuten, inwieweit wir Dingen erlauben, in unseren persönlichen Raum einzudringen. Gänge symbolisieren ebenfalls die Übergänge zwischen den verschiedenen Phasen oder Stadien unseres Lebens.

Kamin Als Verbindungsstück zwischen zwei verschiedenen Zuständen und als Wärmeleiter signalisiert ein Kamin im Traum, wie wir mit unseren Emotionen und unserer inneren Wärme umgehen.

Treppen Treppen sind oft ein Hinweis darauf, welche Schritte wir unternehmen müssen, um ein Ziel zu erreichen. Eine Treppe hinaufzusteigen verdeutlicht die Anstrengungen, die wir auf uns nehmen müssen, um Zutritt zur mystischen, spirituellen Seite unserer Persönlichkeit zu erhalten. Sie können aber auch die Mühen unseres täglichen Lebens symbolisieren. Um einen Zugang zur verborgenen, unbewussten Seite unserer Persönlichkeit zu erlangen, müssen wir hinabsteigen. Eine goldene Treppe kann viele Bedeutungen haben und muss im Zusammenhang des Traums gesehen werden. Im Allgemeinen signalisiert sie einen „Tod", jedoch nicht notwendigerweise einen physischen. Sie verkörpert vielmehr die Erkenntnis, dass wir nicht länger im Körperlichen gefangen sein müssen, sondern uns auf ein erfüllteres Leben zubewegen können. Sie symbolisiert einen Ausweg aus dem Irdischen.

Türen Türen beziehen sich auf die Körperöffnungen und daher auf die Sexualität. Die Vordertür und die Hintertür symbolisieren jeweils die Vagina und den After, jedoch auch, wie wir anderen erlauben auf uns zuzugehen und wie verletzlich wir werden können. Eine Tür aufzubrechen bedeutet, dass man nun bereit ist, Hemmungen zu überwinden und sich mit Fragen der Sexualität und der Beziehungen auseinander zu setzen. Das Aufbrechen kann jedoch ebenfalls Vergewaltigung und Missbrauch symbolisieren. Eine Tür zu öffnen und zu schließen wird oft als Symbol des Geschlechtsakts angesehen, kann allerdings auch die Einstellung des Träumers zur Sexualität verkörpern sowie seine Fähigkeit, allen möglichen Dingen gegenüber offen zu sein. Das Öffnen einer Tür zu verweigern verweist auf eine unschuldige Einstellung zur Sexualität, kann jedoch im allgemeinen Bezug auf das Leben auch eine gewisse Engstirnigkeit signalisieren. Eine Tür zwischen äußeren und inneren Räumen verweist auf einen Konflikt zwischen dem Bewussten und dem Unbewussten oder zwischen der privaten und der öffentlichen Persönlichkeit. Die Tür zu verriegeln signalisiert das Bedürfnis des Träumers nach Selbstschutz, wenn die Tür jedoch vor dem Träumer verschlossen wird, dann bedeutet dies, dass ein Fortschritt verhindert wird. Dringt ein Tier oder eine Person durch die Tür und zerstört das Schloss, dann haben uns unsere Schutzmechanismen im Stich gelassen. Durch eine andere Tür zu fliehen signalisiert, dass der Träumer eine andere Lösung finden muss als die, von der er annahm, dass sie sein Problem lösen würde. Klopft jemand an die Tür, dann wird die Aufmerksamkeit des Träumers auf eine äußere Situation gelenkt.

Wände, Mauern Eine Wand signalisiert, dass ein Fortschritt blockiert wird. Die Art der Wand oder Mauer gibt Aufschluss darüber, worum es sich bei dem Hindernis handeln könnte. Die Errichtung oder Zerstörung einer Wand oder eines Gebäudes verweist darauf, dass wir alle die Fähigkeit in uns tragen, ein erfolgreiches Leben aufzubauen, und gleichfalls die Fähigkeit besitzen, uns selbst zu zerstören. Eine alte Wand symbolisiert ein altes Problem, während eine Glaswand auf Schwierigkeiten bei der Wahrnehmung schließen lässt. Ein Traum, in dem sich die Wände auf uns zubewegen und zu erdrücken drohen, kann erinnerte Gefühle der Geburt verdeutlichen, es ist jedoch wahrscheinlicher, dass diese Bewegung ein Gefangensein in unserem Lebensstil symbolisiert. Eine Steinmauer oder Trennwand verkörpert den Unterschied zwischen zwei Zuständen der Wirklichkeit, wobei häufig der innere, psychologische Zustand und die äußere, alltägliche Welt gemeint sind.

Zimmer Während die Funktion des einzelnen Raumes eine bestimmte Bedeutung signalisiert (siehe oben), können Räume auch noch auf andere Weise wichtig sein. Ein kleiner Raum mit einer einzigen Tür oder ein Keller, der unter Wasser steht, können beide sehr direkte Symbole des Mutterleibs sein und können auf das Bedürfnis des Träumers verweisen, in die Geborgenheit des

Mutterleibs zurückzukehren. Sie können jedoch auch mit Fragen einer Schwangerschaft zu tun haben. Eine Flucht von Räumen bezieht sich auf verschiedene Aspekte der Weiblichkeit und häufig auch auf die Seele. Etwas, das sich in einem Zimmer im oberen Stockwerk befindet, symbolisiert eine Vorstellung aus dem spirituellen oder intellektuellen Bereich. Den Raum zu verlassen und in einen anderen zu gehen bedeutet, etwas Bestimmtes hinter sich zu lassen um eine Veränderung zu bewirken, auf welcher Ebene auch immer dies angebracht sein mag. Eine solche Veränderung muss nicht unbedingt zum Besseren sein. Ist ein Raum leer, so fehlt etwas in unserem Leben, möglicherweise Trost oder Unterstützung.

Wasser

Wasser verkörpert im Traum meist alles, was als emotional oder weiblich anzusehen ist. Tiefes Wasser signalisiert entweder, dass wir überfordert sind, oder dass wir in unser Unterbewusstsein eintreten. Es symbolisiert ebenfalls eine Reinigung sowie die Fähigkeit, die Dinge, die uns im Alltag tief berühren, von uns „abzuwaschen". Bei der Taufe reinigt uns das Wasser von der „Erbsünde", die sich im Traum auf durch die Familie ererbte Gewohnheiten, Überzeugungen und Vorstellungen beziehen kann. Ein Traum von einer Taufe kann also bedeuten, dass es an der Zeit ist, uns von dieser „Erbschaft" freizumachen.

Wasser kann auch das Potenzial des Träumers symbolisieren und seine Fähigkeit, als Antwort auf sein inneres Verlangen ein neues Leben zu beginnen.

Das Symbol des Wassers erscheint so häufig und mit solch unterschiedlichen Bedeutungen im Traum, dass hier nur einige von ihnen aufgeführt werden können. Aus dem Wasser aufzutauchen signalisiert einen Neuanfang. Tiefes Wasser verweist auf das Unbewusste. Fließendes Wasser bedeutet Frieden und Trost oder ein Mitgehen mit dem Lauf der Dinge. Ein Eintauchen ins Wasser signalisiert das Bedürfnis nach einer Erneuerung unserer Kräfte, während im Wasser zu sein auf Schwangerschaft und Geburt verweisen kann. Wildwasser verkörpert Leidenschaft, seichtes Wasser offenbart einen Mangel an lebensnotwendiger Energie. Sich auf dem Wasser zu befinden (etwa in einem Boot) kann eine Unschlüssigkeit symbolisieren oder einen Mangel an emotionalem Engagement, während im Wasser zu sein, sich aber nicht zu bewegen, Trägheit signalisiert.

Andere Bilder, die mit Wasser assoziiert werden:
Baden wird mit Reinigung verbunden.
Brunnen, Springbrunnen oder Quellen werden stets als Symbol der Frau verstanden, insbesondere als das der Großen Mutter in ihrem freigiebigsten Sinne.
Ertrinken weist darauf hin, dass wir unsere Emotionen nicht wirklich unter Kontrolle haben und uns möglicherweise in einer Situation befinden, in der wir von ihnen überwältigt werden. Wir bringen uns an die Grenze dessen, was wir verkraften können.
Flüsse symbolisieren ebenso wie Straßen den Lebensweg des Träumers. Ob er das Leben als einen großen Strom oder als kleines Flüsschen empfindet, hängt von der Einstellung des Träumers ab. Scheint das Wasser des Flusses verschmutzt oder verseucht zu sein, so haben wir nicht die besten Entscheidungen getroffen und erlauben vielleicht anderen, unser Urteil zu beeinflussen. Einen Fluss zu überqueren bedeutet große Veränderungen, kann jedoch auch den Tod signalisieren, entweder der eigenen Persönlichkeit oder einer alten Sache oder Vorstellung. Ist der Fluss sehr tief, dann sollten wir möglicherweise überprüfen, welche Beziehung wir zur übrigen Welt haben und wie wir uns dabei fühlen. Rauscht der Fluss an uns vorüber, so meinen wir vielleicht, dass das Leben zu schnell voraneilt. Wenn wir nicht nur den Fluss, sondern auch das Meer sehen können, so sind wir uns möglicherweise einer großen Veränderung

bewusst, z. B. einer Erweiterung des Bewusstseins, oder aber wir erkennen, dass wir dem inneren Unbewussten mehr Aufmerksamkeit widmen sollten. Macht uns der Fluss Angst, so bedeutet dies, dass wir uns selbst unnötige Schwierigkeiten verursachen, weil wir unsere Emotionen nicht verstehen.

Hindernisse, z. B. Dämme, Inseln oder Treibholz symbolisieren unsere bewussten Anstrengungen, die Kraft des Wassers (und damit unserer Emotionen) unter Kontrolle zu bringen, oder aber Schwierigkeiten, die uns in den Weg gelegt werden.

Hochwasser ist von Natur aus chaotisch und zerstörerisch und symbolisiert das unkontrollierbare Aufwallen der Gefühle, das unser derzeitiges Leben zerstören kann. Letzten Endes verweist es jedoch auch auf einen Prozess der Reinigung.

Kanäle können den Geburtsvorgang symbolisieren oder aber Versuche, unsere Emotionen zu steuern.

Meer, Ozean Der ursprüngliche Zustand des Chaos, aus dem alles Leben hervorgeht, wird oft als Meer dargestellt. In der Regel symbolisiert es das kosmische Bewusstsein, d. h. einen Zustand des vollkommenen Wissens, obwohl dies durch unsere Angst vor „der Tiefe" verschleiert werden kann. Das, was wir verstehen, brauchen wir nicht zu fürchten. Ein seichter Bereich des Meeres signalisiert unehrliche Gefühle. Die Wellen des Meeres kennzeichnen Emotionen und Lust. Eine ruhige See bedeutet ein friedliches Leben, während eine stürmische See Leidenschaft signalisiert, negative oder positive. Sich der Gezeiten bewusst zu sein, bedeutet, den Strom der Zeit und ebenso das Anschwellen und Abflauen unserer Gefühle zu erkennen.

See Ein See, wie auch ein Teich, kann ein Übergangsstadium zwischen dem bewussten und dem spirituellen Ich symbolisieren. Das unerwartete Bild eines Sees verweist auf das Bedürfnis, die eigenen emotionalen Antworten sorgfältig zu überdenken. Wenn man sein Ebenbild in einem Teich gespiegelt sieht, so bedeutet dies, dass der

Träumer sich mit dem Schatten auseinander setzen muss. Wir müssen erkennen, dass es einen Teil unserer Persönlichkeit gibt, den wir zwar nicht schätzen, der aber in gebändigtem Zustand die Energie freisetzen kann, die für einen Wandel benötigt wird.

Tauchen Ein Eintauchen ins Wasser kann als Versuch gesehen werden, die Seiten unserer Persönlichkeit zu entdecken, die wir unterdrückt haben. Es kann ebenfalls signalisieren, dass wir Risiken eingehen, die wir unter normalen Umständen nicht auf uns nehmen würden.

Wasserfall Er wird häufig als Symbol für den Orgasmus verstanden, kann sich aber auch auf die Darstellung anderer Gefühle beziehen, die stark sind, sich aber dennoch unter Kontrolle befinden. Er kann ebenfalls eine Art der spirituellen Reinigung signalisieren.

Wellen symbolisieren das Auf und Ab des täglichen Lebens.

Reisen

Der Begriff einer Reise als Metapher für unseren Lebensweg gehört zu den stärksten Symbolen überhaupt. Er beschreibt nicht nur unser alltägliches Leben im rein praktischen Sinne, sondern auch unseren Weg zum Verständnis der eigenen Persönlichkeit auf spiritueller Ebene. Träume führen uns oft unseren Fortschritt vor Augen und verwenden dabei das Symbol der Reise; sie zeigen uns auch unsere Schwierigkeiten in Form von Hindernissen auf dieser Reise. Häufig ist die Symbolik sehr anschaulich und ermöglicht es uns herauszufinden, was uns aufhält und was uns weiterhilft. Der träumende Geist kann auf unseren gesamten Erfahrungsschatz zurückgreifen und zeigt uns bestimmte Verhaltensmuster, Vorgehensweisen oder erkennbare Szenen aus der Vergangenheit, die uns helfen, unser Leben zu bewältigen. Das Bild der Reise tritt im

Laufe der Zeit und mit dem Herannahen des Todes immer stärker in Erscheinung. Wir werden uns immer bewusster, dass wir uns unserem Bestimmungsort nähern.

Wenn wir akzeptieren, dass jede Reise aus einer Bewegung zwischen zwei Punkten besteht, können wir aus diesem Prozess viel lernen. Und wenn wir unsere Träume im Hinblick auf eine Reise interpretieren, können wir oft neue Einsichten in unsere Motivation und verschiedene Abläufe unseres Lebens gewinnen.

Abreise Jeder Traum, der sich mit einer Abreise beschäftigt, ob von zu Hause, einem Bahnhof oder einem Flughafen, signalisiert im Allgemeinen einen Neuanfang. Früher wurde jede Abreise als eine Form des Todes interpretiert, doch sie bedeutet viel eher eine Art des Übergangs, der das Alte hinter sich lässt und dem Neuen Platz einräumt. Unter bestimmten Umständen signalisiert ein Traum, in dem man abreisen möchte, es aber nicht kann, die Tatsache, dass noch weitere Arbeit geleistet werden muss, bevor wir mit dem Neuen beginnen können. Sich der Zeit der Abreise bewusst zu sein, könnte darauf verweisen, dass wir uns im Hinblick auf einen bestimmten Umstand unseres Lebens einer zeitlichen Begrenzung bewusst sind.

Ankunft An einem Ziel anzukommen vermittelt uns Erkenntnisse darüber, wie wir es geschafft haben, in unserem Versuch erfolgreich zu sein. Wenn wir nicht wissen, wo wir sind, dann ist es vielleicht wichtig, dass wir uns Zeit nehmen um uns in einer neuen Umgebung zu orientieren. Ein Gefühl der Erwartung zeigt möglicherweise, dass wir in der Lage sind, uns zuversichtlich weiterzubewegen, während ein Gefühl großer Angst darauf hinweist, dass wir versuchen sollten, mit unseren Ängsten besser umzugehen. Wenn wir das Gefühl haben, dass wir zwar angekommen sind, aber unterwegs etwas vergessen haben, dann erkennen wir vielleicht nicht an, wieviel Mühe wir uns mit dem Weg gemacht haben, oder aber, dass wir Hilfe dabei hatten. Spüren wir, dass eine schwierige

Reise nun hinter uns liegt, dann haben wir die Probleme und Fallstricke der Vergangenheit bewältigt.

Wenn das Reiseziel bekannt ist oder klar wird, dann wird es Aufschluss über die Ziele des Träumers geben. Häufig reicht es aus, nur für einen bestimmten Abschnitt des Weges einen Plan zu haben. Weil sich unsere Ziele ändern können, je nach unserer Fähigkeit, mit einem Wechsel zurechtzukommen, können wir vielleicht durch unsere Träume entdecken, dass wir eigentlich die Art, wie wir vorgehen, ändern müssen, um uns auf ein neues Ziel konzentrieren zu können. Unsere erklärten Ziele und Wünsche stimmen möglicherweise nicht mit denen überein, die unser Unterbewusstsein hegt – unsere innere Motivation kann sich völlig von unserem äußeren Verhalten unterscheiden – und Träume fördern diese Diskrepanz zu Tage. Die genaue Natur unseres Zieles kennen wir oft selbst nicht, bis wir uns den Hindernissen und Herausforderungen des Weges gestellt haben.

Hindernisse, die einem den Weg versperren, können signalisieren, dass der Träumer sich des möglichen Auftauchens solcher Schwierigkeiten bewusst sein sollte. Wir müssen uns ebenfalls darüber im Klaren sein, dass wir selbst der Auslöser dieser Probleme sein können. Vielleicht ist unsere Einstellung zum Leben dafür verantwortlich. Wenn wir feststellen, dass wir um eine Ecke biegen, dann haben wir die Notwendigkeit einer Richtungsänderung akzeptiert. Möglicherweise haben wir eine wichtige Entscheidung getroffen. Ein ständiges Anhalten und erneutes Losgehen signalisiert einen Konflikt zwischen unserem Antrieb und unserer Faulheit. Befinden wir uns im Stillstand, so werden wir entweder behindert oder wir hindern uns selbst daran, weiterzukommen. Diese Deutung sollte jedoch mit Vorsicht behandelt werden, da ein Anhalten auch durchaus geboten sein kann.

Fahren Die Symbolik des Fahrens im Traum ist besonders offensichtlich. Es verkörpert unsere elementaren Triebe, Wünsche, Bedürfnisse und Ziele. Fahren wir selbst, dann haben wir die Dinge in der Regel unter Kontrolle, obwohl wir uns auch unserer Unzulänglichkeiten bewusst sein können, insbesondere dann, wenn wir im wirklichen Leben nicht selbst fahren. Fühlen wir uns unbehaglich, wenn ein anderer am Steuer sitzt, dann trauen wir dieser Person vielleicht nicht und möchten nicht von ihr abhängig sein. Wenn ein anderer das Steuer übernimmt, nehmen wir eine passive Haltung ein. Überholen wir das Fahrzeug vor uns, so haben wir Erfolg, möglicherweise jedoch auf eine aggressive Art. Werden wir selbst überholt, dann hat uns ein anderer ausgestochen. Auch hier wird wieder einmal unser tägliches Leben im Traum reflektiert. Unsere Triebe, Aggressionen, Ängste und Zweifel, sie alle spiegeln sich in unserem Fahrstil wider.

Motor Er symbolisiert den Sexualtrieb oder die instinktiven Triebe, die Lebenskraft oder unsere grundlegende Motivation. Wenn im Traum mit dem Motor etwas nicht stimmt, so kann dies auf ein gesundheitliches Problem hinweisen.

Passagier, Beifahrer Wenn wir im Traum feststellen, dass wir ein Beifahrer sind, dann signalisiert dieses Bild sehr wahrscheinlich, dass wir uns von den Umständen tragen und treiben lassen und vielleicht nicht für alle Eventualitäten vorgesorgt haben. Mit einem anderen Beifahrer zu reisen deutet an, dass sich am Horizont möglicherweise eine Zweierbeziehung anbahnt. Nehmen wir selbst Passagiere mit, so zeigt dies, dass wir wissentlich oder unwissentlich für andere Menschen die Verantwortung übernommen haben. Das letztere Bild könnte darauf hinweisen, dass bestimmte Menschen in unserer Umgebung nicht den erforderlichen Beitrag leisten.

Straße So wie jedes einzelne Fahrzeug den Körper und das Äußere des Träumers symbolisiert, so verdeutlicht die Straße, wie der Träumer die Dinge angeht. Zum Beispiel kann eine Straße, die sich stark durch die Landschaft schlängelt, darauf hinweisen, dass wir keine bestimmte Richtung im Sinn haben. Kurven der Straße, besonders diejenigen, die nicht eingesehen werden können, signalisieren eine Richtungsänderung; eine Kreuzung stellt uns vor eine Wahl, während eine Sackgasse das Ende des Weges bedeutet. Jedes Hindernis auf der Straße symbolisiert Schwierigkeiten auf dem von uns gewählten Weg, und wird ein bestimmtes Straßenstück speziell hervorgehoben, dann kann sich das auf einen bestimmten Zeitraum oder eine besondere Mühe beziehen. Führt die Straße bergauf, so bedeutet dies in jedem Fall zusätzliche Anstrengungen, während ein Weg, der bergab führt, auf einen Mangel an Kontrolle schließen lässt.

Transport Die Transportmittel, die wir wählen, zeigen, wie wir uns in diesem speziellen Zeitraum unseres Lebens fortbewegen. Früher signalisierte das Symbol des Pferdes, wie wir mit dem Leben umgingen. Heutzutage haben das Auto, das Flugzeug und andere Verkehrsmittel das Pferd in der Symbolik abgelöst. Das Fahrzeug, das in unseren Träumen erscheint, geht häufig mit dem Bild, das wir von uns selbst haben, konform. Zum Beispiel können wir ein ganz einfaches Auto fahren oder aber einen Rolls Royce. Vielleicht fahren wir ein alltägliches Auto oder aber einen schnittigen Sportwagen. Ein solches Bild kann entweder unsere physische Erscheinung oder unsere Persönlichkeit widerspiegeln. Ist der Träumer mit Freunden zusammen, so haben sie vielleicht ein gemeinsames Ziel. Kennt er jedoch die anderen Personen nicht, so sollte er unter Umständen seine Fähigkeit soziale Kontakte zu knüpfen einmal überprüfen.

Auto Das Auto ist ein Spiegelbild des Träumers sowie der Art, wie er mit dem Leben umgeht. Es verkörpert das Bild, das der Träumer anderen von sich vermitteln möchte und symbolisiert ebenfalls den physischen Körper, so dass alles, was mit dem Auto nicht stimmt, uns auf ein Problem aufmerksam machen soll. Jeder Teil des Autos ist hierbei wichtig. Arbeitet z. B. der Motor nicht richtig, so fühlen wir uns abgespannt. Hat der Anlasser nicht funktioniert, so brauchen wir vielleicht Starthilfe bei einem bestimmten Projekt – möglicherweise fehlt uns jedoch einfach Motivation. Jeder Träumer muss diese Symbolik in Bezug auf sein eigenes Leben erforschen und deuten. Das Lenkrad kann z. B. signalisieren, ob wir unser Leben in der Hand haben. Funktionieren die Bremsen nicht, so haben wir die Kontrolle verloren. Befinden sich in dem Wagen zu viele Fahrgäste, so haben wir uns vielleicht zu viel Verantwortung aufgeladen.

Boot, Schiff Die Deutung hängt von der Art des Bootes oder Schiffs ab. Ein kleines Ruderboot verweist auf eine emotionale Reise, die sehr große Mühen erfordert. Eine Jacht könnte eine ähnliche Reise bedeuten, allerdings stilvoller, während ein großes Schiff die Schaffung neuer Horizonte signalisiert, die wir in Begleitung anderer ansteuern. Ein Schnellboot könnte auf ein abenteuerliches Wesen schließen lassen und ein Kanu auf eine Arbeitsweise, die sich besonderen persönlichen Herausforderungen stellt.

Was im Traum mit dem Boot geschieht, wird Umstände aus unserem wachen Leben widerspiegeln. Auf Grund laufen, in einen Hafen einfahren und andere Bilder sind leicht zu deuten. Von Bord zu gehen verweist auf das Ende eines Projekts oder einer bestimmten Zeitspanne, die entweder erfolgreich war oder nicht. Wenn wir eine lange Seereise unternehmen, so verlassen wir dafür Freunde und Familie. Verpassen wir unser Schiff, dann haben wir einem Projekt in unserem wirklichen Leben nicht genügend Aufmerksamkeit gewidmet, oder aber wir sind nicht im Besitz ausreichender Informationen.

Jede enge Schiffspassage und jeder Fluss symbolisiert den Geburtsvorgang. Ein Schiff verkörpert aufgrund seiner Launenhaftigkeit im Allgemeinen das Weibliche. Eine Fähre beinhaltet die gesamte Symbolik einer Reise über den Styx nach dem Tod. Sie verkörpert den Verzicht auf selbstsüchtige Wünsche. Anschließend können wir in ein besseres Leben oder einen besseren Lebensstil „wiedergeboren“ werden. Die Fähre kann ebenfalls eine Übergangsphase in unserem Leben signalisieren.

Bus Eine Busreise signalisiert den Teil unseres Lebens, in dem wir uns bewusst sind, dass wir uns weiterbewegen wollen, aber vor allem das Zusammensein mit anderen Menschen, die ein gemeinsames Ziel mit uns haben. Eine solche Reise hat sehr viel mit unserem öffentlichen Image zu tun. Probleme mit Fahrplänen, ein Verpassen des Busses, ein zu frühes Erscheinen, das Verpassen eines Anschlusses – sie alle signalisieren, dass wir mit unserem äußeren Leben Schwierigkeiten haben und möglicherweise neu einschätzen sollten, wie wir unser Leben leben möchten. Den falschen Bus zu nehmen oder in die falsche Richtung zu fahren bedeutet, dass unsere Bedürfnisse und Wünsche im Konflikt miteinander stehen, und dass wir uns unserer Intuition bewusst sein sollten. Dies symbolisiert häufig eine Warnung vor einem falschen Schritt. Träumen wir, dass wir die Fahrkarte nicht bezahlen können, so zeigt dies, dass uns nicht genügend Mittel zur Verfügung stehen, um einen bestimmten Weg einzuschlagen.

Fahrrad Als Symbol der Dualität ist das Fahrrad der Inbegriff der Jugend und der Freiheit und möglicherweise der ersten Regungen eines sexuellen Bewusstseins. Ein Fahrrad kann ebenfalls für eine bestimmte Mühe stehen, die aufgewendet werden muss, um Erfolg zu haben.

Flugzeug Ein Flugzeug signalisiert eine schnelle, leichte Reise mit einer gewissen Rücksicht aufs Detail. Interessanterweise kann das Flugzeug sowohl eine neue sexuelle Beziehung symbolisieren, als auch eine neue Bewusstheit in spirituellen Dingen. Ein Flughafen verkörpert einen Übergangszustand, und ein Pilot entspricht entweder dem romantisierten Bild des Animus oder des Ichs, beziehungsweise jenes Teils unserer Persönlichkeit, die „uns dorthin bringen“ wird.

Gehen, Spazierengehen Wenn wir uns im Traum bewusst sind, dass wir gehen und kein Fahrzeug benutzen, so zeigt dies in der Regel, dass wir in der Lage sind, diesen Teil unserer Reise selbstständig auszuführen. Spazieren zu gehen (das Symbol einer kurzen Reise) signalisiert, dass wir den Prozess der Erholung und die Befreiung unserer Gedanken genießen können.

Lastwagen Ein Lastwagen im Traum hat die gleiche Bedeutung wie ein Auto, abgesehen davon, dass der Antrieb und die Ziele eher mit der Arbeitswelt verbunden sind. Der Laster signalisiert, wie wir auf einer geschäftlichen Basis mit der Außenwelt verkehren.

Motorrad Als Symbol der Unabhängigkeit, der Männlichkeit und des Wagemuts kann es ebenfalls den Geschlechtsakt verkörpern. Es steht auch für die Freiheit. Ist die Fahrerin eine Frau, dann kann das Motorrad eine Zweigeschlechtlichkeit symbolisieren, während ein Hell's Angel anarchisches Verhalten nahelegt.

Schienen Sie sind ein Mittel, das uns ans Ziel bringen soll. Sind wir uns des Weges, den die Schienen nehmen, bewusst (ob sie z. B. abbiegen) dann haben wir eine gewisse Ahnung, in welche Richtung wir unterwegs sind. Können wir die Streckensignale erkennen, so hat dies die gleiche Bedeutung. Ein Entgleisen könnte andeuten, dass wir etwas tun, was unserem Wesen nicht entspricht.

Straßenbahn Sie wird von vielen als altmodisches Transportmittel angesehen, vereint in sich jedoch verschiedene Vorzüge. Im Traum symbolisiert sie daher eine kontrollierte Bewegung in Verbindung mit einem festen Ziel.

Zug Ein Zug als öffentliches Transportmittel betont das Sozialverhalten des Träumers sowie seine Beziehungen zu anderen Menschen und beleuchtet seine Einstellung sich selbst gegenüber. Eine Dampflok würde unzeitgemäßes, veraltetes Verhalten implizieren, während ein moderner Zug Geschwindigkeit und Effizienz signalisieren könnte. Eine U-Bahn könnte bedeuten, dass wir das Unbewusste erforschen.

Wenn wir im Traum einen Zug nehmen, dann lagen vielleicht bestimmte Umstände günstig für uns und wir haben ein gewisses Ziel erreicht. Verpassen wir den Zug, so verpassen wir eine Gelegenheit und besitzen nicht die geeigneten Mittel, die uns einen Erfolg ermöglichen. Wechseln sich die Bilder vom Erreichen und Nichterreichen eines Zuges ab, so ist der Träumer dabei, seiner Motivation auf den Grund zu gehen. Steigen wir aus dem Zug aus, bevor er sein Ziel erreicht hat, dann haben wir Angst davor, mit einem bestimmten Projekt Erfolg zu haben. Auszusteigen, bevor der Zug losfährt, signalisiert, dass der Träumer seine Meinung über eine bestimmte Situation im wirklichen Leben geändert hat. Die einzelnen Waggons des Zuges symbolisieren verschiedene Facetten unseres Lebens; ist also ein Waggon z. B. schmutzig, dann sollten wir den entsprechenden Aspekt unseres Lebens in Ordnung bringen.

Verkehrsunfall Alle Verkehrsunfälle und -delikte können mit Sexualität oder dem Bild, das wir von uns selbst haben, in Verbindung stehen, aber auch mit der Art und Weise, wie wir mit Aggression und Rücksichtslosigkeit umgehen, sowohl in uns selbst, wie auch in anderen. Eine Kollision könnte daher signalisieren, dass wir uns im Konflikt mit jemandem befinden. Einen Unfall zu vermeiden würde bedeuten, dass wir in der Lage sind unsere Impulse zu steuern.

Menschen

Dieser Abschnitt soll den Lesern, die nicht unbedingt ihren ganzen Traum interpretieren möchten, helfen, einige Schlussfolgerungen über seine Bedeutung zu ziehen.

Menschen erscheinen im Traum in vielerlei Gestalt. Manchmal erscheinen sie einfach als sie selbst, weil das Traumszenarium bestimmte Umstände erfordert. Die Bandbreite kann hier z. B. vom Einkauf mit der Mutter bis zum Bergsteigen mit einem alten Freund reichen. Das Erscheinen bestimmter Menschen im Traum kann bedeutsam sein aufgrund der Normalität des Ereignisses oder weil das Verhalten der Personen bizarr ist, oder auch weil der Träumer einen besonderen Aspekt des eigenen Charakters oder der eigenen Handlungen hervorheben will. Vielleicht erinnern diese Menschen uns an frühere, glücklichere Zeiten oder sie betonen bestimmte Eigenschaften ihrer Berufe. Möglicherweise bieten sie sogar Erklärungen für bestimmte Handlungen in der Vergangenheit. Nur der Träumer kann über ihre Bedeutung entscheiden.

Um die „Information" zu entschlüsseln, die jede Person dem Träumer vermitteln will, müssen wir herausfinden, an wen oder was sie uns erinnert. In diesem Bereich ist die freie Assoziation meist sehr hilfreich, denn auf diese Weise können wir die tieferen Bedeutungen und Verbindungen enthüllen. Zum Beispiel könnten wir mit einem bestimmten Schulfreund religiöses Engagement assoziieren, weil wir ihn in der Schulzeit so erlebt haben. Eine Person aus unserer Vergangenheit kann uns auch mit einer bestimmten Phase unseres Lebens verbinden und mit besonderen Erinnerungen, positiven und negativen.

Manchmal reicht es aus festzustellen, welche Konsequenzen die Handlungen einer Traumperson für das tägliche Leben des Träumers haben könnten, ohne dass man die Bedeutung des ganzen Traums ergründen muss. Für die Deutung, warum der Träumer seinen Figuren ihre spezifischen Rollen in seinem „Traumtheaterstück" zugeteilt hat, sind jedoch einige Kenntnisse über das Leben des Träumers erforderlich. Ein Familienmitglied einer anderen Familie könnte im Traum z. B. die eigenen Familienmitglieder oder auch irgendein ungelöstes Problem verkörpern.

Es ist wahrscheinlicher, dass wir von Menschen träumen, wenn ein Konflikt zwischen Liebe (also Einigkeit) und Uneinigkeit besteht. Im Traum herrscht häufig ein merklicher Unterschied zwischen zwei Figuren, um die beiden Seiten der Gedanken und Gefühle des Träumers zu verdeutlichen. Es kann auch ein deutlicher Kontrast bestehen im Hinblick auf die Art, wie der Träumer eine bestimmte Situation mit zweien seiner Traumpersonen handhabt – hier wird klar, dass zwei Möglichkeiten ausprobiert werden.

Wie bei zusammengesetzten Tieren betont die zusammengesetzte Figur mehr als eine Eigenschaft, um den Träumer auf diese aufmerksam zu machen. Wenn man nicht sicher ist, ob eine Figur die eine oder die andere Person darstellt, so besitzen sie vielleicht eine gemeinsame Eigenschaft, die hervorgehoben werden soll. Diese Situation verdeutlicht ebenfalls den Facettenreichtum der menschlichen Persönlichkeit. Jede Figur, die in unseren Träumen erscheint, ist letzten Endes ein Spiegelbild einer unserer Eigenschaften und kann oft besser verstanden werden, wenn wir uns in ihre Situation im Traum hineinversetzen.

Einige der Figuren, die am häufigsten in Erscheinung treten, sind im Folgenden aufgeführt:

Alte Menschen Im Traum können alte Menschen entweder unsere Vorfahren oder die Großeltern symbolisieren, und daher auch Weisheit, die auf Erfahrung beruht. Ist die alte Person ein Mann, so wird er – je nach Geschlecht des Träumers – entweder das Selbst oder den Animus verkörpern. Ist die Person eine Frau, so wird sie die Große Mutter oder die Anima symbolisieren. Alle Vaterfiguren oder Darstellungen des Vaters erscheinen häufig alt, so als sollte dies ihre Unnahbarkeit betonen. Oft erscheint eine ganze Gruppe alter Menschen im Traum. In der Regel verkörpern sie die Traditionen und die Weisheit der Vergangenheit – jene Dinge, die dem „Stamm“ oder der Familie heilig sind. Ältere Leute symbolisieren oft unsere Eltern, selbst wenn die Traumfiguren keine Ähnlichkeit mit ihnen zeigen.

Autoritätspersonen (Richter, Lehrer, Polizisten etc.) Unsere Vorstellung von Autorität wird durch unsere erste Beziehung zum Vater oder der Vaterfigur entwickelt. Je nachdem, wie wir als Kind behandelt wurden, kann unsere Sicht von Autorität variieren zwischen den Extremen eines gütigen Helfers und eines ausbeuterischen Zuchtmeisters. Die meisten Autoritätspersonen werden uns im Traum zu dem zurückführen, was richtig für uns ist, obwohl es nicht unbedingt das sein wird, was wir für gut halten. Anfangs besitzen diese Autoritätspersonen scheinbar Macht über uns, wenn wir jedoch angemessen mit ihnen umgehen, dann generieren sie die Kraft, die uns zum Erfolg verhilft, und können als unser Höheres Selbst betrachtet werden. Wenn wir insbesondere von Polizisten träumen, so kann dies auf eine Art der gesellschaftlichen Kontrolle verweisen und ein schützendes Element für uns als Mitglieder dieser Gesellschaft. Oft erscheint ein Polizist im Traum, um das eigene Gewissen zu verkörpern. Vielleicht haben wir das Gefühl, dass wir unsere wilde, rebellische Seite unter Kontrolle bringen müssen.

Baby Träumen wir von unserem eigenen Baby, so sollen wir in uns jene verletzbaren Gefühle erkennen, über die wir keine Kontrolle besitzen. Vielleicht beginnen wir auch gerade ein neues Projekt oder versuchen einen neuen Lebensstil, und diese sind unser „Baby" – möglicherweise ist das Baby auch wörtlich zu nehmen. Träumen wir von einem Fötus, so signalisiert dies, dass die Idee oder das Vorhaben noch nicht ausgereift genug ist, um von sich aus zu überleben. Gehört das Baby jemand anderem, so sollen wir uns der Verletzlichkeit jener Person bewusst werden, oder es bedeutet, dass wir in eine bestimmte Situation nicht eingreifen können oder dass jemand an einer Sache unschuldig ist. Auf psychologischer Ebene stehen wir in Verbindung mit der unschuldigen, neugierigen Seite unserer Persönlichkeit, mit dem Teil von uns, der Verantwortung weder braucht noch haben möchte. Auf spiritueller Ebene kann ein Traum von einem Baby ein Bedürfnis nach einem Gefühl der Reinheit offenbaren.

Diktatoren (Hitler, Stalin, Napoleon etc.) Wenn der Träumer einen tyrannischen Vater gehabt hat, kann im Traum ein bekannter Diktator erscheinen und diese Beziehung symbolisieren.

Eindringling Im Traum einer Frau ist der Eindringling oft ein Bild ihrer eigenen inneren Männlichkeit, d. h. der Animus. Im Traum eines Mannes verkörpert er den Schatten. Ein Wandel in der Haltung des Träumers bewirkt eine bessere und bedeutungsvollere Beziehung zu sich selbst.

Frau Im Traum einer Frau symbolisiert ein weibliches Familienmitglied oder eine Freundin oft einen Aspekt ihrer eigenen Veranlagung, häufig jedoch einen, den sie noch nicht vollständig integriert hat. Im Traum eines Mannes beschreibt eine solche Figur seine Beziehung zu den eigenen Gefühlen und zu seiner intuitiven, weicheren Seite. Die Frau kann signalisieren, wie er zu seiner Partnerin steht.

Göttin, heilige Frau Sie symbolisiert auf spiritueller Ebene den höchsten Aspekt des Weiblichen, der erreicht werden kann, sowie das Bedürfnis, zum Wohle der Allgemeinheit zu arbeiten. Sie kann ebenfalls intuitive Weisheit verkörpern.

Orientalische Frauen Wenn sie im Traum erscheinen, symbolisieren sie in der Regel die rätselhafte Seite des Weiblichen. Im Traum einer Frau offenbaren sie ihre eigenen intuitiven, außerordentlichen Kräfte. Im Traum eines Mannes enthüllen solche Figuren oft seine Einstellung zur eigenen Sexualität.

Ältere Frau Sie symbolisiert meistens die Mutter des Träumers und ihr Gefühl des ererbten Bewusstseins.

Unbekannte Frau Im Traum eines Mannes symbolisiert sie die Anima, im Traum einer Frau den Schatten. Ihre Eigenschaft der Überraschung und der Intrige erlaubt es uns, die Bedeutung dieser Figur weiter zu erforschen. Wir können viele Informationen erhalten, weil die Figur unbekannt ist und darum sorgfältig untersucht werden muss.

Fremder Der Fremde oder der Schatten im Traum symbolisiert den Teil unserer Persönlichkeit, den wir noch nicht kennen. Vielleicht besteht ein Gefühl der Ehrfurcht oder des Konflikts, mit dem wir uns befassen müssen, bevor wir irgendwelche Fortschritte machen können.

Freund Von einem gegenwärtigen oder früheren Freund zu träumen bringt uns in Verbindung mit Gefühlen, Bindungen und Sexualität, die wir mit ihm assoziieren, und auch mit der Art, wie er sich ausdrückt. Träumen wir, jemanden zum Freund zu haben, von dem wir es nicht erwartet hätten – d. h. jemanden, den wir nicht mögen – so signalisiert das, dass wir die Art, wie wir uns Männern gegenüber verhalten, näher untersuchen und besser verstehen sollten, insbesondere im Hinblick auf diesen bestimmten Typ. Möglicherweise müssten wir der liebenden, umsorgenden Seite der Männlichkeit mehr Beachtung schenken. Der Traum zeigt ebenfalls, dass wir immer noch nach dem idealen Geliebten suchen.

Freundin Wenn eine Freundin oder frühere Freundin im Traum eines Mannes erscheint, dann signalisiert dies meist Dinge, die mit der Beziehung zwischen dem Männlichen und dem Weiblichen zusammenhängen, entweder in ihm selbst oder in seiner Umgebung. Vielleicht bestehen auch Ängste in Bezug auf Sexualität. Taucht eine Freundin im Traum einer Frau auf, so macht sich die Träumerin möglicherweise Sorgen, die mit ihr zu tun haben, oder aber sie entdeckt in ihrem Innern Eigenschaften, die diese Freundin besitzt.

Geistliche aller Religionen Geistliche besitzen eine bestimmte Art von Autorität, die auf viele Menschen entmutigend wirkt. Erscheinen solche Figuren im Traum, dann umgibt sie eine Aura, die moralisches und korrektes Verhalten betont.

Held (jede heldenhafte Figur) Im Traum eines Mannes kann die Figur des Helden alles symbolisieren, das gut in ihm ist, sein

Höheres Selbst. Im Traum einer Frau verkörpert er den Animus. Verfolgt der Held ein Ziel und ist auf der Suche, so versucht der Träumer einen Teil seiner Persönlichkeit zu finden, der noch unbewusst ist. Es ist wichtig, die negativen Kräfte des Ichs zu besiegen – jedoch nicht zu vernichten, denn sie können nicht vollständig beseitigt werden, ohne dem Alten Weisen dabei zu schaden. Mit anderen Worten, die letztendliche Integration braucht noch immer die Herausforderung des Negativen. Im Traum kann versehentlich die Niederlage des Helden herbeigeführt werden. Wir alle haben einen schwachen Punkt, an dem wir angegriffen werden können, und möglicherweise soll dieser uns vor einem Element der Vernachlässigung unserer selbst warnen. Haben wir einen solchen Traum, so macht er uns darauf aufmerksam, dass wir den Einzelheiten unseres Lebens oder jenem Teil unserer Persönlichkeit, den wir nicht entwickelt haben, nicht genügend Aufmerksamkeit schenken. Der Tod des Helden kann oft ein Bedürfnis signalisieren, die intuitivere Seite unseres Ichs zu entwickeln, d. h. zu etwas Neuem wiedergeboren zu werden. Ein Konflikt zwischen dem Helden und irgendeiner anderen Traumfigur verweist auf eine grundlegende Disharmonie zwischen zwei Facetten unserer Persönlichkeit. Der Held erscheint im Traum häufig als Gegenmittel gegen eine verhasste Figur im täglichen Leben des Träumers.

Hoherpriester, Astrologe oder andere Personen mit ähnlichem esoterischen Wissen Das Höhere Selbst erscheint oft im Traum als eine Person, die Kenntnisse magischer Praktiken oder ein vergleichbares Wissen zu haben scheint. Es ist als ob wir uns dieses tieferen Wissens nur bewusst werden können, wenn wir zuerst unserem Lehrer begegnen.

Jugendlicher Wenn man von sich selbst als Jugendlichem träumt, dann konzentriert man sich auf die unentwickelte, vielleicht unreife Seite seiner Persönlichkeit. Träumen wir von einem Jugendlichen des anderen Geschlechts, so bedeutet dies häufig, dass wir uns mit einem unterdrückten Teil unserer Entwicklung auseinander setzen müssen. Die Emotionen, die mit dem Heranwachsen assoziiert werden, sind sehr empfindlich und rein, und zu einer solchen Unschuld zurückzukehren ist oft nur im Traum möglich. Es kann zu Konflikten in Bezug auf Freiheiten kommen, die von anderen sowohl gegeben als auch genommen werden.

Junge Von einem Jungen zu träumen signalisiert das Potenzial der Entwicklung durch neue Erfahrung. Ist der Junge bekannt, so verkörpert er Aspekte der Persönlichkeit des Träumers, die dieser gerade verstehen lernt. In emotionaler Hinsicht müssen wir in diesem Alter mit uns selbst in Verbindung stehen und mit der natürlichen Naivität und Leidenschaft, die ein Junge besitzt. Wir nehmen Verbindung auf zu unseren Trieben und der Fähigkeit, Schwierigkeiten ins Auge zu blicken.

Kind (das eines des Träumers sein könnte) Von einem Kind zu träumen ermöglicht uns einen Zugang zu dem Kind, das in uns steckt. Wir alle haben bestimmte Züge, die noch kindlich und neugierig sind. Wenn wir es schaffen, zu dieser Seite unserer Persönlichkeit Verbindung aufzunehmen, dann erlauben wir uns die Klärung einer Fähigkeit zur Ganzheit, die wir zuvor vielleicht nicht erkannt haben.

König Ein König, der im Traum erscheint, symbolisiert in der Regel den Vater oder die Vaterfigur. Die Figur eines Kaisers kann signalisieren, dass dem Träumer manche Einstellungen des Vaters fremd sind. Ist der König alt oder dem Sterben nah, dann wird dem Träumer die Möglichkeit gegeben, altmodische Familienwerte zu verwerfen.

Königin Eine solche Figur symbolisiert meist die Beziehung des Träumers zu seiner Mutter und damit im Allgemeinen zu Frauen, die Autorität besitzen.

Mädchen Erscheint ein Mädchen, egal welchen Alters, in unserem Traum, dann versuchen wir meist, mit der empfindsameren, unschuldigen, intuitiven, weiblichen Seite unserer Persönlichkeit Kontakt aufzunehmen. Kennen wir das Mädchen, so sind wir uns dieser Eigenschaften vermutlich bewusst, müssen sie jedoch noch näher untersuchen. Ist uns das Mädchen nicht bekannt, so ist dies ein Zeichen, dass ein neuer Ansatz nützlich wäre.

Mann Jede männliche Figur, die im Traum erscheint, verweist auf einen Aspekt oder eine Facette der Persönlichkeit des Träumers, damit wir diese erkennen können. In jedem von uns stecken bestimmte Verhaltensmuster, die für uns typisch sind. In Träumen können diese Muster und Eigenschaften hervorgehoben werden, so dass sie leicht zu identifizieren sind – häufig erscheinen sie als Persönlichkeiten. Wenn ihre Bedeutung erst einmal verstanden wurde, kann dadurch viel Energie und Kraft verfügbar werden. Ein Mann kann im Traum den Schatten (die negative Seite seiner selbst) als Mann identifizieren und den Animus als Frau. Selbst wenn wir von einer negativen Charaktereigenschaft bedroht werden, besitzen wir immer noch die Fähigkeit zur Verbesserung.

Älterer Mann Ist der Mann weißhaarig und heilig, dann kann er die angeborene Weisheit verkörpern, die uns allen zu Eigen ist. Eine solche Person kann im Traum ebenfalls den Vater symbolisieren.

Großer Mann Erscheint in unserem Traum ein großer Mann, so verweist dies entweder auf unsere Anerkennung der Stärken, Sicherheiten und des Schutzes, die unsere elementaren Überzeugungen uns gewähren, oder es bedeutet, dass uns dieselben Eigenschaften möglicherweise bedrohen oder Angst einflößen.

Mann im Traum einer Frau Ein Mann im Traum einer Frau betont die logische Seite ihres Wesens. Sie besitzt alle Aspekte des Männlichen (oder kann sie entwickeln), die es ihr ermöglichen in der Außenwelt erfolgreich zu operieren. Ist der Mann eine Person, die sie kennt oder liebt, so versucht sie vielleicht, ihre Beziehung zu ihm zu verstehen. Ein unbekannter Mann ist im Allgemeinen der Teil der Persönlichkeit der Träumerin, der nicht anerkannt wird.

Im Traum einer Frau kann er die männliche Seite ihrer Persönlichkeit verkörpern und im Traum eines Mannes ist er das Selbst.

Menschenmenge Menschenmengen im Traum signalisieren, wie wir auf andere Menschen zugehen. Vielleicht versuchen wir, Verantwortung zu meiden.

Mitglied einer ethnischen Minderheit Jedes Mitglied einer ethnischen Minderheit kann einen Teil unserer Persönlichkeit verkörpern, der unkonventionell oder anders ist, und das betonen, was der Träumer als kulturelle Eigenschaften erachtet. Zum Beispiel kann ein Ägypter unser magisches Wissen symbolisieren oder aber die Fähigkeit des Schacherns, je nach unserer Erfahrung.

Pfleger (Krankenschwestern, Nonnen etc.) Sie verweisen auf die mitfühlende, hegende, weibliche Seite unserer Persönlichkeit. Häufig ist dies jener Teil, der einer Berufung gefolgt ist.

Pirat Von einem Piraten zu träumen signalisiert einen Aspekt der Persönlichkeit des Träumers, der unsere emotionale Verbindung zur Seele zerstört oder ein wesentliches Attribut entwendet.

Prinz (Held), Prinzessin Abgesehen von ihrer Funktion als Archetypen symbolisieren sie jene Teile unserer Persönlichkeit, die ins Bewusstsein gerufen wurden und Autorität besitzen. So wie der Held für seine eigene Reise Verantwortung übernommen hat, so übernehmen der Prinz und die Prinzessin Verantwortung für ihre Lebensweise.

Unzulängliche Person Es ist erheblich einfacher unseren Unzulänglichkeiten im Traum zu begegnen, wo wir in Sicherheit sind. Häufig ist dies für uns die erste Gelegenheit, dem Schatten gegenüberzutreten. Wir wagen es nicht, diesen Aspekt unserer Persönlichkeit zu ignorieren, noch können wir es uns leisten ein solches Bild abzuweisen, wenn es uns erscheint. Wir müssen lernen, uns mit einem Gefühl der Unterlegenheit auseinander zu setzen.

Vorfahren Unser Konformismus, unsere Verhaltensweisen, unsere Ethik und unsere religiösen Vorstellungen werden von Generation zu Generation weitergegeben. Wenn wir uns im Traum unserer Vorfahren bewusst sind, dann konzentrieren wir uns auf unsere Wurzeln und stellen sie vielleicht sogar in Frage. Durch unsere Beziehung zur Vergangenheit gelangen wir zu einem besseren Verständnis unserer Persönlichkeit.

Zwillinge (auch eine Spiegel-Figur im Traum) Zwillinge können zwei Seiten unserer Persönlichkeit symbolisieren. Handelt es sich um eineiige Zwillinge, dann setzen wir uns möglicherweise mit unseren unbestimmten Gefühlen im Hinblick auf unsere Persönlichkeit auseinander. Sind sie nicht eineiig, so verweisen sie auf das innere Ich und die äußere Realität. Zwillinge können ebenfalls die Projektion unserer eigenen Persönlichkeit verkörpern.

Berufe

Wenn wir beginnen, an unserer spirituellen Entwicklung zu arbeiten, dann erkennen wir den ungeheuren Wissensschatz, den wir dieser Arbeit zugrunde legen können und mit dem wir unser Leben bereichern.

Im Folgenden sind einige Berufe mit versuchsweisen Erklärungen aufgeführt. Es kann jedoch nicht genug betont werden, dass Personen, die auf diese Weise in Träumen erscheinen, mit größter Wahrscheinlichkeit für den Träumer eine ganz bestimmte Bedeutung besitzen.

Analytiker Es ist gut möglich, dass wir mit unserem „inneren Analytiker“ Kontakt haben, d. h. mit unserem instinktiven Wissen über unser Verhalten.

Apotheker In psychologischer Hinsicht verkörpert der Apotheker den Teil unserer Persönlichkeit, der in der Lage ist, Dinge zu verändern, und der sich um unsere Gesundheit kümmert.

Bäcker Diese altmodische Figur symbolisiert Nahrung und Fürsorge sowie unsere Fähigkeit, unsere Umstände mit eigenen Mitteln zu ändern.

Ballerina Diese Figur symbolisiert unser Streben nach Gleichgewicht und Haltung.

Bankfachmann Von ihm zu träumen unterstreicht unser Bedürfnis nach einer Autoritätsperson, die uns hilft, unsere emotionalen und materiellen Mittel zu verwalten.

Beamter, Funktionär Ein Beamter symbolisiert jemanden, dem von anderen Autorität und Status zugesprochen wurde. Ein Beamter in Uniform könnte auf ein „Dienst"-Element im Traum verweisen.

Bettler, Landstreicher Emotionale Triebe und Gedanken im wachen Leben können im Traum ausgehungert werden und als Bettler erscheinen. Der Landstreicher symbolisiert den Aussteiger, Wanderer und den freiheitsliebenden Teil unserer Persönlichkeit.

Doktor, Arzt Ein Doktor im Traum kann auf eine tatsächliche Autoritätsperson verweisen oder auf jemanden, dem unser Bestes am Herzen liegt. Eine solche Figur kann einen Heiler verkörpern.

Einbrecher, Eindringling Von einem Einbrecher oder Eindringling zu träumen deutet an, dass wir uns auf irgendeine Weise bedroht fühlen – möglicherweise in sexueller Hinsicht – und dass wir uns gegen eine Verletzung unseres Privatbereichs verteidigen müssen. Auf einer anderen Ebene kann der Eindringling jenen Teil unserer Persönlichkeit verkörpern, der mit Zweifeln und Angst nicht fertig wird.

Eremit Ein Eremit ist eine einsame Figur, die nach bestimmten Prinzipien lebt und im Traum jene Seite unserer Persönlichkeit verkörpern kann, die unfähig ist, Beziehungen einzugehen. Der Eremit kann ebenfalls den Alten Weisen symbolisieren.

Erfinder Von einem Erfinder zu träumen, verbindet uns mit der kreativen Seite unserer Persönlichkeit. Er ist in der Lage, sich eine Idee zu suchen und diese greifbar und anschaulich zu machen. Wenn wir von einem Erfinder träumen, nehmen wir auch zu jener Seite unserer Persönlichkeit Verbindung auf, die klüger, aber gleichzeitig auch introvertierter ist als unser waches Selbst.

Fischer Wann immer eine unserer Traumfiguren eine spezifische Handlung ausführt, sollten wir überprüfen, was diese Handlung symbolisiert. Oft verkörpert ein Fischer einen Ernährer oder vielleicht Kühnheit, wie z. B. ein Hochseefischer, während ein Süßwasserfischer auf ein Bedürfnis nach Ruhe und Erholung verweisen kann. Aufgrund der christlichen Symbolik kann ein Fischer im Traum auch einen Priester verkörpern.

Friseur Im Traum kann der Friseur als jener Teil unserer Persönlichkeit erscheinen, der mit unserem Image befasst ist und dem, was wir von uns selbst halten. Auf einer anderen Ebene ist die Verbindung zwischen dem Selbstbild und der Schönheit offensichtlich: Wir können keine Fortschritte machen, bis wir gelernt haben, uns selbst zu mögen.

Gärtner Der Gärtner kann die Einsichten symbolisieren, die wir durch unsere Erfahrung im Leben gewonnen haben, und kann ebenfalls Weisheit verkörpern, allerdings Weisheit einer besonderen Art. Oft ist der Gärtner eine Person, auf die wir uns verlassen können und die uns die Dinge abnimmt, deren wir uns nicht fähig fühlen.

Geächteter, Vogelfreier Er symbolisiert unsere anarchische, rebellische Seite.

Gefängniswärter Er ist eine weitere Autoritätsperson, jedoch eine, die den Vorsatz hat, uns einzuschränken.

Gerichtsvollzieher Diese repressive Figur symbolisiert eine besondere Art der Autoritätsperson, insbesondere eine der Bestrafung.

Immobilienmakler Von einem Immobilienmakler zu träumen signalisiert den Teil unserer Persönlichkeit, der in unserem besten Interesse handelt und sich unseres Bedürfnisses nach Sicherheit bewusst ist.

Jäger Diese Figur kann häufig den Tod symbolisieren oder möglicherweise eine Rache, die an dem Träumer verübt werden soll.

Kellner, Ober, Kellnerin, Serviererin Die Deutung dieses Traums hängt davon ab, ob wir selbst bedienen oder ob wir bedient werden.

Befinden wir uns in der Rolle des Kellners, so ist uns unsere Fähigkeit bewusst, für andere Menschen sorgen zu können. Werden hingegen wir bedient, dann brauchen wir vielleicht Nahrung und Pflege und dass man uns das Gefühl gibt, etwas Besonderes zu sein.

Künstler Diese Figur verkörpert häufig die schöpferische Kraft, die in uns steckt.

Leprakranker Er symbolisiert jenen Teil von uns, der sich von der Gesellschaft abgeschnitten und entfremdet fühlt, vielleicht allerdings auch seine Fehler erkennt.

Matrose, Seemann Wie andere uniformierte Figuren, so ist auch der Matrose im Traum ein romantisiertes Symbol des Helden, d. h. der männlichen Seite, die nach Abenteuer strebt.

Metzger In früheren Zeiten ein Symbol des tödlichen „Schnitters" oder „Sensenmanns", zerstört und nährt der Metzger gleichzeitig und gilt daher als Symbol des Todes und der Verjüngung.

Mönch Er signalisiert die zurückgezogene, religiöse Seite unseres Lebens.

Optiker Er symbolisiert meist unser Bedürfnis nach Klarheit und Weisheit, oder auch angewandtes Wissen.

Papst Im Traum dem Papst zu begegnen bedeutet, die Seite unserer Persönlichkeit zu treffen, die auf der Basis religiöser Vorstellungen einen Verhaltenskodex entwickelt hat. Er kann gütig oder mit Vorurteilen beladen sein, je nachdem wie wir die Figur in der Kindheit empfunden haben. Der Papst erscheint häufig im Traum als Vaterersatz oder als Personifizierung Gottes.

Prostituierte Sie signalisiert irgendein Bedürfnis, ob es nun darum geht, die extrovertierte Seite unserer Persönlichkeit zu verstehen oder die verführerische Sirene.

Richter Der Richter ist ebenfalls eine Autoritätsperson. Er signalisiert Macht, die ihm vom Volk verliehen wurde und verkörpert daher jenen Teil unserer Persönlichkeit, der unser Verhalten überwacht.

Schauspieler Von einem Schauspieler zu träumen bedeutet, dass wir für unser Handeln und für das, was wir sind, Verantwortung übernehmen müssen. Künstler in irgendeiner Form können im Traum auch Gegenstand unserer Projektion sein, die uns so darstellt, wie wir gerne sein möchten. Möglicherweise sind wir z. B. im wirklichen Leben scheu und verschlossen, haben aber das Bedürfnis, geliebt und bewundert zu werden.
Schneider Vielleicht ist es wichtiger zu entscheiden, welche Bedeutung der Schneider für den Träumer hat, bevor wir eine Interpretation anstreben. Jeder Mensch, der einem Beruf nachgeht, entwickelt bestimmte Talente, wie in diesem Fall die Fähigkeit, präzise zu arbeiten und etwas Neues zu entwerfen. Von einem Schneider zu träumen macht uns auf diese Fähigkeiten in unserer eigenen Persönlichkeit aufmerksam.

Familie

Da sie die ersten Menschen sind, zu denen wir eine Beziehung haben, kommt Bildern von der Familie im Traum eine ganz besondere Bedeutung zu.

Außerhalb des Mutterleibs ist die Familienstruktur das erste sichere Bild, an das ein Kind sich klammert. Manchmal kann sich das Bild durch Umstände, die das Kind nicht kontrollieren kann, verzerren, und spätere Träume versuchen dann, dieses Bild entweder wieder zurechtzurücken oder es zu bestätigen. Wenn wir daher träumen, dass wir uns mit einem Familienmitglied streiten, dann hängt die Bedeutung sowohl von den Umständen des Traums als auch von unserer alltäglichen Beziehung zu dieser Person ab. All unsere zukünftigen zwischenmenschlichen Beziehungen, ob intimer oder platonischer Art, werden von denjenigen geprägt, die wir innerhalb unserer Familie entwickeln.

Unser Kampf um Individualität sollte innerhalb der relativen Sicherheit und der Begrenzungen unserer Kernfamilie stattfinden.

Dies ist jedoch nicht immer der Fall. Im Traum ist es uns möglich, Familienbilder zu „kontrollieren", um unsere Probleme zu bewältigen, ohne anderen dabei zu schaden. Es ist wissenswert, dass eine Person, die an ihren Träumen arbeitet, eine große Wirkung auf die Interaktion und die unbewussten Bindungen zwischen anderen Familienmitgliedern haben kann. Fast alle Probleme, denen wir im Leben begegnen, spiegeln sich innerhalb der Familie, darum träumen wir zu Zeiten großer Belastung von Problemen, die die Familie in der Vergangenheit durchgemacht hat. Träume von der Familie sind also deshalb so häufig, weil uns viele der Konflikte zuerst in dieser Umgebung begegnet sind. Es ist als ob ein Muster festgelegt wurde, das immer wieder auftauchen wird, bis wir es willentlich durchbrechen.

Es gibt zahllose Variationen in Bezug auf Familienträume. Ein relativ häufiger Traum ist, dass die Mutter eines Mannes in eine andere Frau verwandelt wird. Wir wissen, dass im Allgemeinen die erste enge Beziehung eines Mannes zu einer Frau die zu seiner Mutter ist. Je nach den Umständen des Traums kann also eine Verwandlung etwas Positives oder etwas Negatives sein. Sie kann ein Zeichen des Wachstums und der Reife sein, die Erkenntnis, dass er seine Mutter loslassen kann. Die Verwandlung signalisiert ebenfalls einen Wandel in seinem Verständnis der Frauen.

In vergleichbarer Weise ist die erste Beziehung einer Frau zu einem Mann normalerweise die zu ihrem Vater. Wenn daher im Traum einer Frau ihr Vater, Bruder oder Geliebter sich in jemand anderen verwandelt, dann muss sie unabhängiger von dieser Beziehung werden (und sich im Falle des Geliebten vollkommen trennen), um Fortschritte in Richtung gerundeter Beziehungen zu machen.

Taucht im Traum der Bruder eines Mannes oder die Schwester einer Frau auf, so symbolisieren sie häufig das, was man den Schatten nennt. Es ist oft einfacher die negativen Seiten unserer Persönlichkeit auf ein Familienmitglied zu projizieren. Hält diese Projektion an, dann kann dies im späteren Leben alle möglichen Probleme mit familiären Beziehungen verursachen. Die Lösung wird sich uns im Traum präsentieren, um es uns zu ermöglichen, unsere Vorstellung von der eigenen Persönlichkeit in den Griff zu bekommen. Das aggressive Verhaltensmuster zwischen Familienmitgliedern ist relativ deutlich, im Traum aber leichter zu verarbeiten als im täglichen Leben.

Sind im Traum die Bilder entstellt (trägt z. B. der Vater das Gesicht der Mutter), dann sind wir uns möglicherweise nicht sicher, welcher Elternteil wichtiger für uns ist – wir müssen herausfinden, ob eine solche Entscheidung überhaupt wichtig ist. Familienmitglieder, die verletzt oder in irgendeiner Weise verfälscht sind, können eine bestimmte Angst des Träumers im Hinblick auf diese Person verdeutlichen. Erscheint ein bestimmtes Familienmitglied immer wieder im Traum oder gerade nicht, wenn wir es erwarten, dann muss die Beziehung oder die Vorstellung, die wir von dieser Person haben, näher untersucht werden. Von einer inzestuösen Beziehung zu träumen, die in Wirklichkeit nicht existiert, kann darauf hinweisen, dass der Träumer in irgendeiner Weise eine Obsession für diese Person entwickelt hat. Der Traum erscheint dann, um die potenzielle Gefahr einer solchen Beziehung zu verdeutlichen. Wenn wir träumen, dass unsere Eltern uns in gewisser Weise ersticken und eine Rebellion hervorrufen, dann müssen wir mit unserem kindlichen Verhalten brechen und uns als Individuum weiterentwickeln; ein Traum vom Tod eines Elternteils kann die gleiche Bedeutung haben. Erscheint ein Elternteil in unserer eigenen Umgebung, so bedeutet dies, dass wir gelernt haben, innerhalb der Eltern / Kind-Beziehung die Rollen zu tauschen und nun möglicherweise unsere Eltern als Freunde akzeptieren können. Scheinen sich unsere Eltern im Traum auf eine unpassende Weise zu verhalten, dann sollten wir vielleicht anerkennen, dass sie auch nur Menschen sind und nicht vollkommene Wesen.

Schon sehr früh in seinem Leben bewegt sich das Kind über eine Phase der extremen Beschäftigung mit sich selbst hin zu einer fast ausschließlichen Beziehung zu einem bestimmten Menschen – gewöhnlich der Mutter. Erst später erkennt es das Bedürfnis nach einer anderen Beziehung an. Diese Beziehung kann mitunter bewirken, dass das Kind seinen Wert als Person in Zweifel zieht. Wird diese Frage nicht erfolgreich gelöst, so kann sie sich im Traum als Konflikt oder Rivalität mit einem oder sogar beiden Elternteilen äußern.

Besteht im Traum ein Konflikt zwischen einer geliebten Person und einem Familienmitglied, so signalisiert dies, dass der Träumer noch nicht wirklich zwischen seinen Bedürfnissen nach jeder der beiden Personen unterschieden hat. Zu lernen, außerhalb der Familie Menschen zu lieben, ist ein notwendiges Zeichen der Reife. Die Vorstellung, dass ein Familienmitglied im Traum in eine Situation eindringt, verweist darauf, dass familiäre Bindungen den Fortschritt des Träumers im täglichen Leben behindern können.

Rivalität unter Geschwistern, die im Leben wie im Traum ein häufiges Problem darstellt, bezieht sich meist zurück auf ein Gefühl der Unsicherheit und möglicherweise des Zweifels, ob wir uns innerhalb der Familie geliebt genug fühlten.

Einzelne Familienmitglieder Einzelne Familienmitglieder und ihr Status innerhalb der Familie können die verschiedenen Archetypen symbolisieren. Vor diesem Hintergrund verkörpert der Vater das männliche Prinzip sowie das der Autorität, während die Mutter das hegende, schützende Prinzip versinnbildlicht.

Ein ***Bruder*** kann die zwiespältigen Gefühle der Gleichheit und der Rivalität symbolisieren. Im Traum eines Mannes signalisiert der ältere Bruder Erfahrung gekoppelt mit Autorität, während ein jüngerer, weniger erfahrener Bruder Verletzlichkeit und möglicherweise einen Mangel an Reife symbolisiert. Im Traum einer Frau verkörpert ein jüngerer Bruder Rivalität und Verletzlichkeit – entweder die eigene oder die des Bruders. Ein älterer Bruder kann dagegen ihre offene, selbstbewusste Persönlichkeit symbolisieren.

Die Beziehung zwischen ***Eheleuten*** basiert darauf, inwieweit der Mann sich für einen guten Ehemann hält und die Frau sich für eine gute Ehefrau. Hat er eine relativ gute, wenn auch nicht vollständig geglückte Beziehung zu seiner Mutter, dann wird er versuchen, sich als guter Ehemann zu erweisen – auch in seinen Träumen. Er wird dann den potenziellen Verlust oder Tod seiner Partnerin auf die gleiche Weise empfinden, wie er den emotionalen Verlust seiner Mutter erfahren hat.

Innerhalb der ehelichen Beziehung zeigen sich die entscheidenden Gefühle einer Frau im Hinblick auf die eigene Sexualität und Intimität von Körper, Geist und Seele. Ihre Sicht ihrer selbst wurde durch ihre Verbindung zum eigenen Vater geformt, und jede weitere Beziehung wird von dieser Bindung geprägt. Werden ihre Zweifel am eigenen Wert nicht angemessen ausgedrückt, so treten sie im Traum in Gestalt des Verlustes oder Todes ihres Ehemanns in Erscheinung. Manchmal können sie auch auf die Ehemänner anderer Frauen projiziert werden.

Das Auftauchen der ***Großeltern*** im Traum signalisiert nicht nur unsere Einstellung zu ihnen, sondern auch zu den Traditionen und Überzeugungen, die sie an uns weitergeben. Man kann behaupten, dass Großeltern nicht wissen, ob sie bei der Erziehung ihrer eigenen Kinder gute Arbeit geleistet haben, bis ihre Söhne und Töchter selbst Kinder haben.

Erscheinen Mitglieder des größeren Familienkreises im Traum – ***Kusins***, ***Kusinen***, ***Tanten*** und ***Onkel*** etc. – so verdeutlichen sie die vielen Facetten unserer Persönlichkeit.

Der wichtigste Faktor in der Entwicklung eines Kindes liegt in seiner Beziehung zur ***Mutter***. Sie ist die erste Beziehung, die das Kind heranbildet, und sollte von ihm als eine liebevoll umsorgende empfunden werden. Ist dies nicht der Fall, können Angst und Misstrauen entstehen, die vielleicht dazu führen, dass Männer immer wieder Beziehungen zu älteren Frauen suchen oder aber sich das Recht auf eine Beziehung völlig verweigern. Im Leben einer Frau hängt ihre Fähigkeit, zu anderen Menschen Beziehungen aufzubauen, von ihrem Verhältnis zur eigenen Mutter ab. Vielleicht hat sie das Gefühl, dass sie sich um hilflose Männer kümmern muss, oder sie bildet sowohl mit Männern wie mit Frauen Beziehungen, die sie nicht wirklich erfüllen. Man kann an der Beziehung zur Mutterfigur auf vielerlei Arten mit Hilfe der Traumtherapie arbeiten – wenn man sich traut – und dabei sehr viel gewinnen.

Die ***Schwester*** im Traum symbolisiert die fühlende, sensible Seite unserer Persönlichkeit. Verstehen wir die Persönlichkeit unserer Schwester, dann können wir mit diesem Teil unserer selbst Verbindung aufnehmen. Ist sie im Traum eines Mannes die ältere Schwester, so kann sie Bestrafung, aber auch Fürsorge verkörpern. Ist sie jünger, dann kann sie die verletzlichere Seite seiner Persönlichkeit symbolisieren. Frauen, die von einer jüngeren Schwester träumen, signalisieren geschwisterliche Rivalität. Ist die Schwester dagegen älter, dann verkörpert sie Geschick und Fähigkeit.

Ein ***Sohn***, der im Traum erscheint, signalisiert das Bedürfnis des Träumers, seiner Persönlichkeit Ausdruck zu verleihen. Er kann jedoch ebenfalls elterliche Verantwortung symbolisieren. Im Traum einer Frau kann er ihre Ambitionen verkörpern, im Traum eines Mannes unerfüllte Hoffnungen, Träume und Wünsche, je nachdem, wie sich der Traum entwickelt.

Wird im Traum die Beziehung zu einer ***Tochter*** betont, so verkörpert sie oft das Ergebnis der Beziehung zwischen Ehepartnern. Im Traum einer Frau signalisiert die Beziehung zur Tochter ein Verhältnis der gegenseitigen Unterstützung – obwohl natürlich eine Rivalität oder Eifersucht entstehen kann, die bewältigt werden muss. Im Traum eines Mannes kann eine Tochter seine Ängste im Hinblick auf den Umgang mit seiner eigenen Verletzlichkeit zum Vorschein bringen.

Ist die Beziehung zum ***Vater*** im wirklichen Leben gut, dann wird in der Regel auch das Bild des Vaters im Traum ein positives sein. Der Vater symbolisiert die Autorität und alle herkömmlichen Vorstellungen von Gesetz und Ordnung. Im Leben eines Mannes wird der Vater im Allgemeinen zum Vorbild, obwohl Träume oft den Weg in ein erfüllteres Leben weisen können, wenn das Individuum erkennt, dass es sich selbst auf diese Weise nicht gerecht wird. Im Leben einer Frau verkörpert der Vater die Grundlage, auf der sie all ihre späteren Beziehungen aufbaut. Wenn sie erkennt, dass sie diesen Maßstab nicht mehr zu verwenden braucht, dann kann sie über ihre Träume einen angemesseneren Weg entwickeln eine reife Beziehung einzugehen. War die Beziehung zum Vater mit Problemen beladen, so kann es sein, dass sie sich dagegen wehrt, die verschiedenen Konflikte zu lösen – häufig kann dies jedoch über Träume erreicht werden.

A

Abend Der Abend symbolisiert das Alter und die Weisheit. Er verweist ebenfalls auf das Zwielicht und die Grenzen unseres bewussten Denkens. Häufig signalisiert der Abend oder das Abendlicht, dass wir uns Zeit für uns selbst nehmen sollten, möglicherweise zur Entspannung und zur Ruhe.

Abfall Im Traum bedeutet Abfall eine Sache oder eine Information, die wir nicht länger benötigen und nun „wegwerfen" können.

Abgeschlossenheit – siehe **Umzäunung**

Abgrund Ein Abgrund bedeutet, dass wir in unserem tiefsten Innern etwas Bodenloses oder Leeres erkennen. Wir haben Angst, die Kontrolle oder unsere Identität zu verlieren, oder auch Angst vor irgendeiner Form des Versagens. Wir müssen ein Risiko eingehen, ohne zu wissen, was sich daraus entwickeln wird.

Abreißen Wenn wir selbst den Abriss vornehmen, müssen wir die Dinge unter Kontrolle haben; falls jedoch ein anderer das Kommando führt, fühlen wir uns möglicherweise machtlos, während wir der Veränderung nur zusehen können. Vielleicht spüren wir auch in unserem Innern eine Verdichtung emotionaler Energie, die nur durch den Bruch mit früheren Einstellungen und Ansätzen abgebaut werden kann.

Abstimmung, Wahl Wenn wir etwas oder jemanden bedingungslos angenommen haben, setzen wir unser Vertrauen in diese Sache oder den Menschen. Im Traum einer bestimmten

Sache unsere Stimme zu geben bedeutet entweder, dass wir von ganzem Herzen an sie glauben, oder auch, dass uns unser Bedürfnis, einer Gruppe von Gleichgesinnten anzugehören, bewusst geworden ist.

Abtreibung Ein Traum von einer Abtreibung deutet darauf hin, dass man nur mittels einer großen Anstrengung etwas loswerden kann, was man nicht länger braucht. Dabei kann es sich um eine Überempfindlichkeit, ein Gefühl, eine Überzeugung oder sogar eine Lebensphilosophie handeln, die man nun ablehnt und die auf irgendeine Weise eine Belastung sein könnte. Der Aspekt der Gewalt, der einem Schwangerschaftsabbruch anhaftet, kann auch das jähe Ende eines Projektes bedeuten, das einem sehr am Herzen liegt. Wenn eine Frau von einer Abtreibung träumt, kann sich damit eine gewisse Angst vor dem Geburtsvorgang ausdrücken.

Abzeichen Von einem Abzeichen zu träumen zeigt unser Bedürfnis, nicht nur in eigener Person akzeptiert zu werden, sondern ebenfalls als ein Teil eines größeren Ganzen. Wir möchten einer Gruppe besonderer Menschen angehören, während wir gleichzeitig unsere persönliche Identität wahren. Wir sind uns bewusst, dass bestimmte Eigenschaften, die wir besitzen, anerkannt werden sollten und dass das Tragen eines Abzeichens der Welt diese Eigenschaften vor Augen führt.

Adresse – siehe auch **Brief** und **Paket** – Eine Adresse verweist allgemein auf einen Ort, an dem man sicher ist. Das Erscheinen einer ganz bestimmten Adresse im Traum ist allerdings meist von Bedeutung. Wenn dieser Ort ein sicherer Platz war, dann kommt der Träumer vermutlich auf eine Sache aus jener Zeit zurück, die ihm jetzt fehlt. Wenn es ein unglücklicher Ort war, dann möchte der Träumer der Vergangenheit entfliehen und wird daran erinnert, wie er damals mit der Situation umgegangen ist. Vergleiche werden angestellt, damit entsprechend gehandelt werden kann. Eine neue Adresse kann eine radikale Veränderung signalisieren.

Ägypten Im Traum symbolisieren ferne Länder oder Orte in der Regel etwas Exotisches. Insbesondere Ägypten wird immer als magisch, geheimnisvoll oder reich an altem Wissen angesehen, obwohl dies natürlich davon abhängen mag, was der Träumer selbst über das Land weiß.

Affäre Mit unseren sexuellen Bedürfnissen und dem Wunsch nach Erregung und Stimulation müssen wir uns abfinden, und wenn wir von einer Affäre träumen, können wir diesen Gefühlen freien Lauf lassen. Vielleicht verspüren wir das Bedürfnis, etwas Unanständiges zu tun oder emotionale Risiken einzugehen.

Ein Traum von einer Affäre kann ebenfalls darauf hinweisen, dass wir einen unter Umständen unerkannten Teil unserer Persönlichkeit integrieren möchten oder auch den Wunsch verspüren, den Teil von uns, den der Liebhaber verkörpert, lieben zu lernen.

Ahorn Der Ahornbaum symbolisiert das Leben, die Fruchtbarkeit und die Unsterblichkeit, aber auch das Androgyne, Zweigeschlechtliche. Ein ungeheures Wachstum entwickelt sich hier aus ganz bescheidenen Anfängen. Der Kern einer Idee ist bereits da, doch man braucht Geduld, damit sie sich entfalten kann. Wenn dieses grundlegende Symbol erscheint, kehren wir im wahrsten Sinne des Wortes zu unseren Wurzeln zurück.

Alkohol – siehe auch **Trinken**, **Rausch** und **Wein** – Jeder von uns muss irgendwann Genuss erfahren, und von Alkohol oder Betrunkensein zu träumen zeigt oft ein Bedürfnis nach diesem vergnügungssüchtigen Abenteuer. Wir sind häufig offener und ehrlicher in betrunkenem Zustand – allerdings auf eine unkontrollierbare Art. Daher kann Betrunkenheit im Traum darauf verweisen, dass wir ehrlicher sein möchten, aber auch, dass wir uns der Folgen unserer Handlungen bewusst sein sollten. Als Symbol steht Alkohol für ein Mittel, mit dem man seinen Bewusstseinszustand verändern kann.

Alleinsein Im Traum allein, isoliert oder einsam zu sein deutet auf den Themenbereich der Unabhängigkeit hin. Einsamkeit kann dabei als negativer Zustand erfahren werden, während das Alleinsein durchaus positiv sein mag. Im Traum kann eine dieser beiden Seiten betont werden, damit wir erkennen, ob es sich um ein positives oder ein negatives Gefühl handelt, und ob wir in der Lage sind, mit diesem Gemütszustand ohne die Hilfe anderer zurechtzukommen. Oft bedeutet das Alleinsein in einem Traum, dass wir eine Ganzheit oder Vollständigkeit besitzen, die auf Selbstständigkeit schließen lässt.

Alt, Antik Wenn wir im Traum den Eindruck gewinnen, dass bestimmte Dinge alt sind, so signalisiert dies, dass wir früheres Wissen zum Einsatz bringen müssen, oder vielleicht auch, dass ein früherer Ratschlag oder ein allgemeiner Grundsatz überdacht werden sollte. Wenn das „Alte“ in Form eines Mannes erscheint, so sollten wir unsere Gefühle im Hinblick auf die Zeit, und insbesondere den Tod, näher betrachten.

Altar – siehe auch **Religiöse Bilder** und **Tafel** – Gewöhnlich hat ein Traum von einem Altar eine religiöse Bedeutung. Seit vorchristlicher Zeit verkörpert ein Altar die Oberfläche, auf der ein Opfer dargereicht wird, und daher kann ein Altar auch bedeuten, dass man sich einem Ziel oder einer Sache ganz widmet. Auf diese Weise wird der Altar zum Symbol der öffentlichen Anerkennung der eigenen Anstrengungen oder Vorstellungen. Auf esoterischer Ebene versinnbildlicht ein Altar die Begegnung zwischen dem körperlichen und dem spirituellen Bereich sowie die Gemeinschaft oder die Versammlung von Gleichgesinnten.

Amboss Als Symbol ist der Amboss verwandt mit der Idee des Schlagens von Funken und der damit assoziierten Schaffung neuen Lebens, oder auch der Idee, eine kraftvolle Grundenergie zu mäßigen und zu kontrollieren und auf diese Weise etwas Nützliches und höchst Verfeinertes zu gewinnen.

Amputation Ein Traum von einer Amputation deutet auf einen Verlust an Kraft oder Fähigkeiten oder auch eine Entstellung der Perfektion hin, die jedem Individuum zu Eigen ist. Unsere Kraft oder die Ganzheit unserer Person aufzugeben mag ein zu hoher Einsatz für eine bestimmte Situation in unserem Leben sein. Wenn man träumt, dass man jemand anderen amputiert, zeigt das unsere Neigung, anderen das Recht auf den Ausdruck ihrer Persönlichkeit abzusprechen. Viele Sprichworte spielen auf eine Amputation an, z. B. „ich habe mir dafür ein Bein ausgerissen“.

Anbetung – siehe **Verehrung**

Andenken Jedes Andenken weckt Erinnerungen an das, wozu wir fähig waren – nämlich, etwas Bestimmtes zu tun oder zu sein. Andenken, die traditionell unter Liebenden ausgetauscht wurden, signalisieren die Liebe und den Respekt, den es zwischen zwei Menschen gibt.

Angriff Die Deutung des Traums wird davon abhängen, ob der Träumer das Opfer oder der Aggressor ist. Im Traum angegriffen zu werden zeigt die Angst vor einer Bedrohung durch äußere Ereignisse oder innere Gefühle. Impulse oder Ideen, die der Träumer nicht in allen Einzelheiten begreift, zwingen ihn in eine Verteidigungshaltung. Ist der Träumer seinerseits der Angreifer, muss er eine deutlichere Art finden, auf welche er seiner Persönlichkeit Ausdruck verleihen kann.

Anker Das Erfordernis, in emotionsgeladenen Situationen nicht den Boden unter den Füßen zu verlieren, bedeutet oft, dass wir uns an einem Konzept oder einer Idee festhalten möchten, die uns in einer Krisensituation einen Bezugspunkt bietet. Wir müssen die Verbindung zum Meeresgrund halten, um in der Lage zu sein, dem Sturm zu trotzen. Manchmal kann ein Anker auf ein Konzept hinweisen, das Hoffnung und Zuflucht verkörpert.

Anstacheln, Antreiben Wenn wir jemanden zu etwas antreiben, das er eigentlich nicht tun möchte, so sollten wir auf der Hut sein, nicht Umstände zu schaffen, die sich gegen uns wenden und uns ihrerseits in den Griff bekommen könnten. Wenn wir andere zu Fortschritten anstacheln, müssen wir sicher gehen, dass wir diese Aktion in der Hand behalten. In psychologischer Hinsicht wird jeder von uns von der aggressiven und negativen Seite seiner Persönlichkeit angetrieben. Ein Traum kann uns häufig aufzeigen, auf welche Weise wir uns die Dinge selbst schwer machen, und signalisieren, welcher Teil von uns andere Teile beherrscht und bestimmt.

Ansteckung – siehe **Entzündung**

Anstellung Träume von einer Anstellung sagen oft etwas darüber aus, wie wir unseren Wert im Vergleich mit unseresgleichen selbst einschätzen und auch, was es für uns bedeutet, erwerbstätig zu sein. Dies kann ebenso sehr mit einem gewissen Status wie mit dem Entgelt zusammenhängen. Solche Träume können auch darauf hinweisen, wie wir Arbeiten ausführen, äußerst konzentriert oder eher nicht, und ebenso auf unsere Fähigkeit zur Teamarbeit.

Apfel – siehe auch **Nahrungsmittel** – Die Apfelblüte ist ein chinesisches Symbol des Friedens und der Schönheit. Auf geistiger Ebene signalisiert ein Apfel einen Neuanfang und einen neuen Ansatz. Der Apfel besitzt natürlich ebenfalls Verbindungen zur Versuchung Adam und Evas, obwohl man mittlerweile annimmt, dass die verwendete Frucht tatsächlich eine Feige war.

Arbeitslosigkeit Wenn wir träumen arbeitslos zu sein, so deutet das an, dass wir entweder unsere Talente nicht ausreichend nutzen, oder dass wir den Eindruck haben, dass unsere Vorzüge nicht erkannt werden. Der Traum kann auch signalisieren, dass wir uns den Dingen nicht gewachsen fühlen – eine Angst, die viele von uns teilen.

Arena Eine Arena verweist auf einen ritualisierten Konflikt. In der heutigen Zeit setzen wir Sport als Ventil zur Befreiung von Spannungen und Schwierigkeiten ein. Indem wir für die Austragung von Konflikten eine spezifische Umgebung schaffen, gestehen wir dem persönlichen Ausdruck und der Kreativität mehr Raum zu. Die traditionellen Arenen waren kreisförmig angelegt und in verschiedene Bereiche abgestuft, um ein hierarchisches System zu wahren.

Armut Wenn wir im Traum in die Armut absinken, so signalisiert dies, dass wir uns der Fähigkeit beraubt fühlen unsere Grundbedürfnisse zu befriedigen. Geht es dagegen eher um eine ärmliche Umgebung, in der wir uns wiederfinden, so sollten wir den Blick nicht nach innen richten, sondern unsere wirkliche Umgebung näher betrachten.

Arzt, Doktor Die Deutung eines Doktors im Traum hängt davon ab, um welche Art von Arzt es sich handelt. Ein Chirurg würde darauf hinweisen, dass wir etwas aus unserem Leben entfernen sollten. Ein Hausarzt würde signalisieren, dass unser Allgemeinzustand näher untersucht werden sollte, während ein Psychiater eher auf den Geisteszustand verweist. Falls wir den Arzt wirklich kennen, kann er als Autoritätsperson erschienen sein.

Asche Wenn eine Situation ihren Sinn überlebt hat und aus ihr nichts mehr zu lernen ist, dann träumen wir möglicherweise von Asche. Wenn eine Beziehung oder eine Affäre zu Ende geht, kann sowohl kalte wie auch heiße Asche auf Reue und Trauer verweisen. Diese beiden sind das, was von unserer Erfahrung übrig bleibt, und werden uns befähigen, das Beste aus einer Situation zu machen.

Askese Wenn wir im Traum auf einen Asketen oder Heiligen treffen, begegnen wir unserem Höheren Selbst und erkennen den Teil in uns, der unaufhörlich nach einer Vereinigung mit dem Höchsten strebt, wie auch immer unsere Vorstellung vom Göttlichen aussehen mag. Wir befinden uns vielleicht im Konflikt mit natürlichen Trieben, z. B. auf der Suche nach Enthaltsamkeit. Wir wünschen uns Klarheit und Entschlossenheit.

Atomexplosion – siehe auch **Bombe** – Wenn wir uns Sorgen machen und Angst vor der Zukunft oder vor dem Wandel haben, dann träumen wir oft von einer Explosion. Vielleicht befürchten wir, dass sich die Dinge zu schnell verändern könnten, wenn wir doch eine langsamere Entwicklung vorziehen würden. Dennoch steht der Wandel unmittelbar bevor, und wir müssen bereit sein, mit ihm fertig zu werden, damit nicht ein weiteres Symbol ins Spiel kommt – das der destruktiven Energien.

Aufnahme, Absorption Das Verstehen von Zusammenhängen beruht überwiegend auf der Aufnahme von Informationen. Wenn der Träumer in etwas aufgenommen oder absorbiert wird, deutet das entweder auf ein Bedürfnis hin, zu einem größeren Ganzen zu gehören, oder auch auf Anstrengungen, die er unternehmen muss, um verschiedene Teile seines Lebens unter einen Hut zu bringen. Wir durchleben in Träumen oft Zustände, die im alltäglichen Leben nicht möglich sind, und die Absorption gehört dazu. Wenn wir von dem, was wir tun, absorbiert werden, dann bedeutet das die volle Konzentration der Aufmerksamkeit auf das, was gerade ansteht – ein „Vertieftsein".

Auftauen Wenn wir im Traum bemerken, dass etwas auftaut, so bedeutet dies einen Wandel unserer Gefühle. Spüren wir eine Kälte in uns, so müssen wir auf der emotionalen Ebene nachforschen, um zu sehen, wo das Problem liegt oder lag, und warum wir auf eine bestimmte Weise reagiert haben. Auf einer anderen Ebene kann ein Tauen auf die Fähigkeit verweisen, alte Schranken zu überwinden und warm und liebevoll zu werden.

Aufziehen, Necken Im Traum geneckt oder aufgezogen zu werden signalisiert, dass unser Verhalten im täglichen Leben vielleicht nicht ganz angemessen ist. Falls wir selbst jemanden aufziehen und auf seine Eigenheiten hinweisen, könnten wir damit in der Tat unsere eigenen Unstimmigkeiten betonen. Necken kann auch durch Unsicherheit hervorgerufen werden und durch die Bewusstheit der eigenen Zweifel und Ängste.

Augen verbinden – siehe auch **Blindheit** – Unter spirituellen Gesichtspunkten symbolisiert das Verbinden der Augen einen Initiationsritus und markiert einen Übergang von einem Zustand in einen anderen. Sich im Traum des Tragens einer

Augenbinde bewusst zu sein kann darauf hindeuten, dass wir etwas nicht sehen wollen oder dass uns etwas nicht gezeigt wird.

Aura Die Aura ist ein Energiefeld, das den Körper umgibt. Sie ist ein Abbild der Macht, die in uns steckt, des Kraftfeldes, mit dem wir Menschen abstoßen und anziehen. Sie ist Ausdruck der eigenen Persönlichkeit, insbesondere dann, wenn wir gerade eine Phase der Selbst-Verbesserung durchleben. Nehmen wir im Traum eine Aura wahr, so zeigt das, wie viel Kraft wir uns selbst – oder anderen – zumessen.

Ausbildung Von einer Ausbildung zu träumen erinnert uns häufig an früher und signalisiert, dass wir das Wissen, das wir aus unseren Erfahrungen gewonnen haben, auf eine gegenwärtige Situation anwenden sollten. Wenn wir von einem Ausbildungsort träumen, etwa einer Schule oder Hochschule, so bedeutet dies, das wir auf unser Bedürfnis nach Disziplin oder beherrschter Handlungsweise Rücksicht nehmen sollten. Im Hinblick auf die psychische Entwicklung kann ein Traum von einer Ausbildung darauf verweisen, dass wir bald über neues Wissen verfügen werden.

Auspeitschen Jede gewalttätige Handlung, die sich gegen eine Person richtet, signalisiert in der Regel eine Bestrafung. Wenn wir träumen, ausgepeitscht zu werden, so sind wir uns bewusst, dass jemand uns derart antreibt, dass es unsere Grenzen übersteigt, vermutlich noch dazu auf unpassende Weise. Züchtigen wir uns selbst, so verweist dies auf einen masochistischen Zug unserer Persönlichkeit.

Aussätziger, Leprakranker Auf spiritueller Ebene kann ein Aussätziger im Traum darauf hinweisen, dass wir uns in einem moralischen Dilemma befinden, das uns daran hindert,

Mitleid und Fürsorge zu zeigen. Möglicherweise haben wir das Gefühl, dass unser Leben vergiftet oder verseucht ist, oder dass wir von der Gesellschaft ausgestoßen wurden. Vielleicht fühlen wir auch, dass wir irgendeine Form der Unreinheit bei anderen entweder akzeptieren oder ablehnen müssen. Die Deutung hängt hier vom übrigen Umfeld des Traumes ab.

Außerirdische Wesen Von außerirdischen Wesen zu träumen bedeutet meist, dass wir mit einem Teil unserer Persönlichkeit in Verbindung stehen, der uns unbekannt ist und uns Angst einflößt, aber dennoch müssen wir uns ihm stellen. Es besteht außerdem die Möglichkeit, dass wir uns selbst – oder einen Teil von uns – als „nicht dazugehörig" empfinden.

Immer mehr Menschen träumen, dass sie von Außerirdischen entführt werden. Oft wird dabei der Körper des Träumers erforscht oder in irgendeiner Weise verändert, häufig in sexueller Hinsicht. Viele Frauen glauben, aus diesem Grunde schwanger geworden zu sein, und unterscheiden sich anschließend tatsächlich von anderen. Ob dies irgendeine hysterische Reaktion, ein echter Schritt nach vorn auf dem Weg der Persönlichkeitsentwicklung oder in der Tat wahr ist, lässt sich kaum bewerten. Die meisten außerirdischen Figuren scheinen bestimmte Charakteristika in sich zu vereinen und beziehen sich möglicherweise auf einen archetypischen Eindruck.

Ausziehen Wenn wir uns im Traum entkleiden, so signalisiert dies ein Bedürfnis nach geistiger Offenheit und Ehrlichkeit, kann jedoch ebenfalls bedeuten, dass wir zu unseren sexuellen Empfindungen Verbindung aufnehmen. Vielleicht möchten wir auch unsere wahren Gefühle im Hinblick auf eine bestimmte Situation in unserer Umgebung enthüllen und die Freiheit besitzen, in dieser Beziehung völlig offen zu sein.

Auto Das Auto verkörpert unseren ganz persönlichen Raum. Sich im Traum in einem Auto zu befinden macht uns im Allgemeinen auf die eigene Motivation, etwas zu tun, aufmerksam. Das Auto selbst zu steuern kann daher bedeuten, dass wir ein Ziel erreichen möchten, während unsere Rolle als Beifahrer darauf hinweisen kann, dass wir die Verantwortung für unser Leben jemand anderem übertragen haben. Bei Traumszenarien, die Autos mit einbeziehen, geht es häufig eher darum, was wir uns selbst auf psychologischer oder emotionaler Ebene antun. In einem Fahrzeug allein zu sein signalisiert Unabhängigkeit, während ein Traum von den Bremsen eines Wagens die Fähigkeit betont, eine Situation unter Kontrolle zu behalten. Der Motor des Wagens verweist auf die wesentlichen Triebe, mit denen wir uns auseinander setzen müssen. Ein Autounfall weist auf die Angst hin, im Leben zu versagen, während ein Wagen, der in Flammen steht, körperlichen oder geistigen Stress signalisiert. In einem Wagen zu sitzen, der leichtsinnig gefahren wird – entweder von demjenigen, der träumt, oder von einem anderen – kennzeichnet Verantwortungslosigkeit. Wenn das eigene Auto überholt wird, so hat man das Gefühl, den Anschluss zu verlieren. Wenn man hingegen vom Rückwärtsfahren träumt, so hat man das Gefühl, einen Rückfall zu haben oder eine Entscheidung revidieren zu müssen.

Axt In der Esoterik steht die Axt für Macht, Donner, Sieg über den Irrtum und Opfer. Im Traum werden wir uns daher der zerstörerischen Kraft bewusst, die unter Umständen nötig ist, um uns aus einer bestimmten Situation zu befreien. Die Axt ist auch oft ein Symbol für die Zeit.

B

Backofen Wenn wir von einem Backofen träumen, so signalisiert dies, dass wir einige unserer bisher weniger entwickelten Züge kultivieren und zugänglicher machen können. Der Backofen kann ebenfalls den Mutterleib, die Geburt und die Schwangerschaft symbolisieren.

Bad, Baden Im Traum jemanden zu baden verweist auf ein Bedürfnis, diese Person zu umsorgen oder eine innige Beziehung zu ihr zu haben. Wenn wir träumen, dass wir selbst ein Bad nehmen, so kann dies bedeuten, dass wir uns von alten, überholten Gefühlen reinigen oder einfach nur entspannen und loslassen möchten. Wir haben Gelegenheit, über die Ereignisse der Vergangenheit nachzudenken und neue Einstellungen zu finden.

Interessanterweise sollen rituelle Bäder und Reinigungszeremonien die Traumfähigkeit erhöhen.

Baldachin, Markise Von einem Baldachin oder einer Markise zu träumen signalisiert, dass wir Schutz, Unterkunft oder Liebe brauchen – möglicherweise alle drei. Da ein Baldachin den Kopf schützt – den Sitz des Intellekts – haben wir vielleicht das Bedürfnis, die Aufmerksamkeit auf höhere Ideale oder Ziele zu lenken.

Balkon Psychologisch gesehen suchen wir nach Macht in einer Situation, in der wir uns machtlos fühlen. Im Traum auf einem Balkon zu stehen symbolisiert unsere Suche nach höherem Ansehen als wir es gegenwärtig haben, oder auch das Bewusstsein, dass wir im Rahmen einer bestimmten Situation ein gewisses Maß an Kompetenz und Weisheit besitzen.

Ball Ein Ball verweist auf die verspielte, kindliche Seite unseres Wesens und auf unser Bedürfnis, unsere Persönlichkeit frei auszuleben. Die Form der Kugel symbolisiert im Traum ebenfalls Perfektion und Vollständigkeit, also sowohl Struktur als auch Freiheit. Feierlichkeiten zur Sonnen- und Mondwende werden mit symbolischen Ballspielen begangen. Auch der Ball im Sinne eines formellen Festes kennzeichnet eine besondere Gelegenheit oder einen Initiationsritus.

Ballerina – siehe auch **Tanz** – Wir sind uns unserer kreativen Seite bewusst und verspüren ein Bedürfnis nach Bewegung, die sich von der Musik, der Anmut und dem Gefühl leiten lässt. Wir streben außerdem nach Gleichgewicht und Haltung.

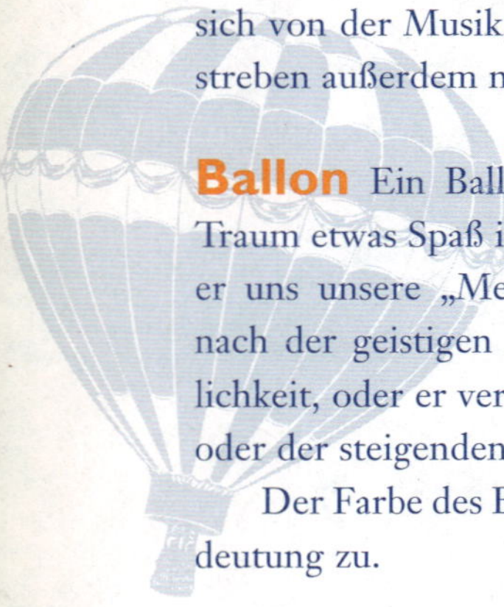

Ballon Ein Ballon ist ein Symbol der Freude und kann im Traum etwas Spaß in eine ernste Angelegenheit bringen. Oft führt er uns unsere „Menschlichkeit“ vor Augen, auch unsere Suche nach der geistigen oder eher freigeistigen Seite unserer Persönlichkeit, oder er verweist auf ein Gefühl der ausgelassenen Freude oder der steigenden Stimmung.

Der Farbe des Ballons kommt im Traum oft entscheidende Bedeutung zu.

Bambus Der Bambus steht als Symbol für den Menschen, vollkommen und doch formbar oder nachgiebig. In chinesischen Überlieferungen symbolisiert der Bambus dauerhafte Stärke und als winterharte Pflanze ebenfalls die Fähigkeit des Überlebens. Die Nachgiebigkeit des Bambus verleiht ihm seine bleibende Stärke.

Band (Musik) Erscheint im Traum eine Musikgruppe oder Band, so symbolisiert sie entweder die grundlegende Harmonie, die in jedem von uns angelegt ist, oder auch etwas, nach dem wir streben – vielleicht die Anerkennung eines Talents oder eine angemessene Entlohnung unserer Bemühungen.

Band (Streifen) Ein Band deutet an, dass der Träumer eine Art von Begrenzung in seinem Leben markiert (oder markieren sollte). Vielleicht handelt es sich dabei um eine Einschränkung oder einen Ausschluss, der vorgenommen wurde und eingestanden werden muss.

Wenn wir von einem Maßband träumen, sollten wir unsere Entwicklung und unsere Fortschritte im Leben „nachmessen". Möglicherweise sollten wir auch überprüfen, inwieweit wir den Erwartungen anderer entsprechen. Messen wir selbst etwas, so versuchen wir vielleicht, Ordnung in unser Leben zu bringen.

Wenn wir von einem Tonband, einem Video oder einer Kassettenaufnahme träumen, so fühlen wir, dass die Art und Weise, auf die wir unserer Persönlichkeit Ausdruck verleihen, es wert ist, dass man sich an sie erinnert.

Bank Eine Bank symbolisiert im Traum einen sicheren geistigen Raum, von dem aus wir die uns zur Verfügung stehenden Mittel verwalten können. Diese Mittel können materieller, emotionaler, mentaler oder spiritueller Art sein und eine sorgfältige Einteilung erfordern. Für viele Menschen verkörpert eine Bank Mittel, die man in Reserve bereithält und einsetzt, wenn man sie braucht.

Banner – siehe auch **Flagge** – Ein Banner im Traum kann für ein Ideal stehen, z. B. für einen gewissen Standard akzeptablen Benehmens. Ein altmodisches Banner, wie es im Mittelalter auf dem Schlachtfeld verwandt wurde, signalisiert die Notwendigkeit, als Gruppe zu denken und zu handeln und sich gegebenenfalls über eine bestimmte Vorgehensweise abzustimmen. Ein solcher Kreuzzug kann auch eine Verpflichtungserklärung erfordern.

Barfuß Nackte Füße waren einst ein Zeichen großer Demut. Als Christus zeigen wollte, dass er sich nicht von anderen Menschen unterschied, wusch er seinen Jüngern die Füße. Je nach den Begleitumständen des Traumes kann das Barfußgehen Armut, Demut oder die Anerkennung lustbetonter Freiheit symbolisieren. Zu träumen, dass man seine Schuhe verloren hat, ist ein sehr verbreitetes Motiv, das sich vor allem auf angemessenes Verhalten bezieht.

Bart Unter spirituellen Gesichtspunkten gibt es zweierlei Deutungen des Bartsymbols, und die jeweilige Bedeutung hängt von der Kultur ab. Der Bart kann entweder Weisheit und Würde symbolisieren oder aber Täuschung und Verschlagenheit. Von einem bärtigen Mann zu träumen bedeutet, dass wir vor einer Vertuschung oder einem Betrug auf der Hut sein müssen. Wir sollten ebenfalls männlichere Merkmale in unserem und im Wesen anderer überdenken.

Baum Der Baum symbolisiert im Traum die Grundstruktur unseres Innenlebens. Unterschiedliche Bäume verweisen dabei auf unterschiedliche Aspekte: Zum Beispiel signalisiert ein Baum mit ausladenden Ästen ein liebevolles Wesen, während ein kleiner, dicht belaubter Baum auf ein verklemmtes Wesen schließen lässt. Die Wurzeln lassen erkennen, welche Verbindung wir zur Erde haben. Der Stamm wiederum zeigt, wie wir die uns zur Verfügung stehenden Energien nutzen. Auf einer anderen Ebene verkörpert der Baum Himmel, Erde und Wasser – den Baum des Lebens.

Beamter, Funktionär Hier sollten wir die Seite unserer Persönlichkeit betrachten, die unser Leben lenkt und es in „Ordnung" hält, und beurteilen, ob in dieser Hinsicht von uns gute Arbeit geleistet wird. Vielleicht möchten wir auch einer Organisation angehören oder in irgendeiner Form angeleitet werden.

Becher Der Becher verweist auf eine ähnliche Symbolik wie der Kelch, der einen Zustand der Aufnahme intuitiver Information andeutet. Oft bietet uns die weibliche Seite unserer Persönlichkeit aus dem Unbewussten heraus eine Gelegenheit; wenn wir uns also dem Weiblichen öffnen, sind wir intuitiv in der Lage, Hilfe und Unterstützung zu geben und zu empfangen.

Becken (Musikinstrument) Das Becken ist mit Rhythmus und Klang verbunden und signalisiert, wenn es im Traum erscheint, ein Bedürfnis nach oder eine Rückkehr zu einer Grundschwingung in unserem Leben. Gemeinsam mit der Trommel und dem Tamburin wird das Becken dazu verwandt, einen Zustand der Ekstase einzuleiten, daher verweist das Becken ebenfalls auf Sex und Sexualität. Wir bringen Leidenschaft und Verlangen in Einklang. Auf einer anderen Ebene symbolisiert das Becken zwei voneinander abhängige Hälften.

Beerdigung, Begräbnis – siehe auch **Tod** – Zu träumen, dass man begraben ist, ob tot oder lebendig, signalisiert eine Angst davor, überwältigt zu werden – möglicherweise von einer Verantwortung – oder auch davor, Teile der eigenen Persönlichkeit auf eine Weise zu unterdrücken, die ihr schadet.

Im Traum an einem Begräbnis teilzunehmen zeigt, dass wir uns mit einem Verlust abfinden müssen. Hier sind die offensichtlichen spirituellen Symbole des Todes, des Verlustes und des Schmerzes wichtig, die nicht unbedingt negativ zu sehen sind: Der Träumer sollte den Blick ebenfalls auf die Auferstehung und die positiven Elemente richten, die hierdurch bedingt werden können. Die Zeit der Trauer ist Dingen gewidmet, die in der Vergangenheit geschehen sind, und durch diese Zeit können wir uns in die Zukunft bewegen. Wenn wir vom Begräbnis der Eltern träumen, so zeigt dies, dass wir uns von ihnen lösen und unabhängig werden.

Befehl, Ermächtigung Der Träumer möchte vielleicht eine Erlaubnis erbitten, die ihm eine solche Ermächtigung durch eine höhere Autorität verschafft. Sie kann sich aber auch auf andere Situationen beziehen. Ein Durchsuchungsbefehl verweist z. B. darauf, dass wir unsere Motive überprüfen sollten, während ein Haftbefehl signalisiert, dass wir eine bestimmte Handlungsweise einstellen müssen.

Benzin Im Traum symbolisiert Benzin die Energie, die wir benötigen, um an unser Ziel zu gelangen.

Berg Das Symbol des Berges ist ein archetypisches Bild, das Schwierigkeiten oder Hindernisse verkörpert, die wir überwinden müssen. Es ermöglicht uns, unsere Unzulänglichkeiten herauszufordern und uns auf diese Weise von Angst zu befreien. Gelangen wir zur Spitze des Berges, so bedeutet das, dass wir das selbst gesetzte Ziel erreichen. Das Bergsymbol ist ein häufiges Bild in der Meditation und der Traumarbeit und bietet oft eine geeignete Möglichkeit, eine Vorgehensweise zu erarbeiten.

Berührung Eine Berührung im Traum signalisiert einen Kontakt oder die Übertragung von Macht in irgendeiner Form. Wir schaffen eine Verbindung zu anderen Menschen, und dies in der Regel zum beiderseitigen Vorteil. Vielleicht wird uns bewusst, dass wir andere Menschen brauchen, und dass sie wiederum uns brauchen.

In einer Beziehung kann eine Berührung ein wichtiges Signal der Wertschätzung sein. Häufig offenbart sich in Träumen unsere Einstellung zu solchen Dingen wie Berühren oder Berührtwerden.

Besessenheit, Manie, Obsession Eine Besessenheit im Traum kann anzeigen, dass wir Sorgen und Ängste haben, die bewältigt werden müssen. Sie kann sich ebenfalls auf die Wiederholung einer Handlung beziehen, und es ist wahrscheinlich, dass das Unbewusste uns im Hinblick auf eine reale Situation einen Fingerzeig geben will.

Besprengen, Bestreuen Im Traum symbolisiert das Bestreuen oder Besprenkeln den Versuch, etwas, von dem wir nur wenig haben, zu strecken, so dass es lange reicht. Vielleicht sollten wir aus den Situationen, die uns umgeben, das Beste machen, indem wir ein wenig Mühe in viele verschiedene Dinge investieren. Das Bild kann ebenfalls eine Schwängerung symbolisieren.

Besuch Unser geistiger Führer stellt sich meist zuerst durch einen Besuch im Traum vor. Wenn uns im Traum jemand besucht, so kann dies bedeuten, dass uns Information, Wärme oder Liebe entgegengebracht wird. Wenn wir selbst jemandem einen Besuch abstatten, so kann dies anzeigen, dass wir unseren Horizont in irgendeiner Hinsicht erweitern sollten.

Betäubung Wenn man versucht, schmerzvollen Gefühlen aus dem Weg zu gehen, oder wenn man sich von äußeren Umständen überwältigt fühlt, so kann dies zu einem Traum von einer Narkose führen. Vielleicht versuchen wir, oder werden gezwungen, etwas zu meiden, dem wir nicht ins Auge sehen können. Wir würden die Situation lieber sofort unter Schmerzen beenden, als uns den Konsequenzen zu stellen. Gelegentlich weist ein solcher Traum auf den Wunsch hin, dass wir uns ruhig verhalten, während die Ereignisse um uns herum ihren Lauf nehmen.

Betrug Wenn im Traum ein Betrug geschieht, insbesondere, wenn der Träumer selbst hintergangen wird, signalisiert dies, dass man anderen Menschen möglicherweise zu sehr vertraut. Ist der

Träumer der Betrüger, so läuft er Gefahr, einen guten Freund zu verlieren.

Bett Ein Bett kann eine Art spirituelle Zuflucht sein oder auch ein Gefühl der Reinheit verkörpern. Im Traum allein zu Bett zu gehen kann auf den Wunsch hindeuten, in die Sicherheit des Mutterleibs zurückzukehren, während ein frisch bezogenes Bett darauf verweist, dass wir für die Gedanken und Ideen, die uns wirklich wichtig sind, einen neuen Ansatz suchen.

Bettdecke, Steppdecke, Federbett Ein Traum von einer Bettdecke bedeutet auf allen Ebenen ein Bedürfnis nach Sicherheit, Wärme, Fürsorge und Liebe. Eine ganz bestimmte Decke kann eine besondere Bedeutung haben. Zum Beispiel signalisiert eine Decke aus der Kindheit im Traum des Erwachsenen ein Bedürfnis nach einem Gefühl der Sicherheit und nach Bestätigung.

Bewegung Die Art, wie wir uns im Traum bewegen, kann viel darüber aussagen, wie wir uns selbst annehmen. Wenn wir uns schnell bewegen, so zeigt dies, dass wir die Notwendigkeit von Veränderungen ohne Umschweife akzeptieren, während ein Bewegtwerden durch andere signalisiert, dass wir äußere Umstände oder die Wünsche anderer Menschen unser Leben bestimmen lassen. Bemerken wir im Traum eine Bewegung, unterstreicht dies bestimmte Handlungsmöglichkeiten, die uns offen stehen. Eine Vorwärtsbewegung symbolisiert, dass man seine Fähigkeiten akzeptiert, während eine Rückwärtsbewegung andeutet, dass man sich aus einer Situation zurückzieht. Eine Bewegung in seitlicher Richtung zeigt, dass man etwas Bestimmtem aus dem Weg gehen will.

Bibliothek Eine Bibliothek im Traum kann oft die Gesamtheit aller Erfahrungen unseres Lebens symbolisieren. Sie signalisiert sowohl die Weisheit und die Fähigkeiten, die wir uns angeeignet haben, als auch die kollektive Weisheit, die der ganzen Menschheit zur Verfügung steht. Die Bibliothek kann ebenfalls unsere intellektuellen Fähigkeiten verkörpern sowie die Art, wie wir mit Wissen umgehen. In Bezug auf seherisch veranlagte Menschen verweist das Symbol der Bibliothek häufig auf die Akasha-Chronik (das Weltgedächtnis).

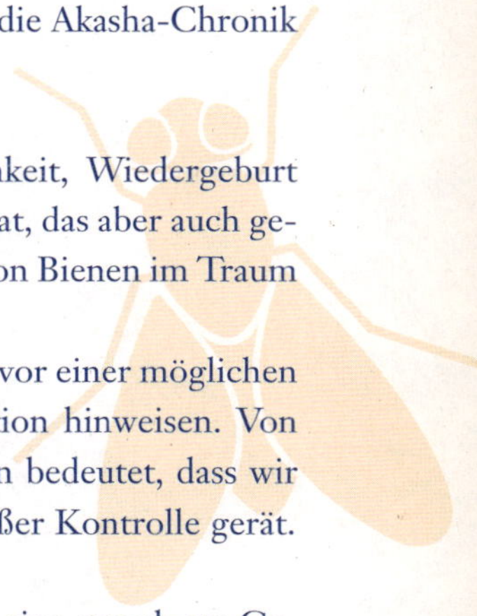

Biene Die Biene symbolisiert Unsterblichkeit, Wiedergeburt und Ordnung. Als etwas, vor dem man Angst hat, das aber auch geschult und genutzt wird, kann die Bedeutung von Bienen im Traum vielschichtig sein.

Der Stich einer Biene kann eine Warnung vor einer möglichen Verletzung sein, kann aber auch auf Penetration hinweisen. Von einem ganzen Schwarm angegriffen zu werden bedeutet, dass wir eine Situation schaffen, die möglicherweise außer Kontrolle gerät.

Bienenstock Der Bienenstock steht für eine geordnete Gemeinschaft und somit für die Fähigkeit, Chaos zu absorbieren. Wenn wir im Traum einen Bienenstock pflegen, so macht uns das darauf aufmerksam, dass wir unsere Mittel sorgfältig verwalten müssen, und ruft uns die Notwendigkeit harter Arbeit ins Bewusstsein. Der Bienenstock symbolisiert einen Arbeitsbereich, in dem allergrößte Aktivität herrscht und in dem alle Mittel voll ausgenutzt werden, um weiterzukommen. Wenn wir davon träumen, in der Nähe eines Bienenstocks zu sein, so kann dies bedeuten, dass wir beginnen eine fruchtbare Umgebung zu schaffen. Der Bienenstock kann ebenfalls beschützende Mutterschaft symbolisieren.

Bilanz Sich im Traum einen Kontostand anzusehen oder Bilanz zu ziehen bedeutet im Allgemeinen, dass wir die Mittel, die uns zur Verfügung stehen, überdenken.

Bild Ein Bild im Traum zeigt meist etwas, das zu unserem Leben gehört. Die Deutung hängt davon ab, ob es sich um ein Gemälde oder einen Druck handelt. Auch der Zustand und die Farben des Bildes sind möglichweise wichtig. Das Dargestellte kann uns vielleicht Hinweise darauf geben, welche Bereiche unseres Lebens wir uns genauer anschauen sollten.

Biss Im Traum gebissen zu werden kann bedeuten, dass jemand sich uns gegenüber aggressiv verhält, oder andersherum, dass wir unsere eigenen aggressiven Instinkte nicht unter Kontrolle haben.

Blatt, Laub – siehe auch **Jahreszeiten** – Ein Blatt bedeutet häufig eine Zeit des Wachstums oder der Fruchtbarkeit und kann ebenfalls die Zeit symbolisieren. Die Deutung von Blättern hängt jedoch von ihrem Aussehen ab. Zum Beispiel können frische, grüne Blätter Hoffnung und neue Chancen bedeuten oder auf den Frühling verweisen. Verwelkte Blätter signalisieren eine Zeit der Traurigkeit, der Unfruchtbarkeit oder auch den Herbst.

Blei Die traditionelle Bedeutung von Blei im Traum besagt, dass wir uns in einer Situation befinden, die eine Belastung für uns darstellt. Vielleicht ist die Zeit reif für eine Umwandlung. In der spirituellen Symbolik steht Blei für das körperliche Bewusstsein und wird mit dem Prozess der Alchemie assoziiert, der ja einen Ausgangsstoff in etwas Reines verwandelt.

Blindheit – siehe auch **Augen verbinden** – In spiritueller Hinsicht ist die Blindheit eine Form der Unwissenheit und kann auf das Irrationale oder Unvernünftige hindeuten. Sie ist ebenfalls eine Art der Initiation, wie im Falle der vorübergehenden Blindheit des heiligen Paulus. Im Traum kann Blindheit signalisieren, dass wir mit Absicht unser Wissen nicht angemessen verwenden.

Blitz Ein Blitz im Traum symbolisiert unerwartete Veränderungen, die sich oft durch die plötzliche Erkenntnis einer persönlichen Wahrheit oder auch durch ein allgemeineres Bewusstsein ergeben. Der Blitz kann eine Enthüllung symbolisieren, die die tragenden Stützen, die wir zum Schutz in unser Leben eingebaut haben, zerschlägt. Zu Anfang scheint die mit dem Blitz einhergehende Entladung von Spannung oder Leidenschaft zerstörerisch zu wirken, doch schließlich beseitigt sie die Überreste veralteter Ideen und Prinzipien. Auf spiritueller Ebene verkörpert der Blitz eine Erscheinung des Heiligen Geistes.

Blumen Blumen im Traum vermitteln uns Gefühle der Freude und der Schönheit. Wir spüren, dass etwas Neues, vielleicht ein Gefühl oder eine Fähigkeit sich gerade entfaltet, und dass das, was wir tun, etwas „Frisches" hat. Schenkt man uns einen Blumenstrauß, so werden wir für etwas belohnt – die Farbe der Blumen kann hier wichtig sein. Früher hatte jede Blume im Traum eine bestimmte Bedeutung:
Anemone Ihr derzeitiger Partner ist nicht vertrauenswürdig. ***Butterblume*** Ihre Geschäfte laufen immer besser. ***Forsythie*** Sie freuen sich des Lebens. ***Geißblatt*** Häuslicher Streit wird Ihnen Kummer bereiten. ***Geranie*** Ein Streit, den Sie kürzlich hatten, ist nicht so ernst, wie Sie dachten. ***Glockenblume*** Ihr Partner sucht Streit. ***Iris*** Sie werden hoffentlich gute Nachrichten erhalten. ***Klee*** Jemand, der finanzielle Unterstützung braucht, wird sich bei Ihnen melden. ***Krokus*** Einem undurchsichtigen Mann in Ihrer Umgebung dürfen Sie nicht vertrauen. ***Lilie*** Eine unglückliche Ehe oder das Ende (der Tod) einer Beziehung. ***Mistel*** Seien Sie Ihrem Geliebten treu. ***Mohn*** Eine Nachricht wird Sie sehr enttäuschen. ***Myrte*** Sie beschert Frieden, Ruhe, Glück und Beständigkeit. ***Narzisse*** Verwechseln Sie nicht den Schatten mit der Wirklichkeit. ***Nelke*** Eine leidenschaftliche Liebesaffäre. ***Osterglocke*** Sie waren

einem Freund gegenüber unfair; suchen Sie eine Aussöhnung. ***Pfingstrose*** Übermäßige Zurückhaltung kann Ihnen Kummer bereiten. ***Ringelblume*** Es gibt möglicherweise Schwierigkeiten im Arbeitsbereich. ***Rose*** Bedeutet Liebe und vielleicht eine Hochzeit innerhalb eines Jahres. ***Schlüsselblume*** Eine neue Freundschaft macht Sie glücklich. ***Schneeglöckchen*** Vertrauen Sie sich jemandem an, und verstecken Sie nicht Ihre Probleme. ***Veilchen*** Sie werden jemanden heiraten, der jünger ist als Sie. ***Vergissmeinnich***t Der von Ihnen gewählte Partner kann Ihnen nicht geben, was Sie brauchen.

Bogen Im Traum einen Bogen (wie in Amors Pfeil und Bogen) zu sehen kann auf das Bedürfnis, geliebt zu werden, verweisen und damit auf die Verbindung des Männlichen mit dem Weiblichen.

Bohne In alten Sagen symbolisiert die Bohne Unsterblichkeit und magische Kräfte. Wenn wir allerdings davon träumen, Bohnen zu lagern, so kann dies bedeuten, dass uns Versagensängste plagen oder dass wir uns nicht zutrauen, einen Auftrag zu Ende zu führen. Es kann auch bedeuten, dass wir in der Zukunft etwas Neues schaffen möchten. Bohnen zu pflanzen beweist Vertrauen in die Zukunft und den Wunsch, etwas Nützliches zu erzeugen. Traditionell versorgte die Bohne den Menschen mit Nahrung, Kleidung und Tauschobjekten.

Bombe Ein Traum von einer Bombe deutet darauf hin, dass unsere Gefühle im Begriff sind, uns zu übermannen. Vielleicht befinden wir uns auch in einer explosiven Situation, mit der wir uns auseinander setzen sollten. Das tatsächliche Explodieren einer Bombe ist normalerweise ein unerwartetes Ereignis. Von einer solchen Explosion zu träumen, symbolisiert die Angst vor einem plötzlichen Tod.

Böse, das Wenn im Traum ein Gefühl des Bösen auftaucht, so bedeutet dies in der Regel, dass etwas Bestimmtes fehl am Platze oder korrupt ist. Das Böse wird normalerweise von einem Gefühl der Angst, der Vorahnung oder des Ekels begleitet, insbesondere dann, wenn unpassende Handlungen anderer Menschen damit einhergehen. Im Traum etwas Böses zu erleben bedeutet meist, dass wir uns unserer Triebe bewusst sind, die wir als falsch abgelehnt und verurteilt haben.

Brennnessel, Nessel Im wirklichen Leben versuchen wir Brennnesseln stets zu vermeiden; wenn sie daher im Traum erscheinen, bedeutet dies eine Warnung vor einer brenzligen Situation, die uns möglicherweise bevorsteht und die wir, so es irgendwie geht, vermeiden sollten. Brennnesseln können auch „Wildheit" symbolisieren. Wir sollten in diesem Zusammenhang überprüfen, was wir als „wildes" Verhalten ansehen, im Hinblick darauf, wann man die Kontrolle verliert. Da Brennnesseln auch ein Symbol der Heilung sind, müssen wir entscheiden, ob ein bestimmtes Maß an Heilung stattfinden kann oder nicht.

Brief – siehe auch **Adresse** – Auf einfachster Ebene symbolisiert der Brief irgendeine Form von Kommunikation. Ein offizieller Brief kann eine wichtige Information verkörpern, die wir benötigen oder bereits besitzen, eine Rechnung kann bedeuten, dass eine Aktion, die wir planen, einen gewissen Preis hat, und ein Liebesbrief kann signalisieren, dass uns bewusst ist, wieviel wir anderen Menschen bedeuten. Wenn wir selbst einen Brief schicken, so wollen wir uns über die Art, in der wir uns verständigen, Klarheit verschaffen.

Brille Eine Brille verweist auf unsere Fähigkeit, etwas zu sehen und zu verstehen. Auf psychologischer Ebene befähigt uns eine

Brille eher dazu, etwas Äußeres zu sehen, als in uns selbst hineinzuschauen. In spiritueller Hinsicht kann ein Traum von einer Brille uns dazu drängen, eine andere Perspektive zu wählen. Wenn jemand plötzlich eine Brille trägt, so zeigt dies entweder, dass wir denjenigen nicht verstehen, oder dass er nicht in der Lage ist zu sehen, wo wir gerade herkommen und was wir erlebt haben.

Brot – siehe auch **Nahrungsmittel** – Von Brot zu träumen signalisiert den Wunsch nach Befriedigung unserer grundlegenden emotionalen und biologischen Bedürfnisse. Es ist ein Symbol für das Leben selbst. Brot bedeutet Nahrung für die Seele und kann ebenfalls auf die Notwendigkeit des Teilens hinweisen.

Brücke Im Traum symbolisiert eine Brücke die gefühlsmäßige Verbindung zwischen dem Träumer und anderen Menschen oder zwischen verschiedenen Bereichen seines Lebens. Sie ist eines der häufigsten Traumbilder und bedeutet fast ausnahmslos den Übergang von einer Lebensphase in die nächste. Da sie eine Art Initiationsritus signalisiert, kann die Brücke mitunter auch auf den Tod verweisen. Sie kann zerbrechlich oder wiederum stark und stabil wirken – dies gibt Aufschluss über die Stärke einer Verbindung und zeigt, wo der Träumer in seinem Leben vielleicht Dinge verändern sollte.

Bruderschaft In der Traumdeutung wird die Priesterschaft häufig von einer Bruderschaft verkörpert und signalisiert meistens das Bedürfnis, einer Gruppe von Gleichgesinnten anzugehören. Dabei kann es sich z. B. um etwas in der Art einer Gewerkschaft oder der Gemeinschaft der Freimaurer handeln – etwas, das es uns ermöglicht, mit unseresgleichen zu arbeiten.

Brunnen, Quelle, Springbrunnen Die Quelle und der Brunnen sind ein wichtiges Symbol. Durch unser intuitives, bewusstes Ich treten wir in Verbindung zum tiefsten Inneren unseres Wesens und eröffnen uns dadurch das Potenzial der Heilung und des Erfolgs. Wenn wir von einer Quelle träumen, sind wir uns im Klaren über den Lauf des Lebens und den „Strom" unseres Bewusstseins. Durch die Verbindung zum Wasser symbolisieren die Quelle oder der Springbrunnen auch das Aufsteigen unserer Gefühle und unsere Fähigkeit, diese auszudrücken. Der Springbrunnen oder Brunnen kann ebenfalls ein spielerisches Element in unserem Leben verkörpern und das Bedürfnis nach ungestörtem, freien „Fluss" signalisieren.

Brutalität Brutalität manifestiert sich in dämonischen Handlungen. Ungezügelte Leidenschaft – ob in sexueller Hinsicht oder nicht – kann in unseren Träumen als Brutalität oder Grausamkeit wiederkehren. Im Traum Brutalität ausgesetzt zu sein kann uns ängstigen, bis wir erkennen, dass wir auf diese Weise möglicherweise Kontakt zur dunkleren, animalischen Seite unseres Ichs aufgenommen haben. Vielleicht sollten wir uns mit den Ängsten auseinander setzen, die diesen Bereich unserer Persönlichkeit betreffen.

Buch – siehe auch **Roman** und **Lesen** – Unser Streben nach Wissen und die Fähigkeit, aus den Erfahrungen und Meinungen anderer Menschen zu lernen, schlägt sich in unseren Träumen in Bildern von Büchern und Bibliotheken nieder. Von alten Büchern zu träumen symbolisiert ererbte Weisheit und spirituelles Bewusstsein – heilige Bücher, wie etwa die Bibel oder der Koran, bedeuten verborgenes oder heiliges Wissen. Wenn wir von Geschäftsbüchern träumen, so zeigt das unser Bedürfnis oder unsere Fähigkeit, die uns zur Verfügung stehenden Mittel zu verwalten.

Bucht Vom Strand zu träumen und dabei eine Bucht oder einen Meeresarm wahrzunehmen soll zeigen, dass wir uns der Sexualität und der Aufnahmefähigkeit der Frau bewusst sind.

Buddha, Buddhist Wenn wir träumen, ein Buddhist zu sein, es aber tatsächlich nicht sind, sollten wir uns die Unterschiede zwischen den westlichen und östlichen Religionen näher betrachten. Oft geht es in diesem Zusammenhang um geistige Klarheit und die Verleugnung oder den Verlust des Ichs.

Bügeleisen – siehe **Eisen**

Bühne „Die ganze Welt ist eine Bühne", wenn wir also von einer Bühne träumen, so signalisiert dies, dass wir uns der Welt zeigen und vorstellen möchten, damit sie uns kennt. Vielleicht sehen Sie hierin Ihr Potenzial zum Erfolg – wenn das so ist, spielen Sie!

Büro Ein Büro oder Arbeitsplatz verkörpert im Traum manchmal einen Ort, an dem wir uns wohl fühlen (auf eine formelle Art). Wir sollten unsere Gefühle in Bezug auf Arbeit und Autorität überprüfen und feststellen, ob dies zutrifft, und wenn nicht, was wir dagegen unternehmen können. Eine Bürosituation kann ebenfalls unsere Gefühle im Hinblick auf Verantwortung zu Tage fördern und das Bedürfnis, diese zu tragen oder lieber abzutreten.

C

Club Wenn wir im Traum einen Nachtclub besuchen, so symbolisiert dies das Recht eines jeden menschlichen Wesens auf Zugehörigkeit zu einer Gruppe. Psychologisch gesehen sind wir nicht in der Lage, Teil einer Gruppe zu sein, bevor wir ein bestimmtes Maß an Reife erlangt haben. Im Traum mit anderen Menschen zusammen zu sein, lässt darum auf das Bewusstsein schließen, das wir von unserer eigenen Persönlichkeit haben.

Computer Computer und andere Hightech-Bilder nehmen inzwischen einen so großen Raum in unserem Leben ein, dass eine Deutung sehr von den im Traum gegebenen Begleitumständen abhängt. Wenn man z. B. regelmäßig mit einem Computer arbeitet, so kann er einfach ein Werkzeug verkörpern, während er in anderen Fällen auf ein persönliches Potenzial oder bestimmte Fähigkeiten verweisen kann. Vielleicht symbolisiert er auch eine Verbindung zu unseren Erinnerungen oder allgemein zu gespeicherter Information.

D

Dach Zu träumen, dass wir uns unter einem Dach befinden, zeigt, dass wir den Schutz anerkennen, den es bietet. Ist das Dach hingegen undicht oder befinden wir uns auf dem Dach, dann setzen wir unsere Gefühle einem Angriff aus. Der schützende Aspekt des Weiblichen als Hüterin des Herdes wird gelegentlich in Form eines Daches dargestellt.

Damm Jedes Symbol, das das Anstauen großer Energien suggeriert, kann als natürlicher Ausdruck von Schwierigkeiten oder Frustration verstanden werden. Die Assoziation von Wasser deutet darauf hin, dass wir vielleicht unsere Gefühle oder unseren Antrieb aufstauen, oder andererseits versuchen, den Gefühlsausbruch einer anderen Person zu verhindern. Wenn wir einen Damm bauen, gehen wir in Verteidigungshaltung; wenn ein Damm jedoch bricht, haben wir möglicherweise das Gefühl, dass wir emotionale Situationen, die uns umgeben, nicht in der Hand haben.

Dämon – siehe auch **Teufel** – Ein Traum von einem Dämon oder Teufel weist in der Regel darauf hin, dass wir uns mit einer Seite unserer Persönlichkeit auseinander setzen müssen, die Furcht erregend und unbekannt ist. Wir müssen uns diesem Aspekt stellen und ihn für uns, und nicht gegen uns, arbeiten lassen. Es heißt, dass manchmal nur ein kleiner Unterschied besteht zwischen Freund und Feind. Vielleicht muss der Träumer gar nicht in die Ferne schweifen, um die Ursache eines Übels zu entdecken.

Dattel Früchte, insbesondere die Dattel, werden häufig mit der Fruchtbarkeit und entsprechenden Riten assoziiert. In der Antike wurden Datteln oft wegen ihres köstlichen Geschmacks und ihrer spirituellen Verbindungen vor der Hochzeit als Aphrodisiakum verwendet. Weil Datteln exotische Früchte sind, können sie uns im Traum bewusst machen, dass wir in unserem Leben etwas Seltenes oder Exotisches brauchen. Vielleicht fehlt uns aber auch Süße und Pflege. Wir wollen auf eine Weise umsorgt und behütet werden, die von der Norm abweicht.

Datum Wird im Traum ein bestimmtes Datum hervorgehoben, so werden wir entweder an etwas Bedeutungsvolles – oder auch Traumatisches – in unserem Leben erinnert, oder wir sollten die Symbolik der betreffenden Zahlen ins Auge fassen.

Denkmal Ein Denkmal ist ein greifbares Bild der Ehrerbietung und Wertschätzung und kann im Traum eine Erinnerung symbolisieren, die mit Respekt behandelt werden sollte. Eine solche Erinnerung verdient ihren angemessenen Platz, bevor wir uns anderen Dingen zuwenden können.

Dicksein Ein Traum vom Dicksein macht den Träumer auf die Abwehrmechanismen aufmerksam, die wir aus Angst vor Unzulänglichkeiten aufbauen. Anders betrachtet kann dieses Symbol uns die Sinnlichkeit und die spaßorientierte Seite unserer Persönlichkeit bewusst machen, die wir vielleicht bisher nicht genutzt haben. Je nachdem, was wir im wachen Zustand über unseren Körper denken, können wir häufig unser Traumbild dazu benutzen, unsere Gefühle in Bezug auf unseren Körper zum Positiven zu ändern.

Dieb Ein Traum von einem Dieb signalisiert unsere Angst davor, dass wir etwas verlieren oder dass jemand uns etwas wegnimmt. Hierbei kann es sich sowohl um Liebe als auch um Eigentum handeln. Erscheint im Traum ein Dieb, so sind wir uns einer

Seite unserer Persönlichkeit bewusst, die unsere Zeit und Energie auf sinnlose Aktivitäten verschwendet. Ein geistiger Dieb ist jener Teil von uns, der unsere eigenen Überzeugungen nicht respektiert.

Diebstahl Ein Traum von einem Diebstahl signalisiert, dass wir uns ohne Erlaubnis etwas nehmen. Dabei kann es sich auch um Zuneigung handeln. Wenn ein Unbekannter uns bestiehlt, ist es wahrscheinlich, dass er einen Teil unserer Persönlichkeit verkörpert, dem wir nicht trauen.

Dinosaurier Wenn wir von Monstern oder prähistorischen Tieren träumen, so stoßen wir auf Urbilder, die uns ängstigen und gleichzeitig faszinieren. Weil diese Tiere so groß sind, sollten wir herausfinden, ob es ihre Körpergröße oder ihre Macht ist, vor der wir uns fürchten. Ein Verlangen, das diese Urform annimmt, kann unsere Existenz gefährden, sowohl durch seine Größe als auch durch seine Macht.

Diskette, Scheibe Ein Traum von einer Computerdiskette kann bedeuten, dass uns eine große Menge an Information oder Wissen zur Verfügung steht. Eine CD kann eine ähnliche Bedeutung haben, wenn man davon absieht, dass ihr Inhalt, nämlich Musik, sich eher auf die Erholung als auf die Arbeit bezieht. Das könnte darauf hinweisen, dass wir unserem wachen Leben unser Bedürfnis nach Entspannung stärker beachten sollten. Spirituell gesehen symbolisiert die Scheibe Göttlichkeit und Macht.

Dolch – siehe auch **Messer** – Der Dolch wird allgemein als Symbol der Aggression oder der männlichen Macht verstanden. Da seine Bedeutung der des Messers ähnelt, hängt die Interpretation davon ab, wie er eingesetzt wird. Wird damit angegriffen, so weist dies den Träumer darauf hin, dass es in seinem Leben etwas auszumerzen gibt. Verteidigt man sich damit, signalisiert dies, dass man in irgendeiner Weise bedroht wird, darauf jedoch eine Antwort bereithält. Jeder Angriff betont allerdings die Verletzlichkeit des Träumers.

Donner – siehe auch **Sturm** – Vernehmen wir Donner im Traum, so ist das ein Zeichen dafür, dass uns ein emotionaler Sturm bevorsteht. Donnert es in der Ferne, dann haben wir noch Zeit, uns zu fangen und angestaute Wut rechtzeitig abzulassen. Donner besitzt ebenfalls das Potenzial, die Atmosphäre zu reinigen.

Dorn Werden wir im Traum von einem Dorn gestochen, so signalisiert dies, dass schon ein kleineres Problem bereits unsere Verteidigung durchbrochen hat. Blutet die Wunde, so sollten wir nachforschen, was es in unserem Leben gibt, das uns verwundbar macht. Im Traum einer Frau kann dies der Geschlechtsakt sein, oder vielmehr die Angst vor der Penetration. Ein Dorn symbolisiert ebenfalls Leiden, insbesondere körperliche Leiden.

Drache (Fabelwesen) In jedem von uns steckt ein heldenhaftes Element, das sich mit Gefahr und Konflikten auseinander setzen muss, um die niedere Seite unserer Natur im Griff zu behalten und unsere inneren Kräfte zu mobilisieren. Furcht erregend und doch besiegbar symbolisiert der Drache unter bestimmten Umständen die „ungezähmte“ Seite unserer Persönlichkeit. Wir müssen unsere Leidenschaften und chaotischen Denkweisen akzeptieren und bewältigen, um die Verantwortung für unsere Zukunft übernehmen zu können.

Drachen (Flugobjekt) Ein Drachen symbolisiert die Freiheit, insbesondere das Freisein von Verantwortung, signalisiert jedoch gleichzeitig, dass unsere Aktivitäten einer gewissen Kontrolle unterliegen müssen. Das Können, das erforderlich ist, um einen Drachen steigen zu lassen, kann nur durch Erfahrung gewonnen werden.

Drängen, Stoßen Wenn wir im wachen Leben Druck ausgesetzt sind, so kann dieser sich im Traum als ein Stoßen oder Drängen manifestieren. Möglicherweise haben wir auch Angst vor Krankheit. Bei bestimmten Formen der Geisteskrankheit fühlt der Patient sich herumgestoßen und gezwungen, Dinge zu tun, die er nicht tun will. Gelegentlich kann ein Traum dieser Art tatsächlich eine Heilung einleiten.

Drogen Wenn wir von Haschisch träumen, so signalisiert dies den Einsatz bestimmter Substanzen, um unser Bewusstsein zu erhöhen. Vermutlich sollten wir erkennen, dass es höchste Zeit ist, die Dinge aus einer anderen Perspektive zu betrachten.

Dschungel Ein Dschungel symbolisiert häufig das Chaos. Dieses Chaos kann etwas Positives oder etwas Negatives sein, je nach den Begleitumständen des Traums, und kann irgendeine Art von Hindernis oder eine Barriere darstellen, die man passieren muss, um eine neue Einsicht zu gewinnen. Im Dschungel gefangen zu sein verweist möglicherweise auf negative Gefühle aus dem Unbewussten, die uns Angst machen und uns gefangen halten – obwohl die Tatsache, dass wir einen Dschungel durchdrungen haben, signalisiert, dass wir Aspekte unseres Lebens, die früher ein Problem für uns waren, hinter uns gelassen und überwunden haben. In der Mythologie wie im Märchen symbolisiert das Freischlagen eines Wegs durch undurchdringliches Dickicht ein Überwinden der Verteidigungsanlagen, die das weibliche Bewusstsein geschaffen hat.

Dunkelheit Wenn ein Traum im Dunkeln stattfindet, so bedeutet dies in der Regel eine negative Einstellung, einen Zustand der Verwirrung oder die niedergeschlagene, verborgene Seite der Persönlichkeit. Die Dunkelheit kann ebenfalls den Schatten symbolisieren oder einen Teil unseres Ichs, den wir noch nicht bewältigt haben.

Dunst – siehe auch **Nebel** – Dunst symbolisiert Verlust und Verwirrung – insbesondere auf emotionaler Ebene – oder auch ein Übergangsstadium oder eine Initiation auf dem Weg von einer Bewusstseinsart in eine andere. Dunst kann ebenfalls den Strom der Zeit symbolisieren.

Durchbrennen Im Traum durchzubrennen signalisiert ein Bündnis, das von unserer Umgebung nicht als gültig akzeptiert wird. Hierbei kann es sich entweder um eine Liebesbeziehung handeln oder auch eine andere Art von Partnerschaft, die von der Sache her geheim gehalten werden muss. Wenn wir vom Durchbrennen träumen, insbesondere mit jemandem, den wir kennen, möchten wir einer Situation entfliehen, in der unsere Handlungen auf Unverständnis stoßen, und gleichzeitig in unserem Inneren eine Integration erreichen.

Durst Wir müssen ein inneres Bedürfnis befriedigen – vielleicht waren wir traurig und brauchen eine Aufmunterung. Ein Durstgefühl zu befriedigen bedeutet auch allgemein eine Sehnsucht zu stillen. Wenn wir im Traum Durst verspüren, sollten wir uns genau betrachten, was uns im wachen Leben versagt bleibt oder was wir uns möglicherweise selbst verweigern.

E

Ecke Im Traum um eine Ecke zu biegen bedeutet, dass wir uns in eine neue Erfahrung oder eine neue Lebensphase hineinbegeben haben. Ein Abbiegen nach rechts verweist dabei auf eine logische, ein Abbiegen nach links auf eine eher intuitive Vorgehensweise.

Efeu Einerseits signalisiert ein Traum von Efeu Spaß und etwas, das gefeiert werden muss. Andererseits kann er aber auch die umklammernde Abhängigkeit symbolisieren, die sich in Zweierbeziehungen entwickeln kann. Weil man dem Efeu die Symbolik unvergänglicher Zuneigung zuschreibt, können wir vielleicht durch diesen Traum erkennen, dass wir Liebe und Zuneigung suchen. Auf einer anderen Ebene verkörpert der Efeu Unsterblichkeit und ewiges Leben.

Ehe – siehe **Hochzeit**

Ehering – siehe auch **Ring** – Traditionell war der Ehering ein Symbol allumfassender Liebe. Wenn wir von diesem Symbol träumen, so verweist dies auf die Grundvorstellung von der Ewigkeit. Der Mensch hat das tiefe Bedürfnis, Dinge zu schwören und zu versprechen und diesen Akt auch symbolisch zu würdigen. Den Ring zu verlieren oder an einem anderen als dem Ringfinger der rechten Hand zu tragen signalisiert, dass es in der Beziehung Probleme gibt.

Ei Das Ei ist ein Symbol des Potenzials, der Gelegenheiten, die noch vor uns liegen; wir sind uns unserer natürlichen Fähigkeiten noch nicht voll bewusst und sind darum noch nicht vollkommen.

Im Traum ein Ei mit der Gabel zu schlagen verweist auf das Bedürfnis, erst bestimmte Aspekte des Neuen aufzunehmen, bevor wir eine andere Lebensweise erkunden und voll ausschöpfen können. Vielleicht müssen wir zuerst auf Abstand gehen und beobachten, bevor wir uns auf neue Lernerfahrungen einlassen können.

Eibe – siehe auch **Baum** – Früher symbolisierte die Eibe Trauer und Traurigkeit, doch ebenso das Prinzip des ewigen Lebens. Ein solches Symbol kann im Traum als instinktives Bewusstsein an die Oberfläche treten.

Eiche – siehe **Baum**

Eile Wir müssen lernen, wie wir die Zeit erfolgreich in den Griff bekommen und zwar idealerweise mit einem Minimum an Aufregung. Wenn wir in Eile geraten und uns abhetzen müssen, so zeigt dies, dass es uns nicht gelingt. Vielleicht müssen wir mit Druck, der von außen an uns herangetragen wird, fertig werden – doch auch das ist nur eine Frage der Kontrolle und der Organisation.

Eingang – siehe **Tor**

Eingeborene Wenn wir uns gestatten, mit natürlichen Kräften in Verbindung zu stehen, können wir diese nutzen, anstatt sie zu bekämpfen. In den Träumen eines Menschen der westlichen Zivilisation symbolisiert die Welt der Eingeborenen das Natürliche und Einfache. Durch diese ursprüngliche, reine Energie können wir wieder mit dem wahren Sinn des Lebens Verbindung aufnehmen, ungeachtet all seiner materiellen Aspekte.

Einhorn Erscheint uns ein Einhorn im Traum, dann nehmen wir zu dem unschuldigen, reinen Teil unseres Ichs Verbindung auf.

Es symbolisiert das instinktive, aufnahmefähige Prinzip des Weiblichen. Man sagt, dass die Einhörner das Einschiffen in die Arche Noah verpasst haben, weil sie zu sehr mit Spielen beschäftigt waren. Wir müssen stets ein Auge darauf haben, was in der wirklichen Welt geschieht, wenn wir überleben wollen.

Das Einhorn kann ebenfalls die seltenste aller Eigenschaften symbolisieren – die bedingungslose Liebe.

Einkommen Unser Einkommen ist ein wichtiger Teil unserer Lebensbasis, und ein Traum darüber signalisiert in der Regel unsere Haltung in Bezug auf unsere eigenen Wünsche und Bedürfnisse. Wenn wir von einer Lohnerhöhung träumen, so zeigt das, dass wir eine innere Hürde überwunden haben und nun akzeptieren können, dass wir von Bedeutung sind. Ein geringeres Einkommen verweist auf unsere Bedürftigkeit und vielleicht auch auf unsere Einstellung zur Armut. Von einem privaten Einkommen zu träumen signalisiert, dass wir unsere zwischenmenschlichen Beziehungen unter die Lupe nehmen sollten.

Eintauchen, Versinken Wenn wir in Wasser eintauchen, so zeigt dies unsere Art, mit unseren Gefühlen umzugehen. Wir versuchen vielleicht, Situationen, Gedanken und Einstellungen zu klären, die von anderen an uns herangetragen worden sind.

Versunken oder vertieft zu sein signalisiert, dass wir uns auf eine einzige Sache konzentrieren müssen, um uns selbst zu verstehen.

Eintreten, Eingang Im Traum ist ein Eingang ebenso wichtig wie eine Tür und signalisiert neue Erfahrungbereiche oder die Notwendigkeit, Veränderungen in Angriff zu nehmen oder neue Gelegenheiten zu schaffen. Oft ist es hilfreich zu notieren, ob der Eingang sich nach innen oder nach außen öffnet, weil dies

Aufschluss darüber gibt, wie wir mit uns selbst in Übergangssituationen zurechtkommen. Ein Eingang, der aus zwei Teilen besteht, wie etwa eine Vorhalle oder eine Luftschleuse, kann darauf verweisen, dass wir erst zwei Aspekte unserer Persönlichkeit in Einklang bringen müssen, bevor wir unseren Weg fortsetzen.

Eisen, Bügeleisen Wenn im Traum Eisen auftaucht, so symbolisiert es in der Regel unsere Stärken und unsere Entschlossenheit. Eisen kann allerdings auch auf die Starrheit unserer Gefühle oder Meinungen verweisen oder eine Seite unserer Persönlichkeit verkörpern, die Selbstdisziplin erfordert.

Im Traum ein Bügeleisen zu verwenden signalisiert oft den Versuch, vorzeigbarer zu erscheinen. Vielleicht versuchen wir auch, eine bestimmte Sache wieder „auszubügeln".

Eisenbahn – siehe **Wagen** – Wenn wir von einer Eisenbahn träumen, sind wir möglicherweise unentschlossen. Wir fragen uns, ob wir uns im Leben auf der richtigen Schiene befinden, und falls nicht, wohin wir uns wenden sollen. Sehen wir im Traum nur ein einziges Gleis, dann gibt es vielleicht nur einen Weg, den wir nehmen können. Sehen wir mehrere Gleise, dann haben wir auch mehr Möglichkeiten und müssen gründlich überlegen, welchen Weg wir einschlagen wollen.

Eiskrem Ein Traum von Eiskrem beschäftigt sich mit unseren sinnlichen Vorlieben. Normalerweise ist Eiskrem zu essen eine äußerst angenehme Erfahrung, die uns an unsere Kindheit erinnert. Es signalisiert, dass wir Vergnügen in unserem Leben auf eine Weise akzeptiert haben, die uns zuvor nicht möglich war. Wenn wir anderen Eiskrem reichen, so bedeutet das, dass wir ihnen Freude bereiten. Wir dürfen jedoch nicht vergessen, dass das Vergnügen, genau wie die Eiskrem, dahinschmelzen kann.

Ejakulation – siehe auch **Samen** unter **Sex** – Die Einstellung des Träumers zum Sex und der Sexualität zeigt sich im Traum häufig im Geschlechtsakt, und im Traum zu ejakulieren kann ein Versuch sein negative Gefühle, wie z. B. Angst und Zweifel, in den Griff zu bekommen. Andererseits kann der Erguss auch darauf verweisen, dass man etwas loslassen möchte, oder auf die Notwendigkeit der Befriedigung sexueller Bedürfnisse.

Elektrizität Strom symbolisiert Kraft, doch es hängt von den Begleitumständen des Traumes ab, welcher Aspekt unserer Energie hierbei betont wird. Von elektrischen Drähten zu träumen bedeutet, dass der Träumer sich seiner Fähigkeiten bewusst ist, die möglicherweise eine Zeit lang im Verborgenen lagen. Wenn wir von Schaltern träumen, sind wir uns unserer Fähigkeit, Dinge zu kontrollieren, bewusst. Einen elektrischen Schlag zu erhalten bedeutet, dass wir uns nicht vor Gefahren schützen und umsichtiger sein sollten.

Embryo Der Kern des Seins und der Mittelpunkt der Schöpfung ist der Embryo, ein extrem verletzlicher Teil unseres Ichs. Vielleicht haben wir eine Idee für ein neues Projekt oder entwickeln eine neue Situation, die viel Aufmerksamkeit erfordert und „gehegt" werden will. Wir arbeiten auf bewusstes Wissen hin.

Ende Wenn wir im Leben auf ein Ende stoßen, gibt es in der Regel auch einen neuen Anfang. Träumen wir also, am Ende einer Situation angelangt zu sein, so ist es Zeit, zu etwas anderem überzugehen. Ein solcher Traum kann sich auf das Erreichen eines Ziels oder eines Punktes beziehen, an dem eine Veränderung unvermeidbar ist. Wir müssen entscheiden, was wir zurücklassen können und was wir mitnehmen müssen. Ein Ende kann gleichzeitig etwas Positives und etwas Negatives sein.

Enge Wenn wir uns im Traum beengt fühlen, so kann es sein, dass uns eine Beschränkung auferlegt worden ist. Wir sollten jedoch negative Beschränkungen von positiven unterscheiden; es kann sein, dass wir nur so auf unserem gegenwärtigen Weg gehalten werden können, der uns ans Ziel bringt.

Entführung Unsere Ängste und Zweifel bewirken, dass wir zu bestimmten Zeiten in unserem Leben Opfer einer Situation werden. Werden wir im Traum entführt, so betont dies unsere Fähigkeit, von anderen überwältigt zu werden, die uns gegen unseren Willen zwingen, etwas Bestimmtes zu tun oder zu sein. Sind wir selbst der Entführer, so zeigt dies, dass wir versuchen, einen anderen zu beeinflussen, und dass wir unsere Vorgehensweise in dieser Hinsicht mäßigen sollten.

Entzündung, Ansteckung Wenn wir träumen, eine Infektion zu haben, so kann dies andeuten, dass wir uns von der negativen Haltung anderer Menschen anstecken ließen. Es kommt jedoch sehr darauf an, welchen Körperteil wir als betroffen ansehen: Wenn z. B. das Bein entzündet ist, so signalisiert dies, dass wir auf irgendeine Weise aufgehalten werden. Auf einer anderen Ebene kann eine Infektion bedeuten, dass jemand einen schlechten Einfluss auf uns ausübt.

Erbrechen Ein Erbrechen symbolisiert den Auswurf des Bösen. Wenn wir träumen, dass wir uns übergeben, so entledigen wir uns auf diese Weise unangenehmer Gefühle und reinigen unser Inneres von etwas, das uns starkes Unwohlsein verursacht hat. Wenn wir mit negativen Emotionen überladen sind, müssen wir den Schmerz „auswerfen“ und beseitigen.

Erdbeben Möglicherweise brechen alte Meinungen, Haltungen und Beziehungen auf und bieten Grund zur Sorge. Es herrscht massiver Aufruhr in unserem Leben, der auch auf der Ebene der Gefühle stattfinden kann. Ein solcher Traum muss geradezu Unsicherheiten enthüllen. Wenn wir allerdings bereit sind, die Trümmer wegzuräumen, kann neues Wachstum entstehen.

Erde Die Erde symbolisiert im Traum oft die natürliche Unterstützung und Pflege, die wir alle brauchen. Sie kann außerdem auf die Mechanismen und Netzwerke verweisen, die wir geschaffen haben und daher als selbstverständlich ansehen. Wenn wir in Erde festsitzen oder in irgendeiner Weise begraben sind, so kann dies bedeuten, dass die unbewussten Triebe und Bedürfnisse, die uns bisher nützlich waren, nun drohen, uns zu überwältigen.

Eremit Viele Menschen tragen in ihrem Innern eine Art von Einsamkeit, die sie daran hindert, Freundschafts- oder Liebesbeziehungen einzugehen. Im Traum kann sie sich in der Figur eines Eremiten manifestieren. Falls wir im Traum einem Eremiten begegnen, so bedeutet dies, dass wir in uns die innere Dimension entdecken, die das spirituelle Bewusstsein steuert.

Erkrankung – siehe auch **Krankheit** – Wenn wir krank werden, vielleicht Fieber haben und uns übergeben müssen, so signalisiert dies, dass es etwas gibt, das wir loswerden müssen; vielleicht macht uns etwas oder jemand regelrecht krank. Ist etwas in unserer Welt nicht in Ordnung – egal auf welcher Ebene – dann müssen wir es abschaffen. Eine Erkrankung ist ein Weg, dies zu tun und den Zustand zu „heilen“.

Ernte Wir werden die Früchte all unserer harten Arbeit ernten – wenn das Symbol der Ernte Recht behält. Von der Ernte zu träumen kann in der Tat zwei verschiedene Bedeutungen haben: Entweder schauen wir zurück, um die „Früchte“ zu ernten, oder wir blicken in die Zukunft und nutzen dabei die in der Vergangenheit gesammelte Erfahrung.

Eine Ernte signalisiert jedenfalls, dass es einen Weg gibt, auf dem wir aus der Arbeit, die wir geleistet haben, Gewinn schlagen können. Wenn wir vom „Lohn unserer Arbeit“ träumen, bedeutet dies auch, dass wir unsere eigenen Aktivitäten gutheißen. In negativer Hinsicht kann die „Ernte“ einer schlechten Tat sein, dass sie uns möglicherweise auf ewig verfolgt. Man sagt, dass der Sensenmann oder Schnitter erscheint, um die Menschen zu „ernten“.

Ersparnisse Unsere Ersparnisse im Traum können Mittel – materieller oder emotionaler Art – symbolisieren, die wir verstecken, bis wir sie einmal brauchen. Sie signalisieren im Allgemeinen, dass wir vorausplanen müssen, damit wir zur passenden Zeit auf eine andere Art der Energie zurückgreifen können.

Auf einer anderen Ebene symbolisieren die Ersparnisse eine Fähigkeit, die wir besitzen oder entwickelt haben, die aber noch nicht zum Einsatz gekommen ist.

Ersticken Wenn wir im Traum das Gefühl haben zu ersticken, so stoßen wir damit auf unsere Unfähigkeit, uns angemessen auszudrücken. Es besteht irgendein Konflikt zwischen unserem inneren und unserem äußeren Ich; vielleicht können wir uns nicht entscheiden, ob wir unsere Meinung sagen oder besser schweigen sollen. Möglicherweise werden wir auch von anderen Menschen oder Umständen erstickt und haben diese Situation nicht in der Hand.

Es kann auch der Fall sein, dass unsere Ängste – möglicherweise im Hinblick auf persönliche und sexuelle Beziehungen – drohen, uns zu überwältigen. Ersticken wir eine andere Person, so kann dies bedeuten, dass wir ihr auch im wirklichen Leben die Luft nehmen und sie erdrücken.

Ertrinken – siehe auch **Schwimmen** – Wir haben es uns gestattet, in eine Situation gebracht zu werden, über die wir keine Kontrolle haben und in der wir von Gefühlen überwältigt werden können, mit denen wir nicht fertig werden. Wir sind im Traum unfähig, eine emotionale Stresssituation zu bewältigen. Auf esoterischer Ebene symbolisiert das Ertrinken ein Versinken im Meer des Lebens und damit einen Ichverlust.

Erwürgen, Strangulieren Wenn wir träumen, dass wir jemanden erwürgen oder strangulieren, so ist dies ein Versuch, unsere Gefühle zu ersticken. Werden wir selbst gewürgt, signalisiert dies, dass wir wissen, dass wir uns in den Griff bekommen müssen. Eine Strangulation ist ein gewaltsamer Akt der Unterdrückung. Vielleicht erlaubt uns unsere aggressivere Seite nicht, in bestimmten Situationen angemessen zu handeln.

Essen Im Traum gegessen oder gefressen zu werden bedeutet, dass wir entweder von unseren eigenen Gefühlen und Ängsten angegriffen werden, oder vielleicht auch von denen anderer Personen. Werden wir von einem wilden Tier gefressen, so zeigt das, dass uns wahrscheinlich unsere grundlegende fleischliche Natur oder unsere inneren Triebe noch verschlingen werden. Hunger ist ein existenzieller Trieb und nur wenn dieser befriedigt ist, können wir uns weiterbewegen, um auch unsere ästhetischen Bedürfnisse zu befriedigen. Im Traum zu essen signalisiert, dass wir versuchen, unsere Bedürfnisse oder unseren Hunger selbst zu stillen. Nahrung abzuweisen bedeutet, dass man das Wachstum und die Gelegenheit des Wandels ablehnt.

Etikett Ein Etikett ist ein Mittel zur Identifikation mit dessen Hilfe man seine Besitzansprüche geltend machen oder zwischen verschiedenen Kategorien unterscheiden kann. Träume können oft auf grundlegende menschliche Instinkte verweisen, und unser persönliches Identitätsgefühl ist einer der wichtigsten Instinkte, die wir besitzen. Dass wir in der Lage sind, unseren Besitz in irgendeiner Weise als solchen zu kennzeichnen, verschafft uns einen Platz auf dieser Welt und das Recht, irgendwohin zu gehören und unsere Erfolge und Fehlschläge zu vermerken. Wenn wir etwas umetikettieren, signalisiert dies, dass wir ein Missverständnis richtig gestellt haben.

Examen – siehe **Prüfung**

Exkrement – siehe auch **Körper** – Es heißt, dass die Kraft einer Person in ihren Exkrementen liegt, weil wir oft Dinge und Erfahrungen loslassen müssen, um für Neues Platz zu schaffen. Wenn wir träumen, dass unsere Exkremente uns Vergnügen bereiten, so führt uns dies zu einer grundlegenden, unschuldigen Art des persönlichen Ausdrucks zurück.

Explosion – siehe auch **Bombe** – Die Freisetzung von Wut und Angst bewirkt eine Reinigung und kann im Traum durch eine Explosion symbolisiert werden. Der Traum ist ein sicherer Ort für diesen Prozess, der uns neuen Raum für einen positiveren Ausdruck unserer Gefühle und Gedanken verschafft.

F

Fächer Ein Fächer symbolisiert oft Sinnlichkeit und Sexualität. Früher gab es sogar eine Zeichensprache, die mit dem Fächer assoziiert wurde, darum verkörpert dieser Gegenstand die launenhafte weibliche Persönlichkeit. Insbesondere im Traum einer Frau kann der Fächer als Symbol der Offenheit für neue Erfahrungen und Kreativität stehen. Mit einem Fächer zu wedeln soll böse Mächte vertreiben.

Fackel Im Traum kann eine Fackel Selbstvertrauen symbolisieren. Sie kann ebenfalls auf das Bedürfnis verweisen, sich nach vorn zu richten und weiterzubewegen. Eine Fackel kann nicht nur für uns selbst, sondern auch für andere verwendet werden. Von einer Fackel zu träumen zeigt, dass wir darauf vertrauen können, dass unser Wissen uns die Fähigkeit verleiht, den vor uns liegenden Weg zu erkennen. Auf einer anderen Ebene fühlen wir vielleicht, dass wir geistige Führung brauchen.

Faden Ein Faden symbolisiert einen Gedankengang oder vielleicht eine Erkundigung in irgendeiner Form, möglicherweise über die Richtung, in die unser Leben führt. Fädeln wir einen Faden in eine Nadel ein, so kann dies – abgesehen von der offensichtlichen sexuellen Symbolik – sich auf eine Inkompetenz beziehen; viele von uns wissen, wie schwierig es ist, einen Faden durch ein Nadelöhr zu bekommen.

Fähre Wenn wir uns im Traum auf einer Fähre befinden, dann bewegen wir uns auf eine Veränderung zu. Da die Fähre eine große Menge von Menschen befördert, kann sie ebenfalls eine Gruppe verkörpern, die Dinge verändern muss und der wir angehören. Die

Fähre wird mit dem Tod assoziiert; eine Fähre über den Styx brachte die Menschen ins Reich des Todes. Dies deutet an, dass uns eine wichtige Veränderung bevorsteht.

Fahrgeld Ein Traum, in dem wir Fahrgeld bezahlen müssen, erscheint, wenn wir das Gefühl haben, dass wir für etwas, das wir getan haben, nicht bezahlt worden sind, und dass es erforderlich ist, dass wir mit den Ansprüchen, die vielleicht an uns gestellt werden, zurechtkommen. Im Traum Fahrgeld zu bezahlen heißt anerkennen, welcher Preis gezahlt werden muss, wenn man Erfolg haben will. Fahrgeld für ein Taxi bedeutet eine persönlichere Angelegenheit als Fahrgeld für einen Bus.

Falle, Gefangensein Im Traum in einer Falle zu sitzen bedeutet, dass wir uns durch äußere Umstände gefangen fühlen. Halten dagegen wir jemanden oder etwas gefangen, so zeigt dies, dass wir versuchen, das Gefangene nicht zu verlieren. Wenn wir uns im Traum gefangen fühlen, sind wir normalerweise nicht in der Lage, uns von alten Gedanken- und Verhaltensmustern zu befreien – vielleicht benötigen wir Hilfe von außen. Auf einer anderen Ebene kann dieses Bild andeuten, dass wir uns zurückhalten.

Fallen, Stürzen Das Gefühl des Fallens kann im Traum im hypnagogischen oder hypnopompischen Zustand auftreten. Ein Sturz kann als das Bedürfnis gedeutet werden, festen Boden unter den Füßen zu haben und uns in einer vertrauten Situation zu bewegen. Auch sexuelle Hingabe oder ein moralisches Versagen wird durch einen Sturz symbolisiert. Vielleicht haben wir das Gefühl, dass wir unser Leben nicht unter Kontrolle haben.

Fallschirm Ein Traum von einem Fallschirm deutet an, dass wir einen Schutz besitzen, der uns überleben lässt, was immer uns im wachen Leben auch passieren mag. Er kann ebenfalls symbolisieren, dass wir in der Lage sind, uns unseren Ängsten zu stellen und dadurch Fortschritte zu erzielen. Ein Fallschirm verkörpert auch die Freiheit.

Fasten Fasten im Traum kann einen Versuch darstellen, ein emotionales Trauma zu bewältigen oder die Aufmerksamkeit auf unser Bedürfnis nach Reinigung zu lenken. Falls wir einen Kummer oder ein Anliegen haben, können wir es durch demonstratives Fasten bekannt machen. Fasten ist ebenfalls ein Mittel der Bewusstseinsveränderung und ein Schritt auf dem Weg zur Erkenntnis, durch den Widerstand, den wir einer Versuchung gegenüber leisten.

Feder Federn können im Traum Weichheit und Leichtigkeit assoziieren, vielleicht auch einen vorsichtigen Ansatz, um eine Situation anzugehen. Federn symbolisieren häufig den Flug zu einem anderen Teil unserer Persönlichkeit und können, aufgrund ihrer Verbindung mit dem Wind und der Luft, die spirituelle Seite unserer Persönlichkeit verkörpern.

Fee, Elfe Feen stehen für Launenhaftigkeit und können im Traum die spontane, elementare Seite unseres Wesens symbolisieren. Jede Art von Fee hat eine andere Bedeutung, daher hängt die Interpretation von den Umständen des Traums ab. Feen können Schabernack treiben, aber auch als Kobolde ihre böswillige Seite offenbaren.

Fehlen Sich im Traum bewusst zu werden, dass etwas fehlt, kann auf einen Verlust hindeuten. In Träumen geschieht häufig Unerwartetes, und oft wird einem gerade dort bewusst, dass nicht alles so ist, wie es sein sollte. Man fühlt, dass die Dinge nicht von

Dauer sind. Sich in einem Raum zu befinden, in dem eine Tür fehlt, könnte zum Beispiel zeigen, dass man keinen Ausweg sieht, während ein Raum ohne Fenster bedeuten könnte, dass eine bestimmte Situation mehr Offenheit verlangt.

Fehlgeburt Ein Traum von einer Fehlgeburt weist darauf hin, dass wir erkennen, dass etwas nicht in Ordnung ist oder ein zu schnelles Ende fand. Im Traum einer Frau hängt die Deutung davon ab, ob sie tatsächlich eine Fehlgeburt erlitten hat und sich vielleicht nicht genug Zeit nahm, um den Verlust ihres Kindes zu betrauern und zu bewältigen.

Von einer Fehlgeburt zu träumen kann auch den Verlust einer Stellung, eines Projekts oder sogar eines Teils unserer selbst signalisieren und zeigen, dass wir Zeit brauchen, um den Wechsel zu verkraften.

Feige Aufgrund ihrer Form wird die Feige mit der Sexualität, der Fruchtbarkeit, der Männlichkeit und dem Wohlstand assoziiert. Wenn wir im Traum Feigen essen, ist es vielleicht Zeit zu feiern. Die Feige bezieht sich ebenfalls auf den Baum des Wissens und das tiefere Bewusstsein, das damit einhergeht. Auf einer anderen Ebene kann sie die Fähigkeit des Hellsehens symbolisieren.

Feile Von einer Feile zu träumen kann darauf hinweisen, dass wir zu schroff mit anderen Menschen umgehen.

Feld Wenn wir träumen, dass wir uns auf einem Feld befinden, so betrachten wir im Grunde unser Arbeitsfeld, d. h. den Arbeitsbereich und alles, was wir im täglichen Leben tun. Das Feld kann auch darauf verweisen, dass wir zur Natur zurückkehren sollten, also zu unseren Wurzeln.

Fels Von einem Felsen zu träumen kann darauf verweisen, dass wir in der realen Welt eine solidere Grundlage brauchen. Möglicherweise sollten wir verschiedene Eigenschaften in uns erkennen, die mit einem Felsen assoziiert werden, z. B. Zuverlässigkeit, Kälte oder Strenge, und lernen mit ihnen angemessen umzugehen. Wenn wir zwischen zwei Felsen durchgehen, so bedeutet dies das Gleiche wie ein Durchgehen zwischen zwei Säulen, d. h. einen Übergang vom einen Seinszustand in den nächsten.

Feuer – siehe auch **Freudenfeuer** – Ein Feuer im Traum kann Leidenschaft und Verlangen in ihrem positiveren Sinn bedeuten, sowie Frustration, Wut, Groll und Zerstörung im negativen Sinne. Die genaue Deutung hängt davon ab, ob das Feuer sich unter Kontrolle befindet oder nicht. Wenn die Flammen des Feuers unsere Aufmerksamkeit auf sich ziehen, so bedeutet dies, dass wir uns der Energie und der Stärke bewusst sind, die dort geschaffen wird. Spüren wir die Hitze des Feuers, so sind wir uns der starken Gefühle einer anderen Person bewusst. In psychologischer Hinsicht erscheint das Feuer im Traum oft als Symbol einer Reinigung. Das Verbrennen von Abfall zeigt an, dass irgendein Aspekt unseres Lebens bereinigt werden muss. Wir können die Leben spendende, generative Kraft des Feuers nutzen, um unser Leben zu ändern. Wenn wir träumen, bei lebendigem Leibe verbrannt zu werden, kann dies auf unsere Angst vor einer neuen Beziehung oder einer neuen Lebensphase verweisen. Vielleicht sind wir uns auch bewusst, dass wir möglicherweise für unsere Überzeugungen Leiden erdulden müssen. Die Feuertaufe symbolisiert ein neues Bewusstsein der spirituellen Kraft und Verwandlung.

Feuerwerk Ein Feuerwerk bedeutet im Allgemeinen, dass wir eine bestimmte Sache feiern, es kann aber ebenso gut Angst einflößen. Das Feuerwerk kann die gleiche Bedeutung besitzen wie eine Explosion. Eine spontane Freisetzung von Energie oder Gefühl kann eine ziemlich spektakuläre Wirkung auf uns oder Menschen in unserer Umgebung haben. Auf einer anderen Ebene könnte ein Überschuss an spiritueller Emotion vorhanden sein, der in die richtigen Bahnen geleitet werden muss.

Film Wenn wir träumen, dass wir uns einen Film ansehen, so bedeutet dies, dass wir uns einen Aspekt unserer eigenen Vergangenheit oder unseres Charakters betrachten, der in einer anderen Weise gesehen werden muss. Wir versuchen, uns selbst objektiv zu betrachten, oder vielleicht fliehen wir auch vor der Realität. Wenn wir selbst einen Film drehen (und dies nicht unser Beruf ist), sollten wir möglicherweise die Wirklichkeit, die wir schaffen, genauer überprüfen.

Finden Wenn wir träumen, dass wir etwas finden, so werden wir uns eines Teils unserer Persönlichkeit bewusst, der uns von Nutzen sein wird. Finden wir etwas ohne große Anstrengungen, so bedeutet dies, dass sich Dinge ereignen werden, die uns offenbaren, was wir wissen müssen. Auf einer anderen Ebene sind wir vielleicht nahe daran etwas zu finden, das uns weiterbringen wird.

Flagge – siehe auch **Banner** – Eine Flagge im Traum hat die gleiche Bedeutung wie ein Banner und signalisiert einen Ort, um den sich Menschen, die die gleichen Überzeugungen und Ziele haben, versammeln können. Die Flagge kann ebenfalls altmodische Ansichten und Prinzipien symbolisieren.

Flasche Die Deutung hängt von der Art der Flasche ab, die uns im Traum erscheint. Die Nuckelflasche eines Babys verweist auf unser Bedürfnis erfolgreich genährt und gehegt zu werden und Hilfestellung zu erhalten, damit wir wachsen können. Eine Flasche mit Alkohol zeigt, dass wir feiern möchten oder auch exzessives Trinken einschränken wollen, während eine Medizinflasche signalisiert, dass wir unseren Gesundheitszustand einmal unter die Lupe nehmen sollten. Eine zerbrochene Flasche kann auf ein Gefühl der Aggression oder ein Versagen hinweisen.

Fledermaus Eine Fledermaus symbolisiert entweder ein feines Gespür oder eine dunkle Seite in spiritueller, mitunter auch okkulter Hinsicht. Vielleicht besitzen wir in den Tiefen unserer Persönlichkeit eine Eigenart, vor der wir uns sehr fürchten. Gemäß dem Volksglauben sind Fledermäuse schlechte Kreaturen – eine Meinung, die von ihrer Assoziation mit Hexen herrührt. Von einem Fledermausangriff zu träumen, kann bedeuten, dass wir uns mit unserer Angst vor Dingen, die wir nicht verstehen, auseinander setzen sollten.

Fliegen (Insekt) Fliegen werden stets mit etwas Unangenehmem assoziiert, wobei man leicht vergisst, dass sie auch verdorbenes Material verzehren und damit beseitigen. Ein Traum von Fliegen weist uns darauf hin, dass es bestimmte negative Aspekte in unserem Leben gibt, um die wir uns kümmern sollten.

Flöhe Flöhe sind uns lästig und genau das signalisieren sie auch im Traum. Vielleicht gibt es in unserem Leben Situationen oder Menschen, die uns Schwierigkeiten bereiten, und wir müssen erst eine Art Entseuchung durchmachen, bevor wir wieder frei sein können. Möglicherweise ist uns bewusst, dass wir nicht angemessen behandelt werden, und dass Menschen, die unsere Freunde sein sollten, nicht fair zu uns sind. Flöhe symbolisieren eine Art des Bösen, die eher verletzt, als zu zerstören – wie z. B. der Klatsch. Der Träumer sollte sich bewusst sein, dass er in der Lage ist, damit fertig zu werden.

Flöte – siehe auch **Musik** – Viele Musikinstrumente – und insbesondere Blasinstrumente – signalisieren extreme Gefühle, Verlockung und Schmeichelei. Aufgrund ihrer Form wird die Flöte oft als Symbol der Männlichkeit betrachtet, kann jedoch auch auf Kummer oder Schmerz verweisen. Als eine Art, dem Klang des Geistes, und damit der Harmonie, Ausdruck zu verleihen, kann die Flöte ein Symbol des Glücks und der Freude sein.

Flucht Eine Flucht signalisiert unser Bedürfnis nach spiritueller Freiheit oder den Versuch, problematische Gefühle hinter uns zu lassen oder zu umgehen. Viele Angstträume besitzen ein Element der Flucht, entweder vor der Situation selbst oder vor etwas, das uns bedroht. Möglicherweise versuchen wir auch vor etwas zu fliehen, von dem wir genau wissen, dass wir uns damit auseinander setzen müssen, etwa eine Verantwortung oder eine Pflicht.

Flug, Fliegen Aus traditioneller Sicht symbolisiert ein Traum vom Fliegen Sex und Sexualität, doch es wäre wahrscheinlich angemessener, den Flug unter dem Aspekt der Freiheit und des Mangels an Hemmungen und Ängsten zu betrachten. Nach oben zu fliegen bedeutet, dass wir uns in die Richtung einer spirituelleren Einschätzung unseres Lebens bewegen, während ein Flug nach unten den Versuch signalisiert, das Unterbewusste und alles, was mit ihm zusammenhängt, zu verstehen.

Flügel Flügel sind nicht nur mit einem Flug und der Freiheit verbunden, sie signalisieren ebenfalls Schutz. Die Flügel eines Engels verdeutlichen die Kraft, mit der wir unsere Schwierigkeiten überwinden können, oftmals durch den Schutz eines größeren Wissens. Ein gebrochener Flügel weist darauf hin, dass ein früheres Trauma uns daran hindert zu „starten“.

Flut Wir sollten uns etwas mehr nach den Gezeiten des Lebens und unseren Gefühlen richten. Die Flut kann Energie symbolisieren, während die Ebbe signalisiert, dass etwas Bestimmtes an unseren Fähigkeiten und unseren Kräften zehrt.

Folgen, Verfolgen Wenn wir im Traum jemandem folgen, brauchen wir vielleicht ein Ziel oder eine gute Sache, für die wir kämpfen können, um ein Gefühl für die eigene Identität zu entwickeln. Möglicherweise ist uns auch bewusst, dass andere uns beeinflussen können. In Bezug auf den Arbeitsbereich signalisiert dieses Bild, dass wir uns vielleicht in einer untergeordneten Position wohler fühlen als an der Spitze. Wenn wir das Gefühl haben, dass uns etwas folgt, so müssen wir herausfinden, ob es sich um etwas Positives oder Negatives handelt. Ist es negativ, sollten wir uns mit früheren Ängsten, Zweifeln oder Erinnerungen befassen. Ist es dagegen positiv, sollten wir unser Bedürfnis erkennen die Initiative zu ergreifen oder herausfinden, was uns eigentlich antreibt.

Folter Erscheint im Traum ein Bild, das mit der Folter in Verbindung steht, versuchen wir häufig, mit einer tiefen emotionalen Blessur fertig zu werden. Befinden wir uns auf der Folterbank, so haben wir vielleicht etwas getan, das wir bedauern und für das wir uns schuldig fühlen. Eine andere Sichtweise signalisiert, dass wir uns in eine Situation gebracht haben, in der wir das Opfer der verfehlten Handlungen einer anderen Person geworden sind.

Formen Wenn im Traum geometrische Formen erscheinen, so erhalten wir ein besseres Verständnis der abstrakten Welt – je nachdem, welche Entwicklungsstufe wir zu diesem Zeitpunkt erreicht haben. Es ist als ob die herkömmliche Wahrnehmung von Formen eine neue Bedeutung und einen neuen Sinn anzunehmen beginnt. Es ist wichtig, im Traum so viel wie möglich zu bemerken, weil z. B. die Anzahl der Seiten, die eine Form besitzt, von Bedeutung sein wird, und ebenso die Farben. Im Allgemeinen kann der Träumer jedoch die Natur der Dinge so akzeptieren, wie sie ist, und kann sich Zeit nehmen, die Grundstruktur seines eigenen Wesens zu betrachten.

Die verschiedenen Formen und Muster, die wahrscheinlich im Traum in Erscheinung treten, sind wie folgt zu deuten – angefangen mit der Mitte, dem Punkt an dem alles beginnt. In Bezug auf die Form ist sie der Punkt, von dem aus das Muster entsteht.

Der ***Kreis*** symbolisiert das innere Wesen oder das Selbst. Er verkörpert ebenfalls Ganzheit und Perfektion. Ein kreisförmiges Objekt – etwa ein Ring – kann die gleiche Bedeutung haben. Ein Kreis mit einem Punkt in der Mitte kann die Seele im vervollkommneten Zustand symbolisieren. Manchmal verkörpert er auch die Weiblichkeit.

Der ***Halbmond*** (einschließlich der Sichel und der Mondsichel) symbolisiert ebenfalls das Weibliche, und zwar die geheimnisvolle Kraft, die intuitiv und typischerweise nicht rational ist.

Jedes ***Kreuz***, das im Traum erscheint, steht für die Verwirklichung und die Verlagerung des Geistes in die Substanz. Auf ihrer Reise vom Symbol des Schwerts zum gleicharmigen Kreuz, von dort zum Kreuz des Leidens und der Kreuzigung, und schließlich zum Tao der Perfektion, lernt die Seele mittels Erfahrung die Schranken zu überwinden und geistigen Fortschritt zu ermöglichen. Das hängende Kreuz mit der Christusfigur symbolisiert das Selbstopfer zum Wohle anderer. Die vier Seiten, die in entgegengesetzte Richtungen weisen, verkörpern Konflikte, Kummer und Qual, doch diese sind letztendlich notwendig, wenn wir nach Vollkommenheit streben. Die drei oberen symbolisieren Gottvater, Gottsohn und Gott, den Heiligen Geist, doch vielleicht noch deutlicher jede göttliche Dreifaltigkeit. Der Schnittpunkt verkörpert die Versöhnung der Gegensätze.

Ein ***Diamant*** im Traum bedeutet, dass uns größere, aber dafür weniger Möglichkeiten zur Verfügung stehen.

Ein ***Hexagramm*** (sechseckiger Stern) symbolisiert die harmonische Entwicklung der physischen, sozialen und spirituellen Elemente des menschlichen Lebens und seine Geschlossenheit zur Bildung des vollkommenen Ganzen.

Die ***ovale Form*** ist ein Symbol für den Mutterleib und bedeutet ebenfalls weibliches Leben. Unter der Bezeichnung Vesica Piscis ist sie auch der Heiligenschein, der eine heilige Person vollkommen umschließt.

Im Traum können Muster, wie das ***Mosaik*** oder das ***Kaleidoskop***, die als Teil einer Traumszenerie erscheinen, darauf hinweisen, wie wir mit Mustern und möglicherweise mit Wiederholungen in unserem Leben umgehen.

Die ***Scheibe*** besitzt eine ähnliche Bedeutung wie die Kugel und signalisiert Vollkommenheit und die Vervollständigung aller Möglichkeiten.

Die ***Spirale*** wiederum ist der ideale Weg zur Evolution und zum Wachstum. Die Lehrmeinung besagt, dass alles ständig in Bewegung ist, doch gleichzeitig ununterbrochen steigt oder seine Schwingung erhöht. Führt die Spirale ins Zentrum, bewegen wir uns auf einem Umweg zur eigenen Mitte. Eine Spirale, die sich im Uhrzeigersinn nach rechts außen bewegt, symbolisiert eine Bewegung in Richtung Bewusstsein und Erleuchtung. Dreht sie sich gegen den Uhrzeigersinn, führt die Bewegung in Richtung des unbewussten, wahrscheinlich regressiven Verhaltens. Es besteht ebenfalls eine Verbindung zum Nabel oder Solar plexus, als dem Zentrum der Kraft und der Energie.

Das ***Quadrat*** oder der ***Würfel*** symbolisiert die Manifestation des Geistes im Physischen. Die beiden verkörpern das irdische Reich im Gegensatz zum Himmel. Ein Quadrat im Kreis signalisiert den Vorgang der Werdung oder des Gestaltannehmens.

Die ***Figur*** im Quadrat ist das Selbst oder der vollkommene Mensch. Jedes quadratische Objekt symbolisiert das umschließende Prinzip des Weiblichen.

Ein ***Stern***, insbesondere ein heller, symbolisiert jene Dinge, nach denen wir alle streben – Hoffnung, hohe Ziele und das Ideal. Der fünfeckige Stern (Pentagramm) suggeriert persönlichen Zauber und alles, was sich auf die Harmonie bezieht. Wenn er richtig steht, sollte der Stern nach oben zeigen. Im Traum weist er darauf hin, dass der Träumer sich im Besitz seiner magischen Eigenschaften und Wünsche befindet. Zeigt der Stern nach unten, symbolisiert er das Gegenteil – das Böse und die Hexerei. Zwölf Sterne symbolisieren sowohl die zwölf Stämme Israels als auch die Apostel. Der sechseckige Stern (Davidsstern) setzt sich aus zwei Dreiecken zusammen, von denen eins nach oben und eins nach unten zeigt. Hierin ist das Physische mit dem Spirituellen vereint in einer Harmonie, die Weisheit schafft.

Das ***Hakenkreuz***, bei dem sich die Arme im Uhrzeigersinn bewegen, symbolisiert den idealen Menschen und seine Macht, Gutes zu schaffen. In der östlichen Symbolik versinnbildlicht es die Bewegung der Sonne. Bei einer Bewegung entgegen dem Uhrzeigersinn verkörpert das Hakenkreuz alles, was finster und falsch ist. Es ist nicht bekannt, ob Hitler absichtlich dieses Hakenkreuz wählte.

Das ***Dreieck*** symbolisiert den aufrechten Menschen mit den drei Teilen seines Wesens – dem Körper, dem Geist und der Seele. Es verkörpert ebenfalls das Bewusstsein sowie Liebe, die sich durch ihre Körperlichkeit offenbart. Zeigt das Dreieck nach oben, dann bewegt sich die menschliche Natur zum Göttlichen hin. Zeigt es nach unten, ist es die Seele, die im Körperlichen ihren Ausdruck sucht. Das Dreieck kann ebenfalls familiäre Beziehungen symbolisieren – Vater, Mutter und Kind.

Es gibt ein Spiel, das auf Formen basiert, und in dem man ein Quadrat, einen Kreis und ein Dreieck zeichnet und dann einen anderen bittet, jede dieser Grundformen zu einer Zeichnung zu erweitern. Was derjenige aus dem Quadrat entwickelt, soll seine Auffassung von der Welt widerspiegeln, der Kreis seine Auffassung von seinem inneren Wesen und das Dreieck seine Auffassung von seinem Sexualleben.

Fotografien – siehe **Film**

Frage Im Traum Fragen zu stellen signalisiert ein gewisses Maß an Selbstzweifeln. Fragt uns dagegen jemand etwas, so zeigt dies, dass wir Wissen besitzen, das wir mit anderen teilen können. Wenn die Frage nicht beantwortet werden kann, muss der Träumer vielleicht im wirklichen Leben nach einer Antwort suchen.

Freudenfeuer Im Traum ein Freudenfeuer zu entzünden und zu unterhalten verweist auf Leidenschaften, die nicht in das Korsett der strengen Sitten gezwängt werden, und signalisiert, dass solchen Leidenschaften in unserem Leben Raum gegeben werden muss. Freudenfeuer spiegeln die Kraft der Sonne, unterstützen die Kraft des Guten und spielen eine entscheidende Rolle bei den Feierlichkeiten zur Sonnenwende.

Freund Ein Freund, der uns im Traum erscheint, kann zweierlei Dinge signalisieren. Zuerst sollten wir uns unsere Beziehung zu dieser bestimmten Person genauer ansehen; als nächstes müssen wir entscheiden, was dieser Freund für uns verkörpert (z. B. Sicherheit, Unterstützung oder Liebe). Häufig betont dieses Bild einen bestimmten Teil unserer eigenen Persönlichkeit, den wir untersuchen und vielleicht auf eine andere Weise verstehen sollten.

Friedhof Ein Friedhof im Traum kann den Teil von uns verkörpern, für den wir keine Verwendung haben, oder auch unsere

Gedanken und Gefühle im Hinblick auf den Tod. Mit beiden Aspekten müssen wir uns auseinander setzen.

Frühling Der Frühling signalisiert neues Wachstum und neue Möglichkeiten. Jetzt ist vielleicht die richtige Zeit, um ein bestimmtes Projekt in Angriff zu nehmen. Der Frühling ist auch ein Symbol des Fortschritts, insbesondere im Hinblick auf Gefühle. Wir können einen neuen Anfang machen.

Führen Führungsqualitäten sind nicht unbedingt etwas, das jeder auch einsetzen wird. Oft können wir uns selbst im Traum überraschen, indem wir Dinge tun, die wir normalerweise nicht tun würden, und die Führung zu übernehmen ist eines von ihnen. Es bedeutet, dass wir in einer Situation, die uns umgibt, die Kontrolle ausüben. Im Traum jemanden zu führen setzt voraus, dass wir wissen, was wir tun und wohin wir gehen. Wenn wir andererseits selbst geführt werden, signalisiert dies, dass wir einem anderen erlaubt haben, die Kontolle zu übernehmen.

Funken Ein Funke im Traum symbolisiert einen Neuanfang. Er ist ein kleines Ding, aus dem etwas Großes entstehen kann, und daher kann er auch unser kreatives Potenzial verkörpern. Ein Funke kann auf ein Feuer verweisen und daher auch auf die Liebe.

Fußspuren Wenn wir im Traum Fußspuren sehen, so haben wir das Bedürfnis jemandem zu folgen. Erstrecken sich die Fußspuren weit vor uns, so signalisiert dies, dass wir in Zukunft mit Hilfe rechnen können; liegen die Fußspuren hinter uns, dann sollten wir überprüfen, wie wir Dinge in der Vergangenheit erledigt haben. Fußspuren bedeuten normalerweise Hilfe auf die eine oder andere Art. Führen die Fußspuren in beide Richtungen, müssen wir sowohl in die Vergangenheit als auch in die Zukunft schauen.

G

Gabe – siehe auch **Geschenk** – In spiritueller Hinsicht kann ein Traum von einer Gabe unser kreatives Talent hervorheben, dessen wir uns möglicherweise bisher nicht bewusst waren. Im Traum ein Geschenk zu erhalten bedeutet, dass wir unsere Talente und Fähigkeiten anerkennen. Jeder von uns besitzt einen Schatz an unbewusstem Wissen, zu dem wir von Zeit zu Zeit Zugang erhalten, häufig durch Träume. Je nach den Umständen des Traums kann die Gabe auch bedeuten, dass wir erkennen, was andere uns geben.

Gabel Eine Gabel, insbesondere eine mit drei Spitzen, wird oft als Symbol des Teufels angesehen und kann daher das Böse und Tricks oder Fallen symbolisieren. Im Allgemeinen signalisiert eine Gabel im Traum jedoch Dualität und Unentschlossenheit. Vielleicht sind wir auf unserem geistigen Pfad an einer Abzweigung angekommen und brauchen einen Rat, in welche Richtung wir weitergehen sollen.

Gähnen Im Tierreich ist ein Gähnen oft eine Warnung für einen Angreifer sich zurückzuziehen, und ein Gähnen im Traum kann ein Weg sein, unser eigenes ausfallendes Verhalten – oder auch das eines anderen – in den Griff zu bekommen.

Galgen – siehe **Gerüst**

Galle In der traditionellen Symbolik verkörpert die Galle Bitterkeit und Ekel. Wenn uns die Galle hochkommt oder überläuft, reizt uns etwas, meist, ohne dass wir etwas dagegen tun können. Dieses Gefühl in unseren Träumen zu erkennen, kann dazu führen, dass wir nun in der Lage sind auszudrücken, was uns so verärgert.

Gang – siehe **Korridor**

Garten Ein Garten im Traum kann eine Form des Paradieses symbolisieren und verkörpert oft das Weibliche sowie die Eigenschaften der Wildheit. Von einem Garten zu träumen kann uns zeigen, auf welchen Gebieten unseres Lebens wir Wachstumspotenzial besitzen. Ein geschlossener Garten symbolisiert die Jungfräulichkeit.

Gas Gas kann die gleiche Bedeutung besitzen wie die Luft und der Wind, wird jedoch in der Regel als gefährlicher angesehen. Es kann intellektuelle Macht symbolisieren, die nützlich ist, wenn man sie unter Kontrolle behält, aber gefährlich wird, wenn sie missbraucht wird.

Geben Das Geben beschäftigt sich mit der Beziehung, die wir zu uns selbst haben, zu unserer Umwelt oder auch zu anderen Menschen. Wir alle müssen bestimmte Aspekte unserer Persönlichkeit mit anderen teilen, und wenn wir uns im Traum bewusst sind, dass wir etwas geben, so zeigt dies unser Bedürfnis, unsere (möglicherweise überschüssige) Energie mit anderen zu teilen.

Gebet – siehe auch **Religiöse Bilder** – Ein Gebet symbolisiert die Vorstellung, dass wir uns selbst helfen müssen, indem wir um Hilfe von außen bitten. Vielleicht benötigen wir die Autorität eines anderen, um das, was wir tun, zum Erfolg zu führen. In psychologischer Hinsicht hat der Mensch immer das Bewusstsein gebraucht, dass es etwas gibt, das größer ist als er selbst und das er um Hilfe bitten kann.

Geburt Wir neigen dazu, von Geburt zu träumen, wenn wir eine neue Lebensweise beginnen, eine neue Einstellung gefunden haben, eine neue Fähigkeit erlernen oder ein neues Projekt anfangen – und ebenfalls, wenn uns der Tod früherer Dinge bewusst wird.

Gefängnis – siehe auch **Schlüssel**, **Schloss** und **Käfig** – Im Traum symbolisiert ein Gefängnis die Fallen, die wir uns selbst stellen. Manchmal schaffen wir uns ein Gefängnis durch unsere Pflicht – z. B. in Beziehungen – oder durch Schuldgefühle. An diesem Punkt sehen wir oft keinen Ausweg mehr.

Gefäß, Krug Die traditionelle Symbolik eines jeden hohlen Gefäßes oder Krugs sind die Frauen. Für eine Frau kann das Gefäß ihre Fähigkeit zur Mutterschaft symbolisieren, und für einen Mann das Prinzip des Bemutterns. Auf esoterischer Ebene kann der Krug die empfindsame Seite unserer Natur verkörpern; wenn der Krug zerbrochen ist, sind wir tief verletzt worden.

Gefahr Erleben wir im Traum eine gefährliche Situation, so spiegelt diese in der Regel in anschaulicher und recht übertriebener Form die Ängste und Zwiespälte unseres täglichen Lebens wider. Träume können eine Gefahr oder eine Unsicherheit durch ein Symbol betonen, z. B. das eines Kampfes, eines Feuers oder eines Hochwassers. Meist enthält ein solcher Traum eine Warnung vor unpassenden Handlungen, die uns oder anderen schaden könnten. Sich im Traum in einer gefährlichen Lage zu sehen kann auch auf eine spirituelle Unsicherheit hinweisen.

Gehen, Spazierengehen, Wandern Im Traum symbolisiert das Gehen den Weg, auf dem wir uns voranbewegen sollten – eine Art Forschungsreise. Schreiten wir zeilstrebig aus, so bedeutet dies, dass wir wissen, wo wir hingehen. Wandern wir dagegen ziellos umher, sollten wir uns Ziele schaffen. Wenn wir die Aktivität des Gehens oder Spazierengehens genießen, so bedeutet dies vielleicht eine Rückkehr zur Unschuld eines Kindes, oder auch, dass wir versuchen, uns von Stress zu erholen. Benutzen wir einen Spazierstock, signalisiert dies unser Bedürfnis nach Unterstützung und Hilfe.

Gehorsam Der Begriff des Gehorsams ist ein zweischneidiges Schwert. Sind wir es, die gehorsam sind, so erkennen wir eine höhere Autorität an, möglicherweise sogar eine „höhere Macht"; erwarten oder fordern wir dagegen Gehorsam von anderen, so erlauben wir uns selbst Macht auszuüben. Ist dies der Fall, sollten wir unsere Handlungen eingehend beobachten, um eine despotische Haltung zu vermeiden.

Geister Jeder von uns hat Ängste oder Gefühle, die sich mit dem Tod beschäftigen, und die Erscheinung eines Geistes hilft uns, diese Emotionen zu bewältigen. Wenn wir einen guten Geist wahrnehmen, erkennen wir, dass wir auf unserem Weg weitergehen können. Begegnen wir hingegen den Geistern der Toten, benötigen wir in der Regel Trost und Beruhigung.

Es ist ebenfalls möglich, dass die Geister alte Erinnerungen, Gefühle oder Hoffnungen und Träume verkörpern. Indem wir versuchen festzustellen, was in der Gegenwart nicht in Ordnung ist, können wir uns auf das Hier und Jetzt konzentrieren und entsprechende Maßnahmen treffen. Die verschwommene, undeutliche Figur, die so oft in Träumen erscheint, symbolisiert den Schatten – die Teile unserer Persönlichkeit, die wir unterdrückt haben.

Gejagtsein Im Traum gejagt zu werden ist ein häufiges Bild und hat meist entweder mit der Flucht vor Verantwortung zu tun oder mit einem Gefühl der Angst oder des Versagens, das uns plagt. Wenn uns ein Tier jagt, so verweist dies im Allgemeinen darauf, dass wir unsere Leidenschaft nicht akzeptieren wollen.

Geld Geld symbolisiert im Traum unsere persönlichen Ressourcen – ob nun materiell oder spirituell – und auch unser Potenzial zum Erfolg. Unter bestimmten Umständen kann ein Traum von Geld mit unserer Vorstellung von der eigenen Macht und Sexualität verbunden sein. Hiermit ist nicht unbedingt harte Währung gemeint, sondern vielmehr die Art und Weise, auf die wir uns selbst und unsere geistigen Mittel zu schätzen wissen. Wenn dieses Symbol im Traum erscheint, so kann das bedeuten, dass wir diesen Wert neu einschätzen müssen und uns bewusst sein sollten, was unsere Taten und unsere Wünsche tatsächlich „kosten". Dies ist eines jener Symbole, die nur im Kontext des Lebens des Träumers zu klären sind.

Geldbörse, Brieftasche Im Traum besitzt eine Geldbörse einen eigenen Wert, denn sie enthält, was uns lieb und teuer ist. Die Brieftasche oder Geldbörse symbolisiert ebenfalls, wie wir mit den uns zur Verfügung stehenden Mitteln umgehen – und hiermit sind Mittel jeglicher Art gemeint.

Interessanterweise kann die Brieftasche, weil sie ein Behältnis ist, auch den weiblichen Aspekt der Fürsorge und des Umfassens symbolisieren und unsere Einstellung in Bezug auf die Intuition und das Bewusstsein betonen.

Gemüse – siehe **Nahrungsmittel** und **Ernte**

Gepäck Gefühle der Trauer können sich im Traum als Gepäck manifestieren. Der Träumer leidet unter seelischem Stress, hat an verletzten Gefühlen oder einem Trauma schwer zu tragen und schleppt möglicherweise eine zusätzliche Last emotionaler oder praktischer Art mit sich herum. Wenn wir „leicht" reisen möchten – also mit wenig Gepäck – müssen wir einen Weg finden, uns zu entlasten. Gepäck signalisiert häufig jedoch auch, was wir für wichtig halten und was wir für unseren Weg in die Zukunft benötigen.

Gerechtigkeit – siehe **Richter**

Gerichtsvollzieher Das Erscheinen eines Gerichtsvollziehers im Traum bedeutet Vergeltung oder Karma in irgendeiner Form. Wir zweifeln an unserer Fähigkeit, die eigenen Mittel verwalten zu können, und akzeptieren möglicherweise, dass wir in Zukunft verantwortlicher handeln müssen, insbesondere gegenüber Amtspersonen. Wir haben uns Risiken ausgesetzt und unsere Verpflichtungen nicht erfüllt. Wir könnten mit materiellem Verlust und Einbußen an Ansehen „bestraft" werden.

Geruch, Duft – siehe auch **Parfüm** – Begegnen wir im Traum einem angenehmen Duft, so stehen uns gute Dinge bevor; riecht es hingegen unangenehm, ist das ein schlechtes Omen. Es kann sich ebenfalls um einen Geruch handeln, der uns in eine andere Zeit oder an einen anderen Ort zurückführt. Wenn das der Fall ist, müssen wir bestimmen, was diese Situation damals für uns bedeutet hat und was sie jetzt für uns darstellt.

Gerüst, Galgen Ein Gerüst im Traum symbolisiert normalerweise, dass es eine vorübergehende Struktur in unserem Leben gibt. Handelt es sich allerdings um einen Galgen, so signalisiert dies, dass ein gewisser Teil unseres Lebens zu Ende gehen muss. In beiderlei Hinsicht bedeutet das Gerüst, dass irgendeine Veränderung in unserem Leben stattfinden muss.

Geschäft, Laden Im Traum symbolisiert ein Laden etwas, das wir haben möchten oder das wir brauchen. Wenn es ein Geschäft ist, das wir kennen, dann wissen wir wahrscheinlich, was wir uns vom Leben wünschen und erwarten. Kennen wir dagegen den Laden nicht, so müssen wir uns vielleicht erst überlegen, was wir möchten. Befinden wir uns auf einem Einkaufsbummel, dann verspüren wir das Bedürfnis uns unsere Wünsche zu erfüllen und sind bereit, hohe Summen dafür zu zahlen.

Geschenk Erhalten wir ein Geschenk, dann werden wir anerkannt und gewinnen außerdem etwas Positives aus einer Beziehung. Verschenken wir selbst etwas, dann erkennen wir, dass wir Eigenschaften besitzen, die wir anderen Menschen anbieten können. Ein ganzer Stapel Geschenke im Traum kann noch unerkannte Begabungen und Fähigkeiten symbolisieren.

Geschwindigkeit Im Traum symbolisiert Geschwindigkeit eine Gefühlsintensität, die im wachen Leben normalerweise nicht erreichbar ist. Wenn wir mit hoher Geschwindigkeit reisen oder fahren, dann versuchen wir, ein schnelles Ergebnis zu erzielen. Eine Geschwindigkeitsüberschreitung besagt, dass wir uns zu sehr auf ein Endergebnis konzentrieren und dem Weg, den wir bis dahin zurücklegen müssen, nicht genügend Aufmerksamkeit schenken.

Geschwür Ein Geschwür ist eine wunde Stelle, an der das Gewebe über längere Zeit zerstört wurde, und die nur mit viel Geduld wieder geheilt werden kann. Im Traum werden wir uns bewusst, dass Arbeit geleistet werden muss, um eine tiefe Wunde zu heilen. Was genau zu heilen ist, hängt davon ab, wo das Geschwür sitzt. Träumen wir z. B. von einem Magengeschwür, so verweist dies auf ein emotionales Problem, während ein Geschwür im Mund ein Problem mit der Sprache signalisiert und der Art, auf die wir uns den Menschen in unserer Umgebung mitteilen. Auf spiritueller Ebene symbolisiert das Geschwür eine wunde Seele oder ein spirituelles Dilemma. Ein offenes Bein könnte daher eine Angst vor dem weiteren Weg bedeuten oder davor, dass wir unsere Füße benutzen können – denn dann müssten wir gehen.

Gesicht Wenn wir uns im Traum auf das Gesicht einer Person konzentrieren, so signalisiert dies den Versuch, die äußere Persönlichkeit zu verstehen. Wird das Gesicht vor uns versteckt, können wir annehmen, dass man eine bestimmte Information vor uns verbergen will, bis wir in der Lage sind, sie zu verarbeiten. Wir sollten möglicherweise ebenfalls überprüfen, wie wir uns der Welt gegenüber präsentieren.

Getreide, Korn Getreide, das im Traum erscheint, symbolisiert Fruchtbarkeit im körperlichen oder übertragenen Sinne. Es kann ebenfalls auf neues Leben oder neue Entwicklungen in anderer Hinsicht verweisen. Korn zu schneiden und einzufahren bedeutet, die Früchte seiner harten Arbeit zu ernten. Wenn wir uns um den Ertrag angemessen kümmern und ihn gut anlegen, können wir damit noch größeren Überfluss erzielen. Möglicherweise treten wir auch mit urzeitlichen Bedürfnissen und Erfordernissen in Verbindung. Die Große Mutter wird unter dem Aspekt des Nährens übrigens grundsätzlich mit Getreide abgebildet.

Gewalt Jegliche Gewalt im Traum verkörpert unsere eigenen Gefühle, entweder in Bezug auf uns selbst oder in Bezug auf Situationen, die uns umgeben. Häufig ist die Art der Gewalt von Bedeutung, wenn wir unsere Persönlichkeit wirklich verstehen wollen. Gewalt kann sich in Träumen entladen, weil wir im Alltagsleben nicht in der Lage sind, unseren Aggressionen angemessenen Ausdruck zu verleihen.

Geweih – siehe auch **Hörner** – Traditionell symbolisiert ein Geweih übernatürliche Kräfte, Fruchtbarkeit und eine edle Gesinnung. Auf einer weltlicheren Ebene suggeriert ein Geweih die männliche Vorherrschaft und Macht im intellektuellen Bereich oder auf anderen Gebieten. In vielen angeblich primitiveren Gesellschaften verwandte man pulverisiertes Horn, um die Potenz zu fördern oder jemandem die Kraft des betreffenden Tieres zu verleihen.

Gewicht Gewicht im Traum signalisiert Würde und Ernsthaftigkeit und kann ebenfalls auf das Bedürfnis verweisen, praktisch und bodenständig zu sein. Wenn im Traum ein Gewicht auf uns lastet, so sind wir uns entweder unserer Verantwortung bewusst oder anderer Dinge, die uns niederhalten und am Fortkommen hindern.

Gewitter – siehe auch **Blitz** und **Donner** – Ein Gewitter signalisiert einen Gefühlsausbruch, der wahrscheinlich eher auf Wut zurückzuführen ist, als auf Frustration. Wenn wir Probleme haben, z. B. in einer Beziehung, dann kann ein Unwetter die Luft reinigen und aufgestaute Gefühle freisetzen. Ist im täglichen Leben eine Auseinandersetzung nicht möglich oder nicht angemessen, dann kann ein Sturm im Traum unseren Gefühlen Erleichterung verschaffen.

Gewölbe Ein Gewölbe symbolisiert das Aufeinandertreffen des Geistigen und des Körperlichen und folglich ebenfalls den Tod. Während ein Gewölbe einerseits eine Gruft verkörpern kann, symbolisiert sie andererseits das „Archiv“ zu dem wir alle Zugang haben. Im Traum signalisiert jeder dunkle, verborgene Ort das Unbewusste oder auch sexuelle Potenz. Ein Gewölbe kann außerdem einen persönlichen Vorratsraum symbolisieren, in dem wir das während unserer Reifezeit Erlernte aufbewahren.

Gift Wenn wir im Traum ein Gift erkennen, so bedeutet dies, dass wir eine bestimmte Haltung, ein Gefühl oder einen Gedanken meiden müssen, der nicht gut für uns ist. Es symbolisiert, dass uns möglicherweise etwas verseuchen wird und auf diese Weise unseren Fortschritt aufhält.

Girlande In psychologischer Hinsicht kann eine Girlande eine Ehrung und Anerkennung symbolisieren, die uns für eine gelungene Arbeit zuteil wird. Im Traum signalisiert sie eher ein Lob durch andere als eine Selbstbeweihräucherung. Als Dekoration eines Gebäudes sind Girlanden ein altmodisches Symbol des ausgelassenen Feierns.

Glas Glas stellt zwar ein Hindernis dar, doch aufgrund seiner Transparenz können wir das, was wir nicht erreichen können, zumindest sehen. Wenn wir träumen, dass Glas zerbricht, so sind wir wahrscheinlich bereit, uns von emotionalen Bindungen freizumachen und eine neue Lebensphase zu beginnen. Alle Schranken, die wir oder andere errichtet haben, können erfolgreich bewältigt werden. Glas symbolisiert ebenfalls die Schranke des Todes.

Gleichgewicht Im Traum haben das Gleichgewicht und alle Symbole, die damit assoziiert werden, immer mit der Erhaltung des inneren Gleichgewichts angesichts großer Schwierigkeiten zu tun. Die Begleitumstände zeigen, worum es sich bei dieser Schwierigkeit handeln könnte, und verweisen darauf, wie wir die Dinge abwägen sollten, um angemessen zu handeln.

Glocke Im Traum eine Glocke schlagen zu hören galt traditionell als Warnung vor einem Unglück oder einem Todesfall. Glocken können ebenfalls auf das Gewissen verweisen und auf unser Bedürfnis, uns bei anderen Menschen um Anerkennung zu bemühen. Indem sie uns vor Risiken oder Gefahren warnen, machen uns Glocken auf mögliche Fehler aufmerksam.

Gnom Ein Gnom kann auf einen kleinen Teil unserer Persönlichkeit verweisen, um den wir uns kümmern sollten. Hierbei kann es sich um einen unterentwickelten oder noch nicht integrierten

Aspekt handeln, der sich erst entfalten kann, wenn wir bereit sind, Verantwortung für ihn zu übernehmen.

Gold Gold symbolisiert die wertvollsten Aspekte unserer Persönlichkeit. Wenn wir auf Gold stoßen, so signalisiert dies, dass wir genau diese Eigenschaften in uns und in anderen erkennen. Vergraben wir Gold, so haben wir etwas zu verbergen. Im Traum kann Gold ebenfalls die heilige, aufopfernde Seite unserer Persönlichkeit verkörpern. Wir können Integrität, Weisheit, Liebe und Geduld darin erkennen. In diesem Kontext bedeutet das Gold selten materiellen Reichtum und bezieht sich eher auf die geistigen Schätze, die uns zu Eigen sind.

Golf – siehe auch **Spiele** – Das Golfspiel kann einerseits eine Teamzugehörigkeit symbolisieren, andererseits jedoch auch eine individuelle Leistung. Ein solches Spiel kann signalisieren, dass wir Bewegungsfreiheit und ein gutes Auge benötigen. Golf zu spielen kann häufig auf unser Bedürfnis verweisen, anderen unser Können zu demonstrieren und den Ball so weit zu treiben, wie es eben geht. Es taucht als Bild oft im Zusammenhang mit der Geschäftswelt auf.

Grab – siehe auch **Tod** – Von einem Grab zu träumen bedeutet, dass wir unsere eigenen Gefühle oder unsere Vorstellung im Hinblick auf den Tod achten und anerkennen. Ein solcher Traum kann ebenfalls den Versuch darstellen, uns mit unseren Gefühlen in Bezug auf einen Verstorbenen auseinander zu setzen – vielleicht ist auch ein Teil unserer eigenen Persönlichkeit „gestorben" und vor der Außenwelt vergraben.

Graben, Ausgrabung – siehe auch **Mine** – Wenn wir damit beginnen unser Selbst zu erforschen, so müssen wir die Teile von uns, die wir versteckt gehalten haben, aufdecken. Dieser Vorgang wird im Traum als das Graben eines Loches oder die Ausgrabung eines Gegenstandes dargestellt.

Grabmal Wenn wir spüren, dass wir Grabräuber sind, dann finden wir Zutritt zu den dunklen Seiten unserer Persönlichkeit. Sind wir im Traum in einem Grabmal eingeschlossen, so halten uns vielleicht im wachen Leben Angst, Schmerz oder überholte Ansichten gefangen. Liegen in dem Grabmal Verstorbene, so symbolisieren diese im Allgemeinen Teile unserer Persönlichkeit, die wir entweder nicht entwickelt oder „getötet" haben.

Gral Der Heilige Gral ist ein solches Schlüsselsymbol, dass er im Traum als etwas Wunderbares erscheinen kann, etwas, das unsere Wünsche erfüllt und es uns ermöglicht, unser volles Potenzial zu entfalten. Häufig symbolisiert er spirituellen Erfolg, er kann jedoch auch den Kelch des Glücks verkörpern. Wenn uns der Gral im Traum erscheint, können wir mit irgendeiner Form der Belohnung oder einer Veränderung in unserem Leben rechnen. Wir suchen nach etwas, von dem wir vielleicht meinen, dass es unerreichbar ist, doch durch das Bestehen verschiedener Prüfungen können wir schließlich doch unser Ziel erreichen.

Grenze – siehe **Rand**

Größe Wenn wir uns im Traum einer Größe bewusst sind, so signalisiert dies, wie wir uns im Verhältnis zu einer bestimmten Person oder einem Objekt einschätzen – wobei wir nicht vergessen dürfen, dass Größe im Traum immer relativ ist. Etwas Großes kann etwas Wichtiges oder Bedrohliches bedeuten, während etwas Kleines auf Verletzlichkeit und ein gewisses Maß an Bedeutungslosigkeit hinweisen kann.

Grube – siehe **Abgrund**

Gürtel Ein Gürtel kann ein Zeichen der Macht sein, insbesondere dann, wenn er im Traum reich geschmückt erscheint. Wir können außerdem „zu eng gegürtet“ sein in Bezug auf unsere persönlichen Einstellungen oder Pflichten. Der Gürtel symbolisiert ebenfalls Weisheit und Stärke sowie die Unvermeidlichkeit des Kreislaufs von Leben und Tod.

Guru Ein Guru, der im Traum erscheint, ist ein Symbol der Weisheit des Unbewussten. Wenn diese Weisheit uns zugänglich gemacht wird, gliedern wir sie häufig in unser bewusstes Wissen ein. In psychologischer Hinsicht brauchen wir alle eine Vaterfigur, und der Guru ist eine solche Person. Für viele von uns ist Gott zu unerreichbar, um eine persönliche Beziehung zu ihm zu haben. Ein Guru dient daher als Mittlerfigur. Er ist der Inbegriff des Wissens, und diese Weisheit macht er uns durch seine Wahrnehmung zugänglich. Er wird uns ebenfalls helfen unsere eigene, angeborene Weisheit zu finden.

H

Hagel Weil er aus gefrorenem Wasser besteht, symbolisiert der Hagel das Einfrieren unserer Gefühle. Es scheint, als ob der Schaden, der durch diese eisigen Gefühle verursacht wird, eher durch äußere Einflüsse entsteht, als durch innere Gefühle. Hagel spielt im Kreislauf der Natur eine besondere Rolle. Wir sollten zu schätzen wissen, dass es zu bestimmten Zeiten angemessen sein kann, seine Gefühle zu betäuben – allerdings nicht für immer.

Hahn (Zapfhahn) Ein Hahn symbolisiert unsere Fähigkeit, weltliche Mittel zu verwenden. Wenn wir träumen, dass wir einen Hahn nicht auf- oder zudrehen können, so verweist dies auf unsere Fähigkeit – oder Unfähigkeit – Dinge zu kontrollieren, von denen wir meinen, dass wir ein Recht darauf haben. Das Symbol kann ebenfalls signalisieren, dass wir lernen müssen, mit unseren Gefühlen besser umzugehen.

Haken Wenn wir von einem Haken träumen, so erkennen wir darin unsere Fähigkeit, Dinge anzuziehen; diese Dinge können sowohl gut als auch schlecht für uns sein. Der Traum kann jedoch ebenfalls bedeuten, dass wir selbst an einem Haken sitzen und uns nicht die Freiheit gewährt wird, die wir gerne hätten. In Kindheitsträumen kann der Haken ein Symbol für die Eltern sein, die uns in der Hand haben. Das Bild kann uns später bis ins Erwachsenenalter begleiten und signalisiert die Weise, in der wir anderen Kontrolle über unser Leben gestatten.

Halskette Eine Halskette kann auf einen großen Gefühlsreichtum hinweisen, weil sie häufig für ihren Eigentümer eine besondere Bedeutung besitzt.

Haltung Die Körpersprache ist ein wesentliches Element der Träume. Unsere Traumfigur kann eine bestimmte Haltung einnehmen oder übertriebene Bewegungen ausführen, um gewisse Informationen zu übermitteln, die für uns von Bedeutung sind.

Hammer Von einem Hammer zu träumen verweist auf die aggressivere, maskuline Seite unseres Wesens. Möglicherweise haben wir das Gefühl, dass ein Teil unserer Persönlichkeit zerschmettert oder niedergeschlagen werden muss, damit wir richtig „funktionieren“ können. Ein Doppelhammer hat eine besondere Bedeutung: Seine beiden Schlagflächen symbolisieren Gerechtigkeit und Rache. Der Träumer sollte sich bewusst machen, welche von ihnen auf seine Situation zutrifft.

Handpuppe Wenn im Traum eine Handpuppe erscheint, so geht dies einher mit dem Gefühl, dass wir die Umstände oder die Menschen, die uns umgeben, manipulieren können. Bewegt ein anderer die Puppe, dann kann es sein, dass wir uns selbst manipuliert fühlen. Manipuliert dagegen die Handpuppe uns, so soll uns dies auf ein „offizielles“ Problem hinweisen. Es ist möglich, dass wir – als Handpuppe – spüren, dass wir ein Teil von etwas Größerem sind.

Handschellen Wenn wir im Traum Handschellen tragen, so zeigt dies, dass wir auf irgendeine Weise eingeschränkt sind oder waren, möglicherweise durch eine Autoritätsperson oder auch durch unsere eigenen Zweifel und Ängste. Legen wir einem anderen Handschellen an, so versuchen wir vielleicht, diese Person an uns zu binden, was auf eine besitzergreifende Art schließen lässt.

Hängen Eine Person zu hängen ist eine gewalttätige Handlung, die mitunter auf einer Fehleinschätzung beruht. Wenn wir im Traum Zeuge einer solchen Hinrichtung werden, sind wir der

Gewalt gegenüber offen und sollten vielleicht unsere Handlungsweisen überdenken. Falls wir selbst gehängt werden, ist dies als Warnung vor einem Problem zu verstehen – möglicherweise gibt man uns die Schuld für Dinge, die ein anderer zu verantworten hat.

Wenn im Traum etwas über uns hängt, sollten wir prüfen, ob sich in unserer Umgebung etwas befindet, das uns bedroht oder unterdrückt.

Harem Wenn ein Mann träumt, dass er sich in einem Harem befindet, so bemüht er sich, mit der weiblichen Natur zu Rande zu kommen. Im Traum einer Frau zeigt der Harem hingegen, dass sie sich mit der extravaganten, sinnlichen Seite ihres Wesens auskennt. Auf einer anderen Ebene signalisiert der Harem, dass sich die Frau ihres Bedürfnisses, einer Gruppe von Frauen anzugehören, bewusst ist – einer Schwesternschaft.

Jede Gruppe von Frauen, die im Traum erscheint, symbolisiert Weiblichkeit in irgendeiner Form; eine genauere Deutung hängt davon ab, ob der Träumer oder die Träumerin zu einer von ihnen in Beziehung steht.

Harfe Von einer Harfe zu träumen deutet an, dass wir uns auf der Suche nach der richtigen Schwingung befinden, um in unserem Leben eine Harmonie zu erzeugen. Gelegentlich symbolisiert die Harfe eine Leiter, die in die nächste Welt hinaufführt.

Haustier Ein Haustier, das im Traum erscheint, signalisiert, dass wir zu unserem natürlichen Bedürfnis, Liebe zu geben und zu empfangen, Verbindung aufnehmen. Vielleicht möchten wir uns um jemanden kümmern, der verletzlicher ist als wir.

Hefe Die Hefe ist ein Mittel, das die Nahrung leichter und schmackhafter macht. Gleichzeitig verändert sie auch die Substanz und die Textur. Im Traum symbolisiert sie Ideen oder Einflüsse, die unser Leben unwiderruflich verändern können, häufig zum Besseren.

Heim Ein Heim, und insbesondere das Elternhaus, kann Obdach, Wärme und Nahrung verkörpern. Wenn wir träumen, dass wir zu Hause sind, zeigt das eine Rückkehr zu den Maßstäben, die wir als Kind aufgenommen haben. Das Heim kann ebenfalls einen Zufluchtsort symbolisieren, das heißt einen Ort, an dem wir ganz wir selbst sein können, ohne Angst vor Repressalien.

Helligkeit Ein helles Licht signalisiert, dass der Träumer sich auf eine geistige Erleuchtung zubewegt. Wenn wir von Helligkeit träumen, sollte irgendein Teil unseres Lebens beleuchtet werden, oft sogar durch eine Lichtquelle von außen.

Herd Wenn wir von einem Herd oder einem Kamin träumen, so verweist dies in zweierlei Hinsicht auf unser Bedürfnis nach Sicherheit: Zum einen wissen wir, dass das Heim ein sicherer Ort ist, zum anderen erkennen wir die Sicherheit unseres eigenen Ichs. Vielleicht signalisiert dieser Traum aber auch, dass wir zur leidenschaftlichen, wilderen Seite unserer Persönlichkeit Verbindung aufnehmen.

Hermaphrodit, Zwitter – siehe auch **Sex** – Wenn wir von einem Hermaphroditen träumen, so sind wir möglicherweise unsicher, was unser Geschlecht oder unsere Anpassungsfähigkeit an geschlechtsspezifische Rollen angeht. Während wir uns selbst besser kennen lernen, versuchen wir, ein Gleichgewicht zwischen der logischen und der emotionalen Seite unserer Persönlichkeit herzustellen.

Heu Heu, gemähte Felder und Heuhaufen bedeuten oft Spaß und Entspannung. Das Symbol des Heus umgibt eine angenehme

Wärme, denn es kann schöne Erinnerungen und gute Gefühle heraufbeschwören.

Heuschrecke, Grashüpfer Der Grashüpfer ist ein Symbol der Freiheit und der Unberechenbarkeit und kann im Traum oft einen Versuch darstellen, die Freiheit zu erlangen. Auf einer anderen Ebene wird die Heuschrecke in der chinesischen Tradition mit der Erleuchtung assoziiert.

Himmel – siehe auch **Religiöse Bilder** – Im Traum kann der Himmel den Geist symbolisieren und ebenfalls unser Potenzial. Ist der Himmel dunkel, kann er unsere gedrückte Stimmung widerspiegeln, ist er dagegen hell, unsere Freude.

Himmelfahrt Eine „Himmelfahrt" ist ein Zustand veränderten Bewusstseins, der das Ergebnis einer Meditation oder anderer spiritueller Techniken sein kann. In Träumen wird sie als etwas Reales und nicht Ungewöhnliches wahrgenommen und geht häufig mit Symbolen des Paradieses einher. Im esoterischen Bereich folgt sie oft der Erfahrung eines Abstiegs in die Unterwelt.

Hinweisen, Zeigen Wenn wir träumen, dass jemand auf etwas zeigt, so sollen wir in der Regel unser Augenmerk auf ein bestimmtes Objekt, ein Gefühl oder einen Ort richten. Wir müssen dabei darauf achten, wer es ist, der dort zeigt, und worauf er zeigt – er könnte uns in die richtige Richtung weisen. Andererseits könnte es sein, dass er auf uns selbst zeigt und wir etwas einstecken müssen – das Zeigen kann durchaus ein aggressiver Akt sein.

Hitze Positive Gefühle können sich im Traum als Körpergefühle zeigen. Wenn wir träumen, dass uns heiß ist, so signalisiert dies herzliche, leidenschaftliche Gefühle. Ist unsere Umgebung heiß, bedeutet das, dass wir uns geliebt und umsorgt fühlen. Es können sich jedoch auch extreme Gefühle in Körperempfindungen darstellen – Wut, Eifersucht und ähnliche Emotionen können also gleichfalls als Hitze empfunden werden. Wenn wir spüren, dass etwas heiß ist, was eigentlich kalt sein sollte, so haben wir möglicherweise Probleme damit, uns über unsere Gefühle klar zu werden.

Hochzeit Ein Traum von einer Hochzeit kann oft ein Hinweis darauf sein, wie die Gefühle des Träumers im Hinblick auf Beziehungen aussehen. Zum Beispiel kann ein junges Mädchen träumen, dass sie ihren Vater heiratet, während sie lernt, mit Beziehungen zu anderen Menschen umzugehen. Unterschwellig ist der Mensch ständig auf der Suche nach jemandem, der ihn ergänzt, der Eigenschaften mitbringt, von denen er selbst meint, dass er sie nicht besitzt. Ein Traum von einer Hochzeit kann also auf das Wachstumspotenzial verweisen, das sich daraus ergibt, dass zwei bestimmte Teile des Träumers sich vereinen, die erst zusammenfinden müssen, um ein besseres Ganzes zu bilden.

Hochwasser, Überflutung Obwohl sie mitunter beängstigend sind, signalisieren Träume von Überflutungen meist ein Freiwerden positiver Energie. Häufig entsteht das Hochwasser durch ein Übermaß an angestauten, unterdrückten Gefühlen, die drohen, uns zu überwältigen, wenn wir in ihren Sog geraten. Auf der negativen Seite kann ein Hochwasser gelegentlich auch auf eine Depression hinweisen.

Hohl, Hohlraum Wenn wir träumen, dass wir uns innerlich hohl fühlen, so signalisiert dies eine Leere, Ziellosigkeit und mangelnde Kontrolle über unser Leben. Wenn wir hingegen träumen, uns in einem Hohlraum zu befinden, so suchen wir nach einem Schutz vor Dingen, die sich um uns herum abspielen.

Höhle Die Höhle symbolisiert im Traum einen Eingang zum Unterbewusstsein. Anfangs fürchtet man sich vielleicht, doch eine Erforschung der Höhle kann einen starken Kontakt zu unserem tiefsten Innern bewirken. Die Höhle zu durchqueren bedeutet eine Veränderung des Bewusstseinszustands und ein tieferes Verständnis unserer negativen Impulse.

Holz – siehe auch **Wald** und **Baum** – Wenn wir von Holz im Sinne von Bauholz träumen, so verweist dies auf unsere Fähigkeit, die Vergangenheit zu würdigen und auf sie aufzubauen. Der Verwendungszweck des Holzes ist hier von Bedeutung. Möglicherweise brauchen wir einen Unterschlupf oder eine Art Gerüst, das uns stützt. Wenn unsere Verhaltensweisen starr oder „hölzern" werden, so kann uns ein Traum darauf aufmerksam machen und ermutigen, unsere Gefühle wieder ins Gleichgewicht zu bringen.

Homosexualität – siehe auch **Sex** – Wenn wir uns im Traum zu einem Partner gleichen Geschlechts hingezogen fühlen, dann signalisiert das einen inneren Konflikt oder eine Besorgnis im Hinblick auf das eigene Geschlecht. Der Traum kann ebenfalls darauf hinweisen, dass wir abgesehen von der sexuellen Liebe noch eine andere Art von Liebe brauchen, möglicherweise auch uns selbst in einer bestimmten Weise lieben sollten. Auf einer anderen Ebene bedeutet ein Traum von Homosexualität den Versuch, gegensätzliche Aspekte der eigenen Persönlichkeit zu verarbeiten – wir verhelfen uns dadurch zu einer Ganzheit, die uns im Bereich der zwischenmenschlichen Beziehungen förderlich ist.

Honig Honig symbolisiert Vergnügen und Süße. Wenn wir davon träumen, Honig zu essen, so erkennen wir vielleicht, dass wir uns selbst etwas Gutes tun müssen. Honig bezieht sich außerdem noch auf die Fruchtbarkeit und die Männlichkeit. Im Traum kann er darauf hinweisen, dass für uns möglicherweise eine sexuell aktivere oder fruchtbarere Phase beginnt.

Hörner – siehe auch **Geweih** – Hörner verweisen auf das Animalische, das im Menschen steckt. In diesem Zusammenhang signalisieren Hörner ebenfalls die männliche Sexualität und möglicherweise auch den Wunsch, andere zu verletzen.

Wenn es sich um Hörner in Form eines Jagdhorns handelt, dann bedeutet dies entweder eine Warnung oder einen Aufruf, zu erscheinen oder in irgendeiner Form zu handeln. Auf spiritueller Ebene können Hörner die Suche nach dem göttlichen Wesen verkörpern.

Hotel Wenn im Traum ein Hotel erscheint, so kann dies andeuten, dass wir von einer bestimmten Situation für eine Weile Abstand gewinnen sollten. Es kann auch signalisieren, dass unsere gegenwärtige Lage nur eine Übergangssituation darstellt.

In einem Hotel zu wohnen verweist auf eine grundlegende Ruhelosigkeit und darauf, dass eine bestimmte Seite seiner Persönlichkeit den Träumer aus der Bahn geworfen hat. Vielleicht versucht er, vor sich selbst davonzulaufen.

Hufeisen Das Hufeisen ist ein Glücksbringer. Ist es so gedreht, dass es nach oben offen ist, symbolisiert es traditionell den Mond und auch Schutz vor dem Bösen. Wenn es mit der Öffnung nach unten hängt, bedeutet dies allerdings Pech, denn die gute Kraft fließt nach unten ab. Das Hufeisen als Zeichen des Glücks wird ebenfalls mit Hochzeiten in Verbindung gebracht; wenn man also von einem Hufeisen träumt, so kann eine baldige Hochzeit in der Familie anstehen.

Hügel Wenn wir uns im Traum auf einem Hügel befinden, so ist uns bewusst, dass wir dort eine bessere Übersicht haben. Wir haben hart gearbeitet, um ein bestimmtes Ziel zu erreichen, und sind jetzt in der Lage, die Ergebnisse unserer Anstrengungen zu überblicken und zu bewerten. Mit anderen auf einen Hügel zu steigen verweist auf ein gemeinsames Ziel – darauf, dass eine Reise, von der wir ursprünglich dachten, dass wir sie allein unternehmen müssten, von anderen geteilt wird – und wir können das Wissen der anderen für unseren Weg nützen. Wenn wir davon träumen, bergab zu gehen, so haben wir das Gefühl, dass die Umstände uns in eine bestimmte Richtung schieben.

Der Hügel symbolisiert ebenfalls die Mutter Erde oder auch den Eingang zur Unterwelt. Er führt uns zurück in unsere frühe Kindheit, zu unseren Bedürfnissen und der Beruhigung, die die Mutterbrust brachte. Das Bedürfnis des Menschen nach Trost und Nahrung besteht sein ganzes Leben lang. Gleichzeitig muss er sich mit seiner Abhängigkeit von der femininen, nährenden Seite seiner Persönlichkeit auseinander setzen – von Hügeln zu träumen hilft ihm dabei.

Hunger Abgesehen davon, dass der Träumer tatsächlich hungrig sein kann, signalisiert Hunger im Traum, dass unsere natürlichen physischen, emotionalen oder mentalen Bedürfnisse nicht ausreichend gestillt werden.

Hut Ein Hut signalisiert häufig Wissen.

I-J

Iglu Ein Iglu kann ein kaltes Äußeres symbolisieren, das ein sehr warmes Innenleben hat, kann aber auch für die Kälte des Bauwerks selbst stehen. Es kann so scheinen, als ob jemand sich nicht um einen kümmert und dadurch im Heim eine eisige Umgebung schafft, obwohl diese Person innere Wärme besitzt. Auf einer anderen Ebene kann ein Iglu das Weibliche symbolisieren, insbesondere den Schoß oder Mutterleib.

Imitation Wenn wir träumen, dass man uns imitiert, so kann dies bedeuten, dass das, was wir getan haben, das Richtige war und dass andere Menschen von uns lernen können. Es kann ebenfalls darauf hinweisen, dass andere uns als Leitfigur ansehen, obwohl wir selbst uns vielleicht nicht sicher sind, dass dies die passende Rolle für uns ist. Imitieren wir andere, so zeigt dies, dass wir deren umfangreicheres Wissen und ihre Weisheit anerkennen.

Indianer Ein Indianer symbolisiert eine Stärke, deren wir uns vielleicht nicht bewusst waren, nämlich die des natürlichen Instinkts und der Weisheit. Der Träumer sollte nun bereit sein, seine Spiritualität näher zu untersuchen und mit einer neuen Art von Energie und innerer Kraft umzugehen.

Inschrift Jede Art von Inschrift in einem Traum ist eine wichtige Information, die wir verstehen sollen. Wenn wir eine Inschrift lesen, so kann dies darauf hinweisen, dass wir die Botschaft schon verstanden haben, während eine Unfähigkeit sie zu entziffern signalisiert, dass wir noch weitere Informationen benötigen, um eine Aufgabe erledigen zu können.

Insekten Ein Traum von Insekten kann darauf hinweisen, dass uns etwas stört oder auf die Nerven geht – etwas, das wir nicht brauchen. Sie können uns ebenfalls ein Gefühl der Machtlosigkeit und Bedeutungslosigkeit vermitteln. Die genauere Interpretation hängt von der Insektenart ab. So kann z. B. eine Wespe Gefahr signalisieren, während ein Käfer entweder Schmutz oder auch Schutz bedeuten könnte.

Insel Von einer Insel zu träumen kann auf die Einsamkeit verweisen, die man verspürt. Die Insel kann ebenfalls Sicherheit symbolisieren, vielleicht auch Sicherheit vor den Forderungen oder Erwartungen anderer. Von Zeit zu Zeit braucht jeder von uns Erholung, und ein Traum von einer Insel kann uns darauf aufmerksam machen. Auf einer anderen Ebene kann eine Insel einen Schlupfwinkel verkörpern, einen Ort, der von der Welt abgeschnitten ist und es uns erlaubt, über uns selbst nachzudenken.

Inzest – siehe auch **Sex** – Der Inzest ist ein derart starker Tabubereich, dass er sich im Traum nur selten auf einen wirklichen Geschlechtsakt bezieht. Er symbolisiert in der Regel unser Bedürfnis und unseren Wunsch danach, die Dinge im Griff zu behalten. Da unsere Sexualität sehr eng mit dem Bild, das wir von uns selbst haben, verknüpft ist, ist es viel wahrscheinlicher, dass ein Inzesttraum einen Versuch darstellt unsere Gefühle in Bezug auf die eigene Person zu klären, als sich auf eine andere Person zu beziehen.

Irrgarten – siehe auch **Labyrinth** – Ein Irrgarten symbolisiert häufig ein verwirrendes Durcheinander von Ideen und Gefühlen. In psychologischer Hinsicht symbolisiert der Irrgarten die verschiedenen Meinungen und festen Überzeugungen, denen wir im täglichen Leben begegnen und die möglicherweise unserem Fortschritt im Wege stehen. Bestimmte Triebe und Vorstellungen befinden sich im Konflikt miteinander, und wir stellen oft fest, dass wir bei dem Versuch, unseren Weg durch den Irrgarten zu finden, etwas über unseren Mut oder unsere Fähigkeit mit Problemen fertig zu werden gelernt haben. Häufig besteht eine scheinbar irrationale Angst, dass wir unseren Weg nicht finden. Auf diese Weise können wir unsere Selbstzweifel und Ängste durch Träume freisetzen und bewältigen.

Jagd Wenn wir träumen gejagt zu werden, so wird die Deutung sich in der Regel auf die Sexualität beziehen. Eine noch ältere Interpretation der Jagd verweist auf den Tod, insbesondere denjenigen, der ein Element einer zeremoniellen Tötung oder eines Opferrituals beinhaltet. In diesem Zusammenhang kann ein Traum von einer Jagd ebenfalls andeuten, dass wir uns bewusst sind, einen bestimmten Zustand in unserem Alltagsleben ändern zu müssen.

Jahreszeiten Werden wir im Traum auf die Jahreszeiten hingewiesen, so knüpft dies eine Verbindung zu verschiedenen Perioden unseres Lebens. Der Frühling symbolisiert die Kindheit, der Sommer die Jugend, der Herbst das mittlere Alter und der Winter das hohe Alter. Das Symbol könnte uns ebenfalls auf unser Bedürfnis nach Spaß und Vergnügen aufmerksam machen, da die Jahreszeiten auch mit Feiern und Festen verbunden sind.

Joch Das Joch ist ein althergebrachtes Symbol der Ehe.

Jungfrau In spiritueller Hinsicht besteht hier eine Unschuld und Reinheit, die oft einer Art von Dienst gewidmet werden kann. Der jungfräuliche Geist – d. h. ein Geist, der weder Täuschung noch Arglist kennt – steht hier eher im Mittelpunkt als der körperliche Zustand der Jungfräulichkeit. Im Traum einer Frau signalisiert dieses Symbol, dass sie mit ihrer Psyche in Verbindung steht.

Jury Eine Jury, die im Traum ein Urteil fällt, verweist darauf, dass wir uns entweder mit dem, was andere von uns denken, oder mit unserer eigenen Einschätzung unserer Persönlichkeit auseinander setzen müssen. Möglicherweise stellen wir die Werte, die wir übernommen haben, in Frage oder wir fühlen, dass wir (oder ein Teil von uns) unseren Idealen nicht gerecht geworden sind – vielleicht sind wir nicht gut genug. Wenn wir unsererseits ein Mitglied der Jury sind, wirft das die Frage auf, ob wir die Fähigkeit besitzen, einer Gruppe von Gleichgesinnten anzugehören oder nicht. Zum Beispiel könnte es sein, dass wir uns der Entscheidung einer Gruppe nicht anschließen möchten. Solange wir bei unserer inneren Wahrheit bleiben, kann man uns nicht verurteilen.

K

Käfer – siehe auch **Insekten** – In der ägyptischen Mythologie verkörpert der Skarabäus den Schutz vor dem Bösen, und seine Fähigkeit eine Umgebung zu reinigen symbolisiert harte Arbeit. Dennoch halten viele Menschen den Käfer für ein schmutziges Tier, und im Traum hat er die gleiche Bedeutung wie alle Insekten – etwas, das unsauber ist oder um das man sich nicht genug kümmert.

Käfig, Zelle – siehe auch **Gefängnis** – Der Käfig symbolisiert normalerweise eine Art Falle oder Gefängnis. Wenn wir träumen, ein wildes Tier in einen Käfig zu sperren, macht uns das darauf aufmerksam, dass wir unsere animalischen Instinkte unter Kontrolle halten müssen. Wenn wir andererseits träumen, selbst in einem Käfig zu sitzen, zeigt dies ein Gefühl der Frustration und möglicherweise auch, dass unsere Vergangenheit uns gefangen hält. Vielleicht erhalten wir eine Warnung, dass wir unsere verborgenen Fähigkeiten zu sehr unterdrücken. Möglicherweise erlauben wir anderen, uns auf irgendeine Art zurückzuhalten und zu behindern.

Kahlköpfigkeit Priester schoren sich einst die Schädel, um zu zeigen, dass sie nichts zu verbergen hatten, und stellten damit gleichzeitig ihre Demut und Vergeistigung unter Beweis. Im Traum ist Kahlköpfigkeit nur schwer zu interpretieren, da der Verlust des Haupthaars für eine Frau einen Verlust an Weiblichkeit, im Falle des Mannes jedoch Intelligenz oder auch Reife und Weisheit symbolisieren kann.

Kaleidoskop Ein Kind ist fasziniert von den Mustern, die ein Kaleidoskop bildet – keines ist wie das andere, und doch ist jedes von ihnen ganz gleichmäßig innerhalb seiner eigenen Wiederholung und Spiegelung. Das Traumbild eines Kaleidoskops kann uns unsere eigene Kreativität vor Augen führen, die möglicherweise in eine Sackgasse geraten ist. Das Kaleidoskop verbindet uns mit unserem kindhaften Selbst und mit der Schönheit von Grundmustern, wie denen der Mandalas, doch auch mit den Feinheiten der schöpferischen Kraft. Wir werden uns bewusst, dass wir selbst ein relativ kleines Element in einem groß angelegten Plan sind.

Kalender Zeit ist eine Begrenzung, die wir uns selbst auferlegen; wenn darum etwas im Traum erscheint, das die Zeit misst, dann bedeutet dies eine Warnung vor dem Potenzial dieser Begrenzung. Vielleicht wird jedoch unsere Aufmerksamkeit auf die Vergangenheit, die Gegenwart oder die Zukunft und etwas Bedeutungsvolles, das in unserem Leben geschehen ist, gelenkt.

Kälte Im Traum Kälte zu spüren bedeutet, sich vernachlässigt oder ausgeschlossen zu fühlen, denn häufig werden unsere seelischen Gefühle in Körperempfindungen übersetzt.

Kamera Wenn wir im Traum fotografieren oder filmen, so bedeutet dies, dass wir Ereignisse festhalten, die wir vielleicht nicht vergessen dürfen oder die wir uns noch genauer anschauen müssen. Wenn andererseits die Kamera auf uns gerichtet ist, weist das darauf hin, dass wir unsere eigenen Handlungen und unsere Reaktionen auf bestimmte Situationen unter die Lupe nehmen sollten.

Kamm Ein Kamm bedeutet häufig, dass wir in unserem Leben etwas ordnen müssen – vor allem müssen wir unsere Gedanken sortieren. Im Traum eines Mannes kann er Verführung oder Sinnlichkeit verkörpern. Vielleicht spüren wir auch, dass wir an dem Bild, das wir von uns selbst haben, arbeiten müssen. Der

Kamm symbolisiert außerdem Fruchtbarkeit, Sonnenstrahlen, Verwicklung und Musik.

Kampf Wenn wir träumen, dass wir mit jemandem kämpfen, so signalisiert dies in der Regel, dass wir uns unserem Bedürfnis nach Unabhängigkeit stellen. Vielleicht müssen wir auch einem Ärger Luft machen oder aber unserem unterbewussten Wunsch, einen bestimmten Teil unseres Ichs zu verletzen.

Kanal Weil ein Kanal eine von Menschen erbaute Konstruktion ist, bedeutet ein Traum darüber im Allgemeinen, dass wir in Bezug auf die Kontrolle unserer Gefühle zur Strenge neigen. Es mag sein, dass wir unser Leben zu sehr konstruieren – auf Kosten unserer Kreativität.

Kannibalismus Kannibalismus stellt sich im Traum als unpassendes Verhalten dar: Sich des Essens von Menschenfleisch bewusst zu sein, kann unsere Abneigung gegenüber ungeeigneter Nahrung oder ungeeigneten Handlungen zum Ausdruck bringen. Oft gibt es einen Teil unserer selbst, den wir noch nicht „verinnerlicht" haben und daher aufnehmen müssen. Im Traum Menschenfleisch zu verzehren kann bedeuten, dass wir falsche Informationen „schlucken". Es symbolisiert ebenfalls die Aufnahme von Kräften oder Eigenschaften, die eigentlich anderen Menschen gehören.

Kanu Von einem Kanu zu träumen bedeutet, dass wir mit unseren Gefühlen nur in Isolation umgehen, obwohl wir uns möglicherweise Mühe geben, den Emotionsfluss unter Kontrolle zu behalten. Wir sind uns bewusst, dass wir Dinge verändern können, allerdings nur durch eigene Anstrengungen. Vielleicht sind wir vor unseren Gefühlen geschützt, vielleicht aber auch in Gefahr.

Kapuze Eine Kapuze wirkt bedrohlich und kann darauf verweisen, dass ein Teil unserer selbst sich irgendwie bedroht fühlt. Wahrscheinlicher ist jedoch, dass ein Teil unserer Persönlichkeit vor uns verborgen ist und aufgedeckt werden muss, damit wir richtig „funktionieren“ können. Gemäß traditioneller Interpretation bedeutet das Tragen einer Kapuze bei einer Frau, dass sie andere betrügt, während es bei einem Mann bedeutet, dass er sich aus einer Situation zurückzieht.

Karten (Grußkarten) Im Traum eine Karte, z. B. eine Geburtstagskarte, zu schicken oder zu erhalten, macht uns darauf aufmerksam, dass wir mit dem Adressaten Verbindung aufnehmen sollten. Unser Unterbewusstsein registriert vielleicht eine Sorge, entweder im Hinblick auf uns selbst oder auf andere. Auf höherer Ebene besteht möglicherweise die Notwendigkeit, eine Botschaft auf spirituellem Wege zu übertragen.

Karten (Spielkarten) Wenn wir im Traum Karten spielen, so unterstreicht dies unsere Fähigkeit, Gelegenheiten zu erkennen und beim Schopfe zu packen oder auch Risiken einzugehen. Die Karten, die man austeilt oder beim Spiel erhält, können in Bezug auf Bild und Spielfarbe von Bedeutung sein. Herz signalisiert Gefühl und Beziehung, Karo bedeutet materiellen Reichtum, Pik verweist auf Konflikt, Schwierigkeiten und Hindernisse und Kreuz symbolisiert Handlung, Arbeit und Intelligenz. Der König steht für Erfolg und Meisterschaft, die Königin für Gefühlstiefe, Empfindsamkeit und Verständnis, während der Bube Impulsivität, Kreativität oder auch jugendliche Energie symbolisiert.

Karten (Straßenplan, Landkarte) Eine Karte kann auf die Hilfe verweisen, die wir auf unserer Suche nach dem Weg nach vorn benötigen. Sie signalisiert häufig eine bestimmte

Richtung, die wir im Leben einschlagen sollten. Hierbei ist zu beachten, dass wir die Karte selbst lesen müssen und daher unser eigener Führer sind. Sind wir im Traum nicht in der Lage eine Karte zu lesen, so zeigt dies eine Verwirrung oder Unentschlossenheit, während das Bewusstsein, eine Karte zu brauchen, aber keine zu haben, darauf hinweist, dass uns wichtige Informationen fehlen.

Karton – siehe **Schachtel**

Kastration – siehe auch **Sex** – Jeder Traum, der ein sexuelles Trauma beinhaltet, verweist auf unsere tiefsten Ängste. Der gewaltsame Akt der Kastration signalisiert den Schaden, den wir uns selbst zufügen, indem wir solche Ängste leugnen. Gemäß traditioneller Deutung kann hier ein Problem im Hinblick auf unsere Bewältigung des inneren Konflikts zwischen der maskulinen und der femininen Seite unserer Persönlichkeit vorliegen.

Kaulquappe Im Traum einer Frau können Kaulquappen ihren Wunsch oder ihre Fähigkeit zur Schwangerschaft symbolisieren. In spiritueller Hinsicht verkörpert die Kaulquappe den Keim des Lebens, und daher verweist sie im Traum auf den Aspekt der Einfachheit des Lebens und möglicherweise auf den Beginn einer neuen Lebensphase.

Keil Auf esoterischer Ebene symbolisiert der Keil das Vergehen der Zeit, die es ermöglicht, dass etwas in unserem Leben Wirklichkeit wird – z. B. auch ein Traum. Von einem Keil zu träumen bedeutet häufig, dass wir uns bestimmten Situationen gegenüber öffnen müssen, möglicherweise jedoch dabei vorsichtig sein sollten.

Kelch Im Traum symbolisiert der Kelch das weibliche, aufnahmefähige Prinzip sowie unsere Fähigkeit, uns auf unterschiedliche

Weise Vergnügen zu bereiten. Vielleicht sind wir in der Lage aus etwas recht Gewöhnlichem etwas Besonderes zu schaffen. Wenn wir aus einem Kelch trinken, so signalisiert dies, dass wir uns selbst die Freiheit gewähren, die Freuden des Lebens voll auszukosten.

Kerze Wenn wir von Kerzen träumen, so zeigt dies, dass wir etwas zu klären versuchen, was wir nicht verstehen. Kerzen auf einem Geburtstagskuchen können darauf verweisen, dass wir einen Übergang vom Alten zum Neuen kennzeichnen möchten. Eine Kerze zu entzünden bedeutet den Einsatz von Mut und Stärke oder auch, dass wir um etwas bitten, das wir brauchen. In psychologischer Hinsicht können Kerzen Wissen oder Weisheit verkörpern, die sich noch nicht vollständig herauskristallisiert haben. Sie können ebenfalls unsere Beherrschung persönlichen Zaubers symbolisieren. Auf einer anderen Ebene signalisiert die Kerze Erleuchtung, Weisheit, Stärke und Schönheit.

Kessel Ein Kessel symbolisiert Überfluss und Nahrung, während ein Hexenkessel weibliche Macht und Fruchtbarkeit verkörpert. Auf einer anderen Ebene kann der Kessel darauf verweisen, dass wir unsere intuitiven Fähigkeiten anerkennen sollten. Der Kessel wird häufig als Symbol der Verwandlung und Veränderung angesehen. Im Traum kommt ihm eine fast magische Bedeutung zu, und er signalisiert praktische, pragmatische Kenntnisse in Bezug auf den Wandlungsvorgang. In manchen Fällen kann der Kessel, so wie alle hohlen Objekte, Weiblichkeit und die Schaffung eines Heims symbolisieren.

Kette Von Ketten zu träumen, egal in welcher Form, deutet auf eine Einschränkung oder Abhängigkeit hin. Die Bindeglieder einer Kette symbolisieren häufig die Kommunikation, die wir brauchen, um uns von Einstellungen zu befreien, die uns einengen und ersticken. Unterjochung und Sklaverei, Würde und Einheit, sie alle werden durch Ketten symbolisiert und unterstreichen deren vieldeutigen Charakter.

Keule Im Traum jemanden mit einer Keule niederzuschlagen signalisiert eine innere Gewalt, die noch kein Ventil gefunden hat. Die Keule kann ebenfalls auf eine Gewalt verweisen, die von uns selbst ausgeht und gegen uns selbst gerichtet ist. Im positiven Fall besitzen wir große Kräfte, für die wir ein Betätigungsfeld finden sollten. Auf einer anderen Ebene symbolisiert die Keule Männlichkeit, wenn auch in einer recht primitiven Form.

Koffer – siehe **Gepäck**

Kolben (Technik) Ein Kolben im Traum kann den Sexualtrieb oder sexuelle Aktivitäten symbolisieren und auf die Einstellung des Träumers zum Sex hinweisen. In diesem Zusammenhang handelt es sich hier eher um eine mechanische Handlung als einen Akt der Liebe. Ein Kolben kann ebenfalls den Antrieb eines Menschen auf der Suche nach Erfolg verkörpern. Möglicherweise muss der Träumer die Anstrengungen einschätzen, die er aufwenden muss, um seine Ziele zu erreichen.

Kopfkissen Im Leben wie im Traum bedeuten Kissen Bequemlichkeit und Unterstützung. Wenn wir gerade eine Phase der Selbstverleugnung durchmachen und uns jede Symbolik des Trostes versagen, kann es sein, dass unser Kissen im Traum verschwindet. Von einer Kissenschlacht zu träumen verweist auf einen Scheinkonflikt im wirklichen Leben.

Klatsch, Gerede Wenn wir im Traum dem Klatsch frönen, so kann dies bedeuten, dass wir Informationen auf eine Weise verbreiten, die nicht unbedingt angebracht ist. Befinden wir uns dagegen in einer Gruppe von Menschen und lauschen ihrem Gerede, dann suchen wir vielleicht nach einer bestimmten Information, die wir allein nicht finden können.

Klavier Ein Klavier im Traum signalisiert unsere potenzielle Kreativität – obwohl wir dafür sehr viel üben müssen. Vielleicht sollten wir unsere Arbeitssituation einmal in dieser Hinsicht unter die Lupe nehmen.

Klee Der Klee gilt als traditioneller Glücksbringer und weist, wenn er im Traum erscheint, darauf hin, dass uns etwas Gutes bevorsteht. Wir sollten uns auf unsere Fähigkeit konzentrieren, die verschiedenen Teile unserer Persönlichkeit wieder in Harmonie zu vereinen.

Kleiderschrank – siehe auch **Möbel** – Da ein Kleiderschrank unsere Kleider verwahrt, signalisiert er die Art und Weise, wie wir mit dem Bild, das wir von uns selbst haben, umgehen und gibt außerdem Aufschluss über die verschiedenen Persönlichkeiten, in die wir im täglichen Leben hineinschlüpfen. Aufgrund seiner Größe gilt ein Kleiderschrank oft auch als Symbol einer Passage und verweist auf eine Übergangsphase oder einen Initiationsritus.

Klettern Im Traum zu klettern signalisiert, dass wir davon träumen, etwas hinter uns zu lassen, vielleicht sogar zu fliehen – möglicherweise möchten wir Schwierigkeiten aus dem Weg gehen. Klettern deutet ebenfalls an, dass wir versuchen, in unserem Leben etwas Höheres zu erreichen und vielleicht größere Anstrengungen als zuvor aufwenden müssen, damit dies gelingt. Auf einer anderen Ebene symbolisiert das Klettern einen Aufstieg zur Erleuchtung.

Kliff Im Traum am Rande eines Kliffs zu stehen bedeutet, dass der Träumer in Gefahr ist. Er muss eine Entscheidung im Hinblick auf eine bestimmte Situation treffen und möglicherweise offen genug sein, um ein Risiko einzugehen. Wir treffen häufig auf Dinge, die uns unbekannt sind. Vielleicht müssen wir eine Maßnahme ergreifen, die uns psychologisch gesehen an den „Rand“ bringt und so nervös macht, dass wir unsere Ängste besiegen müssen, um unsere Grenzen zu durchbrechen und Fortschritte zu erzielen.

Klopfen Im Traum ein Klopfen zu hören bedeutet oft eine Warnung vor einem Problem. Unsere Aufmerksamkeit sollte sich wieder auf die Angelegenheit konzentrieren, die wir gerade erledigen wollen. Wenn wir z. B. im Traum an eine Tür klopfen, so kann dies bedeuten, dass wir selbst Aufmerksamkeit oder Zustimmung brauchen. Vielleicht fühlen wir uns ausgeschlossen von einer bestimmten Situation. Es ist auch möglich, dass wir mit jemandem zusammen sein – ein Teil seines Lebens sein – möchten, aber nicht wirklich überzeugt sind, dass wir ein Recht dazu haben.

Kniende Haltung Ein Niederknien bedeutet in der Regel eine Unterwerfung, gelegentlich auch ein Flehen. Ursprünglich symbolisierte ein Kniefall, dass man jemandem im eigenen Leben einen Status verlieh, indem man sich selbst auf eine tiefere Ebene begab. Im Traum ist dies die häufigste Deutung. Wenn das Knien lediglich dazu dient, einen Kontakt zum Erdboden herzustellen, so verweist dies auf ein Bedürfnis, mit den grundlegenden Aspekten des Lebens in Verbindung zu treten.

Knoblauch Früher besaß der Knoblauch große Bedeutung, insbesondere im magischen Bereich. Er galt oft als Symbol der männlichen Fruchtbarkeit und aufgrund seines Geruchs auch als Schutz gegen die Kräfte des Bösen.

Knoten, Mystischer Knoten Ein einfacher Knoten im Traum kann eine Blockade symbolisieren, die den natürlichen Lauf der Dinge hemmt, oder auch das Bedürfnis, in Bezug auf ein Projekt eine andere Richtung einzuschlagen. Das Lösen eines Knotens bedeutet die Lösung eines Problems, das komplexer ist als wir zuerst angenommen hatten, und kann daher seine Zeit dauern. Symbolischer gesehen kann ein Knoten auf einen Irrgarten oder ein Labyrinth verweisen, das wiederum die komplexe weibliche Natur verkörpert. Ein komplizierter Knoten kann andeuten, dass wir an eine bestimmte Situation durch ein Pflicht- oder Schuldgefühl gebunden sind. Wenn wir uns innerlich verknotet fühlen, so signalisiert dies, dass wir unter emotionalem Druck stehen.

In spiritueller Hinsicht symbolisiert der mystische Knoten die Unendlichkeit, da er keinen Anfang und kein Ende hat. Im Hinblick auf die Entwicklung des Ichs kann er ein Problem signalisieren, das nicht auf herkömmliche Weise zu lösen ist.

Kobold Ein Kobold im Traum symbolisiert in der Regel Chaos und Schwierigkeiten. In seiner Eigenschaft als jemand, der uns quält, Probleme schafft und uns schadet, ähnelt seine Bedeutung der des Teufels. Der Kobold kann ebenfalls die unkontrollierte, negative Seite unserer Persönlichkeit verkörpern, die Seite, die instinktiv ein Durcheinander anrichtet und dies obendrein genießt. Er signalisiert möglicherweise, dass man die Kontrolle verliert.

Kochen Wenn wir im Traum kochen, versuchen wir, einen Hunger zu stillen – entweder unseren eigenen oder den eines anderen. Es kann sich dabei um einen körperlichen oder einen seelischen Hunger handeln. Das Kochen kann signalisieren, dass wir bestimmte Teile unseres Lebens miteinander verbinden müssen, um einen Erfolg zu erzielen; schließlich ist Kochen eine kreative Angelegenheit.

Köder Es gibt in unserem Leben einen Aspekt, der aus seinem Versteck an die Öffentlichkeit gelockt werden muss. Im Traum einer Frau kann das Auslegen eines Köders ein Anzeichen dafür sein, dass sie an ihrer Anziehungskraft im Hinblick auf die Partnersuche zweifelt. Der Köder könnte eine Handlung oder der Einsatz eines bestimmten Gefühls sein, mit dem man das Endergebnis erzielen will.

Komet Wenn wir im Traum einen Kometen sehen, erkennen wir an, dass sich im Handumdrehen Umstände ergeben können, die sich unserer Kontrolle entziehen – das Ergebnis kann unvermeidbar sein. Der Komet kann ebenfalls die Antwort auf ein Problem symbolisieren, das sich uns mit Lichtgeschwindigkeit nähert. Auf einer anderen Ebene verkörpert er einen tiefen Einschlag, die globale Katastrophe, Feuer oder Gefahr.

Kompass Ein Traum von einem Kompass bedeutet, dass wir versuchen, eine Richtung oder eine Aktivität ausfindig zu machen. Wir müssen die verschiedenen Richtungen, die uns zur Auswahl stehen, erkennen und derjenigen folgen, die für uns die richtige ist. Der Kompass kann außerdem die Quelle des Lebens symbolisieren und manchmal auch die Gerechtigkeit. Auf einer anderen Ebene benötigen wir einen Kompass als Orientierungshilfe oder um unsere eigenen Grenzen abzustecken.

Korb Die klassische Deutung eines Traums von einem gefüllten Brotkorb verweist auf das Nähren und Teilen – wie es das Abendmahl zeigt. Durch Assoziation gelangen wir zum Symbol des Korbes als Verkörperung des Weiblichen, des Nährens, der Verwirklichung und der Fülle.

Körper Der Körper symbolisiert im Traum das Individuum mit allen seinen Wesenszügen und verkörpert häufig das Ego. Der

Körper dient als wichtigste Informationsquelle über uns und verdeutlicht oft Probleme, die wir möglicherweise im physischen Bereich haben. Menschen, die sich anderer Glaubensrichtungen und Überzeugungen bewusst sind, werden immer wieder die Erfahrung machen, dass ihnen Wissen durch Träume über den Körper vermittelt wird. Auf psychologischer Ebene wird fast alles, was wir erleben, in Körpergefühl umgesetzt und daher zu einer ergiebigen Quelle der Symbolik in Träumen. Wenn wir uns unseren Gefühlen im normalen Alltagsleben nicht stellen können, machen sie sich sehr häufig in Form verzerrter Traumsymbole bemerkbar.

Verschiedene Aspekte des Körpers können unterschiedliche Traumbedeutungen aufweisen. Wenn man zum Beispiel von der oberen Körperhälfte träumt, so bedeutet das eine Verbindung mit dem Intellekt und den spirituellen Zügen des Charakters, während die untere Körperhälfte die angeborenen emotionalen Wesenszüge verkörpert. Der Kopf eines Erwachsenen auf einem unreifen Körper oder ein Kinderkopf auf dem Körper eines Erwachsenen bedeutet, dass der Träumer den Unterschied zwischen reifen Gedanken und dem Gefühl erkennen soll. Wenn die obere und die untere Körperhälfte sich miteinander im Konflikt befinden, so verweist dies auf eine Disharmonie zwischen den geistigen Fähigkeiten und dem instinktiven Verhalten. Wenn die rechte Seite oder die rechte Hand im Traum besonders auffällig ist, so weist dies darauf hin, dass wir die logische Seite unserer Persönlichkeit stärker wahrnehmen sollten, während eine Betonung der linken Seite oder Hand das Augenmerk auf die intuitive, kreative Seite unserer Persönlichkeit lenkt.

Die Körperteile können folgende Bedeutungen aufweisen:

After – siehe auch ***Exkrement*** – Im Traum kehrt der Geist zu einer Zeit zurück, in der er begann, die Kontrolle über die Körperfunktionen zu gewinnen. Diese Erfahrung dient als Beweis für die Selbstverwirklichung, die Selbstständigkeit und die Kontrolle, doch ebenfalls die Unterdrückung und Verteidigung. Ein solcher Traum verweist daher auf einen Aspekt kindlichen Benehmens oder auf Egoismus.

Arme Wir benutzen unsere Arme auf viele verschiedene Weisen. Im Traum verteidigen wir uns möglicherweise, wir kämpfen oder werden festgehalten. Vielleicht zeigen wir auch leidenschaftlichen Einsatz für eine bestimmte Sache.

Auge Jeder Traum, in dem das Auge eine Rolle spielt, hat mit Beobachtung und kritischem Urteilsvermögen zu tun. Man assoziiert es mit der Macht des Lichts und, im Altertum, mit der der Sonnengötter. Durch seine Verbindung zur ägyptischen Symbolik gilt das Auge ebenfalls als Glücksbringer. Der Verlust des Augenlichts bedeutet einen Verlust an Klarheit, und je nachdem, welches Auge betroffen ist, kann dies der Verlust der Logik (rechtes Auge) oder der Verlust der Intuition (linkes Auge) sein. Das Augenlicht zurückzugewinnen kann auf eine Rückkehr zur Unschuld und Scharfsicht eines Kindes hinweisen.

Blut Viele Menschen fürchten sich vor Blut, und ein Traum von Blut kann darauf hinweisen, dass sich der Träumer mit dieser Angst auseinander setzen muss. Auf einer spirituelleren Ebene verkörpert es das Blut Christi, ein Martyrium oder die Tatsache, dass ein Opfer dargebracht wird. Einem alten Glauben zufolge, wird im Blut auf irgendeine Weise das Leben des Geistes bewahrt, und darum betrachtete man vergossenes Blut als heilig. Es kann ebenfalls eine Erneuerung des Lebens bedeuten durch seine Verbindung mit der Menstruation.

Busen Brüste verweisen im Traum generell auf unsere Verbindung zur Mutterfigur und auf unser Bedürfnis genährt zu werden. Ein solcher Traum kann auch den Wunsch nach einer Rückkehr ins Babyalter signalisieren, um keine Verantwortung tragen zu müssen.

Daumen Von einem Daumen zu träumen zeigt, dass uns bewusst ist, wie viel Macht wir besitzen. Ein nach oben gerichteter Daumen verkörpert positive Energie, ein nach unten gerichteter negative. Für römische Gladiatoren bedeutete der Letztere den Tod.

Exkrement Es mag sein, dass der Träumer noch immer meint, dass alles, was mit den Körperfunktionen zu tun hat, schmutzig und egozentrisch sei. Vielleicht gibt es im wachen Leben des Träumers ein Element der Rebellion. Mit Exkrementen zu spielen, kann auf Geld oder Werte verweisen, so dass dies im Traum Geldsorgen und auch die Angst vor Verantwortung signalisieren kann. Wenn sich die Exkremente in lebende Tiere verwandeln, z. B. Ratten, so kann das andeuten, dass der Träumer sich mit der Tatsache abfindet, die Verantwortung für die Beherrschung seiner eigenen Impulse zu tragen. Die spirituellere Bedeutung der Exkremente gehört in den Bereich der Gefühle, und vielleicht versuchen wir einfach nur, uns einer Verstimmung zu entledigen. Diese Verstimmung kann in etwas Lohnendes verwandelt werden. Eine Entleerung des Darms unterstreicht meist unser Bedürfnis, frei von Sorgen und Verantwortung zu sein, oder möglicherweise das Bedürfnis zu lernen, wie wir unsere Hemmungen ablegen können. Die Entleerung kann im Traum ebenfalls den Geschlechtsakt symbolisieren.

Ferse Sie verweist auf den Teil von uns, der stark, aber gleichzeitig auch verletzlich ist.

Gliedmaßen Im Traum kann jede unserer Gliedmaßen die Sexualität verkörpern oder auch Ängste, die mit Fragen des Geschlechts verknüpft sind. Wenn wir „zergliedert" werden, ist das wörtlich zu nehmen – wir werden auseinander gerissen. Manchmal kann dies bedeuten, dass wir unser Leben wieder neu strukturieren und von vorn anfangen müssen. Manchmal aber auch, dass wir in irgendeiner Weise einer Bedrohung ausgesetzt sind, die unsere Existenz bis aufs Mark erschüttert.

Haar Das Haar symbolisiert Stärke und Männlichkeit. Wenn wir im Traum unser Haar kämmen, so bedeutet dies, dass wir eine bestimmte Einstellung entwirren möchten. Mit einem Haarschnitt wiederum versuchen wir, Ordnung in unser Leben zu bringen. Jemand anderem die Haare zu schneiden kann signalisieren, dass wir eine Aktivität beschneiden wollen. (Möglicherweise besteht auch eine gewisse Angst oder ein Zweifel in sexueller Hinsicht.) Im Traum kahlköpfig zu sein heißt, seine eigene Intelligenz oder Weisheit anzuerkennen.

Hals Wenn wir vom Hals träumen, signalisiert dies ein Bewusstsein unserer Verletzlichkeit und auch das Bedürfnis, unserer Persönlichkeit Ausdruck zu verleihen.

Hand Die Hände gehören zu den ausdrucksfähigsten Teilen unseres Körpers und symbolisieren Macht und Kreativität. Wenn die Hände des Träumers im Kontrast zueinander stehen, indem sie jeweils einen anderen Gegenstand halten, kann dies auf einen Konflikt zwischen Meinungen und Gefühlen hindeuten. Eine Hand auf der Brust symbolisiert Unterwerfung. Gefaltete Hände mit verschränkten Fingern zeigen Verbundenheit oder Freundschaft, während geballte Fäuste auf eine Drohung schließen lassen. Einfach gefaltete Hände symbolisieren tiefe Ruhe und einen Zustand der Erholung. Wenn die Hände die Augen bedecken, so bedeutet dies im Allgemeinen Scham oder Entsetzen, während gekreuzte Handgelenke signalisieren, dass man gebunden ist. Die offene Hand symbolisiert Gerechtigkeit, und das Auflegen der Hände bedeutet Heilung und Segen (insbesondere, wenn die Hand auf dem Nacken ruht). Liegen die Hände beieinander, so zeigt dies Schutzlosigkeit; werden sie dagegen in die Hände einer anderen Person gelegt, ist dies ein Zeichen der Auslieferung. Werden die Hände erhoben, so kann dies grenzenlose Liebe, Gebet oder auch Aufgabe bedeuten. Sind die Handflächen nach außen gedreht, signalisiert dies die Erteilung eines Segens, hebt der Träumer sie allerdings an den Kopf, sollte er seine gegenwärtige Situation im Leben sehr sorgfältig überdenken. Ein Waschen der Hände symbolisiert Unschuld oder Abwehr bzw. Ablehnung einer Schuld, während ein

Händeringen Trauer und Schmerz verkörpert. Eine große Hand, insbesondere eine, die aus dem Himmel ragt, signalisiert ein Auserwähltsein. Die rechte Hand ist die Hand der „Macht“, die linke hingegen die passive und empfangende. Gelegentlich kann die linke Hand im Traum auch einen Betrug symbolisieren.

Gemäß früherem Glauben, der inzwischen wieder in Mode gekommen ist, verkörpert jeder Finger eine bestimmte Eigenschaft: Zeigefinger – Ausdehnung; Mittelfinger – Einschränkung; Ringfinger – das Selbst; kleiner Finger – Kommunikation. Ein Finger, der auf etwas gerichtet ist, kann auf einen Weg verweisen, der einen weiterbringt, oder auch auf eine besondere Wahl.

Haut Die Haut steht im Traum für unsere Persona oder für die schützende Tarnkleidung, die wir anderen gegenüber anlegen.

Herz Das Herz ist der Mittelpunkt des Seins und symbolisiert „fühlende“ Weisheit im Gegensatz zu intellektueller Weisheit. Es verkörpert ebenfalls Mitgefühl, Verständnis und Liebe.

Kiefer Der Kiefer symbolisiert die Art, wie wir uns ausdrücken. In spiritueller Hinsicht verkörpert er ebenfalls den Eingang zur Unterwelt.

Knie Die Knie symbolisieren das Gebet, die flehende Bitte und gefühlsmäßigen Einsatz für eine Sache.

Kopf Der Kopf ist der wichtigste Teil des Körpers. Als Sitz des Intellekts symbolisiert er Macht und Weisheit. Ein Traum von einem Kopf signalisiert, dass wir uns die Art und Weise genau anschauen sollten, wie wir mit Intelligenz und auch mit Verrücktheit umgehen. Ist der Kopf gesenkt, so verweist dies auf ein Gebet oder eine Beschwörung. Trägt er eine Kopfbedeckung, so stellen wir vielleicht unsere Intelligenz unter den Scheffel oder wir erkennen an, dass uns jemand überlegen ist. Ein Schlag auf den Kopf kann bedeuten, dass wir unsere Handlungsweise in einer bestimmten Situation noch einmal überdenken sollten.

Leber Die Leber symbolisiert Reizbarkeit und unterdrückten Zorn.

Lunge In der chinesischen Medizin symbolisiert die Lunge die Trauer. Sie ist ebenfalls an Entscheidungsprozessen beteiligt. In spiritueller Hinsicht gilt die Lunge als Sitz der Rechtschaffenheit und als Ursprung der Gedanken, die unser Selbst betreffen. Wird die Lunge im Traum betont, so kann sie den Lebenshauch verkörpern.
Mund Der Mund symbolisiert den verzehrenden, fordernden Teil unseres Ichs und daher auch die weibliche, aufnahmefähige Seite. Die Umstände des Traums können Aufschluss über die genaue Deutung geben.
Mutterleib Der Mutterleib symbolisiert eine Rückkehr zu den Anfängen. Jeder von uns braucht Sicherheit und Schutz und möchte einmal frei sein von Verantwortung. Ein Traum vom Mutterleib kann auf unser Bedürfnis verweisen, diese Bedingungen zu erfüllen. Auf esoterischer Ebene symbolisiert der Mutterleib unsere Verbindung zur Großen Mutter oder Mutter Erde. Träume von einer Rückkehr in den Mutterleib signalisieren eine erneute Verbindung mit der passiven, nachgiebigen Seite unseres Wesens. Möglicherweise benötigen wir eine gewisse Zeit der Selbstheilung und Genesung.
Nase Im Traum kann die Nase Neugier und Wissbegierde symbolisieren und ebenfalls die Intuition. Manchmal verkörpert sie auch den Penis.
Niere Die Niere ist ein Ausscheidungsorgan und symbolisiert daher im Traum ein Bedürfnis nach Reinigung.
Penis Ein Traum von einem Penis – dem eigenen oder dem eines anderen – verdeutlicht in der Regel die Einstellung zum penetrativen Geschlechtsverkehr.
Rücken Wenn wir im Traum den Rücken eines anderen sehen, so sollten wir die vertraulicheren Elemente unserer eigenen Persönlichkeit bestimmen. Vielleicht möchten andere Menschen im Augenblick nicht ihre Gedanken mit uns teilen oder könnten sogar Verachtung oder Missbilligung zum Ausdruck bringen. Möglicher-

weise sind wir auch etwas Unerwartetem ausgesetzt. Wenn wir uns selbst im Traum abwenden, so lehnen wir das Gefühl ab, das wir gerade dort durchleben.

Rückgrat Ist das Rückgrat im Traum besonders auffällig, so sollten wir die Hauptstützen unseres Lebens in Augenschein nehmen und in intellektueller Hinsicht unsere Charakterfestigkeit überprüfen.

Scheide, Vagina Meist haben Träume von der Vagina mit dem Bild zu tun, das wir von uns selbst haben. Im Traum einer Frau betont die Scheide deren Aufnahmefähigkeit. Im Traum eines Mannes verweist sie auf sein Bedürfnis, in andere Menschen sowohl geistig als auch körperlich einzudringen.

Unterleib, Magen, Bauch Wenn der Traum sich scheinbar auf den Unterleib konzentriert, sollten wir unsere Emotionen und unterdrückten Gefühle in Augenschein nehmen.

Urin Im Traum verweist Urin häufig auf unser Verhältnis zur emotionalen Kontrolle. Entweder wir lassen unseren Gefühlen freien Lauf oder wir fressen sie in uns hinein. Unsere Einstellung zum Urin sagt oft auch eine Menge über unsere Sexualität aus.

Verstopfung (im Leben und im Traum) Wenn wir etwas zurückhalten, so signalisiert dies, dass wir nicht in der Lage sind, uns von der Vergangenheit oder früheren Verhaltensmustern zu lösen, und dass es uns nicht gelingt, eine angemessene Leistung zu erbringen.

Zähne Sie gelten als Symbol einer aggressiven Sexualität. Wenn uns im Traum Zähne ausfallen, befinden wir uns meist in einer Übergangsperiode, z. B. von der Kindheit zur Reife, oder von der Reife zum Alter und der Hilflosigkeit. Die Sorge, dass einem Zähne ausfallen könnten, signalisiert eine Angst davor, alt und unattraktiv zu werden oder auch reifer zu werden. Im Traum einer Frau kann das Verschlucken von Zähnen auf eine Schwangerschaft hinweisen.

Zunehmen oder Abnehmen Ein Traum von einer Veränderung der Körperform verweist auf die Möglichkeit einer Veränderung unserer Persönlichkeit oder der Weise, auf die wir Traumata verarbeiten.

Zunge Die Zunge kann im Traum auf unsere Auffassung von Informationen verweisen, die wir an andere weitergeben möchten. Wir mögen vielleicht starke Überzeugungen besitzen, die wir mit anderen teilen möchten, müssen jedoch wissen, wann wir darüber sprechen und wann wir lieber schweigen sollten. Eine weitere, viel grundlegendere Deutung betrifft die Analogie zur Symbolik der Schlange und des Phallus und damit die Sexualität.

Korridor, Gang Von einem Korridor zu träumen bedeutet im Allgemeinen, dass wir uns in einem Übergangsstadium befinden, vielleicht zwischen unterschiedlichen Gemütszuständen oder auch zwischen zwei Seinszuständen. Möglicherweise liegen die Dinge schlecht für uns, doch wir sind nicht in der Lage, Entscheidungen zu treffen, und fügen uns ins Unvermeidliche.

Kosmetik – siehe auch **Make-up** – Im Traum selbst Kosmetik zu verwenden kann bedeuten, dass wir unsere Gesichtszüge oder Eigenschaften entweder verstecken oder betonen möchten. Wenn wir eine andere Person mit kosmetischen Produkten verwöhnen, so zeigt das, dass wir diese Beziehung hervorheben und pflegen sollten. Eine weitere Bedeutung bezieht sich auf das Bild, das wir von uns haben, und die Frage, ob wir damit zufrieden sind oder nicht.

Krake, Tintenfisch Die Krake kann sich jederzeit in jede beliebige Richtung bewegen und besitzt von daher eine offensichtliche Symbolik. Auf esoterischer Ebene greift der Oktopus das Symbol des Mandalas und des buddhistischen achtfältigen Lebenswegs auf.

Krankenhaus – siehe auch **Operation** – Je nachdem, welche Einstellung wir zu Krankenhäusern haben, symbolisieren sie im Traum entweder einen Ort, an dem wir uns sicher aufgehoben fühlen, oder einen, an dem unsere Existenz bedroht wird und wir sehr verletzbar werden. Das Krankenhaus kann ebenfalls jene Seite unserer Persönlichkeit verkörpern, die weiß, wann eine Ruhepause erforderlich ist, vielleicht auch, um eine Situation neu zu überdenken.

Krankheit – siehe auch **Erkrankung** – Von Krankheit zu träumen signalisiert, dass entweder mit uns selbst oder mit unserer Umgebung etwas nicht stimmt. Die Art der Krankheit kann darauf hinweisen, wo die Ursache liegt und vielleicht auch, was unternommen werden müsste, um eine Besserung der Situation herbeizuführen.

Kranz Der Kranz kann im Traum die gleiche Bedeutung wie andere Symbole der Bindung besitzen (z. B. Zaumzeug oder eine Leine). Er verkörpert durch seine Kreisform jedoch eine Bindung, die nicht gebrochen werden kann, oder auch ein Opfer, das akzeptiert werden muss. Wenn wir einen Trauerkranz erhalten, so bedeutet dies möglicherweise das Ende einer Beziehung, doch ebenfalls ihre Fortsetzung in veränderter Form. Früher signalisierte ein Kranz im Traum außerdem Ehre.

Krebs (Krankheit) Wenn wir vom Krebs träumen, einer unserer Urängste, so zeigt dies, dass wir uns mit unserem Körper nicht im Einklang befinden. Ein solcher Traum signalisiert eine Angst vor Krankheit und kann ebenfalls bedeuten, dass etwas „an uns nagt“ – im Allgemeinen eine negative Vorstellung oder Idee. Es mag sein, dass wir in intellektueller Hinsicht unsere Ängste verarbeitet haben und dennoch Einstellungen und Meinungen übrig behalten, die sich nicht beseitigen lassen und sich als Krebsgeschwür in unseren Träumen manifestieren.

Kreuzung, Scheideweg Von einer Kreuzung oder einer Weggabelung zu träumen bedeutet oft, dass wir in Bezug auf unser Leben eine Entscheidung fällen müssen, die etwas mit unserer Karriere oder anderen einschneidenden Veränderungen zu tun hat. Nach links abzubiegen kann darauf verweisen, dass man die falsche Route wählt, obwohl dies der intuitivere Weg ist; nach rechts abzubiegen kann offensichtlich bedeuten, dass man den rechten Weg wählt und auch, dass man eine logische Entscheidung trifft.

Krieg Krieg ist ein Weg mit Aufruhr fertig zu werden. Das Ergebnis sollte eine Wiederherstellung der Ordnung sein, obwohl dies manchmal nur mit der Zeit wieder möglich ist. Ein Traum vom Krieg verweist auf einen inneren Konflikt. Er kann ebenfalls bedeuten, dass wir uns der Konsequenzen, die unsere Handlungen für andere haben, bewusster sein sollten.

Krone Ein Traum von einer Krone bedeutet, dass wir unseren Erfolg anerkennen und auch, dass wir Möglichkeiten besitzen, unser Wissen und unser Bewusstsein zu erweitern. Die Krone kann ebenfalls signalisieren, dass uns bald eine Ehrung zuteil wird. Die Krone symbolisiert Sieg und Einsatz, insbesondere in Bezug auf eine Pflicht. Eine weitere Bedeutung ist der Sieg über den Tod, der darauf verweist, dass man nach überwundener Schwierigkeit schließlich sein Ziel erreicht.

Krücke Wenn wir von Krücken träumen, so benötigen entweder wir Unterstützung oder ein anderer braucht sie von uns. Vielleicht empfinden wir andere Menschen als unzulänglich und sollten unsere Einstellung korrigieren. Oder aber wir missbilligen ihre Schwächen und Fehler. Während wir uns entwickeln, werden uns unsere eigenen Abhängigkeiten bewusst, seien es Drogen oder Alkohol, bestimmte Verhaltensmuster oder auch Personen.

Krumme Linie Wenn eine Linie im Traum uns krumm erscheint, so soll uns das normalerweise darauf aufmerksam machen, dass etwas merkwürdig und möglicherweise unausgewogen ist. Einer anderen Deutung zufolge sollen wir uns selbst eingestehen, dass man uns vom rechten und ehrlichen Weg abbringen kann oder auch von dem, was wir für normal halten.

Küche Im Traum steht die Küche oft als Symbol für die Mutter oder den Akt des Bemutterns, wobei die Aspekte des Haushaltens oder des Nährens hervorgehoben werden. Die Küche ist der Ort, von dem wir in die Welt hinausziehen und zu dem wir zurückkehren. Sie ist ebenfalls der Ort, an dem eine Umwandlung oder Verwandlung stattfinden kann. Das beste Beispiel hierfür bietet vermutlich die Verwandlung des Aschenputtels in eine Prinzessin innerhalb ihre eigenen Domäne.

Küssen Jemanden zu küssen symbolisiert in der Regel Akzeptanz, Anerkennung und Respekt. Wenn wir im Traum jemanden küssen, den wir im wirklichen Leben nicht mögen, so bedeutet dies, dass wir uns mit bestimmten Eigenschaften in uns selbst abgefunden haben, die wir an anderen absolut nicht leiden können. Sich zu küssen signalisiert außerdem, dass wir einen Pakt besiegeln oder uns auf ein Übereinkommen verständigen. Bei einem Kuss auf die Stirn fehlt die sexuelle Komponente – er symbolisiert vielmehr einen Segen oder Glückwunsch.

Kutsche – siehe **Wagen**

L

Labor Wenn wir von einem Labor träumen, so müssen wir eine unparteiische Bestandsaufnahme durchführen, die zeigt, was gerade mit uns geschieht. Sind wir die Proben in einem Labor, dann haben wir vielleicht das Gefühl, dass man uns be- oder verurteilt, während eine Rolle als Wissenschaftler oder Techniker andeutet, dass wir uns die Traumsituation selbst genauer anschauen sollten. Sich in einem Labor zu befinden symbolisiert eine eher objektive Einstellung zum Leben und erscheint als Situation häufig in Träumen über außerirdische Wesen.

Labyrinth – siehe auch **Irrgarten** – Wenn wir eine Reise zur Erforschung der Tiefen unserer Persönlichkeit antreten, eröffnen wir uns selbst ganz unterschiedliche Potenziale, von denen uns einige neue Erfahrungen bringen werden, während andere wiederum in Sackgassen enden. An diesem Punkt träumen wir häufig, dass wir ein Labyrinth erforschen oder eine Reihe unterirdischer Passagen. Ein solcher Traum zwingt uns dazu, uns unseren Ängsten und Zweifeln zu stellen und den Schatten zu überwinden, d. h. den Teil unseres Ichs, den wir am meisten fürchten und am wenigsten verstehen. Das Labyrinth ist ebenfalls ein Symbol für den verborgenen und geheimnisvollen weiblichen Teil unserer Persönlichkeit.

Lachen, Gelächter In spiritueller Hinsicht bedeutet Lachen eine reine Freude. Lachen wir selbst, so bauen wir vielleicht Spannungen ab. Oft wird dasjenige, das uns zum Lachen bringt, Hinweise auf die Bedeutung des Traums für den Alltag geben. Werden wir im Traum ausgelacht, so zeigt dies möglicherweise, dass wir davor Angst haben, dass man sich über uns lustig macht, oder dass wir etwas getan haben, das wir selbst für unangebracht hielten.

Lack Lack ist ein schützender Überzug, der das Aussehen eines Objekts betonen und verschönern soll. Ein Traum von Lack kann daher beides signalisieren: Entweder ist eine Schutzschicht erforderlich, um unsere Kreativität zu bewahren, oder wir verbergen darunter kleine Mängel.

Lagune, See Die unbewusste Seite unserer Persönlichkeit – eine unerschöpfliche Quelle der Kraft, wenn wir erst einmal einen Zugang zu ihr finden und sie wirklich verstehen können – zeigt sich im Traum oft als See oder Lagune. Als Sitz der dunkleren, okkulten Seite der Weiblichkeit und Empfindsamkeit – wie sie in der Artuslegende zu sehen ist – lässt der See sowohl das Schwert als schützende Waffe als auch die schöne, finstere Hexe in der Person von Morgan le Fay erscheinen. Die Lagune als Teil eines größeren Meeres ist ebenfalls ein Symbol für tiefe Gefühle.

Lähmung Ein Mangel an Selbstvertrauen und Stärke weist darauf hin, dass ein bestimmter Teil unserer Persönlichkeit nicht wie vorgesehen funktioniert. Im Traum zeigt sich dies häufig in Form einer Lähmung. Ist die linke Körperseite betroffen, so signalisiert dies Schwierigkeiten mit der weichen, empfindsamen weiblichen Seite, während eine Lähmung der rechten Körperseite auf Probleme mit der männlichen, Bestimmtheit zeigenden Seite der Persönlichkeit verweist. Auf mythologischer Ebene verkörpert das Gelähmtsein die Unzulänglichkeiten der physischen Welt, die ein notwendiger Bestandteil des Lebens sind.

Landschaft Ein Traum von einer Landschaft schafft eine Verbindung zu unseren natürlichen, spontanen Gefühlen. Sie kann uns dabei helfen zu entspannen oder sogar eine bestimmte Stimmung hervorrufen. Die Landschaft kann ebenfalls darauf hinweisen, dass wir unsere Gefühle in Bezug auf unseren Lebensstil überprüfen sollten – insbesondere, was die eigene Freiheit anbetrifft.

Lanze – siehe auch **Messer** – Jede Art von Lanze ist eine Waffe, die sowohl eindringt als auch schneidet, und besitzt daher im Traum die gleiche Bedeutung wie ein Messer. Sie verweist auf die männliche Macht und in diesem Zusammenhang mitunter auch auf den Geschlechtsakt. Eine Wucherung zu durchbohren oder krankes Fleisch herauszuschneiden schafft ein Gefühl der Befreiung von negativer Energie oder Gift und Verunreinigung.

Laster, Untugend Die Seite unserer Persönlichkeit, die sich gegen die Gesellschaft auflehnt und rebelliert, lässt uns vielleicht im Traum Dinge tun, die wir im wachen Leben nicht versuchen würden. Möglicherweise müssen wir in beiden Fällen unser Verhalten korrigieren. Wenn wir allerdings auch im wirklichen Leben den Lastern Faulheit, Neid, Völlerei usw. frönen, dann können uns Traumpersonen, die diese Sünden an den Tag legen, helfen, die eigenen Tendenzen in den Griff zu bekommen.

Lava – siehe **Vulkan**

Lawine Psychologisch gesehen müssen wir die Kontrolle über Kräfte zurückgewinnen, die entweder in uns liegen oder uns umgeben. Die Macht eingefrorener Gefühle könnte uns überwältigen und wir könnten in Gefahr sein.

Leck Wenn wir von einem Leck träumen, so verschwenden oder verlieren wir auf irgendeine Weise Energie. Es zeigt, dass wir mit unseren persönlichen Vorräten nachlässig umgehen. Vielleicht zehrt jemand an unseren emotionalen Kräften und wir sollten verantwortungsbewusster handeln.

Leder Je nach den persönlichen Umständen des Träumers steht Leder oft im Zusammenhang mit dem Schutz des Körpers. Es kann ebenfalls eine Art Uniform signalisieren, die ein rebellisches oder einfach „anderes" Image verleihen soll. Leder kann auch mit Kontrolle verbunden sein, wie etwa in der Verwendung von Peitschen, Zaumzeug oder Laufgurten. In der heutigen Zeit kann Leder außerdem eine „echte", ursprüngliche Ware im Gegensatz zu etwas Maschinengefertigtem darstellen.

Leere – siehe auch **Abgrund** – Leere im Traum kann einen Mangel an Vergnügen und Begeisterung im Alltag signalisieren oder auch ein Gefühl der Isolation. Wir sind unfähig, Erwartungen zu erfüllen, und haben nichts mehr, das uns ein Gefühl der Sicherheit vermittelt. Leere Kartons oder leere Räume können bedeuten, dass wir altes Material ausrangiert haben, aber nichts besitzen, das seinen Platz einnehmen könnte.

Lehrer Ein Lehrer ist eine Autoritätsperson – häufig die erste, die wir außerhalb der Familie kennen lernen. Vielleicht suchen wir Rat oder auch nur eine weitere Meinung, denn die Ansichten eines Lehrers unterscheiden sich oft von denen, die wir zu Hause zu hören bekommen.

Leichenhalle Der Tod verursacht selbst in dieser aufgeklärten Zeit vielen Menschen Ängste. Erscheint im Traum eine Leichenhalle, so sollten wir unsere Sorgen und Gefühle im Hinblick auf den Tod einmal überdenken. Der Tod muss sich hierbei nicht nur auf den körperlichen Tod beziehen, sondern kann darauf verweisen, dass ein Teil unserer Persönlichkeit gestorben ist oder zumindest nicht mehr „atmet“. Die Leichenhalle kann einen Übergangszustand zwischen zwei Arten der Existenz symbolisieren, sozusagen ein Haus auf halbem Wege.

Leichenwagen Offensichtlich bezieht sich dieser Traum auf den Tod und signalisiert, dass wir uns über einen Mangel an Zeit Sorgen machen. Es mag auch sein, dass ein Projekt oder eine Beziehung zu Ende geht. Im Falle des Letzteren wäre es vielleicht das Beste, die Dinge auf sich beruhen zu lassen und nicht etwa eine Wiederbelebung zu versuchen.

Leihen Auf spiritueller Ebene ist das Prinzip des Leihens verbunden mit Heilung und Unterstützung. Wenn wir im Traum jemandem etwas leihen, so sind wir uns bewusst, dass die Eigenschaft, die dieses Objekt symbolisiert, nur vorübergehend aus der Hand gegeben werden kann. Leiht jemand uns etwas aus, so bedeutet dies, dass wir vielleicht nicht verantwortungsvoll genug sind, um das, was es verkörpert, jederzeit zu besitzen. Andersherum betrachtet brauchen wir dieses Objekt möglicherweise nur für eine kurze Zeit. Wenn man uns im Traum Geld leiht, so sollten wir überprüfen, wie wir unsere Mittel im wachen Leben verwalten, und ob wir vielleicht Rat oder Unterstützung benötigen, um diese Dinge in den Griff zu bekommen. Wenn wir selbst jemandem Geld leihen, so schaffen wir eine Verpflichtung in unserem Leben.

Leinen Praktisch betrachtet kann ein Traum von Leinen signalisieren, dass man schöne Dinge zu schätzen weiß. Auf spiritueller Ebene symbolisiert Leinen Reinheit und Rechtschaffenheit. Ein solches Tuch wurde als Leichentuch Christi verwendet und verkörpert darum auch Ehrerbietung und Liebe. Diese Symbolik lässt sich ebenfalls auf ein Familienfest übertragen, bei dem Tischtücher aus Leinen aufgelegt wurden. In früheren Zeiten bestand die Mitgift einer Frau aus dem feinsten Tuch und den feinsten Kleidern, die sie sich leisten konnte, daher galt feines Leinen als Statussymbol.

Leiter Im Traum symbolisiert die Leiter oft unsere Fähigkeit, von einer Lebensphase in die nächste überzuwechseln, und zeigt, wie sicher wir uns bei dieser Bewegung fühlen. Ein solcher Traum kann z. B. bei beruflichen Veränderungen auftreten und eine Beförderung signalisieren. Der bekannteste Leiter-Traum ist sicherlich der von der „Jakobsleiter" in der Bibel. Diese Leiter symbolisiert den Übergang von der Erde in den Himmel und verweist auf die menschliche Fähigkeit, sich von der physischen Existenz des Lebens zu einem Bewusstsein der spirituellen Dimension hin zu bewegen. In der spirituellen Entwicklung kommt dieser Traum recht häufig vor.

Lesen – siehe auch **Roman** und **Buch** – Wenn wir im Traum ein Buch lesen, so signalisiert dies, dass wir uns aktiv Wissen aneignen oder Informationen suchen. Fällt uns dabei auf, dass wir einen Roman lesen, dann erkennen wir, dass wir ein Bedürfnis nach Fantasie haben, das gestillt werden will.

Im Traum zu lesen oder sich in einer Bibliothek aufzuhalten symbolisiert eine Form der spirituellen Verwirklichung.

Leuchtfeuer Im Traum kann ein Leuchtfeuer den Weg zur geistigen Erleuchtung und spirituellen Zuflucht weisen. Es kann ebenfalls eine Warnung, einen festen Grundsatz, nach dem man lebt, oder den Wunsch nach Kommunikation signalisieren.

Leuchtturm In spiritueller Hinsicht weist uns ein Leuchtturm den rechten Weg, auf dem wir unsere spirituellen Ziele erreichen. Er kann wie ein Lichtstrahl sein, der uns in ruhigere Gewässer leitet. Ein Leuchtturm ist eine Alarmanlage, die uns im Traum meist vor Schwierigkeiten im emotionalen Bereich warnt.

Libelle Die Libelle symbolisiert Unsterblichkeit und Erneuerung. Im Traum verweist sie auf das Bedürfnis nach Freiheit, doch gleichzeitig auf die Erkenntnis, dass die Freiheit vielleicht nur von kurzer Dauer ist. Unsere Reaktionen basieren eher auf dem Instinkt als auf der Logik.

Licht, Lampe Jede Art von Licht im Traum bedeutet in der Regel Erleuchtung und hat viel mit Vertrauen und Zuversicht zu tun. Oft ist die Art des Lichtes entscheidend. Zum Beispiel signalisiert ein helles Licht Intuition, während ein schwaches Licht auf die Möglichkeit einer Krankheit hinweist. Wenn wir uns „heller" fühlen, fühlen wir uns wohl in unserer Haut. Im Traum bedeutet eine Lampe oft Führung und Rat, insbesondere aus einer göttlichen Quelle. Eine altmodische Lampe symbolisiert althergebrachte Weisheiten, die eher persönlich gemeint sind, denn als universelle Ratschläge. In der Meditation wird häufig eine Kerze verwandt, die darum im Traum als archetypisches Symbol der Seele gilt.

Lilie In spiritueller Hinsicht symbolisieren Lilien die Auferstehung und das ewige Leben. Weil viele Menschen sie mit Begräbnissen assoziieren, können Lilien auch den Tod verkörpern. Sie können allerdings ebenfalls Reinheit symbolisieren (und daher Jungfräulichkeit) oder Vornehmheit, Anmut und andere Aspekte der Weiblichkeit.

Linie Auf spiritueller Ebene kann eine Linie von großer Bedeutung sein. Eine gerade Linie kann die Zeit symbolisieren und die Fähigkeit, sowohl vorwärts als auch zurückzugehen. In weltlicheren Begriffen markiert eine Linie die Trennung zweier Räume. Eine gerade Linie signalisiert ein gewisses Maß an Striktheit, während eine geschwungene Linie vielleicht einen gelasseneren Ansatz verkörpert. Eine Linie kann ebenfalls eine Verbindung zwischen zwei Traumobjekten hervorheben.

Loch Ein Loch symbolisiert meist eine schwierige Situation. Wenn wir in ein Loch fallen, dann gelangen wir unter die Oberfläche unserer Persönlichkeit und können zur unbewussten Seite unserer Ängste vordringen. Ein Loch über unserem Kopf kann auf einen Durchgang zur spirituellen Einsicht verweisen. Auf einer anderen Ebene verkörpert ein rundes Loch den Himmel, ein quadratisches wiederum die Erde.

Lohn In spiritueller Hinsicht kann der Lohn eine Vergeltung unserer Mühen symbolisieren. Wenn wir etwas tun, das wir gar nicht tun möchten – oder das uns keinen Spaß macht – liegt oft der einzige Vorteil in dem „Lohn“, den wir dafür erhalten. Wenn wir im Traum eine Lohntüte in Empfang nehmen, so signalisiert dies, dass unser eigener Wert mit Dingen wie Loyalität und Pflicht eng verknüpft ist.

Lokal Wenn wir uns im Traum in einem Lokal befinden und unser eigenes Verhalten beobachten, so zeigt dies, wie wir in Gruppen zurechtkommen und welche Gefühle wir der Gesellschaft entgegenbringen. Als öffentlicher Treffpunkt, an dem wir unsere Hemmungen fallen lassen können, schlägt ein Lokal eine Verbindung zu unserem Bedürfnis, Dinge zu feiern.

Lotterie Heutzutage kommt der Lotterie eine erhebliche Bedeutung zu. Sie ist eine Art legitimes Glücks- oder Risikospiel, das im Traum die Verwirklichung sämtlicher Wünsche verkörpert.

Sie symbolisiert ebenfalls das Prinzip des Glücks, das zu unseren Gunsten arbeitet. Anstatt Anstrengungen zu unternehmen, um einen Profit herauszuschlagen, erkennen wir instinktiv das Zufallselement in unserem Leben. Ein Lottoschein verkörpert unsere persönliche Wunschliste. In spiritueller Hinsicht symbolisiert die Lotterie die Fähigkeit, Risiken einzugehen und auf das Schicksal eher zu vertrauen als auf unsere Vernunft.

Luftzug Für einen Hellseher bei der Arbeit zeigt ein kalter Luftzug typischerweise den Besuch eines Geistes an. Im Traum einen Luftzug zu spüren bedeutet, dass wir uns einer äußeren Kraft bewusst sind, die uns oder eine Situation, in der wir uns befinden, beeinflussen könnte. Es signalisiert ebenfalls eine Botschaft von einem verborgenen Teil unserer Persönlichkeit.

Lupe, Vergrößerungsglas – siehe auch **Brille** – Wenn im Traum etwas vergrößert wird, so sollen wir unsere Aufmerksamkeit darauf richten. Verwenden wir selbst eine Lupe, sollten wir die kleinen Dinge in unserem Leben einmal genauer betrachten. Wir sollten uns, wenn wir handeln, voll und ganz darüber im Klaren sein, was wir tun, und uns das, was wir sehen, bewusst machen. Wenn das Vergrößerungsglas selbst, und nicht etwa das angeschaute Objekt, im Mittelpunkt steht, erkennen wir darin unsere eigenen Fähigkeiten und unsere Macht in Bezug auf eine bestimmte Situation.

Maden Maden im Traum können unsere Ängste im Hinblick auf Tod und Krankheit widerspiegeln, allerdings auch auf „Unreinheiten“ innerhalb des Körpers oder in einer Situation unserer Umgebung hinweisen. Bei den meisten Menschen rufen Maden einen solchen Ekel hervor, dass sie häufig etwas symbolisieren, mit dem wir nicht umgehen können.

Magie Von Magie zu träumen signalisiert die Fähigkeit, uns mit unseren allertiefsten Kräften in Verbindung zu setzen. Hierbei kann es sich um Kräfte der Sexualität oder der Kontrolle handeln, es kann sich aber auch auf die Macht beziehen, die wir über unsere Umgebung haben. Wir alle sind von Geheimnissen oder unerklärlichen Dingen fasziniert und verspüren das Bedürfnis, Dinge geschehen zu lassen – ein Symbol der Magie kann uns daher unsere verborgenen Talente bewusst machen.

Magenverstimmung Wenn wir im Traum an einer Magenverstimmung leiden, so signalisiert dies, dass es in unserem Leben etwas gibt, das wir nicht vertragen oder tolerieren können. Trotzdem kann es auch bedeuten, dass wir tatsächlich eine Magenverstimmung haben und diese sich im Traumzustand bemerkbar macht – bestimmten Nahrungsmitteln schreibt man zu, dass sie intensive Träume auslösen können. Wenn sich etwas im Traum als unverdaulich erweist, erkennen wir möglicherweise, dass wir uns mit irgendeiner gedanklichen Blockade auseinander setzen müssen. Vielleicht sollten wir die Dinge anders angehen oder in kleineren Schritten erledigen.

Magnet Der Magnet besitzt die Fähigkeit, ein „Feld“ um sich herum anzulegen, ein Feld der magnetischen Energie. Diese Energie ist der Aura ähnlich, die z. B. Hellseher um andere Menschen herum wahrnehmen, und ein Traum von einem Magneten macht uns auf die uns innewohnende Kraft aufmerksam, die inaktiv zu sein scheint, bis sie durch größeres Wissen aktiviert wird. Wir alle besitzen die Fähigkeit, Menschen anzuziehen oder abzustoßen, und ein Magnet im Traum unterstreicht oft diese Eigenschaft. Da der Magnet selbst inaktiv ist, ist das Wesentliche an ihm die Kraft, die er besitzt. Häufig müssen wir erkennen, dass der Einfluss, den wir auf andere Menschen haben, nicht nur unserer Persönlichkeit entspringt, sondern ebenfalls auf unsere Interaktion mit ihnen zurückzuführen ist.

Maibaum In spiritueller Hinsicht symbolisiert der Maibaum das Phallische, die männliche Spiritualität und die Leben spendende Energie. Er verkörpert die zentrale Achse der Welt, die wir für uns selbst geschaffen haben. Ein Traum von einem Maibaum kann daher sexuelle Bedeutungen aufweisen, aber auch signalisieren, wie wir mit unserem Leben umgehen.

Make-up, Schminken – siehe auch **Kosmetik** – Wenn wir im Traum Make-up bemerken, so erkennen wir, dass wir eine Wahl haben im Hinblick auf die Art von Person, die wir sein möchten. Wir selbst wählen das Image, das wir anderen von uns vermitteln, und können uns eine beliebige „Fassade“ aussuchen. Unsere Verwendung von Make-up im Traum kann darauf verweisen, wie wir Make-up im wirklichen Leben einsetzen – um Schönheit zu schaffen oder um kleine Mängel abzudecken.

Malen, Malerei Da die Malerei sehr viel mit kreativem Talent und Ausdruck der Persönlichkeit zu tun hat, ist die Art, wie wir im Traum malen, möglicherweise wichtig. Malen wir z. B. auf eine kleine Leinwand, sollten wir uns vielleicht auf Details konzentrieren. Malen wir hingegen großformatige Bilder, sollten wir unter Umständen unsere Perspektive erweitern. Die Farben, die wir verwenden, sind ebenfalls von Bedeutung für die Interpretation.

Manie – siehe **Besessenheit**

Markt, Marktplatz Ein Marktplatz mit Ständen signalisiert Unbeständigkeit und befristete Situationen. Er kann ebenfalls darauf verweisen, dass wir in unserem Arbeitsbereich marktorientierter vorgehen sollten, oder umgekehrt, dass wir uns mehr von Kreativität steuern lassen sollten, als nur von rein kaufmännischen Aspekten. Ein Marktplatz kann als ein Ort des spirituellen Austauschs angesehen werden. Möglicherweise sollten wir auch der Art, wie wir mit unseren finanziellen und anderen Mitteln umgehen, mehr Beachtung schenken.

Marmor Marmor kann spirituelle Festigkeit, Beständigkeit und Stabilität verkörpern. Seine besondere Eigenschaft der dauerhaften Schönheit symbolisiert jene Dinge, die lange halten sollen. Marmor kann ebenfalls einen Mangel an Flexibilität bedeuten.

Märtyrer Zu träumen ein Märtyrer zu sein verweist auf das Potenzial des Träumers sich in irgendeine Opferrolle zu begeben, möglicherweise eher aus Pflichtbewusstsein als aus Liebe. Nicht zu erkennen, dass wir es ablehnen können, die Erwartungen anderer zu erfüllen – oder vielmehr das, von dem wir meinen, dass sie es erwarten – kann zu der Art von Verhalten führen, das z. B. in einer besitzergreifenden Mutter zu beobachten ist, die ihre Kinder zum Mittagessen erwartet, sich aber dann beim Essen beschwert, dass sie den ganzen Morgen in der Küche gestanden hat.

Von religiösen Märtyrern zu träumen kann auf ein Verhalten hinweisen, das wir bewundern, oder auch auf einen fanatischen Akt, den jemand begeht, um seinen Standpunkt klarzumachen.

Maschine Maschinerie im Traum konzentriert sich häufig auf die Prozesse in unserem Körper, die uns ein Überleben ermöglichen. Bei diesen Funktionen handelt es sich um die des autonomen Nervensystems, die mit einem Minimum an Wartung weiter arbeiten können. Maschinen können ebenfalls auf eine mechanische Art, die Dinge zu sehen, verweisen, auf die Schaffung eines Universums, das zwar verzahnt ist, dem aber der Rückhalt eines kreativen Prozesses fehlt. Eine große Maschine, wie etwa ein Panzer, kann auf eine unaufhaltsame Kraft hinweisen.

Maske Von einer Maske zu träumen kann uns auf eine Fassade, d. h. ein öffentliches „Gesicht", aufmerksam machen, entweder unser eigenes oder das eines anderen. Die meisten Menschen sind in der Lage, ihr Wahres Selbst vor anderen zu verstecken, und wenn dieses Verhalten nicht länger angemessen ist, kann es zu einem Traum von einer Maske kommen. Diese Maske kann entweder als positiv oder als negativ und Furcht erregend wahrgenommen werden. Bei den Naturvölkern wird durch das Tragen einer Tiermaske die Kraft dieses Tieres auf den Menschen übertragen.

Maßstab Der Maßstab symbolisiert das Überprüfen akzeptabler Richtlinien, oftmals solcher, die wir uns selbst gesetzt haben. Er verkörpert Korrektheit und Strenge und mitunter auch gutes Urteilsvermögen.

Matratze – siehe auch **Bett** unter **Möbel** – Ähnlich wie das Bett symbolisiert die Matratze den ganz persönlichen Raum. Wenn wir von einer Matratze träumen, so kann dies darauf verweisen, dass irgendeine Situation, die wir in unserem Leben geschaffen haben, für uns bequem ist oder nicht. Interessanterweise kann ein Traum von einer Matratze auch den vorübergehenden Charakter einer bestimmten Beziehung signalisieren.

Matrose, Seemann Ein Matrose symbolisiert Bewegungsfreiheit und den Geist, da er völlig frei entscheiden kann, wohin es ihn verschlagen soll, und er damit sein Schicksal kontrolliert.

Medaille Die Menschen sind gerne zufrieden mit sich. Wenn uns also im Traum eine Medaille verliehen wird, so bedeutet dies eine Anerkennung unserer Fähigkeiten und unserer Erfolge – und dies nicht nur für den Augenblick, denn die Medaille als Objekt wird uns immer an unsere Leistungen erinnern.

Meditation Die Deutung einer Meditation im Traum hängt davon ab, ob der Träumer auch im wirklichen Leben meditiert. Tut er es, dann signalisiert der Traum, dass der Träumer eine hilfreiche Selbstdisziplin besitzt, die ihn mit der Intuition und spirituellen Dingen in Verbindung bringt. Tut er es nicht, so kann dies andeuten, dass der Träumer sich mehr nach innen richten sollte, um das Erfordernis der Eigenverantwortlichkeit zu verstehen.

Medium Mediale Aspekte im Traum können darauf hinweisen, dass der Träumer mit Verstorbenen in Verbindung treten möchte. Vielleicht wünschen wir uns aber auch einen engeren Kontakt zu unserem Unbewussten. Interessanterweise kann dieses Symbol ebenfalls auf den goldenen Mittelweg verweisen, den wir möglicherweise einschlagen sollten.

Medizin Gelegentlich kann ein Ereignis im wachen Leben zwar unangenehm sein, letzten Endes aber zu einem Heilungsprozess führen und dadurch gut für uns sein. Eine Medizin kann dies symbolisieren; sie kann aber auch darauf verweisen, dass möglicherweise ein gesundheitliches Problem vorliegt oder ein Umstand, der etwas vom Schlechten zum Guten wandeln kann.

Menschenmenge Wenn wir uns im Traum in einer Menschenmenge befinden, so kann dies darauf hinweisen, dass wir nicht auffallen möchten oder dass wir im Augenblick nicht wissen, in welche Richtung wir uns wenden sollen – vielleicht möchten wir unsere Gefühle vor anderen verbergen. Möglicherweise möchten wir auch unsere Anonymität wahren und uns eine schützende Fassade zulegen. Auf einer anderen Ebene symbolisiert eine Menschenmenge den Volksglauben oder gemeinsame religiöse Gefühle.

Menstruation, Periode – siehe auch **Blut** unter **Körper** – Die Menstruation kann alles das symbolisieren, was an Frauen geheimnisvoll ist. Nur in einer patriarchalischen Gesellschaft wird dieser natürliche Prozess als unrein erachtet. Ein Traum von der Menstruation kann bedeuten, dass wir Verbindung zur kreativen Seite unserer Persönlichkeit aufnehmen, die neue Ideen entwickeln kann und aus einfachem Material neue und wunderbare gedankliche „Kinder" gebiert. Menstruationsträume tauchen häufig in Übergangsstadien wie der Pubertät oder den Wechseljahren auf und können manchmal auch versäumte Gelegenheiten symbolisieren.

Messer – siehe auch **Dolch** – Ein Schneidegerät im Traum symbolisiert in der Regel irgendeine Art der Trennung, ob von einer Person, einer Beziehung oder einer Situation. Vielleicht müssen wir das Unwesentliche aus unserem Leben herausschneiden. Auch die Art des Messers und seine Verwendung können von Bedeutung sein: Ein Stechen kann ein Eindringen signalisieren, während ein Abschlagen oder Schlitzen die gewaltsame Entfernung unerwünschten Materials bedeutet. Im Traum einer Frau hat diese Handlung wahrscheinlich eher mit ihrer Angst vor dem Eindringen und einer Vergewaltigung zu tun, im Traum eines Mannes unterstreicht sie dagegen seine eigene Aggression.

Metall Jedes Metall, das im Traum erscheint, symbolisiert die Grenzen und Beschränkungen der wirklichen Welt. Die meisten Metalle besitzen eine bestimmte Bedeutung, die häufig mit den Planeten und ihren Eigenschaften zusammenhängt. Die Sonne wird durch Gold symbolisiert (das Männliche), der Mond durch Silber (das Weibliche), der Merkur durch Quecksilber (Kommunikation), die Venus durch Kupfer (Liebe), der Mars durch Eisen (Antrieb oder Entschlossenheit), der Jupiter durch Zinn (Ausdehnungskraft) und der Saturn durch Blei (Schwere).

Miete Wann immer wir im wachen Leben eine Verantwortung übernehmen, kann dies von einem Traum über das Zahlen von Miete begleitet werden. Wenn wir andererseits selbst Miete erhalten, dann signalisiert dies, dass wir in Verhandlungen eingetreten sind, die uns auf lange Sicht von Nutzen sein werden, und dass wir den Sinn materieller Werte begriffen haben. Die Miete verkörpert ebenfalls Sicherheit.

Mieter Einen Untermieter zu haben bedeutet, dass wir bereit sind, einen anderen in unserem Raum oder dem eigenen Bereich wohnen zu lassen. Sind wir selbst Mieter, dann sollten wir mehr Verantwortung übernehmen. Auf geschäftlicher Ebene bietet ein solcher Traum Aufschluss darüber, wie wir mit Transaktionen umgehen.

Mikroskop Ein Mikroskop im Traum weist oft darauf hin, dass wir uns mehr aufs Detail konzentrieren sollten oder dass wir einen bestimmten Aspekt unserer Persönlichkeit ausweiten und entwickeln sollten. Vielleicht müssen wir uns selbst auch genauer beobachten und objektiver sein, um ein persönliches Ziel zu erreichen.

Mine Von einer Mine zu träumen signalisiert, dass wir die Schätze des Unbewussten zu Tage fördern sollten.

Möbel Möbel, die in unseren Träumen erscheinen – insbesondere wenn unser Augenmerk auf sie gelenkt wird – sagen meist etwas darüber aus, wie wir zu unserer Familie und zum Privatleben stehen und welche Einstellungen oder Gewohnheiten wir im Laufe der Zeit entwickelt haben. Sie können auch Hinweise darauf geben, was wir in Bezug auf uns selbst fühlen. Dunkles, schweres Material könnte z. B. auf eine mögliche Depression hinweisen, während leuchtend farbige Objekte eine optimistische Mentalität signalisieren.

Manchmal können die Möbelstücke, die im Traum erscheinen, unser Bedürfnis nach Sicherheit oder Stabilität betonen, insbesondere wenn wir sie schon aus der Vergangenheit kennen.

Unterschiedliche Stücke können unterschiedliche Einstellungen symbolisieren:
Bett, Matratze Hier kann man meist sehr gut erkennen, was sich im subtilen Bereich der Liebesbeziehungen abspielt. Wir erhalten Einblicke, die zeigen, wie wir tatsächlich zur Intimität und zum sexuellen Vergnügen stehen. Für manche Menschen ist das Bett ein Ort der Zuflucht und der Erholung, an dem sie völlig allein sein können. ***Teppich*** Wenn Teppiche im Traum erscheinen, so verweist dies meist auf unsere Gefühle in Bezug auf Finanzen. Die Farbe des Teppichs ist ein wichtiger Hinweis. ***Stuhl, Sessel*** Ein Stuhl oder Sessel kann signalisieren, dass wir Ruhe und Erholung brauchen. Vielleicht müssen wir bewusst eine Weile Abstand gewinnen und für andere Gelegenheiten, die sich bieten, offen sein. ***Küchenschrank, Kleiderschrank*** Sie können jene Dinge symboli-

sieren, die wir versteckt halten möchten, oder auch zeigen, wie wir mit den verschiedenen Rollen, die wir im Leben übernehmen müssen, fertig werden. ***Tisch*** Ein Tisch, der im Traum erscheint, bezieht sich häufig auf gemeinschaftliche Aktivitäten und unsere sozialen Bindungen (siehe auch **Tafel** sowie **Altar** unter **Religiöse Bilder**).

Mohn Der Mohn symbolisiert Vergesslichkeit. In spiritueller Hinsicht muss die Seele alles vergessen, was sie weiß, um wiedergeboren zu werden und ihr eigenes Bewusstsein wiederzuentdecken. Die Große Mutter als Göttin ist verantwortlich für dieses Vergessen – daher symbolisiert der Mohn auch die Große Mutter.

Mond – siehe auch **Planeten**, **Sonnenfinsternis** – Die Große Mutter in ihrer Gestalt als die dunkle, unbekannte Seite unserer Persönlichkeit wird vom Mond verkörpert und symbolisiert daher das Unnahbare. Der Mond hat schon zu heidnischen Zeiten das emotionale und weibliche Selbst verkörpert. Vom Mond zu träumen bedeutet daher, mit dieser dunklen und geheimnisvollen Seite in Verbindung zu stehen. Sie symbolisiert die Intuition, das Übernatürliche und die Liebe. Der Mond kann im Traum auch oft die eigene Mutter und unsere Beziehung zu ihr verkörpern.

Mord, Mörder So wütend zu sein, dass wir jemanden umbringen möchten, signalisiert, dass wir noch immer eine Art von Kindheitswut mit uns herumtragen, da es für ein Kind ganz normal ist, sich jemanden tot zu wünschen. Versuchen wir im Traum jemanden umzubringen, so müssen wir zuerst verstehen, was diese Person für uns symbolisiert, bevor wir die Gewalt unserer Gefühle anerkennen können.

Vielleicht versuchen wir einen Teil unseres Wesens zu verleugnen oder zu beherrschen, dem wir nicht vertrauen. Möglicherweise hegen wir auch negative Gefühle in Bezug auf andere, denen wir nur in der Sicherheit des Traums freien Lauf lassen können. Werden andererseits wir umgebracht, dann ist ein bestimmter Teil unseres Lebens völlig aus dem Gleichgewicht geraten, und wir werden durch äußere Umstände zerstört.

Morgengrauen Ein neuer Morgen kann ein starkes Gefühl der Hoffnung bringen. Vom Morgengrauen oder einem neuen Tag zu träumen symbolisiert einen Neuanfang oder ein neues Bewusstsein für die Dinge, die uns umgeben. Wir suchen nach neuen, vielleicht spirituelleren Wegen, uns mit alten Situationen auseinander zu setzen.

Motte So wie der Schmetterling das Ausschlüpfen der Seele symbolisiert, so steht auch die Motte für das Selbst, allerdings eher für die dunklere, geheimnisvolle Bedeutung. Die Motte verkörpert die verborgene, vergängliche Seite unserer Persönlichkeit, das Ich der Nacht und daher auch manchmal das träumende Ich.

Mühle, Mühlstein Die beiden Mahlsteine einer traditionellen Mühle symbolisieren den Willen und den Intellekt, d. h. die Werkzeuge, die wir einsetzen um uns zu ändern. Wir sind in der Lage aus den gesammelten Erfahrungen das herauszusondern, das für uns von Nutzen ist, und es in Nahrung umzuwandeln.

Müll Müll oder Unrat im Traum signalisiert, dass bestimmte Bereiche in unserem Leben nun ausrangiert werden können. Vielleicht haben wir noch „Überreste“ an Gefühlen und Überzeugungen zurückbehalten, die uns zwar früher genährt haben, dies aber inzwischen nicht mehr tun. Die Deutung hängt von der Art des Mülls ab; wenn wir uns z. B. alter Möbelstücke entledigen, so trennen wir uns von etwas, das uns kein Wohlbehagen mehr schenkt.

Mumie Die ägyptische Mumie symbolisiert den Tod, aber auch die Bewahrung und Konservierung nach dem Tod, d. h. das Leben nach dem Tod und einen neuen Anfang. Es kann jedoch sein, dass wir in alten Vorstellungen und Überzeugungen gefangen und eingebunden sind, aus denen wir befreit werden müssen. Eine Mumie im Traum kann auch unsere Gefühle bezüglich eines Verstorbenen verkörpern.

Muschel, Schale Eine Schale oder Muschel bedeutet im Leben wie im Traum eine Art der Verteidigung, die wir benutzen, um uns vor emotionalen Verletzungen zu schützen. Sie kann auch als magisches Symbol betrachtet werden, das in sich die Macht der Verwandlung birgt – so wie ein Schmutzpartikel eine Perle hervorbringen kann. Eine Muschel kann ebenfalls darauf hinweisen, dass wir in unserem Inneren Weisheit besitzen, die die Perle verkörpert.

Museum Ein Museum im Traum kann das Unterbewusste symbolisieren, d. h. jenen Teil unserer Persönlichkeit, dem wir uns nur nähern, wenn wir zu verstehen versuchen, wer wir sind und woher wir kommen. Das Museum kann ebenfalls die Vergangenheit verkörpern oder auch altmodische Vorstellungen und Ideen. Die interessantesten Dinge sind es wert, dass man sie bewahrt.

Musik, Rhythmus, Musikinstrumente – siehe auch **Orchester** – Heilige Klänge sind immer schon im Rahmen der göttlichen Verehrung verwendet worden, z. B. um einen veränderten Bewusstseinszustand zu erreichen. Musik und Rhythmus verleihen unserem inneren Selbst und unserer Verbindung zum Leben Ausdruck, und Musik im Traum kann eine sinnesfreudige und sinnliche Erfahrung verkörpern. Musikinstrumente können signalisieren, auf welche Weise wir mit anderen kommunizieren. Blasinstrumente verweisen z. B. auf den Intellekt, während Schlaginstrumente sich auf den Grundrhythmus des Lebens beziehen.

N

Nabelschnur Die Silberne Schnur ist die spirituelle Verbindung, die zwischen dem Körper und der Seele besteht. Im Traum wird sie oft als Nabelschnur empfunden, also eine Leben spendende Verbindung. Teenager an der Schwelle zum Erwachsenenalter träumen häufig, dass sie die Nabelschnur durchtrennen. Wenn wir noch nicht gelernt haben, uns um unsere Bedürfnisse auf eine reife und vernünftige Art und Weise zu kümmern, und gefühlsmäßig von anderen abhängig sind, dann kann sich diese Abhängigkeit im Traum in Form einer Nabelschnur zeigen.

Nacht Die Nacht ist gewöhnlich die Zeit, zu der wir neue Kräfte sammeln und uns von den Strapazen des Tages erholen können. Im Gegensatz hierzu steht die Symbolik der Angst und der Ruhelosigkeit. Wir müssen uns von diesen letzteren Bildern frei machen, um die Nacht als Vorläufer des neuen Tages und als neuen Ansatz nutzen zu können. Die Nacht kann ebenfalls den Tod symbolisieren; daher müssen wir den Traum genau betrachten, um festzustellen, ob dies auf ihn zutrifft, und falls ja, was wir in dieser Beziehung tun können. Das Todessymbol muss nicht notwendigerweise negativ sein, es kann z. B. für das Ende einer Situation oder einer Beziehung stehen, das uns letzten Endes einen Fortschritt ermöglicht.

Nacktheit Wenn wir träumen nackt zu sein, so hat dies unterschiedliche Bedeutungen. Die meisten beziehen sich jedoch auf das Bild, das wir von uns selbst haben, den Ausdruck, den wir unserer Persönlichkeit verleihen, oder auch unser Bedürfnis, als das angesehen zu werden, was wir sind, und nicht etwa das, was in uns hineinprojiziert wird. Nacktheit verweist ebenfalls auf die Unschuld und den Wunsch, offen und ehrlich zu sein. Dies kann auch mit einem Neuanfang in Verbindung stehen – der tatsächlich eine Wiedergeburt symbolisiert, denn nackt kommen wir auch zur Welt.

Nadel Von einer Nadel zu träumen kann auf eine heilende Kraft verweisen, die durch das Eindringen ihre Wirkung erzielt. Wir sollten jedoch prüfen, ob es sich hierbei nicht um eine Abhängigkeit von der Nadel handelt, insbesondere wenn wir selbst es sind, die „an der Nadel hängen", und ein anderer sie uns setzt. Im Allgemeinen signalisiert ein Traum von einer Nadel jedoch, dass wir eine Einsicht in unser Wesen gewinnen müssen, die uns „durchdringt" und heilsam wirkt.

Nagel Die Vorstellung einer Bindung drängt sich bei einem Nagel geradezu auf, und der „Zusammenhalt" ist wiederum leicht mit einer Partnerschaft oder auch anderen Beziehungen zu assoziieren.

Ein Nagel, der sich auf das Kreuz bezieht, symbolisiert außerdem Opfer und Schmerz – die natürlich auch grundlegender Bestandteil einer Partnerschaft sind.

Nahrung, Nährung Da die Symbolik der Nahrung sich auf elementare Bedürfnisse und Wünsche bezieht, sollten wir prüfen, was wir brauchen – sowohl in körperlicher, als auch in emotionaler Hinsicht. Die Nährung spielt auch eine Rolle in unserer Beziehung zur Mutterfigur und zur weiblichen Seite unseres Wesens.

Nahrungsmittel – siehe auch **Nahrung**, **Essen** und **Brot** – Das Verlangen nach Nahrungsmitteln und ihr Genuss erfüllt bestimmte grundlegende Bedürfnisse. Die einzelnen Bedeutungen sind folgende:

Brot Wenn wir von Brot träumen, betrachten wir unsere Erfahrungen und unsere wichtigsten Bedürfnisse.

Fleisch Körperliche oder weltliche Befriedigung oder Bedürfnisse erscheinen im Traum häufig als Fleisch. Man sagt, dass ein Traum von rohem Fleisch auf ein bevorstehendes Unglück hinweist.

Gemüse Es verkörpert unsere Grundbedürfnisse und materielle Befriedigung. Es verweist ebenfalls auf das Gute, das wir aus der Erde und den uns umgebenden Situationen entnehmen können. Die Farbe kann ebenfalls wichtig sein.

Kuchen Er signalisiert Sinnesfreuden.

Mahlzeiten Je nachdem, ob wir allein essen oder in Gesellschaft, können Mahlzeiten Anerkennung und Geselligkeit symbolisieren.

Milch Als Grundnahrungsmittel verkörpert Milch stets die Bedürfnisse eines Babys und etwas, das man sich selbst gibt

Nuss Es heißt, eine Nuss sei eine der möglichen Arten, Weisheit in sich aufzunehmen – mit anderen Worten, Nahrung für das Gehirn. Das Gehirn kann daraufhin seinerseits etwaige übersinnliche Kräfte, die wir besitzen, nähren und verbessern.

Obst Hierin erkennen wir im Traum die Früchte unserer Erfahrung oder unserer Anstrengungen sowie unser Potenzial im Hinblick auf Wohlstand. Die Farbe kann ebenfalls wichtig sein.

Schinken/Geräuchertes Diese konservierte Nahrung verkörpert unser Bedürfnis nach Bewahrung und Erhaltung.

Süßigkeiten Sie symbolisieren in der Regel Sinnesfreuden.

Zwiebel Die verschiedenen Schichten der eigenen Persönlichkeit erscheinen oft in Form einer Zwiebel.

Name Dass wir im Traum unseren Namen hören, geschieht äußerst selten. In diesem Fall sollen wir meist auf unser Selbstempfinden, unser eigentliches Wesen und unseren Wunsch „dazuzugehören“ aufmerksam gemacht werden. Wenn wir allerdings den Namen einer anderen Person vernehmen, dann sollten wir uns deren Eigenschaften näher betrachten, um an uns selbst neue Aspekte zu entdecken – Aspekte, die uns hoffentlich zu einem wesentlicheren Selbst hinführen und zu einem zufriedeneren Seinszustand.

Narbe Eine Narbe im Traum besagt, dass wir alte Wunden haben, die noch nicht völlig ausgeheilt sind und um die wir uns kümmern müssen. Dabei kann es sich sowohl um emotionale, als auch um körperliche Wunden handeln. Meist ist es von Bedeutung, welcher Teil des Körpers die Narben trägt, da unser Nervensystem uns oft durch unsere Träume Informationen über unseren Körper zukommen lässt.

Nebel Wenn wir träumen, dass wir uns im Nebel bewegen, kennzeichnet dies unsere Verwirrung und unsere Unfähigkeit, den Sachverhalten, die tatsächlich auf dem Spiel stehen, ins Auge zu blicken oder sie sogar nur zu erkennen. Diese Situation bedeutet oft eine Warnung, dass Angelegenheiten, die uns wichtig sind, durch das Urteil anderer Personen verschleiert werden und dass es im Augenblick möglicherweise sinnvoller ist, auszuharren und abzuwarten.

Nein Ein Nein besitzt in der Traumwelt eine Reihe von Bedeutungen, obwohl sich die meisten von ihnen ähnlich sind. Nein zu sagen, d. h. Widerstand zu leisten, deutet an, dass wir nun Entscheidungen treffen können, ohne Schuldgefühle fürchten zu müssen. Innerhalb einer Beziehung ist es nun möglich, einer Ablehnung positiv und unverzagt ins Auge zu blicken – mit dem zusätzlichen Bonus, dass wir wissen, dass dies für uns das Richtige ist.

Nest Wir sollten unseren emotionalen Zustand betrachten im Hinblick auf unser Familienleben und unsere diesbezügliche

Abhängigkeit – oder auch Unabhängigkeit. Ein Nest symbolisiert die Sicherheit des Familienlebens, und daher überrascht es nicht, dass Frauen häufig kurz vor der Niederkunft davon träumen.

Netz, Geflecht Wenn wir von einem Netz oder Geflecht träumen, so treffen wir auf eines der elementarsten spirituellen Symbole. In das „Gespinst des Lebens" haben die göttlichen Mächte das Schicksal und die Zeit eingeflochten, um eine Realität zu schaffen, in der wir existieren können. Wir sind das Geistige, das im Körperlichen gefangen sitzt und sind nicht in der Lage, zu unserem spirituellen Reich zurückzukehren.

Auch im Alltagsleben können wir in eine heikle Situation verwickelt sein, die uns so sehr gefangen nimmt, dass wir nicht wissen, in welche Richtung wir uns bewegen sollen.

Neu Wenn wir im Traum plötzlich das Gefühl haben, dass etwas „neu" ist, signalisiert dies in der Regel einen Neuanfang, neue Wege, auf denen wir vorankommen können, vielleicht sogar neue Beziehungen. Dies ist auch der rechte Zeitpunkt, um alte Regeln auf eine neue Art und Weise zu lernen, oder aber beim Alten zu belassen, und von diesem Standort aus eine neue Einschätzung vorzunehmen.

Neujahr Auch vom neuen Jahr zu träumen weist darauf hin, dass wir das Potenzial für einen Neuanfang erkennen. Der Anbruch eines neuen Jahres ist eine Zeit, zu der wir Pläne schmieden und voller Hoffnung und Vorfreude sind. Möglicherweise haben wir gerade eine dunkle Zeit hinter uns gelassen und sind nun bereit, uns der Zukunft zu stellen.

Nische Wenn wir im Alltagsleben unsere Nische gefunden haben, fühlen wir uns geschützt und sicher. Träume können uns hierauf aufmerksam machen und dazu ermutigen, unseren momentanen Standort im Leben zu bestimmen und zu erforschen, welche äußeren Einflüsse uns helfen könnten, um dorthin zu gelangen, wo wir am liebsten sein möchten.

Nixe, Meerjungfrau, Wassergeist Traditionsgemäß sind die Nixe und der Wassergeist in der Lage, sowohl im Meer als auch an Land zu leben. Dies symbolisiert das Phänomen, gleichzeitig ausgesprochen emotional und ebenso sehr praktisch veranlagt zu sein und einige Zeit in den dunklen Winkeln des emotionalen Ichs verbringen zu müssen, um in der natürlichen Welt existieren zu können. Wenn ein Wassergeist oder ein Nixe im Traum erscheint, so ist dies meist eine Aufforderung, die materielle mit der emotionalen Seite unserer Persönlichkeit zu verbinden, um funktionsfähiger zu sein. Denn bevor diese zwei Seiten nicht vollkommen integriert sind, kann der Mensch in keinem der beiden Reiche wirklich leben.

O

Obelisk Ein behauener Stein, der im Traum erscheint, zeigt, in welche Form wir unser fundamentales Wesen gebracht haben. Je einfacher diese Form ist, umso mehr Raum bleibt uns für Verbesserungen; je detaillierter und kunstvoller sie ist, umso erfolgreicher sind wir offenbar in der Nutzung unserer schöpferischen Energien und Instinkte.

Oblate, Hostie Der Leib Christi oder das Brot des Lebens wird im christlichen Gottesdienst durch eine Hostie symbolisiert – eine dünne Schicht aus Teig, die in der Regel leicht zerbricht. Im Traum verkörpert daher eine Oblate etwas Empfindliches, das wir mit Respekt behandeln sollten.

Obstgarten Ein Obstgarten symbolisiert unsere Fähigkeit uns für unsere Ziele einzusetzen. Blühen die Bäume, dann besitzen wir das, was wir brauchen, damit unser Vorhaben ein Erfolg wird und unsere Arbeit Früchte trägt. Im Hinblick auf die Symbolik der Fruchtbarkeit kann zwar jede beliebige Ansammlung von Bäumen diese verkörpern, der Obstgarten signalisiert jedoch, dass wir unser Ziel auf eine methodische Weise verfolgen.

Öl Die Art des Öls entscheidet hier über die Bedeutung. Öl, das wir in der Küche verwenden, signalisiert die Beseitigung von Differenzen, während Massageöl auf die sanfte Lösung von Spannungen durch Liebe und Zuwendung verweist. Maschinenöl wiederum betont unsere Fähigkeit unseren „Motor“ oder inneren Antrieb in einem guten, betriebsfähigen Zustand zu halten.

Oper Die Opernsymbolik betrifft das Dramatische. Wenn wir träumen, dass wir uns eine Oper ansehen, so bedeutet dies, dass wir uns die „Dramen“ anschauen, die uns im täglichen Leben umgeben. Wirken wir dagegen selbst in einer Opernaufführung mit, so wünschen wir uns vielleicht mehr Dramatik in unserem Leben oder wir verspüren das Bedürfnis uns dramatischer auszudrücken.

Operation – siehe auch **Krankenhaus** – Durch den Traum von einer Operation – insbesondere wenn diese an uns ausgeführt wird – geben wir uns die Möglichkeit, unsere Ängste in Bezug auf Krankheit und Schmerz zu bewältigen. Die Operation betont ebenfalls, wie wichtig es ist, dass wir gesund werden, und dass unser Bedürfnis nach Heilung größer ist als unsere Angst. Möglicherweise muss etwas aus unserem Leben herausgeschnitten werden, das nicht das Richtige für uns ist.

Opfer Wenn der Träumer seine Fähigkeit, spirituelles Potenzial zu entwickeln, unterdrückt, wird er im Traum als Opfer erscheinen – ein Opfer, zu dem er sich selbst gemacht hat. Die Art des Problems kann sich aus dem Zusammenhang des Traums ergeben. In Träumen sind wir uns häufig bewusst, dass Dinge mit uns geschehen, die sich unserer Kontrolle entziehen, oder wir erkennen, auf welche Weise wir uns selbst in eine Situation bringen, in der wir gar nicht gewinnen können.

Orakel Die meisten Menschen wüssten gerne, was die Zukunft für sie bereithält, und sie mögen es ebenfalls, wenn man ihnen sagt, was sie als nächstes tun sollten – bis zu einem gewissen Grad. Ein Traum von einem Orakel verbindet uns also mit dem aufmerksamen, scharfsinnigen Teil unseres Ichs, der bereits weiß, was unser nächster Schritt sein wird. Auf spiritueller Ebene symbolisiert das Orakel verborgenes Wissen.

Orchester – siehe auch **Musik** – Um richtig „funktionieren“ zu können, müssen wir mit anderen harmonisch zusammenarbeiten. Ein Traum von einem Orchester kann Hinweise dazu geben, wie wir unterschiedliche Elemente zu einem harmonischen Ganzen vereinen können. Wir werden die Bewegungen arrangieren müssen, um ein gewisses Maß an Kontrolle zu erreichen und dirigieren zu können – dies bedeutet sowohl, zuzuhören und zu verstehen, als auch, auf Gehör und Verständnis bei den anderen zu treffen.

Ordner In der heutigen Zeit signalisiert ein Traum von Ordnern, dass wir Ordnung in unser Leben bringen und dass das, was wir tun, und auch die Art, wie wir es tun, einen Sinn ergibt. Eine chaotische Situation kann somit auf methodische Weise bewältigt werden.

Organ In der traditionellen chinesischen Medizin symbolisieren die verschiedenen Organe des Körpers unterschiedliche Eigenschaften. Zum Beispiel befasst sich die Galle mit unserer Fähigkeit Entscheidungen zu treffen, während die Leber das Zentrum der Reizbarkeit bildet. Wenn wir uns daher im Traum eines bestimmten Organs bewusst sind, sollten wir nachforschen, was uns eigentlich plagt, und entsprechend handeln um das Problem zu beseitigen.

Orgie Ein Traum von einer Orgie signalisiert überschüssige Energie, insbesondere sexueller Art. Er kann ebenfalls auf unser Bedürfnis verweisen in Beziehung zu anderen Menschen zu stehen und mit ihnen zu interagieren – wobei wir vielleicht auch den möglichen Verlust unserer Selbstbeherrschung im Auge haben oder die Angst davor.

Orkan, Wirbelsturm Wenn wir im Traum einem Orkan ausgesetzt sind, so spüren wir in unserem Leben die ungeheure, vielleicht auch verheerende Kraft einer Sache, die wir nicht kontrollieren können. Ein Orkan kann auch unsere Leidenschaft symbolisieren – von der wir vielleicht noch herausfinden müssen, ob wir sie kontrollieren können – wobei hier die Konsequenzen, die sie für andere Menschen hat, im Vordergrund stehen.

Ornament, Verzierung Ornamente, ob nun religiöser oder weltlicher Art, werden mit der Zeit zu einem regulären Bestandteil unserer Umgebung, obwohl ihr ursprünglicher Zweck darin lag, dem Raum etwas Besonderes zu verleihen. Vielleicht fühlen wir uns z. B. in einer Beziehung nicht wirklich geschätzt, und unsere Gegenwart wird einfach als selbstverständlich hingenommen. Wenn dies der Fall ist, sollten wir unverzüglich handeln, um die Situation richtig zu stellen.

Osterei Das Osterei gilt als Symbol des Frühlings und verkörpert Erneuerung oder unentwickeltes Potenzial. Im Traum entführt es uns in unsere Kindheit und löst Gefühle der Hoffnung und der Überraschung aus. Es kann uns ebenfalls darauf aufmerksam machen, dass die Zeit vergeht, da der Geist anstelle von wirklichen Daten häufig Symbole für Zeiten und Jahreszeiten findet und verwendet.

P-Q

Paare Das Unbewusste tendiert dazu, Informationen durch Vergleich und Gegenüberstellung in Paaren anzuordnen. Wenn wir daher feststellen, dass sich bestimmte Aspekte unserer Persönlichkeit im Konflikt miteinander befinden, dann kann es vorkommen, dass wir in Paaren träumen. Wir sollten uns ebenfalls daran erinnern, dass wir in der Traumdeutung wichtige Einsichten in unsere Denkvorgänge gewinnen können, wenn wir die gegensätzliche Bedeutung zu einem offensichtlichen Bild genauer untersuchen.

Packen – siehe auch **Wattierung** – Wenn wir träumen, dass wir unsere Koffer packen, so als gingen wir auf eine Reise, dann unterstreicht dies unser Bedürfnis, uns sorgfältig auf die nächste Phase unseres Lebens vorzubereiten. Wir spüren, dass wir frühere Überzeugungen und Schwierigkeiten hinter uns lassen möchten. Es bedeutet ebenfalls, dass wir zu diesem Zeitpunkt eine gewisse Ordnung in unserem Leben schaffen müssen.

Paket, Päckchen – siehe auch **Adresse** – Erhalten wir ein Paket, dann sollen wir auf etwas aufmerksam werden, das wir zwar erlebt, aber noch nicht wirklich erforscht haben. Verschicken wir selbst ein Päckchen, dann bedeutet das eine Freisetzung von Energie. Sowohl ein Paket als auch ein Päckchen symbolisieren Potenzial und Fähigkeiten.

Palme Wenn uns im Traum eine Palme erscheint, dann wird es möglicherweise Zeit, in Urlaub zu fahren und zu entspannen. Die Palme hat meist mit irgendeiner Form der Erholung zu tun.

Panzer Träumen wir von einem Panzer, so signalisiert dies unser Bedürfnis, uns zu verteidigen und doch gleichzeitig anzugreifen. Ein solcher Traum kann darauf verweisen, dass wir uns irgendwie bedroht fühlen. Häufig werden wir uns im Traum bewusst, dass wir Einwände und Schwierigkeiten überwinden müssen – das Symbol des Panzers betont unsere Fähigkeit, dies zu tun, ohne uns dabei zu verletzen.

Papier Die Deutung von Papier im Traum hängt von den Lebensumständen des Träumers ab. Zum Beispiel könnte Papier im Leben eines Studenten bedeuten, dass er sich auf seine Studien konzentrieren sollte. Im Leben eines Postboten bedeutet es womöglich Angst, die mit seiner Arbeit zu tun hat. Festliches Geschenkpapier wiederum signalisiert, dass etwas gefeiert werden muss. Auf einer allgemeineren Ebene kann Papier schöpferisches Potenzial und Lernpotenzial symbolisieren.

Paradies Vom Paradies zu träumen signalisiert die angeborene Fähigkeit des Träumers vollkommen zu sein. Wir können in unserem Innern die perfekte Hamonie erleben. Von einer anderen Warte aus betrachtet ist das Paradies ein Teil unserer Persönlichkeit, der tief in uns eingeschlossen ist und keinem anderen zur Verfügung zu stehen braucht.

Parasiten, Schmarotzer Läuse, Flöhe oder Ungeziefer im Traum signalisieren, dass uns vielleicht bewusst ist, dass jemand versucht von uns zu leben. Andererseits fühlen wir uns möglicherweise in Bezug auf einen bestimmten Aspekt unseres Lebens unrein, schämen uns dafür und fühlen uns unbehaglich. Wir sind uns bewusst, dass wir nicht ohne Unterstützung leben können. Wir erkennen, dass wir mit unserem Leben nicht zufrieden sind, und warum wir vielleicht nur durch andere leben.

Parfüm – siehe auch **Geruch** – Es ist wahrscheinlich, dass ein bestimmtes Parfüm uns an eine gewisse Person oder eine bestimmte Zeit erinnert. Intuitive Information wird häufig aufgrund eines bestimmten Geruchs oder Dufts wahrgenommen.

Parlament Wenn wir vom Parlament träumen, dann müssen wir vielleicht wichtige Entscheidungen treffen. Das Parlament symbolisiert ebenfalls unsere Anerkennung einer höheren Autorität.

Party, Feier Träumen wir davon, dass wir eine Party besuchen, dann werden wir auf unsere sozialen Fähigkeiten aufmerksam gemacht – oder auch ihr Fehlen. Im wachen Leben sind wir vielleicht eher schüchtern und mögen keine Ansammlungen von Menschen. Wenn wir uns jedoch mit den beteiligten Gruppen im Traum auseinander setzen, dann empfinden wir ein erhöhtes Bewusstsein im Hinblick auf unsere Zugehörigkeit. Vielleicht sehnen wir uns auch nur tatsächlich nach einem Fest.

Pass, Ausweis Der Pass im Traum ist verbunden mit der eigenen Identität und dem Bild, das wir von uns haben. Insbesondere, wenn wir erst kürzlich ein neues Projekt übernommen haben, kann ein Pass ebenfalls signalisieren, dass wir uns mit diesem Projekt einen Reisepass in ein besseres Leben ermöglichen.

Peitsche Eine Peitsche ist ein Folterinstrument, das auf erzieherische Strafen und Selbstgeißelung verweist. Wenn wir versuchen Dinge zu erzwingen, bereiten wir uns möglicherweise selbst Probleme, indem wir entweder zu große Kontrolle ausüben oder selbst zu beherrscht sind. Die Peitsche wurde häufig von Mönchen und Nonnen verwendet, um das Fleisch zu kasteien und die natürlichen Triebe zu unterwerfen, und im Traum kann sich dies immer noch zeigen.

Perücke Ein Haarteil oder Toupet betont falsche Vorstellungen oder eine unnatürliche Haltung. Die Perücke eines Richters kann jedoch Autorität, Weisheit und Urteilsvermögen signalisieren.

Pfad Ein Pfad signalisiert die Richtung, die wir einschlagen müssen. Dieser Aspekt umfasst so ziemlich alle Bereiche, Beziehungen, Karriere etc. Wir sollten versuchen herauszubekommen, ob der Pfad eben oder steinig ist, gewunden oder gerade, weil alles dies in die Deutung mit einfließt.

Pfahl Die Bedeutung des Pfahls hängt von seiner Verwendung im Traum ab. Er wird als Ausdruck der Lebenskraft verstanden – wie z. B. der Maibaum – jedoch auch als eine stabilisierende Kraft und als Versammlungspunkt, wie z. B. der Fahnenmast. Der Pfahl kann ebenfalls eine Stützfunktion erfüllen.

Pfandhaus Wenn wir von einem Pfandhaus träumen, so signalisiert dies, dass wir nicht sorgsam genug mit den Mitteln umgehen, die wir – sowohl in materieller als auch in emotionaler Hinsicht – besitzen. Es kann uns ebenfalls darauf aufmerksam machen, dass andere Menschen uns unser Eigentum wegnehmen und mit leeren Händen zurücklassen.

Pfarrer Erscheint ein Priester in unserem Traum, so sind wir uns im Allgemeinen der spirituellen, gebildeteren Seite unserer Persönlichkeit bewusst. Ein Pfarrer ist ein Gottesmann, und vielleicht sollte der Träumer anerkennen, dass er noch viel lernen kann, auf der physischen wie auf der geistigen Ebene. Der Pfarrer wird weniger gefürchtet als der Priester und ist im Traum häufig die Autoritätsperson, der wir die Kontrolle übertragen haben.

Pfeffer Unter dem Aspekt des Krautes müssen wir wahrscheinlich einer Situation etwas mehr Würze verleihen, um sie interessanter zu machen und Leben hineinzubringen. Pfeffer signalisiert jedenfalls eine mögliche radikale Veränderung.

Pfeil Als Waffe signalisieren Pfeile Macht, Energie und Können – in Träumen können sie auch ein Symbol für Worte sein. Wir könnten durch Direktheit entweder verletzen oder verletzt werden, und es ist wichtig, dass wir uns der Folgen unserer Handlungsweise bewusst sind. In der heutigen Welt der Zeichen und Symbole kann der Pfeil die Richtung andeuten, die unser Leben nehmen sollte.

Pflanzen – siehe auch **Unkraut** – Aufgrund der natürlichen Prozesse des Wachstums und des Verfalls, den die Pflanzen durchleben, werden sie zum Symbol der fortschreitenden Veränderung. Viele Pflanzen besitzen sowohl heilende als auch magische Eigenschaften. Sie können uns jedoch ohne das entsprechende Wissen auch Schaden zufügen.

Pflügen Das Pflügen verkörpert eine reinigende Arbeit, mit der man sich auf neues Wachstum und Veränderungen vorbereitet – vielleicht sind wir gerade dabei, uns eine neue Möglichkeit zu schaffen.

Pfütze Eine Pfütze auf der Straße symbolisiert ein emotionales Problem, das wir bewältigen müssen, bevor wir unsere Pläne ausführen können.

Pickel Den meisten Menschen ist es wichtig, wie sie sich selbst sehen. Wenn wir uns im Traum z. B. eines Pickels übermäßig bewusst sind, so signalisiert dies eine Sorge im Hinblick darauf, wie wir auf andere wirken. Ein Pickel kann ebenfalls einen Charakterfehler verkörpern, den wir irgendwann in Angriff nehmen und bereinigen müssen.

Pistole Eine Pistole hat im Traum sowohl männliche als auch sexuelle Bedeutungen. Feuert eine Frau einen Schuß ab, so ist sie sich der aggressiven Seite ihrer Persönlichkeit bewusst. Wird hingegen auf sie geschossen, so fühlt sie sich möglicherweise bedroht durch offene Sexualität. Die Deutung der Verwendung einer Pistole hängt von den individuellen Umständen des Traums ab. Vielleicht benutzen wir sie zum Schutz jener Dinge, die uns wichtig sind.

Planeten Ein Traum von Planeten beschäftigt sich mit jenen subtilen Energien, die uns umgeben und uns beeinflussen, auch wenn wir uns dessen vielleicht nicht bewusst sind. Die Bedeutungen der einzelnen Planeten sind folgende: Jupiter symbolisiert Wachstum und Ausdehnung. Mars signalisiert Aktivität und Krieg, aber auch Ehrgeiz. Merkur verkörpert Kommunikation und Intuition. Der Mond symbolisiert unsere Gefühle und unsere Beziehung zu unserer Mutter. Neptun arbeitet mit der Illusion in Verbindung mit der Inspiration. Pluto regiert das Unbewusste und die Verwandlung. Saturn übt einen zügelnden Einfluss aus und beherrscht die Vergangenheit. Die Sonne symbolisiert unsere Energie. Uranus bestimmt plötzliche Veränderungen und Venus verkörpert die Liebe und die Schönheit.

Planke – siehe auch **Holz** – Eine Holzdiele oder Planke im Traum kann darauf hinweisen, dass etwas repariert werden muss, oder dass wir uns sicherer fühlen, wenn wir eine Stütze mit uns herumtragen. Wenn die Diele für den Fußboden verwendet werden soll, dann symbolisiert sie Sicherheit, soll sie jedoch als Tür oder als Wanddekoration verwendet werden, signalisiert sie eine Verschönerung unseres Innenlebens.

Plazenta, Mutterkuchen Das Baby im Mutterleib nutzt die Plazenta als Nahrungsquelle, daher bedeutet sie für uns, dass wir uns auf andere Menschen verlassen, zu denen eine Bindung besteht. Auf einer anderen Ebene ist die Trennung von unserer Mutter eines der größten Traumata, die wir durchleben müssen, und bei diesem Vorgang fungiert die Plazenta als (Trost)Kissen, um den Schock zu lindern. Ein Traum von einer Plazenta signalisiert, dass wir zu Zeiten der Trennung ein solches Kissen nötig haben.

Preis Im Traum einen Preis zu gewinnen bedeutet, dass es uns gelungen ist, verschiedene Hindernisse zu überwinden. Auf einer anderen Ebene signalisiert der Gewinn eines Preises, dass wir unseren Instinkt und unsere Intuition in Harmonie eingesetzt haben, um unsere Inspiration nutzen zu können.

Propeller Ein Propeller erkennt den Antrieb und das Ziel, die hinter unserer inneren Entdeckungsreise stehen. Wenn wir erst unsere Bedürfnisse festgestellt haben, müssen wir begreifen, wie wir uns vorwärts bewegen können. Ein Propeller verleiht uns den nötigen „Schub", was bedeutet, dass wir in der Lage sind, unseren Intellekt zu nutzen.

Prozession, Umzug Eine Prozession ist meist hierarchisch organisiert, wobei die wichtigsten Personen entweder als erste oder als letzte gehen. Dies könnte im Traum für uns wichtig sein, um uns die richtigen Prioritäten und Ziele zu setzen.

Prüfung – siehe auch **Test** – Zu träumen, dass man eine Prüfung hat oder zu einer Prüfung nicht zugelassen wird, ist ein recht typischer Angsttraum, der sehr viel über die Maßstäbe, die wir uns selbst setzen, und unser Bedürfnis nach Leistung aussagt. Wir möchten aufgrund unserer Leistung akzeptiert werden, und so greift das träumende Ich verschiedene Gelegenheiten, die uns schon als Kind Angst bereitet haben, wieder auf, um vergleichbare Gelegenheiten zu symbolisieren.

Puls Der Puls ist der essenzielle Rhythmus des Lebens – ohne ihn sterben wir. Wenn wir im Traum unseren Puls spüren können, so signalisiert dies irgendeine Angst – vielleicht machen wir uns auch Sorgen um unsere Gesundheit. Unser Puls kann im Traum auch in einen Rhythmus außerhalb unseres Körpers übersetzt werden.

Puppe Eine Puppe bietet Hinweise darauf, wie der Träumer sich als Kind fühlte, oder zeigt, dass er Trost braucht. Vielleicht muss er bestimmte Kindheitserfahrungen, die er vergessen oder verdrängt hat, neu bewerten. Eine Puppe, die nur zum „Leben" erwacht, wenn man mit ihr spielt, kann signalisieren, dass ein Teil der Persönlichkeit des Träumers sich nicht entwickeln konnte.

Pyramide Eine Pyramide ist ein besonders starkes Symbol. Im Traum existiert sie auf verschiedenen Ebenen. Auf der physischen Ebene als Gebäude ist sie ein (Welt)Wunder; auf der mentalen Ebene ist sie eine Struktur der Erneuerung; und auf der spirituellen Ebene ist sie ein Hüter der Kraft. Welche dieser Bedeutungen sie im Einzelfall hat, hängt von der individuellen Bewusstseinsebene des Träumers ab.

Quarantäne Wenn wir uns im wirklichen Leben isoliert fühlen, so kann sich das im Traum in einer Quarantäne manifestieren. Es scheint, als habe eine höhere Gewalt oder Autorität die Verwaltung und Bewältigung dieser Einsamkeit übernommen.

R

Rad – siehe auch **Kreis** unter **Formen** – Müssen wir Änderungen in unserem Leben vornehmen und uns weiterbewegen, dann ist das Rad ein passendes Symbol. Es verkörpert das Lebensrad und den Kreislauf des Wachstums und Verfalls. Wenn wir die Motivation verlieren, kann es sein, dass wir davon träumen, ein Rad zu verlieren.

Radar Von Radar zu träumen signalisiert, dass wir uns nun mit unserer intuitiven Fähigkeit erfolgreich auseinander gesetzt haben, und dass möglicherweise auch andere dies bemerken und zu schätzen wissen. Radar kann ebenfalls darauf verweisen, dass der Träumer in gewissem Maße hellsichtig ist.

Radio Die Kommunikation steht im Vordergrund dieses Symbols. Vielleicht gibt es Informationen oder Ideen, die wir uns anhören und besser verstehen sollten. Das Radio verkörpert ebenfalls eine „Stimme der Autorität", daher sollten wir die Person suchen, zu der wir aufsehen und deren Meinungen wir uns anschließen können.

Rand, Grenze Wenn unsere Aufmerksamkeit auf die Kante oder den Rand eines Objekts gelenkt wird, so bedeutet das häufig, dass wir eine Entscheidung treffen müssen, oder auch Änderungen, die wir in der materiellen Welt vornehmen. Auf der Grenze zwischen zwei Ländern zu stehen zeigt, dass in unserem Leben einschneidende Veränderungen anstehen: Vielleicht müssen wir unseren Wohnort verlegen oder die Art, wie wir denken und fühlen, weitgehend ändern. Auch die Begegnung mit neuen Erfahrungen kann uns das Gefühl vermitteln, eine Schranke oder Grenze zu überwinden.

Rasierapparat Ein Elektrorasierer signalisiert, dass wir dem Bild, das wir von uns selbst geschaffen haben und im täglichen Leben projizieren, mehr Aufmerksamkeit schenken sollten – und, falls notwendig, Änderungen vornehmen müssten.

Rasieren Träumt ein Mann vom Rasieren (wahrscheinlich sein Gesicht), so deutet das an, dass er sein Image ändern möchte. Ist es eine Frau, so rasiert sie wahrscheinlich andere Bereiche ihres Körpers, um ein schöneres Aussehen zu erzielen. In beiden Fällen geht es um das Entfernen einer unerwünschten Schicht, d. h. einer Fassade, die in der Vergangenheit geschaffen wurde.

Ratschlag Das Bewusstsein oder die innere Stimme erscheint häufig als eine Person, die Ratschläge erteilt. Der oder die Alte Weise ist ein Urbild, das den Teil von uns verkörpert, der weiß, wie wir eigentlich handeln sollten. Im Traum von jemandem einen Rat zu bekommen, kann bedeuten, dass wir das Bedürfnis haben, auf andere zu hören.

Rauch, Rauchen – siehe auch **Feuer** – Rauch im Traum verweist auf eine Gefahr, die unmittelbar bevorsteht, insbesondere dann, wenn wir das Feuer nicht lokalisieren können. Rauchen wir Zigaretten, so versuchen wir damit Ängste in den Griff zu bekommen. Rauchen wir im wirklichen Leben, stellen im Traum jedoch fest, dass wir es dort nicht mehr tun, so haben wir eine Schwierigkeit überwunden.

Raum, Platz Sind wir uns bewusst, dass es Platz oder Raum gibt, dann stehen wir in Verbindung zu unserem eigenen Lernpotenzial – es kann jedoch sein, dass wir den Platz benötigen, um den Lernprozess zu verwirklichen. Die Anerkennung des Raumes kann außerdem unsere gegenwärtige Weltsicht erweitern.

Raupe Von einer Raupe zu träumen bedeutet, dass wir uns grundlegend verändern müssen, um einen Fortschritt zu erzielen. Wir sollten jedoch sicherstellen, dass unsere Haltung flexibel bleibt, denn auf diese Weise sind wir offener für das Potenzial, das in uns steckt.

Rausch – siehe auch **Alkohol** und **Trinken** – Wenn wir im Traum einen Rausch erleben, kann es wichtig sein, die Ursache zu ermitteln. Betrunken zu sein kann bedeuten, dass man die Kontrolle verloren hat, während ein Drogenrausch eher eine Veränderung der Wahrnehmung symbolisiert. Die Bewusstseinsveränderungen, die ein Rausch bewirkt, können zum einen deprimieren – indem wir erkennen, dass wir negativen Dingen in unserem Leben auf den Grund gehen müssen – zum anderen aber auch euphorisch stimmen – und uns zeigen, dass wir in der Lage sind, einen Zustand zu erreichen, der dem des Wahnsinns nahe kommt.

Reden Sind wir uns im Traum bewusst, dass Personen miteinander reden, dann nehmen wir zu unserer Fähigkeit zur Kommunikation Verbindung auf, mit der wir vielleicht im wachen Leben Schwierigkeiten haben. Möglicherweise haben wir Angst, dass man uns nicht richtig zuhört, und diese Sorge kann sich darin äußern, dass wir jemand anderen reden hören.

Regen Passenderweise symbolisiert der Regen Tränen und die Freisetzung aufgestauter Gefühle. Falls wir traurig waren, so zeigt uns dieses Traumbild nun, dass es Zeit ist loszulassen. Der Regen kann uns erfrischen und Dinge fortspülen. Vielleicht müssen wir uns auch von irgendetwas oder irgendjemandem loslösen und reinwaschen. Regen kann ebenfalls den Geschlechtsakt symbolisieren.

Regenbogen Von einem Regenbogen zu träumen ist in der Regel ein gutes Zeichen, da er signalisiert, dass am Horizont bessere Dinge für uns bereitgehalten werden. Er kann auch bedeuten, dass wir auf etwas Besseres gehofft haben und nun davon träumen. Auf esoterischer Ebene verkörpert der Regenbogen die sieben Bewusstseinsstufen, die den Weg zur wahren Geistigkeit weisen.

Reis Reis symbolisiert im Traum Nahrung für den Geist, den Körper und die Seele. Er kann auch einen Überfluss andeuten. Dem Reis werden ebenfalls magische Kräfte nachgesagt.

Reißverschluss In psychologischer Hinsicht können wir gegenüber unseren Freunden und der Familie entweder offen oder geschlossen sein, und dies kann sich im Traum durch einen Reißverschluss zeigen. Ein verklemmter Reißverschluss verweist darauf, dass es uns schwer fällt in einer peinlichen Situation Würde zu bewahren.

Religiöse Bilder Wir alle tragen in uns eine persönliche elementare Wahrheit und die religiöse Bildersprache hilft uns, zu ihr Verbindung aufzunehmen. Trotz kultureller Unterschiede besitzen nämlich bestimmte Aspekte dieser Bildersprache universelle Gültigkeit. Eine Ikone – also eine Statue oder ein Gemälde – ist in Wirklichkeit eine bildliche Darstellung einer religiösen Idee; z. B. hat die Statue der Jungfrau Maria im Christentum die gleiche Bedeutung wie Durga, die Göttin der Ergebenheit im Hinduismus.

Wenn diese Art von Symbolik im Traum zu erscheinen beginnt, dann wird es Zeit für den Träumer, auf die innere Wahrheit oder Spiritualität Zugriff zu nehmen, die uns allen zu Eigen ist. In Abhängigkeit von der Kultur und den Kenntnissen des Träumers werden die Bilder in ihrer Symbolik oft erstaunlich spezifisch sein. Menschen, die in einer Gesellschaft leben, deren Gesetze auf den

Zehn Geboten basieren, werden christliche Bilder viel eher erscheinen als anderen. Unterschiedliche Glaubenssysteme manifestieren sich in ihren eigenen Bildern.

Im Folgenden sollen jene Traumbilder erläutert werden, die am häufigsten auftauchen:

Bibel / Religiöse Texte Wenn wir von einer Bibel oder einem anderen religiösen Werk träumen, so sind wir uns traditioneller moralischer Grundsätze bewusst. Wir brauchen Verhaltensregeln, die uns helfen zu überleben, und uns steht eine solche Quelle zur Verfügung.

Buddha Die Figur des Buddha im Traum betont unsere Fähigkeit, das Leben voll auszuschöpfen, sowie jene Eigenschaften des Seins, die hierzu notwendig sind.

Christus Christus symbolisiert den „perfekten Menschen“, indem er uns die Versöhnung des Geistigen mit dem Körperlichen vor Augen führt – er ist Gott und Mensch in einem. In seinen verschiedenen Erscheinungsformen, z. B. angeschlagen am Kreuz, verkörpert er den Teil unserer Persönlichkeit, der bereit ist für unsere Überzeugungen zu leiden.

Dämon / Teufel Als Verkörperung der Versuchung können solche Figuren unterdrückte sexuelle Triebe und Wünsche symbolisieren. Für die meisten Menschen bedeuten diese Figuren das personifizierte Böse.

Der heilige Mann / Die heilige Frau Der heilige Mann oder die heilige Frau, die uns im Traum erscheinen, symbolisieren die innere Führung, die uns allen zur Verfügung steht.

Engel Die Unterscheidung zwischen dem „Höheren Selbst“ und Engeln ist hier von Bedeutung. Engel sind meist Zwitter und verkörpern Reinheit und Freiheit von Sünde. Erscheint das Bild eines „dunklen“ Engels im Traum, so werden wir im Allgemeinen auf ein spirituelles Fehlverhalten hingewiesen, das wir vermutlich schon begangen haben. Engel werden als Boten der Götter angesehen.

Feste Feste wurden von religiösen Führern eingesetzt, um den Menschen eine Gelegenheit zu geben, sich zum Feiern und Teilen zusammenzufinden. Auch in Träumen haben sie diese Bedeutung und kennzeichnen außerdem die verschiedenen Jahreszeiten, zu denen diese Feste begangen werden. Heidnische Feste wurden in späteren Jahrhunderten von den konventionellen Religionen übernommen, um den Ritualen der Verehrung Kontinuität zu verleihen.

Gefiederte Sonne Dieses Symbol erscheint in einer Reihe von religiösen Bildern, die kulturelle Grenzen überschreiten, und vereint in sich die Symbole der Sonne und des Adlers. Es verkörpert das Universum und den Mittelpunkt unseres Ichs – das universelle Zentrum und die Kraft der Sonne.

Göttin / Göttinnen Wenn wir von Göttinnen träumen, so verbindet uns dies mit unseren archetypischen Vorstellungen von Weiblichkeit. Im Traum einer Frau verdeutlicht eine Göttin die Verbindung zwischen allen Frauen und weiblichen Kreaturen, die über das Unbewusste besteht. Dieses Gefühl eines geteilten Geheimnisses verleiht der Psyche der Frau eine unbestimmbare Kraft. Im wachen Zustand ermöglicht sie ihr schöpferische Tätigkeiten. Wenn wir von Göttinnen träumen, akzeptieren wir also unser Recht auf eine Aufnahme in eine Schwesterschaft oder ein Netzwerk, um ein gemeinsames Ziel zu verwirklichen. Im Traum eines Mannes symbolisiert die Figur der Göttin alles, was ein Mann an der Idee der weiblichen Macht fürchtet. Der Traum vermittelt in der Regel zusätzlich Einsichten in seine ersten Vorstellungen von der Weiblichkeit, die durch Erfahrungen mit seiner Mutter entstehen.

Man findet vielerlei Göttinnen, quer durch alle Kulturen. Es gibt solche, die als zerstörerisch angesehen werden, wie z. B. Kali, Basted und Lilith, und andere, die als wohltätig gelten, wie Athene und Hermia.

Im Folgenden seien die wohltätigen Göttinnen genannt, zu denen Frauen die engste Beziehung finden.

Aphrodite, Göttin der Liebe und der Schönheit, ermutigt Frauen dazu, kreativ und fruchtbar zu sein. Sie regiert das Vergnügen und die Freude, die die Frau an der Liebe und der Schönheit hat. ***Artemis***, die Mondgöttin, verkörpert den unabhängigen weiblichen Geist, dessen höchstes Ziel der Erfolg ist. Sie wird oft als Jägerin dargestellt. ***Athene*** ist die Göttin der Weisheit und der Strategie. Sie ist logisch veranlagt und selbstsicher und wird eher von ihren mentalen Fähigkeiten beherrscht als von ihren Gefühlen. ***Demeter***, der Archetyp der Mutter und die Göttin der Fruchtbarkeit, betont das Streben der Mutter, ihren Kindern körperliche und geistige Unterstützung zu geben. ***Hera***, Göttin der Ehe, symbolisiert die Frau, deren höchstes Ziel es ist, einen Ehemann zu finden und verheiratet zu sein. ***Hestia***, Göttin des Herdes, verkörpert die geduldige Frau, die in der Abgeschlossenheit ihren Halt findet. Sie vermittelt ein Gefühl der Ganzheit. ***Persephone*** ist letzten Endes die Göttin der Unterwelt, doch nur aufgrund der Ablehnung ihres Status als Demeters Tochter. Sie symbolisiert die Tendenz der Frauen, anderen gefallen zu wollen und von ihnen gebraucht zu werden. Ihr unterwürfiges Verhalten und ihre Passivität muss sich in eine Fähigkeit verwandeln, damit sie Verantwortung übernehmen kann für das, was sie ist.

Durch ihr Verständnis der Göttinnen und durch Träume, die solche Figuren hervorheben, kann eine Frau sich mit ihrem eigenen Wesen auseinandersetzen und es akzeptieren.

Gott / Götter Wenn wir von Gott träumen, dann erkennen wir die Existenz einer höheren Macht an, die mehr Wissen und größere Fähigkeiten besitzt als wir. Eine ganze Entwicklungsstufe hindurch empfinden wir Trost und Sicherheit durch den Glauben an einen väterlichen Gott, der für uns sorgen wird und uns annehmen wird, und die starken Gefühle, denen wir mitunter begegnen, können mit unserem Kindheitsbedürfnis nach Liebe und elterlicher Akzeptanz in Verbindung gebracht werden. Im Traum einer Frau wird das Erscheinen mythischer Götter ihr helfen, verschiedene Aspekte ihrer Persönlichkeit zu verstehen. Im Traum eines Mannes zeigt sich darin eine Verbindung zu seiner eigenen Männlichkeit und zu seinem Gefühl, sich selbst zu gehören, was ihn wiederum mit der übrigen Menschheit vereint.

Häufig können diese Emotionen in den Figuren mythischer Götter personalisiert und wiedererkannt werden. Zum Beispiel verkörpert in der griechischen und römischen Mythologie ***Adonis*** die Gesundheit, Schönheit und Selbstbewunderung. ***Apollo*** symbolisiert die Sonne und lehrte ***Chiron*** die Heilkunst. ***Herakles*** wiederum erlernte diese von Chiron, doch als er Chiron versehentlich mit einem Pfeil verletzte, konnte Letzterer keine Heilung durch Apollo annehmen. Der Kriegsgott ***Mars*** verkörpert den Antrieb, den wir brauchen, um erfolgreich zu sein. ***Merkur*** (oder ***Hermes***) symbolisiert Kommunikation und nicht selten Mitteilungen, die heikler Natur sind. Er ist der Schutzpatron der Magie. ***Zeus*** ist der Herrscher der Götter und verkörpert Vaterschaft in sowohl positiver als auch negativer Form.

Der christliche Glaube bezieht sich auf einen einzigen Gott, obgleich er sich in drei Formen manifestiert – dem ***Vater***, dem ***Sohn*** und dem ***Heiligen Geist***. (***Jehova*** als Rache übender Gott macht uns auf die negative Seite der Macht aufmerksam.) Andere Religionen verteilen die unterschiedlichen Machtbereiche auf verschiedene Götter. Wenn unser Verständnis mit der Zeit wächst, können wir die Bedeutung beider Vorstellungen würdigen und damit beginnen, Gott als eine alles durchdringende Energie zu verstehen.

Heilige Kommunion / Manna / Geistige Nahrung Jedes Traumbild, das das Teilen von Nahrung – insbesondere Brot – in einen religiösen Zusammenhang einbezieht, beinhaltet die Symbolik der heiligen Kommunion, d. h. eines geheiligten Teilhabens an der Kraft Gottes. Die Wurzeln dieses Bildes liegen in dem heidnischen Glauben, dass jede Kraft oder Energie teilbar ist.

Himmel Im Traum wird der Himmel als ein Ort symbolisiert, an dem eine starke Energie herrscht und wo es kein Leiden gibt. Eine solche Idee existiert in den meisten Religionen und manifestiert sich, wenn der Einzelne sich stärker auf seine Spiritualität konzentriert.

Hölle Die herkömmliche Vorstellung von der Hölle verweist auf einen Zustand der Illusion, in dem nichts so ist, wie es scheint. Sich im Traum bewusst zu sein, dass es einen solchen Ort gibt, deutet an, dass der Träumer sein eigenes chaotisches Wesen zu verstehen beginnt.

Kirchen / Kapellen / Synagogen / Tempel Jedes religiöse Gebäude verkörpert im Traum einen Zufluchtsort, unsere Gefühle der Ehrfurcht und Bewunderung oder einen Ort, an dem wir unsere Überzeugungen miteinander teilen können. In bestimmten Träumen können sie auch den menschlichen Körper symbolisieren.

Kreuzigung Sie verkörpert häufig ein Opfer, das man im Namen einer bestimmten Überzeugung bringt.

Mutter Dieser religiöse Typ des Bildes, wie das der Jungfrau Maria, symbolisiert im Traum die Essenz des weiblichen Nährens und die Heiligkeit, die mit der Mutter assoziiert wird.

Papst Oft bedeutet eine Traumbegegnung mit dem Papst eine Begegnung mit jener Seite unserer Persönlichkeit, die auf der Basis unserer religiösen Vorstellungen einen Verhaltenskodex entwickelt hat. Die Figur kann entweder wohlwollend oder mit Vorurteilen behaftet sein, je nachdem, welchen Eindruck wir vom Papst in unserer Kindheit gewonnen haben. Der Papst erscheint im Traum häufig als Vaterersatz oder als eine Personifizierung Gottes.

Priester / Prophet Eine solche Figur symbolisiert im Traum ein inneres Bewusstsein eines Glaubenssystems, mitunter auch auf die Zukunft bezogen.

Taufe Die Taufe stellt einen Initiationsritus dar, mit dem wir in die Familie der Menschheit aufgenommen werden. Sie erscheint im Traum als ein ritueller Willkommensgruß, der ein bestimmtes Entwicklungsstadium kennzeichnet.

Weihrauch Er symbolisiert eine Bitte und ein Gebet, das Gott oder den Göttern durch Duft und Rauch offeriert wird. Für die, die sich auskennen, kann die Art des Duftes wichtig sein.

Zeremonie Zeremonien und Rituale bilden einen integralen Bestandteil der Religion und kennzeichnen ebenfalls die verschiedenen Initiationsriten, die mit fortschreitender Reife erforderlich sind. Nehmen wir im Traum an solchen Zeremonien teil, so lässt dies eine Veränderung der Einstellung, des Glaubens oder des Bewusstseins erkennen.

Rennen Wenn im Traum jemand rennt, so müssen wir die Zeit und den Ort ermitteln, weil sie für die Symbolik entscheidend sind. Zum Beispiel ist eines der verbreitetsten Traumbilder das der Unfähigkeit vor jemandem wegzulaufen; es signalisiert Angst und generelle Handlungsunfähigkeit und taucht häufig als Element in Angstträumen auf.

Reptilien Reptilien im Traum beziehen sich auf unsere elementaren und instinktiven Reaktionen. Wenn wir verstehen wollen, warum wir bestimmte Dinge tun, dann müssen wir zuerst unsere Triebe kontrollieren und verstehen.

Resignieren, Aufgeben, Zurücktreten Wenn wir im Traum resignieren, geben wir schlicht und einfach auf. Wir müssen herausfinden, ob das im speziellen Fall eine gute oder eine schlechte Sache ist. Vielleicht sehen wir uns außer Stande, den Dingen des Lebens ins Auge zu blicken. Wir sollten uns jedoch versichern, ob wir uns nicht doch noch etwas Mühe geben könnten; vielleicht müssen wir uns nur mehr anstrengen oder mehr Selbstvertrauen haben.

Restaurant Wenn wir Angst vor dem Alleinsein haben, dann träumen wir manchmal, dass wir in einem Restaurant oder einem Café sitzen – denn sie signalisieren unser Bedürfnis nach Gesellschaft. Wir benötigen ebenfalls emotionale Unterstützung, die durch die Nahrung verkörpert wird. Vielleicht sind wir uns auch bewusst, dass wir eine Beziehung suchen.

Rettung Werden wir im Traum gerettet, dann sind wir uns bewusst, dass wir dem Retter etwas schuldig sind. Der Ritter, der die Jungfrau rettet, symbolisiert die Vorstellung des unberührten Weiblichen, das von seiner eigenen Leidenschaft errettet wird. Auf einer anderen Ebene könnte es der Fall sein, dass wir uns verloren und verzweifelt fühlen und vor uns selbst gerettet werden müssen.

Richter, Gerechtigkeit – siehe auch **Jury** – Wenn wir versuchen, zwei unterschiedliche Seinszustände in ein stabiles Gleichgewicht zu bringen, erscheint uns häufig die Figur des Ausgleichs oder der Gerechtigkeit im Traum. Sie soll uns darauf hinweisen, dass wir unter Umständen sowohl die physischen als auch die spirituellen Seiten unserer Persönlichkeit erfolgreich einsetzen müssen. Da die Gerechtigkeit sich normalerweise auf die nach Ansicht der Gemeinschaft „richtige" Art und Weise bezieht, in der wir etwas tun sollten, fühlen wir uns vielleicht zum Konformismus gezwungen und spüren, dass wir etwas tun oder tun werden, das uns gegen den Strich geht.

Riese Riesen und Unholde im Traum verkörpern oft ein Gefühl, das ungeheuer groß und unkontrollierbar erscheint. Diese ungezügelte Urkraft führt uns zurück in die Hilflosigkeit, die wir vielleicht als Kind in einer Welt der Erwachsenen verspürt haben. Möglicherweise empfinden wir uns selbst auch als überlebensgroß, während wir uns in spiritueller Hinsicht weiterentwickeln, und wir müssen uns der veränderten Perspektiven bewusst werden, die nun erforderlich sind.

Ring Ein Ring hat kein Ende und verweist im Traum häufig auf eine Beziehung. Verschiedene Ringe symbolisieren unterschiedliche Dinge: Ein Ehering verkörpert Einsatz und Verpflichtung; ein Familienring steht für Tradition und Wert; ein Verlobungsring deutet ein versuchsweises Versprechen der Hingabe an, während ein Ewigkeitsring ein langfristiges Versprechen symbolisiert.

Riss Vielleicht gibt es in unserem Leben eine Schwachstelle oder einen Mangel, der sich im Traum als Riss manifestiert. Der Riss kann ebenfalls das Irrationale oder Unerwartete symbolisieren oder auch die Unfähigkeit unser Leben mental zusammenzuhalten.

Ritter Die Deutung des Ritters hängt davon ab, ob er im Traum einer Frau oder eines Mannes erscheint. Für die Frau gibt es die Standardinterpretation des Ritters in schimmernder Rüstung, der eine Liebesbeziehung symbolisiert – die Suche nach dem idealen Partner. Ein Mann wiederum sucht möglicherweise nach dem heldenhaften Teil seines Ichs, dem Teil, der Risiken eingeht, einfach, weil es sie gibt und sie jemand wahrnehmen sollte. In beiden Fällen kann der Ritter die spirituelle Seite des Ichs verkörpern. Ein schwarzer Ritter wird häufig als Verfechter des Bösen angesehen, während ein weißer Ritter einen Kämpfer für das Wohl der Allgemeinheit darstellt. In psychologischer Hinsicht symbolisiert ein Ritter im Traum das Leitmotiv.

Robe, Rock Träumen wir von einem Morgenrock, so verweist dieser auf zwei Dinge: Zum einen bedeckt er unsere Nacktheit, zum anderen signalisiert er Bequemlichkeit. Jemand anderen in eine Robe zu kleiden bedeutet, diese Person zu schützen. In magischer Hinsicht kann eine Robe oder ein Rock Status und Macht symbolisieren; die weiße Robe signalisiert Unschuld, das saumlose Gewand Heiligkeit.

Rohr, Rohrstock Weil viele Menschen das Rohr mit irgendeiner Form von Bestrafung oder Sadismus verbinden, kann es auch für Selbstbestrafung oder Masochismus stehen. Wahrscheinlicher ist jedoch, dass wir versuchen, ein Kindheitstrauma zu verarbeiten. Weil das Rohr ebenfalls Biegsamkeit symbolisiert, kann es sein, dass wir uns bemühen, ein Gleichgewicht zu erzielen zwischen unserer Ablehnung gegenüber einer Situation und der Bereitschaft, sie zu akzeptieren.

Roman – siehe auch **Buch** und **Lesen** – Sind wir uns im Traum bewusst, dass wir einen Roman lesen, dann müssen wir versuchen sein Thema herauszufinden, weil dies entscheidend für die Deutung ist. Lesen wir z. B. einen Abenteuerroman, so verspüren wir vielleicht das Bedürfnis Risiken einzugehen. In diesem Fall brauchen wir neue Anreize, die uns helfen weiterzukommen.

Rose Im Traum wie im Leben symbolisiert die Rose Liebe, Bewunderung und Perfektion. Sie kann ebenfalls Fruchtbarkeit und Jungfräulichkeit verkörpern. Durch ihren eigenen Kreislauf des Wachstums und Verfalls kann die Rose den Lauf des Lebens symbolisieren. Sie verkörpert außerdem das Herz oder Zentrum des Lebens.

Rost Rost symbolisiert Nachlässigkeit und Lethargie, sowohl in emotionaler wie auch körperlicher Hinsicht. Wenn wir von Rost träumen, so müssen wir erst einmal gründlich aufräumen, bevor wir Fortschritte erzielen können. Rost kann ebenfalls veraltete Einstellungen signalisieren.

Rücken, Rückgrat – siehe auch **Körper** – Ist das Rückgrat in unserem Traum besonders auffällig, dann sollten wir die Menschen, die wir als die Hauptstützen unseres Lebens empfinden, überprüfen und ebenso unsere Charakterfestigkeit oder möglicherweise eine gewisse Starrheit im Hinblick auf unsere Persönlichkeit. Handelt es sich um den Rücken einer anderen Person, so kann das bedeuten, dass diese Person uns nicht genügend Unterstützung gewährt oder dass eine bestimmte Situation in unserem Leben keinen Platz mehr hat.

Rückwärts Regressive Tendenzen können uns dazu veranlassen, in frühere Verhaltensmuster zurückzufallen. Vom Rückwärtsgehen zu träumen deutet an, dass wir vielleicht nur langsam etwas erkennen und uns aus einer Situation charmant zurückziehen sollten. Eine bestimmte Handlungsweise fortzusetzen könnte Nachteile haben und unseren weiteren Fortschritt erschweren.

Ruhm Das Ego sehnt sich nach Anerkennung, und wenn wir träumen, dass wir berühmt sind oder in einem selbst gewählten Bereich berühmt werden, dann signalisiert dies die Tatsache, dass auch wir selbst uns anerkennen und unsere eigenen Fähigkeiten würdigen müssen. Wenn wir versuchen, darüber Entscheidungen zu fällen, wie wir in unserem Leben vorankommen können, dann müssen wir erkennen, dass wir das Potenzial besitzen, Hervorragendes zu leisten.

Ruinen, Trümmer Wenn etwas in Trümmern liegt, dann müssen wir herausfinden, ob dies durch Nachlässigkeit oder Vandalismus geschah. Im ersteren Fall müssen wir uns zusammenreißen; im letzteren sollten wir überprüfen, auf welche Weise wir uns erlauben verletzbar zu sein. Haben wir etwas mutwillig ruiniert, dann müssen wir das selbstzerstörerische Element in unserem Innern anerkennen.

Rummelplatz Der Rummelplatz besitzt ganz eigene traumähnliche Eigenschaften. Er stellt eine umgrenzte Fantasiewelt dar und kann uns die Art und Weise bewusst machen, mit der wir die kindlichen Aspekte unserer Persönlichkeit behandeln. Ein Karussell kann den Kreislauf der täglichen Routine symbolisieren, während die Schiffschaukel das Auf und Ab des Schicksals verkörpert. Das Riesenrad ist häufig ein Symbol des Lebensrads. Möglicherweise sollten wir einige Hemmungen ablegen.

Rüstung Im Traum symbolisiert eine Rüstung Ritterlichkeit, Schutz und das Bedürfnis zu schützen oder beschützt zu werden vor etwas, von dem wir uns möglicherweise bedroht fühlen. Vielleicht besitzen wir auch ein gewisses Maß an altmodischer Steifheit, die uns daran hindert, uns in neue Situationen zu begeben.

S

Saat, Säen Das Säen kann einerseits den Geschlechtsakt symbolisieren und andererseits bestelltes, fruchtbares Land. Es verweist außerdem auf den Beginn eines neuen Projekts. Wir müssen selbst entscheiden, was relevant ist. Auf einer anderen Ebene signalisiert die Saat, dass wir die richtige Umgebung schaffen, in der Wachstum möglich ist – sie symbolisiert den Akt der Schöpfung.

Sackgasse Wenn wir in einer Sackgasse festsitzen, so symbolisiert dies entweder ein sinnloses Unterfangen oder vielleicht auch einfach Tatenlosigkeit. Möglicherweise verhindern die Umstände ein Vorankommen, und es kann erforderlich sein, die eigenen Schritte zurückzuverfolgen, um doch noch erfolgreich zu sein. Wenn wir in alten Verhaltensmustern feststecken, dann könnten uns vielleicht Fehler aus der Vergangenheit gefährlich werden.

Sackleinen Sackleinen symbolisiert eine Demütigung (in Sack und Asche). Aus dem gleichen Grund kann es ebenfalls Reue verkörpern – vielleicht möchten wir der Welt zeigen, dass wir bereit sind eine Tat zu bereuen, die uns selbst erniedrigt hat.

Sadismus – siehe auch **Sex** – Sadismus tritt häufig zu Tage aufgrund eines Kindheitsschmerzes, den wir festgehalten aber unterdrückt haben. Er äußert sich in dem Wunsch, einem anderen weh zu tun oder eine bestimmte Reaktion zu provozieren – meist ist dies jemand, den wir lieben. Im Traum müssen wir feststellen, ob wir selbst diesen Sadismus ausleben oder ob wir das Opfer sind. Beide Rollen können ein Teil unserer Persönlichkeit sein.

Säge – siehe **Werkzeug**

Salbe Eine Salbe bezieht sich unmittelbar auf die Pflege und den Heilungsprozess, d. h. auf unsere Fähigkeit zu heilen oder unser Bedürfnis geheilt zu werden. Auch die Bewahrung unseres Systems und die Vorbeugung vor Krankheit kann in der Traumwelt von Bedeutung sein.

Salz Im Traum unterstreicht das Salz die verfeinerten Eigenschaften, die wir unserem Leben verleihen, d. h. die Dinge, die wir tun, um unseren Lebensstil zu verbessern – die „Würze" des Lebens. Das Salz ist ebenfalls ein Symbol der Beständigkeit und der Charakterstärke.

Samen Ein Samenkorn symbolisiert im Allgemeinen unser Potenzial, kann jedoch in Bezug auf eine Frau auch eine Schwangerschaft signalisieren. Ein Samenkorn kann ebenfalls auf den Wert eines Vorhabens hinweisen. Wir brauchen geeignete Bedingungen, unter denen wir wachsen und reifen können.

Samt Dieser Stoff symbolisiert Reichtum und Sinnlichkeit oder auch eine Begabung.

Sand Im Traum bedeutet Sand Instabilität und einen Mangel an emotionaler Sicherheit. Er kann ebenfalls Vergänglichkeit symbolisieren. Möglicherweise ist die Basis, auf der wir arbeiten, nicht stabil genug, und die Situation kann uns jeden Moment entgleiten.

Sanduhr, Stundenglas Im Traum hat die Zeit keine Bedeutung. Wenn wir also auf etwas treffen, das die Zeit misst, so macht uns das darauf aufmerksam, dass wir unsere Aktivitäten genauer einteilen und abwägen sollten. Stehen wir unter Stress, dann können wir uns besonders bewusst sein, dass die Zeit knapp wird und sich zu einem Feind entwickelt – diesen Feind verkörpert die

Sanduhr. Früher galt sie ebenfalls als Symbol des Todes; tatsächlich symbolisiert sie jedoch die Vergänglichkeit des Lebens.

Sarg, Sarkophag Wenn wir von einem Sarg träumen, machen wir uns damit auf unsere eigene Sterblichkeit aufmerksam. Vielleicht sind wir gerade dabei, uns mit dem Ende einer Beziehung und dem damit verbundenen Gefühl des Verlustes abzufinden. Möglicherweise schließen wir auch unsere Gefühle in unserem Innern ein, mit dem Ergebnis, dass ein Teil unserer Persönlichkeit stirbt. Auf einer anderen Ebene symbolisiert der Sarg die Erlösung, die Auferstehung und das Seelenheil.

Ein solcher Traum signalisiert ebenfalls, dass wir die Bedeutung des Todes und der mit ihm verbundenen Riten anerkennen. Möglicherweise befinden wir uns gerade in einem Übergangsstadium.

Sattel Ein Sattel im Traum verweist auf das Bedürfnis, über einen anderen Menschen Kontrolle auszuüben. Für eine Frau bedeutet dies häufig Kontrolle in sexueller Hinsicht, für einen Mann jedoch eher, dass sein Leben besser organisiert werden sollte.

Säule Eine offensichtliche Bedeutung ist die des Phallus, eine andere ist hier jedoch wahrscheinlich richtiger. Sie besagt, dass wir in der Lage sind Stabilität und Unterstützung zu schaffen und dass wir auch angesichts von Schwierigkeiten nicht ins Wanken geraten.

Säure In psychologischer Hinsicht zeigt ein Traum von Säure, dass das Selbstbewusstsein und das Gefühl des Wohlbehagens, das der Träumer normalerweise verspürt, durch äußere Einflüsse untergraben und weggeätzt wird. Möglicherweise gibt es im Leben des Träumers einen zerstörerischen Aspekt, der zwar schlimm ist, aber letzten Endes vielleicht eine reinigende Wirkung besitzt. Es könnte auch sein, dass der Träumer von einem unangemessenen Gefühl förmlich „verzehrt" wird.

Schach Ursprünglich symbolisierte das Schachspiel den Kampf zwischen Gut und Böse. Im Traum kann es daher noch immer einen in unserem Innern ausgetragenen Konflikt verkörpern. Es kann ebenfalls darauf hinweisen, dass wir in unserem Leben eine Strategie benötigen. Ein Schachspiel zu verlieren kann bedeuten, dass wir uns im wachen Leben etwas vorgenommen haben, das nicht gelingen kann. Uns fehlen die Werkzeuge oder vielleicht das Wissen, um den Kampf gegen stärkere Kräfte aufzunehmen.

Schachtel Im Traum können verschiedene Arten von Schachteln auf Teilbereiche der weiblichen Persönlichkeit verweisen. Dieses Prinzip basiert auf dem traditionellen Symbol des Quadrats, das für den physischen Aspekt des Weiblichen steht. Die Schachtel verkörpert ebenfalls das weibliche Prinzip des Enthaltens oder Umschließens.

Sich im Traum in einer Schachtel eingesperrt zu fühlen bedeutet, dass wir daran gehindert werden, uns in einer angemessenen Weise zu entfalten und zu wachsen. Wenn wir hingegen träumen, dass wir selbst Dinge in einer Schachtel verpacken, so zeigt dies, dass wir nicht in der Lage sind mit Gefühlen oder Gedanken, die uns Probleme bereiten, fertig zu werden. Eine Schachtel, ob geschmückt oder nicht, verweist darauf, wie wir mit dem Leben umgehen.

Schädel, Totenschädel Hier variiert die Symbolik: Wenn wir unseren eigenen Schädel wahrnehmen, so erkennen wir die Struktur, die wir unserem Leben gegeben haben. Sehen wir einen Totenschädel, wo eigentlich ein Kopf sein sollte, dann bedeutet dies, dass die Person für uns „gestorben" ist. Wenn wir mit einem Totenkopf reden, so zeigt das unser Bedürfnis zu jemandem Kontakt aufzunehmen, von dem wir eine Zeit lang nichts gehört haben. Spricht ein Totenschädel zu uns, dann kehrt ein Teil unserer Persönlichkeit, den wir abgelehnt haben, in unser Leben zurück und wird wieder aktiv. Wenn wir an ein Leben nach dem Tod glauben, dann haben wir vielleicht das Gefühl, dass durch den Schädel das Jenseits zu uns spricht.

Schatz Ein Schatz verkörpert das, was uns lieb und teuer ist, und oft auch etwas, das wir durch harte Arbeit und große Anstrengungen gewonnen haben. Stoßen wir im Traum auf eine Schatztruhe, so signalisiert dies unsere Erkenntnis, dass wir oft erst Grenzen durchbrechen müssen, um das zu finden, was wir gesucht haben.

Schaufel, Spaten Eine Schaufel oder ein Spaten signalisiert den Wunsch, in den Erfahrungen unserer Vergangenheit nach Informationen zu graben. Ein größeres Gerät bedeutet, dass wir dabei pragmatisch vorgehen, eine kleine Handschaufel hingegen, dass wir beim Graben vorsichtig sein müssen.

Scheibe – siehe **Diskette**

Schere Im Traum bedeutet eine Schere, dass wir Unwesentliches aus unserem Leben herausschneiden müssen. Es kann sein, dass es sich dabei um Dinge handelt, mit denen wir einfach nicht zu Rande kommen. Auf einer anderen Ebene kann eine Schere einerseits den Lebensfaden durchtrennen, andererseits aber auch Einheit verkörpern und die Vereinigung des Geistigen mit dem Körperlichen.

Schirm Während wir wachsen und reifen, müssen wir bestimmte Bewältigungsstrategien entwickeln. Im Traum können sich diese als eine „Schutzschicht" darstellen, die in Form eines Schirms einen Unterstand oder Zufluchtsort bietet. Auch unsere Arbeitssituation, in der wir unter einem Vorgesetzten oder einem Gremium arbeiten, kann sich in einer „Schirmherrschaft" ausdrücken.

Schlagen Im Traum geschlagen zu werden symbolisiert Demut, Qual und Trauer. Werden wir körperlich oder auch in einem Spiel geschlagen, so zeigt dies, dass wir uns einer überlegenen Kraft unterwerfen. Jemand anderen oder ein Objekt zu schlagen weist entweder auf unser Bedürfnis hin, durch Aggression und brutale Gewalt Macht auszuüben, oder möglicherweise auch auf eine Wut, die tief in unserem Innern sitzt und im wachen Zustand nicht den richtigen Ausdruck findet.

Schlamm, Matsch Spirituell gesehen symbolisiert Schlamm das Urmaterial, aus dem wir geformt wurden, und das Bedürfnis zu den Ursprüngen zurückzukehren. Wenn wir im Traum im Schlamm feststecken, so kann dies signalisieren, dass wir vielleicht das Praktische nicht vom Emotionalen getrennt haben (die Erde vom Wasser). Schlamm kann auch Erfahrungen verkörpern, die uns am Ort festhalten, so dass wir nicht weiterkommen.

Schlange stehen – siehe **Linie**

Schleier Ein Schleier im Traum symbolisiert das Okkulte oder irgendein Geheimnis, das wir vor uns selbst verbergen. Auf bewusster Ebene ist uns nichts darüber bekannt, doch wenn wir uns etwas eingehender damit befassen, können wir es enthüllen.

Schleife Ein zur Schleife gebundenes Band verweist auf das Prinzip des Weiblichen und auf die Schönheit – es kann ebenfalls andeuten, dass es etwas zu Feiern gibt.

Schlinge – siehe auch **Hängen** und **Seil** – Abgesehen von dem offensichtlichen Bezug zum Tod signalisiert die Schlinge, dass wir in der Falle sitzen. Wir müssen herausfinden, ob wir uns selbst gefangen gesetzt haben oder ob uns andere in diese bedrohliche Lage manövriert haben. Ist Letzteres der Fall, dann sollten wir mit Bestimmtheit auftreten und unseren Gefühlen Ausdruck verleihen, denn es könnte sein, dass die Schlinge einen Versuch darstellt, den Ausdruck unserer Persönlichkeit zu unterbinden.

Schloss – siehe auch **Schlüssel** und **Gefängnis** – Wenn ein Schloss im Traum erscheint, so kann dies signalisieren, dass wir das, was wir weggeschlossen haben, befreien müssen. Ist es notwendig das Schloss aufzubrechen, so müssen wir vielleicht besonderen Einsatz und Stärke zeigen, um unser Ziel zu erreichen.

Schlucken Schlucken im Traum bedeutet, dass wir irgendetwas aufnehmen, z. B. auch Wissen oder Informationen. Fällt uns das Schlucken schwer, so müssen wir der Ursache auf den Grund gehen und herausfinden, was den Weg blockiert. Ein Schlucken kann ebenfalls das Unterdrücken von Emotionen symbolisieren.

Schlüssel, Schlüsselloch – siehe auch **Schloss** und **Gefängnis** – Die offensichtliche Bedeutung des Schlüssels liegt darin, etwas zu verschließen oder aufzuschließen, das geschlossen oder geöffnet werden muss. Dabei kann es sich um das eigene Potenzial oder auch alte Erinnerungen, Erfahrungen oder Gefühle handeln. Wenn der Schlüssel z. B. eine Tür öffnet, so wird etwas offenbart – meist zu unserem Vorteil – während das Abschließen der Tür auf ein Wegschließen einer Sache hinweist. Hierbei kann es sich um die Vergangenheit oder auch um Situationen, denen wir uns nicht stellen wollen, handeln. Schlüssel sind ein häufiges Traummotiv. Wenn wir von einem ganzen Bund von Schlüsseln träumen, so signalisiert dies, dass wir unsere gesamte Persönlichkeit neuen Erfahrungen öffnen und zugänglich machen sollten. Auch das Material des Schlüssels kann wichtig sein: Je schlichter das Material, umso einfacher ist die Lösung. Wir tragen viele der Antworten auf unsere Schwierigkeiten bereits in uns, brauchen jedoch oft ein nüchternes weltliches Symbol, um unsere Fähigkeiten in Gang zu setzen und die Lösungen aufzuspüren. Silberne und goldene Schlüssel symbolisieren jeweils die vergängliche und die spirituelle Macht.

Durch ein Schlüsselloch zu schauen signalisiert, dass unsere Sicht und unser Verständnis in irgendeiner Weise beschränkt sind oder dass wir von einer Aktivität ausgeschlossen werden. Wenn wir einen Schlüssel nicht in ein Schlüsselloch stecken können, so bedeutet dies unangemessenes Betragen. Ist die Größe des Schlüssellochs nicht richtig, so haben wir im wachen Leben die Möglichkeit der Anpassung, und zwar in Bezug auf unser Wissen (das durch den Schlüssel verkörpert wird) oder die Art, wie wir dieses Wissen verwenden (das Schlüsselloch). Wenn wir bemerken, dass kein Schlüsselloch vorhanden ist, so haben wir vermutlich Schwierigkeiten, unser inneres und unser äußeres Selbst in Einklang zu bringen. Traditionell wird das Schlüsselloch als Symbol der weiblichen, empfindsamen Seite unserer Persönlichkeit angesehen.

Schmetterling Ein Schmetterling, der uns im Traum oder in der Meditation erscheint, verkörpert die befreite Seele und die Unsterblichkeit: Der Körper muss die Seele nicht gefangen halten. Psychologisch gesehen kann der flatternde Schmetterling jedoch auf eine Unfähigkeit verweisen sich hinzusetzen und eine vor sich hergeschobene Aufgabe in Angriff zu nehmen. Auf praktischer Ebene symbolisiert der im Traum gesehene Schmetterling Unbeschwertheit und Freiheit.

Schmutzig Schlechte oder negative Impulse zeigen sich im Traum oft darin, dass Dinge oder Menschen schmutzig sind.

Schnalle Eine Schnalle kann im Traum ein Schutz vor den Mächten des Bösen sein; sie kann uns helfen, einem Druck von außen standzuhalten. Wenn wir im Traum eine Schnalle schließen, so zeigt das, dass wir für unser Handeln die Verantwortung übernehmen.

Schnee Schnee symbolisiert, dass sich eine Idee herauskristallisiert hat. Schmilzt der Schnee, dann kann das bedeuten, dass das Projekt sich auflöst, viel wahrscheinlicher ist jedoch, dass das Schmelzen ein Weichwerden des Herzens signalisiert. Auf emotionaler Ebene kann Schnee Gefühlskälte symbolisieren und darauf hinweisen, dass wir vielleicht „auftauen“ sollten.

Schnur In jeder zwischenmenschlichen Beziehung gibt es gewisse Grenzen oder Abhängigkeiten, die nach einer Weile zum Vorschein kommen und im Traum vielleicht als Schnur oder Band erscheinen. Diese emotionalen Verbindungen können sowohl einschränken als auch Freiheit schenken. Es besteht möglicherweise ein Bedürfnis die Bande der Pflicht und der Zuneigung richtig zu würdigen. Auf einer anderen Ebene finden wir die Symbolik der Silberschnur – der zarten Energie, die die Lebenskraft in unserem Körper hält.

Schornstein, Kamin Jede Öffnung in einem Dach bedeutet, dass man sich der Veränderung und des Wachstums bewusst ist. Sie bedeutet ebenfalls eine Fluchtroute vor dem Alltäglichen und Gewöhnlichen. Auf einer anderen Ebene symbolisieren der Schornstein und der Durchzug von Rauch die Konzentration und Führung von Energie auf eine produktivere Weise als es gegenwärtig geschieht.

Schreiben Das Schreiben verleiht unseren Gedanken Substanz und ermöglicht es uns zu kommunizieren, wenn das gesprochene Wort nicht ausreicht. Im Traum können wir lernen mit unserem Ich auf verschiedene Weisen zu kommunizieren. Wenn wir vom Schreiben träumen, so versuchen wir anderen Menschen Informationen zu vermitteln. Manchmal ist das Schreibgerät wichtig.

Schreibgerät Erscheint im Traum ein Füller oder ein Bleistift, so zeigt dies unser Bedürfnis mit anderen Menschen zu kommunizieren. Wenn der Füller nicht schreibt, dann signalisiert dies, dass wir erhaltene Informationen nicht verstehen. Können wir kein Schreibgerät finden, so bedeutet das, dass wir keine ausreichenden Informationen besitzen, um mit einem bestimmten Aspekt unseres Lebens fortfahren zu können. Ein Bleistift signalisiert, dass die Information nicht so dauerhaft ist wie eine, die mit Füller geschrieben wurde, während eine Schreibmaschine oder ein PC einen eher technischen Ansatz verkörpern.

Schriftrolle Eine Schriftrolle kann verborgenes Wissen symbolisieren und auch das Vergehen der Zeit.

Schrumpfen Auf psychologischer Ebene können wir lernen mit uns selbst umzugehen, indem wir erkennen, wie wichtig und doch gleichzeitig klein wir sind, wenn wir uns im Zusammenhang eines größeren Rahmens betrachten. Letzteres kann mit einem Gefühl des Schrumpfens einhergehen. Auf diese Weise wirken wir für uns selbst und für andere weniger bedrohlich. Eine andere Möglichkeit betrifft den Wunsch nach einer Rückkehr in die Kindheit.

Schuh Im Traum ermöglichen uns Schuhe einen festen Stand und Bodenkontakt zum Leben. Fremde Schuhe weisen darauf hin, dass wir Dinge ändern sollten.

Schule In Situationen, in denen wir neue Fähigkeiten erwerben, erscheint häufig das Bild einer Schule oder des Schulalltags im Traum. Wir können jedoch ebenfalls etwas über das Wesen der Menschen und Beziehungen lernen. Andererseits kann ein Schule im Traum auftauchen, wenn wir versuchen, uns veralteter Vorstellungen und Ideale zu entledigen.

Schürze Die Schürze ist mittlerweile ein derart starkes Symbol der Häuslichkeit geworden, dass ihre ursprüngliche Funktion als Schutzkleidung oder sogar Erkennungszeichen, z. B. der Freimaurer, in Vergessenheit geriet. In vielen Fällen bedeutet der Traum von einer Schürze eine Bindung an die Mutter oder die eher hegende und pflegende Seite der Persönlichkeit.

Schuss, Schießen – siehe auch **Pistole** – Wenn wir im Traum erschossen oder angeschossen werden, so signalisiert dies, dass man vor kurzem unsere Gefühle verletzt hat oder dass wir für die Wut anderer Menschen eine Zielscheibe darstellen. Schießt der Träumende auf etwas, so versucht er vielleicht seine Ängste zu bewältigen. Möglicherweise versucht er auch, sich vor Teilen seiner Persönlichkeit zu schützen, die er nicht akzeptieren kann.

Schüssel Die Schüssel gehört zu den ältesten Traumsymbolen. Eine Schüssel mit Wasser verkörpert das Weibliche, die Fruchtbarkeit sowie das Prinzip der Aufnahmefähigkeit oder auch unsere Fähigkeit Gefühle zu empfinden. Eine Schüssel mit Essen symbolisiert unsere Fähigkeit andere zu nähren und ihnen Kraft zu geben. Eine Schüssel mit Blumen wiederum kann auf ein Geschenk oder ein Talent hinweisen.

Schutz, Zuflucht, Unterschlupf Jede Art von Unterschlupf bedeutet Schutz. Bieten wir im Traum einem anderen Zuflucht, so versuchen wir vielleicht, einen Teil unserer Persönlichkeit vor Schmerz oder Schwierigkeiten zu bewahren. Wird uns selbst Zuflucht geboten, so sind wir uns bewusst, dass es in unserem Leben eine schützende Kraft gibt.

Schwangerschaft Ein Traum von einer Schwangerschaft bedeutet eine relativ lange Wartezeit auf etwas, möglicherweise die Vollendung eines Projekts. Seltsamerweise signalisiert ein Traum von einer Schwangerschaft selten die eigene, sondern häufig die eines Menschen in unserer Umgebung. Eine andere Bedeutung betrifft die Geduld und das Warten auf den Abschluss eines natürlichen Prozesses, damit wir eine bestimmte Aufgabe erfüllen können.

Schweigen Schweigen oder Stille im Traum kann Beklommenheit und Erwartung signalisieren. Wenn wir schweigen, so zeigt dies, dass wir zu diesem Zeitpunkt nicht in der Lage sind unsere Gedanken und Gefühle zu äußern. Umgekehrt besteht vielleicht kein Bedürfnis nach irgendwelchen Äußerungen, Klängen oder Geräuschen, ganz nach dem Sprichwort „Schweigen ist Gold“.

Schwelle Im Traum eine Schwelle zu überschreiten signalisiert, dass neue Erfahrungen und neue Verantwortungen auf uns zukommen. Werden wir über eine Schwelle getragen, so kann dies auf eine Ehe verweisen oder, in der heutigen Zeit, auf eine neue Beziehung.

Schwert Ein Schwert kann eine mächtige Waffe sein, signalisiert jedoch auch Stärke, Mut und Gerechtigkeit. Erscheint das Symbol des Schwerts im Traum, so unterstreicht es das kämpferische Element unserer Persönlichkeit sowie die Tatsache, dass wir bereit sind uns für unsere Überzeugungen einzusetzen.

Schwimmbecken Ein städtisches Schwimmbad kann auf unser Bedürfnis verweisen, unseren Beziehungen zu anderen Menschen eine gewisse Struktur oder Ordnung aufzuerlegen.

Schwimmen – siehe auch **Ertrinken** – Im Traum symbolisiert das Schwimmen im Wasser unsere Gefühle. Es gibt jedoch Unterschiede. Gegen den Strom zu schwimmen bedeutet z. B., dass der Träumer seinem Wesen zuwiderhandelt. Schwimmende Fische können die gleiche Bedeutung besitzen wir Sperma und daher einen Kinderwunsch andeuten. In klarem Wasser zu schwimmen, signalisiert eine Reinigung, während dunkles Wasser auf die Möglichkeit einer Depression hinweist.

Schwimmen, Treiben Sich im Traum treiben zu lassen verweist auf unser innerstes Bedürfnis nach Freiheit. Im Allgemeinen öffnen wir uns einer Kraft, die jenseits unseres bewussten Ichs liegt, wenn wir – scheinbar gegen unseren Willen – vom Strom davongetragen werden. Wir befinden uns in einem Zustand tiefster Entspannung und lassen uns von den Geschehnissen treiben. Weil wir nicht selbst über die Richtung unseres Weges entscheiden, zeigt dies jedoch eine Unentschlossenheit und erfordert das Überdenken unserer Handlungen und unserer Beziehungen zu anderen Menschen.

Schwitzen Wenn wir im Traum Angst haben, dann zeigt sich dort meist keine körperliche Reaktion, wie z. B. Herzklopfen oder Schwitzen. Erst beim Erwachen stellen wir fest, dass wir körperlich reagiert haben. Wenn wir also erkennen, dass wir im Traum schwitzen, so sind wir uns unserer Reaktionen auf äußere Reize bewusst. Wir werden darauf aufmerksam gemacht, dass wir uns mit unseren Emotionen und Ängsten auseinander setzen müssen.

Schwur, Eid Ein Schwur bedeutet einen Pakt oder ein Abkommen zwischen zwei Menschen oder zwischen uns und Gott – oder, genau genommen, ein spirituelles Versprechen zwischen dem Träumer und seinem Universum. Wenn wir träumen, dass wir einen Eid schwören, so erkennen wir die Verantwortung für unser eigenes Leben an. Ein Eid bindet stärker als ein einfaches Versprechen und die Konsequenzen sind weitreichender. Er bedeutet die innere Anerkennung der Art und Weise, wie wir gerne sein möchten.

Séance, Spiritistische Sitzung Wenn wir träumen, dass wir an einer Séance teilnehmen, dann zeigt dies unser Bedürfnis die übersinnliche Seite unserer Persönlichkeit zu erforschen. Vor dem Hintergrund, dass „übersinnlich" bedeutet „in Verbindung mit unserem Ich" zu stehen, kann dies signalisieren, das wir uns unserer Intuition bewusst sind. Es kann jedoch auch bedeuten, dass wir einmal die tägliche Routine hinter uns lassen müssen, um zu entspannen und ruhig zu werden.

See – siehe **Lagune**

Seemann – siehe **Matrose**

Segel – siehe auch **Wind** – Segel signalisieren, dass eine Kraft vorhanden ist, die wir nutzen können. Segel symbolisieren ebenfalls den Geist im Sinne einer Kraft, die uns voranbringt und bewegt. Verbinden wir die beiden, so kann es sein, dass wir die Kraft zum Fortschritt in uns tragen.

Segeln Segeln vermittelt ein Gefühl der Freiheit und die Möglichkeit unseren Intellekt zu benutzen. Es kann unser Augenmerk auch darauf richten, in welcher Weise wir unser Leben lenken. Segeln wir auf einer Segeljacht, so signalisiert dies eine größere

Direktheit als wenn wir auf einem Kreuzschiff mitfahren. Ersteres bezieht sich eher auf Zweierbeziehungen, während das Letztere eher auf die vereinten Kräfte einer Gruppe hinweist.

Seife Seife im Traum signalisiert eine Reinigung – möglicherweise von einer Erfahrung, die uns das Gefühl gegeben hat, „schmutzig“ zu sein. Die Seife weist uns darauf hin, dass wir uns mit dieser Erfahrung auseinander setzen müssen.

Seifenblase Seifenblasen sind wunderschöne, aber auch sehr zarte Objekte, die uns die Vergänglichkeit der menschlichen Existenz ins Gedächtnis rufen. Wenn wir von Seifenblasen träumen, so kann dies auch auf das Bedürfnis zurückzuführen sein, dass wir auf kindliche Weise Spaß haben wollen. Wir werden uns oft der Tatsache bewusst, dass das Glück nicht von Dauer ist und dass wir Illusionen brauchen.

Seil Ein Seil kann Stärke und Macht symbolisieren. Die Macht kann sich jedoch auch gegen uns wenden. Besteht das Seil aus einem ungewöhnlichen Material, dann verweist dies auf eine besondere Verbindung oder einen Umstand, der die Eigenschaften dieses Materials erfordert. Sind wir durch das Seil gebunden, so hält uns etwas davon ab, unserer Persönlichkeit Ausdruck zu verleihen. Sind wir an etwas oder an jemanden angebunden, so sollten wir unsere Beziehung zu dieser Person oder diesem Objekt näher untersuchen.

Selbstmord Ein Traum vom Selbstmord macht uns darauf aufmerksam, dass irgendetwas ein gewaltsames Ende nimmt, vielleicht ein geschäftliches Vorhaben oder eine Beziehung. Vor allem signalisiert er auch eine Wut, die sich gegen unser Selbst richtet. Wenn ein solcher Traum erscheint, sind wir möglicherweise auf emotionaler Ebene nicht mehr in der Lage mit einer bestimmten Situation in unserem Leben fertig zu werden.

Sense – siehe auch **Sichel** – Die Sense ist ein Schneideinstrument und besitzt daher eine ähnliche Symbolik wie das Messer. Ihr Erscheinen macht uns auf tief verankerte Vorstellungen und Überzeugungen aufmerksam. Die Sense verkörpert ebenfalls den Tod und verweist auf das Symbol des Sensenmanns.

Sex Wenn sich ein Kind zum ersten Mal als Persönlichkeit erfährt, dann erkennt es sich als ein von seiner Mutter getrenntes Wesen, das diese Trennung bewältigen muss. Es wird sich bewusst, dass es beschützt, getröstet und geliebt werden möchte.

Ein entscheidendes Stadium seiner Entwicklung ist die Begeisterung für den eigenen Körper, der es fasziniert. Es erforscht, was sich bequem und gut anfühlt, ob es sich gut anfühlt, wenn man es selbst berührt oder wenn es berührt wird, und ob eine Berührung überhaupt erlaubt ist. Eine Angst berührt zu werden kann sich in Träumen offenbaren und als ein sexuelles Problem erkannt werden, selbst wenn das ursprüngliche Trauma verheimlicht wurde. Erst wenn das Individuum die Neugier nicht länger fürchtet, die eine unschuldige Erforschung des eigenen Körpers ermöglicht, kann ein wahres Wachstum einsetzen. Oft ermöglichen uns Träume, diese Körperlichkeit auf eine sichere und sehr persönliche Art zu entdecken.

Träume können die volle Bandbreite der Sexualität eines Individuums offenbaren. Wenn wir unsere sexuelle Natur ignorieren und unsere Lebenskraft nicht anerkennen, dann werden sich die negativen Aspekte in Träumen zeigen – dies ist der Versuch der Natur, den Zustand im wachen Leben auszugleichen, wo dieses Bewusstsein dazu neigt, überintellektualisiert und überdramatisiert zu werden. Es wird dann äußerst wichtig mit anderen zu interagieren, und auch dieses Bedürfnis offenbart sich im Traum.

Im Bereich der Sexualität gibt es vielerlei Aspekte, die interpretiert und erklärt werden müssen. Beginnen wir z. B. mit der ***Bisexualität*** – als Individuen tragen wir sowohl männliches als auch weibliches Potenzial in uns. Oft ist das eine offensichtlicher als das andere, und in einigen Fällen kann zusätzlich ein Konflikt bestehen zwischen dem Inneren und dem Äußeren. Im Traum offenbart sich dies mitunter als Bisexualität oder als Bedürfnis nach einer Bindung zu Mitgliedern beiderlei Geschlechts.

Ein Traum von einer ***Kastration*** signalisiert eine Angst vor dem Verlust der Männlichkeit oder sogar der Manneskraft – eine häufige Sorge unter Männern.

In einem sexuellen Kontext von ***Kleidung*** zu träumen, kann auf eine besondere Bedeutung im Hinblick auf das Bild verweisen, das der Träumer von sich selbst hat. Zum Beispiel würde ein Traum von Geschlechtsverkehr in (fast) vollständiger Bekleidung ein gewisses Maß an Schuldgefühl anzeigen, entweder auf Seiten des Träumers oder eines Menschen, der ihm nahe steht.

Verhütungsmittel können sowohl für Männer als auch für Frauen eine Angst vor der Schwangerschaft signalisieren oder vor der Verantwortung, die damit einhergeht. Ein spezifischerer Aspekt für die Frauen wäre die Angst vor dem Geburtsvorgang selbst.

Im Traum können ***Fetische*** – d. h. Fixierungen auf ein äußeres Objekt, ohne das kein Geschlechtsakt möglich ist – Angst, Unreife und Unfähigkeit symbolisieren. Es gibt Hinweise darauf, dass der Mensch auf einer unbewussten Ebene ein Leben im Zölibat wählen würde, und dass er durch die Konzentration seiner Energien auf ein Objekt die Verantwortung für den Geschlechtsakt aufgibt.

Von einem ***Zwitter*** zu träumen (der sowohl männliche als auch weibliche Geschlechtsorgane besitzt) kann entweder auf Bisexualität verweisen oder auf Zweigeschlechtigkeit – das ideale Gleichgewicht der männlichen und weiblichen Eigenschaften innerhalb ein und derselben Person.

Homosexualität wird verstanden als der Wunsch nach Verkehr mit einem Partner gleichen Geschlechts. Eine angemessenere Definition wäre jedoch die Sehnsucht nach jemandem, der genauso ist wie man selbst oder zumindest sehr ähnlich. Dies ist das Element, das in Träumen deutlich wird. Wenn der Träumer bei näherer Überlegung Ähnlichkeiten entdecken kann, die nicht rein sexueller Art sind, kann der Traum noch genauer interpretiert werden.

Bilder, die im Traum einem ***Orgasmus*** vorangehen, können die wahre Einstellung des Träumers zum Sex und der Sexualität offenbaren. Die Konflikte und Probleme, die im Inneren des Träumers entstehen, weil er ein sexuelles Verlangen nach jemandem verspürt, können im Traumzustand durch einen Orgasmus oder einen Samenerguss bewältigt werden.

Inzest im Traum symbolisiert in der Regel den Wunsch, Liebe auf eine wärmere, greifbarere Art auszudrücken oder zu erfahren. In einer offensichtlicheren Deutung kann ein Traum von Inzest Schuldgefühle im Hinblick auf die Eltern oder andere Familienmitglieder signalisieren.

Das Bedürfnis mit jemandem auf einer intimeren Ebene wirklich kommunizieren zu können kann sich im Traum als Beischlaf ausdrücken. Wird der ***Geschlechtsakt*** unterbrochen, hat der Träumer möglicherweise Hemmungen, deren er sich nicht bewusst ist. Geschlechtsverkehr im Traum kann ebenfalls die Integration eines bestimmten Teils unserer Persönlichkeit symbolisieren – wird daraufhin ein Kind geboren, kann die Integration als erfolgreich betrachtet werden.

Ein ***Kuss*** kann eine Respektsbezeugung verkörpern oder aber das Verlangen, den Traumpartner zu stimulieren. Er weist uns darauf hin, dass wir uns darüber im Klaren sein sollten, welche Art von Erregung unsere Persönlichkeit braucht.

Der Wunsch, durch Sex im Traum verletzt zu werden oder sich selbst zu verletzen, betont einen Hang zum ***Masochismus***.

Hierfür gibt es zweierlei Gründe: Der eine ist, dass man den Märtyrer spielen möchte – um für seine Sünden zu büßen. Der andere ist, dass man ein außergewöhnlich starkes Gefühl irgendeiner Art empfindet. Vielleicht gestatten wir uns im alltäglichen Leben keine tiefen Gefühle.

Ein Traum von ***Selbstbefriedigung*** zeigt ein Bedürfnis nach Trost und nach Jugend, nach der Aufregung und der Unschuld der Erforschung des eigenen Körpers.

Erscheint im Traum ein Bild, das wir als Träumer einer sexuellen ***Perversion*** zurechnen, signalisiert dies unseren Versuch, Angelegenheiten, die mit Nähe und Bindung zu tun haben, aus dem Weg zu gehen.

Wird im Traum eine ***Vergewaltigung*** thematisiert, kann dies ebenso viel mit einer Verletzung der Privatsphäre wie mit dem Geschlechtsakt zu tun haben. In den Träumen missbrauchter Kinder taucht eine Vergewaltigung gewöhnlich nicht auf, obwohl sie vielleicht als Erwachsene später unter Albträumen leiden. Die Vergewaltigung selbst kann sich nur im Traum manifestieren, wenn der Erwachsene bereit ist, sich dem Trauma zu stellen. Die meisten Träume von Vergewaltigung drehen sich um das Bedürfnis nach – oder die Wahrnehmung von – Machtkämpfen zwischen dem Männlichen und dem Weiblichen.

Sadismus, der im Traum erscheint, bildet ein Gegengewicht zur bewussten Seinsart des Träumers in der Welt. Im täglichen Leben kann der Träumer entweder sehr friedfertig sein, in welchem Fall der Traum ein Ventil darstellt, oder der Träumer muss im Alltag äußerst dominant sein, dann signalisiert das Unbewusste sein Bedürfnis nach Freiheit.

Träume haben die seltsame Angewohnheit, Bilder primitiver Riten und Praktiken heraufzubeschwören, von denen wir keine bewusste Kenntnis haben. Der ***Samen*** ist das Symbol der Männlichkeit und der körperlichen Reife und wird im Traum häufig durch andere milchige Flüssigkeiten symbolisiert. Das Verschütten einer solchen Flüssigkeit kann den Geschlechtsakt repräsentieren, so wie er in primitiven Zeiten war.

Wenn man sexuelles ***Verlangen*** nach jemandem hat – meist nach einer Person des anderen Geschlechts – so zeigt dies ein elementares Bedürfnis nach Nähe zu dieser Person. Es scheint, als suchten wir nach einem Teil unserer Persönlichkeit, den wir verloren haben, und die andere Figur verkörpert diesen Teil so weit wie möglich. Wären wir innerlich vollkommen integriert, bräuchten wir keinen Geschlechtsverkehr mit einer anderen Person, doch die meisten von uns verspüren den Wunsch, mit allem vereinigt zu werden, das nicht Teil unseres Egos ist. Ein solcher Traum, der die Gefühle, deren wir fähig sind, betont, liefert eine Basis zum Verständnis unserer eigenen Bedürfnisse.

Transvestismus im Traum symbolisiert eine Unklarheit in Bezug auf das Geschlecht.

Ein Traum, in dem uns ***Geschlechtskrankheiten*** bewusst werden, signalisiert ein Erkennen irgendeiner Art von Infektion. Diese muss nicht unbedingt sexueller Natur sein, sondern kann sich auch auf Gefühle beziehen.

Sexuelle Aktivität ist entweder der höchste Ausdruck der Liebe und der geistigen Verbindung zwischen zwei Menschen oder aber, wenn sie rein körperlich ist, vollkommen egoistisch. Der Träumer muss entscheiden, welches von beidem es in seinem Fall ist.

Shampoo Erscheint Shampoo im Traum, so kann es sein, dass wir unseren Geist und unseren Kopf reinigen und befreien müssen, um klarer denken zu können. Möglicherweise müssen wir auch eine bestimmte Person aus unserem Kopf – und unserem Leben – „herauswaschen“.

Sichel In der heutigen Zeit, wo wir von einer landwirtschaftlichen zu einer technologischen Denkweise übergegangen sind, besitzt die Sichel nicht mehr die gleiche, große Bedeutung, die sie früher hatte. Was übrig bleibt ist das alte Symbol der Sterblichkeit und des Todes – wobei dieser Tod häufig nicht körperlicher Art sein muss, sondern sich auf einen Teil unserer Persönlichkeit bezieht.

Sieb Ein Sieb im Traum signalisiert unsere Fähigkeit, die richtige Entscheidung zu treffen und das Gute vom Schlechten zu trennen. Es kann ebenfalls darauf hinweisen, dass wir wissen, wie wir das Beste aus uns herausholen können.

Sieg Der Traum vom Sieg kann einen Konflikt zweier Aspekte unserer Persönlichkeit andeuten oder ganz allgemein darauf hinweisen, dass wir eine Schwierigkeit überwinden müssen. Dabei kann es sich um ein Problem handeln, das wir uns selbst geschaffen haben, in welchem Fall ein Sieg uns wieder Selbstvertrauen schenkt.

Silber Auf der einen Ebene kann Silber Geld oder finanzielle Angelegenheiten symbolisieren, in jedem Fall jedoch etwas Wertvolles. Auf einer ganz anderen Ebene verkörpert das Silber die Eigenschaften des Mondes. Vielleicht sehnen wir uns nach etwas, müssen jedoch erkennen, dass das Ersehnte wohl unerreichbar für uns ist – oder aber wir entscheiden uns, unserem Traum weiter nachzuhängen, denn möglicherweise erfüllt er sich doch noch. Es hängt viel von unserer Einstellung ab.

Sinken Im Traum zu sinken bedeutet, dass wir das Vertrauen verloren haben und entweder ängstlich sind oder von einer bestimmten Situation behindert werden. Geht ein anderer vor unseren Augen unter, so sind wir uns bewusst, dass ein Problem vielleicht unsere Unterstützung erfordert. Häufig ist es entscheidend, in welchen Untergrund wir einsinken: Sinken wir im Wasser, so droht ein Gefühl uns zu ertränken, sinken wir im Sand, so spüren wir, dass wir uns nicht auf sicherem Boden bewegen.

Sirene Der Signalton einer Sirene im Traum warnt uns vor einer bevorstehenden Gefahr.

Eine Sirene im Sinne einer verführerischen Frau signalisiert Täuschung und Ablenkung des Menschen von seinem eigentlichen Ziel. Im Falle einer Frau kann eine Sirene zerstörerisch wirken, wenn sie verleugnet wird.

Skelett Ein Skelett im Traum signalisiert das „Gerippe" von etwas, vielleicht von einer Idee oder einer Vorstellung. Das Skelett im Schrank symbolisiert eine Tat, die in der Vergangenheit liegt und deren wir uns so schämen, dass wir sie verheimlichen möchten. Ein Skelett macht uns ebenfalls auf unsere Emotionen im Hinblick auf den Tod aufmerksam. Wir sind uns bewusst, dass das Körperliche „sterben" muss, doch dass ein Rahmen – ein Erinnerungsstück – übrig bleibt.

Skulptur – siehe **Obelisk**

Sockel Wenn uns im Traum bewusst wird, dass etwas auf einen Sockel gestellt wurde, dann versuchen wir ganz offensichtlich dieses Objekt zu etwas Besonderem zu machen. Wir haben es in eine Position der Macht und der Verehrung erhoben und müssen nun entscheiden, ob dies angemessen war oder nicht.

Sommer Wenn wir uns im Traum bewusst sind, dass es Sommer ist, so verweist dies auf die guten Zeiten, die es in unserem Leben gab. Möglicherweise steht in irgendeiner Hinsicht ein Erfolg in unserer Umgebung bevor. Der Sommer signalisiert ebenfalls das Potenzial der Entspannung und des Abschaltens.

Sonne – siehe auch **Planeten** – Die Sonne im Traum signalisiert Glück, Wärme und Bewusstheit. Starren wir in die Sonne, so weist dies entweder auf eine Besessenheit oder fixe Idee hin, oder es bedeutet eine Verehrung. Die zahlreichen Samen der Sonnenblume symbolisieren Fruchtbarkeit. Wenn wir an einem Sonnentanz teilnehmen, dann nutzen wir die Energie der Sonne zu unserer Führung und zur Unterstützung unserer Vitalität.

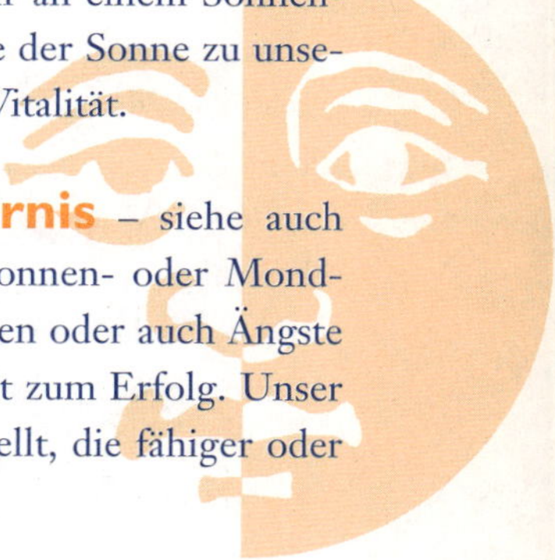

Sonnenfinsternis, Mondfinsternis – siehe auch **Mond** – Auf spiritueller Ebene kann eine Sonnen- oder Mondfinsternis einen Vertrauensverlust symbolisieren oder auch Ängste und Zweifel in Bezug auf die eigene Fähigkeit zum Erfolg. Unser Licht wird von anderen in den Schatten gestellt, die fähiger oder begabter sind als wir.

Spalte, Kluft Ein Traum von einer Spalte oder Kluft macht uns auf Situationen aufmerksam, die unbekannte Faktoren enthalten oder in irgendeiner Weise riskant sind. Wir müssen uns der Situation stellen und schließlich Entscheidungen treffen.

Speer Die phallische Bedeutung des Speers bezieht sich auf den männlichen Teil unseres Wesens. Ein großer Krieger, der mit einem Speer bewaffnet ist, ist ein sehr aggressives männliches Symbol. Der Speer verkörpert ebenfalls den Teil unserer Persönlichkeit, der sowohl fruchtbar, als auch dominant ist. Ganz gleich, ob er im Traum eines Mannes oder einer Frau erscheint, macht uns der Speer darauf aufmerksam, dass wir direkt auf den Punkt oder zur Sache kommen sollten.

Sphinx Die Sphinx symbolisiert ein geheimnisvolles, rätselhaftes Gefühl. Sie verkörpert außerdem Wachsamkeit, Macht, Würde und Weisheit.

Spiegel Der Spiegel symbolisiert eine Selbsterkenntnis, die auf Weisheit basiert und von ihr gestützt wird. Wenn wir von einem Spiegel träumen, so signalisiert dies eine Besorgnis in Bezug auf das Bild, das wir von uns selbst haben. Wir machen uns Sorgen darüber, was andere von uns denken, und brauchen einen Spiegel, um uns eingehend und kritisch zu betrachten und unser Gleichgewicht wiederzufinden. Vielleicht haben wir auch Angst vor dem Alter oder um unsere Gesundheit. Möglicherweise erkennen wir, dass unser Verhalten nicht angemessen wirkt und wir es ändern sollten. In magischer Hinsicht kann ein Spiegel auch dazu verwendet werden, die schlechten Taten einer Person auf dieselbe zurückzuspiegeln.

Spiele Jedes Spiel, das wir im Traum spielen, signalisiert, dass uns bewusst wird, wie wir das Spiel des Lebens bewältigen. Wenn wir im Traum gut spielen, kommen wir mit unseren wirklichen Lebensumständen gut zurecht; spielen wir im Traum allerdings schlecht, so sollten wir vielleicht unsere Begabungen überprüfen und feststellen, welche Fähigkeiten wir stärker ausbauen müssten, um besser abzuschneiden. Spiele und Glücksspiele symbolisieren außerdem, dass wir das Leben möglicherweise nicht ernst nehmen. Sie können zeigen, wie wir uns verhalten, wenn wir Konkurrenz ausgesetzt sind, und uns die Einsicht vermitteln, ob wir das Gefühl haben, ein Gewinner oder ein Verlierer zu sein.

Bestimmte Spiele, wie z. B. Fußball, Handball, Basketball oder Volleyball symbolisieren als Mannschaftssportarten die ausgeprägte Fähigkeit sich mit einer Gruppe von Menschen zu identifizieren. In diesen Kämpfen, die nicht auf eine Verletzung des anderen hin angelegt sind, können Aggressionen gegen andere Menschen ihren geregelten Ausdruck finden. Sie verdeutlichen die Art und Weise, wie wir eine Identität gewinnen und mit anderen Personen Beziehungen eingehen.

Spiele, die eine Strategie und gedankliche Kraft erfordern – wie z. B. Schach oder Dame – können häufig einen Hinweis darauf geben, wie wir eine Situation im wachen Leben weiterentwickeln können. Dabei müssen wir stets die möglichen Reaktionen des Gegners mit berücksichtigen und vorausplanen. Die Risiken, die wir eingehen müssen, sollten wir so gründlich wie möglich vorausberechnen.

Spinne Durch ihre schnelle, krabbelnde Bewegung und das Bild, das in Horrorfilmen vermittelt wird, wird die Spinne mit allem assoziiert, was uns Furcht einflößt. Im Traum kommt zu dieser Liste noch Verschlagenheit hinzu. Auf der positiven Seite symbolisiert die Spinne jedoch ein perfekt und ebenmäßig gesponnenes Muster, das uns sowohl nährt, als auch beschützt.

Spitze Alles, was eine Spitze hat, bezieht sich auf die männliche Sexualität.

Splitter Ein Splitter kann eine schmerzhafte Reizung symbolisieren, häufig auch schmerzende Worte. Wenn wir uns als Teil einer Splittergruppe empfinden, so sagen wir uns selbst, dass es in Ordnung ist, sich von herkömmlichen oder allgemein akzeptierten Denkweisen freizumachen.

Sprache Wenn wir eine uns fremde Sprache hören, so deutet das an, dass es in unserem Inneren etwas gibt, was wir noch nicht verstehen. So wie ein Kind das Gehörte gedanklich sortieren muss, um einen Sinn zu erkennen, so kann auch eine neue Idee oder Vorstellung im Traum anfangs unklar erscheinen, doch mit der Zeit lernen wir, sie zu entschlüsseln. Wenn wir träumen, dass wir eine fremde Sprache verstehen, signalisiert dies, dass wir eine solche Idee oder Vorstellung verinnerlicht haben. Die verschiedenen Seiten unserer Persönlichkeit können sich im Traum im Sprechen von Fremdsprachen manifestieren – was im wachen Leben auch als „in Zungen reden" in Erscheinung treten kann.

Springen Der Akt des Springens kann im Traum verschiedene Bedeutungen haben. Sich wiederholende Bewegungen signalisieren in der Regel, dass wir unsere Handlungen kritisch betrachten und uns möglicherweise auf eine andere Weise ausdrücken sollten. Ein Hochspringen kann darauf verweisen, dass wir etwas erreichen möchten, das über uns und außer Reichweite liegt und Anstrengungen erfordert, während ein Herunterspringen die Erforschung des Unbewussten oder jener Seiten unserer Persönlichkeit bedeuten kann, die wir noch nicht analysiert haben. Ein Hüpfen auf der Stelle kann entweder Frustration verkörpern oder Freude.

Spritze Wenn wir eine Spritze bekommen, so fühlen wir uns, als sei jemand in unseren ganz persönlichen Bereich eingedrungen. Zu träumen, dass wir selbst jemandem eine Spritze verabreichen, signalisiert möglicherweise den Versuch, uns anderen Menschen aufzudrängen – auch im sexuellen Bereich. Eine Spritze kann allerdings ebenfalls bedeuten, dass wir jemanden heilen und uns dadurch auch selbst besser fühlen. In negativer Hinsicht kann eine Spritze eher auf kurzfristiges Vergnügen als auf langfristigen Gewinn hinweisen.

Stab, Rute Im biblischen Sinne symbolisiert ein Stab Unterstützung und Ermutigung. Auf einer weltlicheren Ebene verkörpert er Unbeugsamkeit und Gelassenheit. Eine Rute kann ebenfalls auf eine Bestrafung hinweisen.

Stab (Wanderstab) Er symbolisiert die Stütze, die wir brauchen, um durchs Leben zu kommen, und auch die Reise und die Pilgerfahrt, die wir bis zum Tod unternehmen müssen. Der Wanderstab signalisiert, dass wir dabei nicht allein sind, sondern Hilfe erhalten.

Stadt Von einer Stadt zu träumen zeigt, dass wir versuchen, unser Gemeinschafts- oder Nachbarschaftsgefühl einzuschätzen. Vielleicht sollten wir auf sozialer oder gefühlsmäßiger Ebene besser mit den Mitmenschen interagieren. Eine Geisterstadt symbolisiert möglicherweise unser Gefühl, von anderen vernachlässigt zu werden oder verlassen zu sein.

Ständer, Gestell Ein Ständer oder Gestell signalisiert, dass wir in irgendeinem Bereich unseres Lebens Ordnung schaffen müssen.

Stange Eine Stange symbolisiert unsere eigene spirituelle Kraft und die Kraft im täglichen Leben. Wir müssen uns selbst mit Entschlossenheit behandeln – wenn wir jedoch von einer Stange träumen, z. B. einer Eisenstange, sollten wir prüfen, wie strikt und aggressiv unser Verhalten eigentlich ist.

Statue Wenn wir von einer Statue träumen, so nehmen wir Verbindung zur gleichgültigen, gefühlskalten Seite der menschlichen Natur auf. Andererseits kann die Statue auch ein Ideal verkörpern, und wir müssen aufgrund der Begleitumstände herausfinden, worum es sich dabei handelt.

Stechen, Erstechen – siehe auch **Messer** – Wenn im Traum auf uns eingestochen wird, so signalisiert dies, dass wir uns offen und verletzbar gemacht haben oder einfach verletzbar sind.

Umgekehrt bedeutet ein Einstechen auf einen anderen, dass wir bereit sind, anderen Schmerzen zuzufügen. Eine Stichwunde wird durch ein Eindringen erzeugt und besitzt daher offensichtliche Verbindungen zur aggressiven männlichen Sexualität. Oft symbolisiert ein Stich auch einen schnellen Weg, um ein Resultat zu erzielen.

Stecknadel – siehe auch **Nadel** – Da eine Stecknadel Dinge zusammenhält, symbolisiert sie unsere gefühlsmäßigen Bindungen.

Stein Stein symbolisiert Stabilität, allerdings ohne dass das Gefühl daran beteiligt wäre. Ein aufgebrochener Stein signalisiert, dass wir tief verletzt worden sind. Wenn wir im Traum zu Stein werden, so sind wir gezwungen, in Bezug auf unsere Einstellungen mehr Härte an den Tag zu legen. Werden wir gesteinigt, so wird unser Fehlverhalten bestraft.

Steinbruch Ein Steinbruch symbolisiert die Tiefen unserer Persönlichkeit, in denen wir nach positiver Erkenntnis und Intuition suchen, die wir vielleicht dort versteckt halten und zu Tage fördern möchten.

Sterilisation Wenn eine Frau von einer Sterilisation träumt, so kann dies mit einem Gefühl der Machtlosigkeit und des Ausgeliefertseins zusammenhängen. Im Traum eines Mannes kann sie auf eine Unzufriedenheit in sexueller Hinsicht hinweisen oder auf Zweifel an dem Bild, das er von sich selbst hat. Auf einer anderen Ebene kann eine Sterilisation entweder die Reinheit des Geistes symbolisieren oder aber einen Aspekt der eigenen Persönlichkeit, der nicht in der Lage ist zu wachsen.

 Sternzeichen – siehe **Tierkreiszeichen**

Steuern Wenn wir im Traum Steuern zahlen müssen, so signalisiert dies eine Art von Strafe für den Lebensstil, den wir gewählt haben. Weigern wir uns Steuern zu zahlen, so bedeutet dies, dass wir uns den Normen nicht anpassen wollen.

Stimme Eine Stimme, die durch uns oder zu uns spricht, kann zweierlei bedeuten. Wenn wir an ein Geisterreich glauben, so kann sie die Botschaft eines Geistes mitteilen. In psychologischer Hinsicht wiederum können körperlose Stimmen Aspekte unserer Persönlichkeit symbolisieren, die wir unterdrückt haben und die nun wieder auftauchen, damit wir uns mit ihnen auseinander setzen.

Stoßen – siehe **Drängen**

Strafe Wenn wir im reifen Alter Angst vor Vergeltungsmaßnahmen von einer höheren Seite haben, so träumen wir häufig von Bestrafung. Selbstbestrafung im Traum kommt vor, wenn wir unsere eigenen Erwartungen nicht erfüllt haben oder wenn in unserem Leben ein Konflikt herrscht, den wir nicht lösen können.

Strahlen, Leuchten Wenn im Traum etwas dadurch ins Auge fällt, dass es besonders strahlt oder leuchtet, dann müssten wir es genauer untersuchen im Hinblick auf reine Gedanken oder eine Weisheit, die uns vermittelt werden soll.

Strand Das Meer symbolisiert im Allgemeinen Emotionen. Wenn wir also träumen am Strand zu sein, so zeigt dies, dass wir uns der Grenze zwischen der Gefühlswelt und der Realität bewusst sind und beweist unsere Fähigkeit mit den Elementen in Verbindung zu stehen. Je nachdem, was wir im Traum tun und wie wir uns fühlen, steht der Strand normalerweise für Entspannung und Kreativität.

Streitwagen Von einem Streitwagen zu träumen kann bedeuten, dass der Träumer zur Kontrolle der ihn umgebenden Situationen altmodische Methoden einsetzen muss. Der Streitwagen kann ebenfalls Triebe in ihrer Urform symbolisieren, bevor diese einer Konditionierung unterzogen wurden.

Stroh Stroh im Traum bedeutet Schwäche und Leere. Eine Strohhütte symbolisiert einen Schutz oder ein Gerüst, das nicht von Dauer ist.

Strom, Fluss Wenn wir von einem Strom oder Fluss träumen, so sind wir uns des Fließens unserer Gefühle bewusst und stehen in Verbindung zu unserer Sinnlichkeit. Um gefühlsmäßig richtig „funktionieren" zu können ist es wichtig, dass wir uns geliebt und geschätzt fühlen. Wenn wir im Strom mitschwimmen, so signalisiert dies, dass wir einer sozialen Gruppe angehören, die es uns ermöglicht, mit anderen Menschen zu interagieren.

Strudel, Wirbel Ein Strudel im Traum signalisiert ein Zentrum der Energie, das uns entweder mit großer Geschwindigkeit ins Unbewusste hinunterreißt oder aber in einen veränderten Bewusstseinszustand versetzt, die uns beide Einsichten in unsere Persönlichkeit vermitteln. Ein Strudel bedeutet in der Regel, dass wir in irgendeiner Hinsicht die Kontrolle verloren haben.

Stufen Stufen im Traum bedeuten fast immer die Mühen und Anstrengungen, die wir auf uns nehmen müssen, wenn wir etwas erreichen wollen. Stufen hinaufzugehen symbolisiert eine Veränderung zum Besseren, während ein Hinuntergehen ein Zurückblicken in die Vergangenheit oder einen Abstieg ins Unterbewusstsein verkörpert. In beiderlei Hinsicht ist jedoch eine Veränderung des Bewusstseins erforderlich.

Sturm – siehe auch **Wind, Gewitter** – Wenn wir im Traum von einem Sturmwind fast umgeweht werden, so signalisiert dies, dass wir im wachen Leben Umständen ausgesetzt sind, über die wir keine Kontrolle besitzen. Vielleicht haben wir uns sogar selbst in diese Situation manövriert. Wir müssen nun entscheiden, ob wir uns den Kräften der Natur stellen werden – oder vielleicht auch unserer Spiritualität – und die Energie, die uns zur Verfügung steht, zügeln werden, um die Aufgabe erfüllen zu können.

Sturz, Kopfsprung Wenn wir uns im Traum in etwas hineinstürzen, so erkennen wir, dass wir dem Ungewissen gegenüberstehen. Wir gehen ein Risiko ein und stellen uns dem Unbekannten. Dieses Risiko wird uns häufig in unsere emotionalen Tiefen stürzen, und wir werden Neues über uns erfahren, das wir auf unserem weiteren Weg nutzen können. Wenn wir träumen, dass wir in etwas hineinspringen, so signalisiert dies unsere Fähigkeit voranzukommen und Fortschritte zu machen.

Suche Der Held auf der Suche ist ein archetypisches Symbol, das im Traum in vielerlei Formen in Erscheinung treten kann. Wenn wir uns auf der Suche befinden, so bedeutet dies meist, dass wir eine Aufgabe erfüllen müssen, die uns Angst macht, aber letztendlich auch ans Ziel bringt. Viele Märchen und Mythen haben die Suche nach einem magischen Objekt zum Hauptthema, und solche Elemente lassen sich im Traum auf eine persönliche Ebene übertragen.

Wenn wir im Traum nach etwas suchen, so versuchen wir vielleicht, die Lösung eines Problems zu finden. Suchen wir nach einer Person, so signalisiert dies möglicherweise, dass wir uns einsam fühlen. Auf einer anderen Ebene bedeutet die Suche häufig einen Schritt in Richtung der Erleuchtung.

Suchscheinwerfer Erscheint im Traum ein Suchscheinwerfer, so sollten wir unsere Aufmerksamkeit schärfen und uns auf die Dinge konzentrieren, die uns selbst betreffen. Ein Scheinwerfer zeigt uns außerdem den Weg nach vorn, ebenso wie eine Taschenlampe.

Sucht Jeder von uns hat seine täglichen Bedürfnisse, ob Alkohol, Drogen, Sport oder irgendetwas anderes, von dem wir meinen, dass wir ohne es nicht auskommen können. Wenn wir träumen süchtig zu sein, dann müssen wir irgendeine Besessenheit in unserem Leben anerkennen und etwas dagegen unternehmen. Auf irgendeine Weise ist eine Loslösung oder Befreiung erforderlich, sei es von einer Substanz, einer Person oder einer bestimmten Situation. Wenn man normalerweise nicht zur Sucht neigt, dann sollte hier vielleicht die menschliche Eigenschaft der Suche nach Vergnügen anerkannt werden. Die Angst, die man im Traum vor einer Sucht empfindet, kann darauf verweisen, dass man sich fürchtet, von einer Person oder einer Sache übermannt zu werden.

Sumpf Ein Sumpf im Traum kann auf Gefühle hinweisen, die unser Selbstvertrauen und unser Wohlergehen gefährden. Vielleicht spüren wir, dass diese Gefühle uns überwältigen. Auf einer emotionalen Ebene symbolisiert der Sumpf die Verbindung zu unseren tiefsten, elementarsten Empfindungen.

T

Tabak Wenn der Träumer ein Raucher ist, dann verkörpert Tabak einen Weg der Beruhigung und des Trostes. Ist er Nichtraucher, dann kreist die Symbolik eher um die Fähigkeit einen bestimmten Geisteszustand zu erreichen – vielleicht die Stimmung zu heben oder die Dinge entspannter zu betrachten.

Tabernakel Ein Tabernakel ist ein Ort, an dem ein heiliges Objekt sicher aufbewahrt wird. Er verkörpert ebenfalls einen Tempel. Von ihm zu träumen bedeutet daher den Versuch, unser Bedürfnis nach Zuflucht, Beständigkeit und Sicherheit zu verstehen.

Tabletten Im Traum Tabletten zu nehmen oder zu verabreichen verweist auf unser Bedürfnis gesund zu sein. Geben wir einem anderen Tabletten, so ist uns vielleicht bewusst, dass seine Bedürfnisse nicht befriedigt werden. Diese andere Person kann auch einen bestimmten Teil unserer Persönlichkeit verkörpern.

Tafel, Tisch Ein Tisch als Mittelpunkt eines Treffens wird im Traum als Symbol der Entscheidungsfindung gesehen. Da er auch ein Ort der Familienzusammenkünfte ist, kann der Träumer gemeinsame Mahlzeiten als ein wichtiges Ritual betrachten. Wenn wir von einem Tisch träumen, so vermittelt dieser einen Sinn für Ordnung und symbolisiert unsere Fähigkeit, Chaos in Ordnung zu verwandeln. Auf einer anderen Ebene kann ein Tisch Urteilsvermögen und Gesetzgebung verkörpern.

Tafelrunde Ähnlich der Bedeutung des Rings symbolisiert ein runder Tisch Ganzheit – was jedoch noch viel wichtiger ist: Er verkörpert das Gleichheitsprinzip. Die Tafelrunde signalisiert auch, dass es einen Mittelpunkt gibt, und zwar einen, der der Ursprung aller Dinge sein kann.

Tag Im Traum hat die Zeit keine wirkliche Bedeutung. Wenn wir darum bemerken, dass die Zeit dort messbar ist, so bedeutet dies, dass wir in Wirklichkeit die Länge unseres Lebens betrachten. Es kann sich auch um einen Zeitraum handeln, der vergehen muss, bevor etwas Bestimmtes geschieht. Von einem bestimmten Wochentag zu träumen kann uns auf unsere geistige Verfassung aufmerksam machen.

Tal Ein Tal kann zwei verschiedene Bedeutungen haben: Die erste betrifft die relativ offensichtliche der schützenden, nährenden Seite unserer Persönlichkeit, die mit dem Weiblichen assoziiert wird; die zweite ist das Tal des Todes, eine Übergangsperiode zwischen zwei Seinszuständen. Möglicherweise besteht ein Bedürfnis, die unbewussten oder weniger bekannten Teile unserer Persönlichkeit zu erforschen.

Talisman, Glücksbringer Der Mensch hat eine tiefe Beziehung zu Dingen, die er als heilig erachtet und die einen Schutz gegen das Böse und gegen Schwierigkeiten verkörpern. In den meisten heidnischen Religionen wurden Objekten wie Steinen und Zeichnungen besondere Kräfte nachgesagt. Obwohl der Träumer dies vielleicht nicht bewusst glaubt, so ist er unbewusst dazu fähig, mit alter Magie in Verbindung zu treten. Ein Traum von einem Talisman kann daher signalisieren, dass seine eigenen mentalen Kräfte nicht ausreichen, um ihn vor Angst und Zweifeln zu schützen. Er benötigt Hilfe von außen.

Tanz, Tanzen Auf spiritueller Ebene symbolisiert der Tanz den Lebensrhythmus und die Freiheit des Geistes, die sich aus der koordinierten Bewegung ergibt. In vielen Kulturen verkörpern Tanzbewegungen Handlungen, die zum Überleben notwendig waren, z. B. den Kampf mit wilden Tieren, oder auch solche, die kreative Handlungsmuster spiegelten. Tanz dient ebenfalls zur Darstellung extremer Gefühle, und dies ist vermutlich das Symbol, das sich im Traum am stärksten zeigt.

Tapete Eine Tapete symbolisiert häufig eine äußere Fassade in irgendeiner Form. Ein Zimmer zu tapezieren verkörpert das Überdecken der alten Persönlichkeit (möglicherweise nur oberflächlich), insbesondere dann, wenn die alte Tapete nicht entfernt wurde. Im Traum Tapete abzuweichen bedeutet das Ablösen der alten Fassade, um sich ein neues Image zuzulegen. Vielleicht möchten wir Dinge in unserem Leben verändern, müssen jedoch erst einmal experimentieren – und richtig Maß nehmen.

Tasche (Handtasche, Beutel) Der Träumer hat möglicherweise Probleme mit den weiblichen oder geheimen Elementen seiner Identität. Jeder braucht ein gewisses Maß an Privatem und eine Tasche ermöglicht es, unsere Gefühle in der Öffentlichkeit mit uns herumzutragen, ohne sie dabei zur Schau zu stellen. Jede Art von Behältnis symbolisiert die weiblichen Attribute und – über Assoziation – auch die Intuition und die Möglichkeit versteckter Bedeutungen.

Tasche (in der Kleidung) Von einer Tasche zu träumen signalisiert, dass wir uns mit unseren persönlichen Geheimnissen oder Gedanken beschäftigen – jenen Dingen, die wir absichtlich versteckt haben, weil wir sie nicht teilen wollten. Auf einer anderen Ebene symbolisiert die Tasche das Okkulte.

Tätowierung Auf der einen Ebene verkörpert eine Tätowierung einen Aspekt der Individualität des Träumers. Eine Tätowierung im Traum kann etwas symbolisieren, das einen unauslöschlichen Eindruck hinterlassen hat. Hierbei kann es sich um einen großen Schmerz handeln oder aber um eine sehr gute Erinnerung. Gelegentlich lohnt es sich, das tätowierte Bild zu deuten, wenn man es klar erkennen kann. Auf einer anderen Ebene kann eine Tätowierung eine Gruppenidentität signalisieren.

Taucherbrille – siehe **Brille** und **Maske**

Taufe – siehe auch **Religiöse Bilder** – Die Taufe ist ein Initiationsritus und als solcher ein vielschichtiges Symbol: Es steht für Initiation, Tod und Wiedergeburt, Erholung und Erneuerung. Das Verbindungsglied zwischen all diesen Elementen ist der Optimismus, der ihnen zu Eigen ist. Dem Träumer ist wahrscheinlich bewusst, dass er sich gerade in eine neue Phase seiner Existenz begibt, und er hat vielleicht sogar in diesem Zusammenhang ein Versprechen oder einen Eid abgelegt.

Teich Ein Traum von einem Teich befasst sich mit unserem Bedürfnis, die eigenen Emotionen und Gefühle zu begreifen – vielleicht müssen wir erst richtig in unsere Gefühle eintauchen, um sie verstehen zu können. Ein Teich im Wald signalisiert die Fähigkeit unser Bedürfnis nach Ruhe und Frieden zu erkennen.

Telefon Ein Telefon im Traum schafft Kontakt und Kommunikation – entweder mit einer anderen Person oder mit einem bestimmten Teil unseres Ichs. Werden wir angerufen, so stehen uns Informationen zur Verfügung, deren wir uns bisher nicht bewusst sind. Rufen wir selbst jemanden an, so sollten wir uns möglichst die Nummer merken und uns dort tatsächlich melden.

Telegramm Wenn wir im Traum ein Telegramm erhalten, so signalisiert das Kommunikation in ihrer wirksamsten Form. Es bedeutet, dass ein Teil unseres Ichs versucht, uns Informationen auf eine Weise zukommen zu lassen, an die wir uns erinnern werden. Schicken wir selbst jemandem ein Telegramm, dann möchten wir etwas über uns bekannt geben, das wir nicht mündlich mitteilen können. Auf einer anderen Ebene symbolisiert ein Telegramm die Art, auf die wir Wissen greifbar machen.

Teleskop Verwenden wir im Traum ein Teleskop, dann schauen wir uns irgendetwas genauer an. Wir sollten jedoch Acht geben, dass wir uns nicht etwa eine einseitige Sichtweise aneignen. Auf einer anderen Ebene kann ein Teleskop hellseherische Fähigkeiten symbolisieren.

Tempel – siehe auch **Religiöse Bilder** – Ein Tempel kann oft unseren eigenen Körper symbolisieren – wir müssen ihn mit Umsicht und Respekt behandeln oder aber die Konsequenzen tragen. Die schöpferischen Elemente eines Tempels können uns eine gewisse Ehrfurcht einflößen.

Termin Normalerweise verlängert oder verkürzt sich die Zeit in Träumen auf eigenartige Weise, je nach den Erfordernissen des Szenarios. Daher bedeutet im Traum das Bewusstsein, einen Termin zu haben, wie etwa einen Besuch beim Zahnarzt oder beim Rechtsanwalt, dass man ein Ziel verfolgt und dabei einen professionellen oder angemessenen Eindruck erwecken möchte. Möglicherweise legt der Träumer Wert darauf, seine Zeit sinnvoll zu nutzen.

Test – siehe auch **Prüfung** – Wenn wir von einem Test in irgendeiner Form träumen, so kann dies eine Selbsteinschätzung symbolisieren. Medizinische Tests machen uns darauf aufmerksam, dass wir auf unsere Gesundheit achten müssen; eine Fahrprüfung verkörpert einen Test in Bezug auf Selbstvertrauen und Fähigkeiten; und ein schriftlicher Test fragt Wissen ab. Ein Test im Traum signalisiert, dass ein bestimmter Standard festgelegt worden ist, dem wir gerecht werden wollen. Das heißt nicht unbedingt, dass wir uns mit anderen vergleichen, sondern einfach, dass wir uns entschlossen haben, einen gewissen Standard aufrechtzuerhalten.

Testament Zu einer Zeit, in der wir alles auf die richtige Weise und mit einem gewissen Maß an Genauigkeit erledigt haben wollen, betont ein Traum von einem Testament (dem eigenen oder dem eines anderen) den Weg, wie unser inneres Selbst uns auf das aufmerksam machen kann, was für uns richtig ist. Machen wir selbst ein Testament, so erklären wir unsere Absichten und versuchen die Menschen, die uns nahe stehen, in irgendeiner Form zu versorgen (oder auch nicht). Sind wir die Begünstigten eines Testaments, dann sollten wir uns die Tendenzen, Eigenheiten und Überzeugungen, die wir von unserer Familie geerbt haben, einmal genauer ansehen.

Weil für viele Menschen das Schreiben eines Testaments eine allerletzte Handlung ist, kann sie im Traum die Erkenntnis symbolisieren, dass wir in eine neue Lebensphase eintreten und die alte in geordneten Verhältnissen zurücklassen müssen.

Teufel In früheren Zeiten war die Figur des Teufels gefürchtet und verhasst. Er symbolisierte das Böse und all jene Dinge, die zwischen hohen Idealen und dem schwachen Selbst Konflikte auslösen. Die traditionelle Figur mit Hörnern und Schwanz tritt in unseren Träumen oft als wildere, heidnische Seite unserer Persönlichkeit in Erscheinung. Es ist beinahe so, als ob die Art, in der sich Menschen auf ihn konzentrieren, ihm „Leben" schenkt. Sobald uns klar geworden ist, dass er etwas darstellt, dem wir uns stellen müssen, etwas, das zu jedem von uns gehört, verliert der Teufel seine Macht.

Text Wenn im Traum ein Text erscheint, so symbolisiert dies unser Bedürfnis nach Ermutigung und möglicherweise auch Weisheit. Eine Textpassage aus einem Buch oder einem Theaterstück signalisiert dann, dass der Träumer Anweisungen auf eine bestimmte Art ausführen muss, um Erfolg zu haben. Auf einer anderen Ebene ist ein spiritueller Text eine ermutigende Botschaft, die es uns ermöglicht, uns weiterzuentwickeln.

Theater – siehe **Bühne**

Theaterstück Sehen wir uns im Traum ein Theaterstück an, dann müssen wir entscheiden, ob es dramatische Eigenschaften besitzt, ob es eine Komödie oder eine Tragödie ist, und ob es ein gutes oder ein schlechtes Stück ist. Dies spiegelt die Art und Weise, in der wir oft versuchen, unser eigenes Leben objektiv zu betrachten. Auf rein praktischer Ebene ist dieses Symbol mit unserer kreativen Seite verbunden.

Thermometer Ein Thermometer im Traum symbolisiert, auf welche Weise wir Wärme und Gefühle beurteilen – vielleicht sind wir nicht sicher, wie wir auf andere Menschen wirken, und suchen nach irgendeiner Art von Messwert, der uns einen Anhaltspunkt gibt. Die Temperatur, die im Inneren des Körpers gemessen wird, signalisiert unsere Gefühlswärme, während die äußerlich gemessene Temperatur auf unsere intellektuellen Fähigkeiten verweist. So wie ein Thermometer eine Temperatur misst, so wird die Art, wie wir bestimmte Situationen bewältigen, uns Aufschluss über unsere Gesundheit und unsere Fähigkeiten geben.

Thron Wenn wir träumen auf einem Thron zu sitzen, dann bestätigen wir damit unser Recht auf die Übernahme von Autorität. Ist der Thron leer, dann sind wir nicht bereit, die Verantwortung für das, was wir sind, zu übernehmen. Vielleicht sind wir uns eines Mangels an elterlicher Pflege bewusst. Sitzt ein anderer auf dem Thron, so haben wir dieser Person möglicherweise die Autorität übertragen. Ein Thron im Traum kann ebenfalls unsere Eignung zur Gruppen- oder Gesellschaftszugehörigkeit symbolisieren.

Tierkreiszeichen Beinahe jeder ist fasziniert von Horoskopen, ohne dass er notwendigerweise die Bedeutung des Tierkreises kennt. Oft erscheinen Bilder und Symbole des Tierkreises erst in unseren Träumen, wenn wir die Entdeckungsreise zur Erforschung unseres Ichs einmal angetreten haben. Wir träumen dann häufig von unserem eigenen Sternzeichen, so als wollte es uns an die grundlegenden Prinzipien erinnern. Die Art und Weise, wie wir mit diesem Bild umgehen, wird uns Aufschluss darüber geben, welche Einstellung wir tatsächlich zu uns selbst haben.

Der Tierkreis symbolisiert unsere Beziehung zum Universum. Manchmal erscheinen die Tierkreiszeichen im Traum, um auf die Zeit oder das Vergehen der Zeit zu verweisen, und auch, um mögliche Vorgehensweisen anzubieten. Wenn wir z. B. von einem Löwen träumen, der mit einem Fisch spielt, dann sollten wir vielleicht mutig (Löwe) werden im Hinblick auf die Empfindsamkeit (Fische). Jedes Sternzeichen herrscht außerdem über einen bestimmten Bereich des Körpers, und oft macht uns ein Traum in dieser Hinsicht auf eine mögliche Unausgeglichenheit aufmerksam.

Die Einflussbereiche der Tierkreiszeichen sind die folgenden:

Fische Sie regieren die Füße und die Zehen. Die mit diesem Sternzeichen assoziierten Farben sind Meergrün und Malve; seine spezifischen Edelsteine sind die Koralle und der Chrysolit.

Jungfrau Sie regiert den Unterleib und den Darm. Die mit diesem Sternzeichen assoziierten Farben sind Grau und Marineblau; seine spezifischen Edelsteine sind rosa Jaspis und Jade.

Krebs Er regiert den Magen und die oberen Verdauungsorgane. Die mit diesem Sternzeichen assoziierten Farben sind Violett und Smaragdgrün; seine spezifischen Edelsteine sind Mondsteine und Perlen.

Löwe Er regiert das Herz, die Lunge und die Leber. Die mit diesem Sternzeichen assoziierten Farben sind Gold und Orange; seine spezifischen Edelsteine sind der Topas und der Turmalin.

Schütze Er regiert die Hüfte, die Oberschenkel und das Nervensystem. Die mit diesem Sternzeichen assoziierten Farben sind Hellblau und Orange; seine spezifischen Edelsteine sind der Karfunkel und der Amethyst.

Skorpion Er regiert die Genitalien. Die mit diesem Sternzeichen assoziierten Farben sind Dunkelrot und Lila; seine spezifischen Edelsteine sind der Türkis und der Rubin.

Steinbock Er regiert die Knie. Die mit diesem Sternzeichen assoziierten Farben sind Violett und Grün; seine spezifischen Edelsteine sind der Jett (Gagat) und der schwarze Onyx.

Stier Er regiert den Hals. Die mit diesem Sternzeichen assoziierten Farben sind Blau und Rosa; seine spezifischen Edelsteine sind der Moosachat und der Smaragd.

Waage Sie regiert die Lendenregion, die Niere und die Haut. Die mit diesem Sternzeichen assoziierten Farben sind Blau und Violett; seine spezifischen Edelsteine sind der Opal und der Lapislazuli.

Wassermann Er regiert den Kreislauf und die Knöchel. Die mit diesem Sternzeichen assoziierte Farbe ist Stahlblau; seine spezifischen Edelsteine sind der Granat und der Zirkon.

Widder Er regiert den Kopf. Die mit diesem Sternzeichen assoziierte Farbe ist Rot; seine spezifischen Edelsteine sind der Amethyst und der Diamant.

Zwillinge Sie (oft als männlich und weiblich dargestellt) regieren die Schultern, Arme und Hände. Die mit diesem Sternzeichen assoziierte Farbe ist Gelb; seine spezifischen Edelsteine sind der Achat und der Beryll.

Titanen Titanen erscheinen im Traum als riesige, übermächtige, gottähnliche Figuren. In diesem Zusammenhang symbolisieren sie unsere inneren Kräfte, die dafür sorgen, dass bestimmte Dinge geschehen oder sich manifestieren. Titanische Kräfte können sich uns im Traum offenbaren: Es sind jene Teile unserer Persönlichkeit, die ungezähmt und unzähmbar sind. Wenn sie richtig eingesetzt werden, besitzen sie die Fähigkeit eine eigene Welt für uns zu erschaffen.

Tod – siehe auch **Beerdigung** – Der Tod ist ein Übergang vom Bewusstsein der körperlichen Seite zur spirituelleren Seite unserer Natur. Vom Tod zu träumen, insbesondere dem eigenen, kündigt in der Regel eine bedeutende Veränderung in unserem Leben an, vielleicht den Tod einer alten, überholten Seinsart, der es erforderlich macht, sich ins Unbekannte vorzuwagen. Todesträume begegnen uns häufig in Lebensphasen, die früher mittels Zeremonien und Initiationsriten verarbeitet wurden, z. B. beim Übergang von der Pubertät zum Erwachsensein oder von der Reife zum Alter. Viele Frauen träumen während der Wechseljahre vom Tod, vermutlich, weil ihre Mutterrolle keine Gültigkeit mehr besitzt und die Frau ihr Leben neu bewerten muss. Weil man in der Vergangenheit vor dem Tod große Angst hatte, signalisierte er ebenfalls eine Katastrophe in dem Sinne, dass die Dinge nie wieder so sein würden wie vorher. Je nachdem, welchen Glauben man hatte und ob darin ein Leben nach dem Tod vorgesehen war oder nicht, war der Tod eher etwas, das man durchmachen und dem man ins Auge blicken musste, als es zu verstehen. Um ihn zu bewältigen, wurde ein Todestraum daher oft zum Symbol der Geburt. In der heutigen Zeit, wo sich die Haltung der Menschen geändert hat, bedeutet ein Todestraum eine Herausforderung, der man sich stellen muss. Wir müssen unsere Einstellung zum Leben verändern und akzeptieren, dass es einen Neuanfang geben kann, wenn wir nur Mut dazu haben.

Toilette Heutzutage hat die Symbolik des stillen Örtchens eher etwas mit unseren Vorstellungen von einem privaten, ungestörten Bereich zu tun, als mit Sexualität. Wir möchten gelegentlich unseren Gefühlen unter Ausschluss der Öffentlichkeit freien Lauf lassen können. Ist die Toilette nicht in Ordnung, dann sind wir vielleicht emotional blockiert. Handelt es sich um eine fremde Toilette, so wissen wir nicht, wie die Situation ausgehen wird. Reinigen wir eine schmutzige Toilette, dann deutet das an, dass wir unsere engstirnige Haltung ablegen.

Tombola, Verlosung Von einer Tombola zu träumen – besonders wenn wir daran teilnehmen – kann signalisieren, dass wir etwas auf einem leichteren Weg gewinnen möchten als durch harte Arbeit und Anstrengung. Andererseits haben wie vielleicht das Gefühl, dass wir so gut gearbeitet haben, dass wir ein wenig Glück verdienen.

Topf, Pfanne Ein Topf oder eine Pfanne im Traum signalisieren Nahrung und Fürsorge. Sie können ebenfalls eine offene, empfängliche Einstellung verkörpern. So wie ein Kessel als Symbol des Umwandlungsprozesses angesehen werden kann, so kann ein Topf oder eine Pfanne die Fähigkeit symbolisieren, aus verschiedenen „Zutaten“ etwas völlig anderes zu kreieren.

Tor (Eingang) Im Traum durch einen Torbogen oder Eingang zu gehen deutet üblicherweise auf eine Aufnahme oder einen

Initiationsritus hin. Wir treten in eine neue Lebensphase ein, übernehmen vielleicht neue Aufgaben und Verantwortung, eignen uns neue Fähigkeiten an und lernen neue Menschen kennen. Möglicherweise müssen wir zuerst einen Test bestehen, doch der Weg ist uns nicht versperrt: Es ist nur die Mühe gefragt, es zu versuchen.

Tornado Ein Tornado bezeichnet eine starke, zerstörerische Energie, die im Allgemeinen Emotionen oder Gefühle symbolisiert, gegen die wir machtlos sind. Ein Tornado fegt alles Bestehende hinweg, doch genau dadurch entsteht das Potenzial für einen Neuanfang.

Totem, Totempfahl Ein Totempfahl, der im Traum erscheint, verbindet uns mit einem elementaren Bedürfnis nach Schutz. Es heißt, dass der Totempfahl eine ganz eigene Stärke und Kraft besitzt. Wenn wir von ihm träumen, dann sollten wir die Bereiche unseres Lebens, die auf unserem Glaubenssystem beruhen, näher untersuchen und feststellen, ob wir diese Überzeugungen auch tatsächlich leben.

Töten – siehe auch **Mord** – Jemanden zu töten ist eine extreme Lösung eines Problems und verweist auf das gewaltsame Ende einer Zwangslage. Wenn wir träumen eine Person zu töten, so versuchen wir die Macht, die dieser Mensch über uns hat, abzuschütteln. Träumen wir hingegen selbst getötet zu werden, so deutet das an, dass bestimmte Faktoren, mit denen wir uns beschäftigen, uns für das tägliche Leben ganz oder teilweise untauglich machen.

Totenwache, Trauergottesdienst Eine Totenwache oder ein Trauergottesdienst bieten uns eine Gelegenheit, in einer angemessenen Weise zu trauern. Wenn wir im Traum daran teilnehmen, dann gibt es möglicherweise in unserem Leben einen

Grund für eine Zeit der Trauer. Vielleicht suchen wir auch Unterstützung, um eine Enttäuschung leichter zu überwinden. Wir müssen lernen die Dinge, die uns lieb und teuer sind, loszulassen.

Tourist Ein Tourist im Traum ist jemand, der sich nicht auskennt. Sind wir selbst der Tourist, dann sollten wir diesen Aspekt unserer Persönlichkeit näher betrachten. Ist ein anderer der Tourist, so sollten wir uns bewusst machen, welche Hilfe wir anderen Menschen geben können. Wenn wir im Traum den Touristen spielen, dann sind wir uns bewusst, dass wir die nötigen Informationen besitzen, um tun zu können, was wir wollen, diese aber absichtlich nicht nutzen.

Tragen, Getragenwerden Wenn man im Traum etwas trägt, so bedeutet dies, dass man näher untersuchen sollte, was man an Bürden oder Schwierigkeiten auf sich nimmt. Wenn wir träumen, dass wir getragen werden, so kann das darauf hinweisen, dass wir Unterstützung brauchen. Wenn wir hingegen träumen, jemand anderen zu tragen, signalisiert dies, dass wir für einen anderen Verantwortung übernommen haben und diese Verantwortung als Belastung empfinden.

Tränen – siehe auch **Weinen** – Wenn wir im Traum weinen, dann kann es sein, dass es uns im normalen Leben schwer fällt, unsere Gefühle zu zeigen. Weinen wir im Traum und wachen anschließend auf, nur um festzustellen, dass wir tatsächlich weinen, dann ist ein Schmerz oder ein Trauma nahe genug an die Oberfläche getreten, dass wir uns mit ihm auf einer bewussten Ebene auseinander setzen können.

Transparenz Erscheint im Traum etwas duchsichtig, so kann dies bedeuten, dass wir uns verletzbar fühlen – obwohl wir die

Dinge dadurch natürlich auch klarer sehen. Auf einer anderen Ebene kann Transparenz Ehrlichkeit und innere Offenheit signalisieren.

Trauer – siehe auch **Beerdigung** und **Weinen** – Wenn wir etwas verloren haben, dann brauchen wir in psychologischer Hinsicht eine Zeit, in der wir uns den neuen Umständen anpassen können. Der Prozess des Trauerns ist daher von großer Bedeutung. Wir betrauern nicht nur Verstorbene, sondern auch das Ende einer Beziehung oder eines bestimmten Teils unseres Lebens. Da die Trauer im wachen Leben mitunter als unpassend empfunden wird, äußert sie sich häufig im Traum und nutzt diesen als Ventil. Auf diese Weise können wir uns selbst helfen, durch die Trauer um das Vergangene einen Grundstein für einen neuen Anfang zu legen. Oft ist eine Art Ritual notwendig, um das Ende einer alten Phase und den Beginn einer neuen zu kennzeichnen.

Treibsand Treibsand symbolisiert einen Mangel an Sicherheit, der sich möglicherweise auf alle Bereiche unseres Lebens bezieht. Wenn wir im Treibsand feststecken, so sind wir in eine schwierige Lage gebracht worden, die wir nicht unbedingt selbst verschuldet haben.

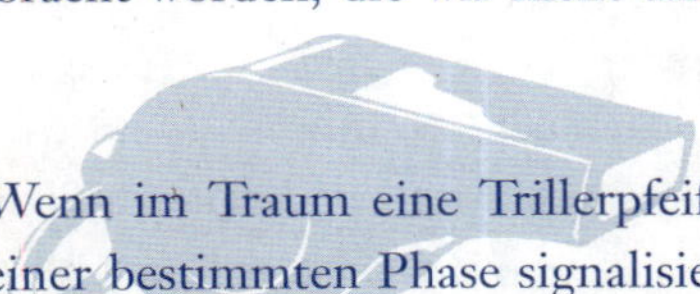

Trillerpfeife Wenn im Traum eine Trillerpfeife erklingt, so kann sie das Ende einer bestimmten Phase signalisieren. Sie kann ebenfalls eine Warnung vor einem Problem für uns bedeuten. Als Hilfsmittel der Kontrolle und des Trainings kann die Art, wie sie geblasen wird, uns bestimmte Informationen geben. Sie kann außerdem ein Phallussymbol sein.

Trinken – siehe auch **Alkohol** und **Rausch** – Im Traum zu trinken kann entweder auf unser Bedürfnis nach Trost und Nahrung verweisen oder darauf, dass wir etwas Bestimmtes in uns aufnehmen oder absorbieren. In spiritueller Hinsicht existiert die Vorstellung, dass das Trinken von Wein die Aufnahme des göttlichen Lebens und der Macht symbolisiert. Wenn wir im Traum betrunken sind, so möchten wir mit einem Teil unserer Persönlichkeit in Verbindung treten, der in der Lage ist, Beschränkungen und Hemmungen fallen zu lassen. In früheren Gesellschaften gehörte es zum geordneten Leben, zu bestimmten Zeiten Trunkenheit zu gestatten, entweder als Ausdruck des Feierns oder auch um Anspannung zu lösen – daher der Begriff der „Bacchanalien". Es besteht ein Bedürfnis, den Bewusstseinszustand zu ändern.

Tritt Aggression zeigt sich in Träumen oft in leicht erkennbarer Form. Ein Tritt befördert einen Gegenstand, z. B. einen Ball, nach vorn und symbolisiert daher unser Bedürfnis nach Motivation – entweder eigene oder gemeinschaftliche. Jemand anderen zu treten signalisiert eine nicht verarbeitete Enttäuschung in Bezug auf diese Person oder auf uns selbst, während getreten zu werden unsere mögliche Opferrolle betont.

Trommel – siehe auch **Musikinstrumente** – Vielleicht suchen wir nach einer grundlegenderen Ausdrucksform als den normalen, alltäglichen Methoden, die wir verwenden. Wir werden uns des natürlichen Rhythmus bewusst, der jeglichem Leben zugrunde liegt, und nutzen den Klang und die Schwingungen für die Suche nach der göttlichen Wahrheit.

Trompete Eine Trompete symbolisiert entweder eine Warnung oder einen „Ruf zu den Waffen" und erscheint häufig im Traum, wenn es in unserer Umgebung Konflikte gibt. Sie kann ebenfalls signalisieren, dass es erforderlich ist, unser Potenzial höchstmöglich zu steigern.

Truhe – siehe auch **Schachtel** – Eine Truhe symbolisiert im Traum die Art und Weise, wie wir unsere Gefühle oder wichtigen Ideale verbergen oder lagern. Die Truhe kann ebenfalls „das Beste in uns" enthalten, das zum Vorschein gebracht werden will.

Tunnel Ein Tunnel im Traum verkörpert das Bedürfnis, unser Unbewusstes und bestimmte andere Aspekte, mit denen wir uns noch nicht befasst haben, zu erforschen. Ein Tunnel kann ebenfalls den Geburtskanal und damit den Geburtsvorgang symbolisieren. Können wir ein Licht am Ende des Tunnels erkennen, so befinden wir uns im letzten Stadium unserer Forschungsreise und haben die Arbeit fast schon beendet. Wird der Tunnel durch irgendetwas blockiert, dann versperrt uns eine bestimmte Angst oder Erfahrung aus der Vergangenheit den weiteren Weg. Auf einer anderen Ebene hilft uns das Bild des Tunnels ins Unbewusste hinabzusteigen, aber auch, aus dieser Tiefe wieder ans Licht zu gelangen.

Tür Ein Traum von einer Tür symbolisiert eine Bewegung zwischen zwei Seinszuständen. Die Tür kann uns Eintritt zu einer neuen Lebensphase verschaffen, wie z. B. der Pubertät oder der Reife. Vielleicht stehen uns Möglichkeiten offen, in Bezug auf die wir Entscheidungen treffen müssen. Wenn die Tür im Traum geschlossen oder schwer zu öffnen ist, so zeigt dies, dass wir uns selbst Hindernisse in den Weg legen, während eine offene Tür signalisiert, dass wir vertrauensvoll unseren Weg weitergehen können.

U

U-Bahn – siehe **Unterirdisch**

Übelkeit – siehe **Erbrechen**

Überqueren Im Traum eine Straße zu überqueren verweist auf das Erkennen einer möglichen Gefahr oder Angst. Vielleicht nehmen wir gerade gegen etwas, das uns zahlen- oder größenmäßig überlegen ist, den Kampf auf. Ein Feld zu überqueren könnte bedeuten, dass wir uns zu Unrecht in Sicherheit wägen – möglicherweise müssen wir doch unsere Gefühle offen legen. Auf einer anderen Ebene symbolisiert das Überqueren eines Flusses oder eine Spalte häufig den Tod, nicht unbedingt in körperlicher Hinsicht, sondern vielleicht in Form einer geistigen Wandlung.

Ufer Ein Flussufer symbolisiert die Grenze zwischen der emotionalen und der praktischen Seite unserer Persönlichkeit.

Uhr Wenn uns im Traum eine Uhr erscheint, so werden wir darauf hingewiesen, dass die Zeit vergeht. Vielleicht sollten wir unserem Zeit- oder Pflichtgefühl mehr Aufmerksamkeit schenken oder erkennen, dass die Dinge, die wir gerade erledigen, dringend sind. Die Zeiger können auf Zahlen gerichtet sein, die für uns eine Bedeutung haben. Das Klingeln eines Weckers im Traum warnt uns vor einer Gefahr.

Umherschweifen Da das Umherschweifen eine recht willkürliche Aktivität ist, kann sie im Traum entweder auf eine gewisse Ziellosigkeit oder auf einen großen Bewegungsspielraum hindeuten, der uns normalerweise nicht zur Verfügung steht. Die Gefühle, die diesen Traum begleiten, werden die Deutung erleichtern. Häufig müssen wir uns anpassen und in eine bestimmte Richtung treiben lassen.

Umzäunung, Abgeschlossenheit Spirituell gesehen symbolisiert jede Abgeschlossenheit den schützenden Aspekt der Großen Mutter.

Im Traum verweist eine Umzäunung häufig auf die Verteidigungsmechanismen, die wir aufbauen, um von Beziehungen, Liebe, Angst oder Schmerz nicht tief getroffen und verletzt zu werden. Beschränkungen und Einschränkungen können dabei die Form von Wänden und Schranken annehmen. Züge unserer Persönlichkeit, die uns zu sehr ängstigen, als dass wir ihnen vollen Ausdruck verleihen könnten, werden oft als umzäunte oder auf andere Weise abgeschlossene Räumlichkeiten wahrgenommen.

Unbeweglichkeit Wenn wir im Traum in einen Zustand der Starre oder Unbeweglichkeit versetzt werden, so bedeutet dies entweder, dass eine bestimmte Situation sich „totgelaufen“ hat, oder, dass wir nirgendwo sonst hingehen können oder keinen Ausweg sehen.

Unfall Ein Traum von einem Unfall suggeriert etwas Unerwartetes im Hinblick auf irgendeinen Umstand in unserem Leben. Gewöhnlich erhalten wir auf diese Weise eine Warnung oder erkennen Ängste, die mit Sicherheit oder Fahrlässigkeit zu tun haben. Vielleicht wollen wir uns dadurch bewusst machen, dass es bestimmten Menschen an Vorbedacht mangelt.

Ungeheuer, Monster Ein Monster im Traum symbolisiert in der Regel unser schlechtes Verhältnis zu uns selbst sowie die Angst vor unseren eigenen Gefühlen und Trieben. Etwas, dem wir erlaubt haben, unverhältnismäßig stark zu wachsen, sucht uns nun heim und bringt das verängstigte Kind in unserem Innern zum Vorschein. Oft können wir durch gezielte Arbeit mit einem solchen Traumbild die Angst besiegen.

Unkraut – siehe auch **Pflanzen** – Unkraut sind im Allgemeinen Pflanzen, die auf Ödland wachsen. Sie können daher unangebrachtes Vertrauen, fehlgeleitete Energie oder sogar falsch platzierte Versuche, einen Erfolg zu erringen, symbolisieren. Wenn wir Unkraut jäten, so haben wir erkannt, wie wichtig es ist, sich von allem Unwesentlichen zu befreien. Einstellungen, die uns den Weg versperren und uns am Weiterkommen hindern, und auch alte Verhaltensmuster können im Traum als Unkraut erscheinen. Andererseits besitzen wild wachsende Pflanzen wirksame Heilkräfte, und unser Körper kann uns im Traum oft Hinweise geben, welche Dinge wir nötig haben.

Unsichtbar Wenn wir selbst in einem Traum unsichtbar sind, so gibt es etwas, das wir hinter uns lassen und vergessen möchten. Wenn etwas anderes unsichtbar ist, dann sollen wir nur seine Gegenwart zur Kenntnis nehmen, ohne uns gleich genauer damit zu befassen.

Unterirdisch Das Unterbewusstsein oder das Unbewusste erscheint im Traum häufig als ein unterirdischer Ort oder eine Höhle. Auf diese Weise bieten uns Träume die Möglichkeit, unsere verborgenen Tiefen zu erforschen. Wenn wir träumen, mit der U-Bahn zu fahren, so symbolisiert dies eine „Reise“, die wir freiwillig (oder gezwungenermaßen) auf uns nehmen, um uns selbst besser zu verstehen.

Unterschrift Wenn unsere Unterschrift im Traum erscheint, so bedeutet dies, dass wir uns selbst und der Tatsache, dass wir uns in der Welt einen Namen gemacht haben, Anerkennung zollen. Ist unsere Unterschrift jedoch verschwommen und unleserlich, so kann dies signalisieren, dass wir uns nicht sicher sind, ob wir die Dinge richtig angehen.

Urlaub Wenn wir träumen, dass wir uns im Urlaub befinden, so signalisiert dies ein Gefühl der Entspannung und der Erfüllung der eigenen Bedürfnisse, ohne dass man sich um andere kümmern oder sie versorgen muss. Ein solcher Traum kann allerdings auch eine Warnung sein, die zeigt, dass man dringend eine Pause vom Alltagsleben nötig hat.

Urne – siehe auch **Vase** – So wie alle Behältnisse das weibliche Prinzip verkörpern, gilt dies ebenfalls für die Urne, wenn auch in einer kunstvolleren Form. Früher symbolisierte eine mit einem Tuch verhangene Urne den Tod, und dieses Bild findet sich heute wieder in der Urne, die in Krematorien verwendet wird. Ein Traum von einer Urne kann uns daher unsere Gefühle im Hinblick auf den Tod bewusst machen.

Urteil, Urteilsvermögen Das Urteilsvermögen ist eine Fähigkeit, die sich mit zunehmender Reife heranbildet. Im Traum ertappen wir uns dabei, dass wir Urteile abgeben, die wir im wachen Leben nie fällen würden. Zum Beispiel sind wir vielleicht sehr stolz darauf, keine Vorurteile zu haben, stellen jedoch fest, dass der Teil von uns, der im Traum das Verhalten anderer beurteilt, vollkommen anders vorgeht.

V

Vampir Der Vampir im Traum symbolisiert das lebensgefährliche Böse oder andere negative Einflüsse. Werden an uns extrem hohe Anforderungen gestellt, dann werden wir im übertragenen Sinne „ausgesaugt". Auch die Angst vor emotionalen und sexuellen Beziehungen kann sich im Traum in Vampiren manifestieren.

Vase Als ein Behältnis für schöne Dinge symbolisiert die Vase im Traum, ebenso wie alle anderen Gefäße, das Weibliche, Intuitive und Aufnahmefähige. Ein solches Objekt kann ebenfalls die Große Mutter sowie Kreativität verkörpern.

Vegetation Vegetation im Traum symbolisiert häufig den Überfluss und ein Wachstumsvermögen auf spiritueller Ebene – obwohl sie ebenfalls Hindernisse verkörpern kann, die wir uns selbst in den Weg gelegt haben, um an ihnen wachsen zu können.

Verband Ein Verband bedeutet eine Bewahrung oder einen schützenden Heilungsprozess. Es mag emotionale Blessuren geben, die Aufmerksamkeit erfordern und behandelt werden müssen. Wird im Traum ein Verband angelegt, so zeigt dies den Beginn eines Heilungsprozesses an, der auch der eigenen Motivation entsprungen sein kann. Sobald der Verband abgenommen wird, ist der Heilungsprozess abgeschlossen und wir können uns wieder frei und ungehindert bewegen.

Verbannung Von etwas ausgeschlossen zu werden gehört vielleicht zu den größten Ängsten des Menschen, denn es ist mit einem grundsätzlichen Gefühl der Ablehnung verbunden. Im Traum von seinem Lieblingsplatz verbannt zu werden deutet an, dass wir in irgendeiner Weise den Anforderungen nicht entsprochen haben oder mit der Obrigkeit nicht konform gehen. Verbannen wir selbst eine Person, so bedeutet dies, dass wir eine Handlung oder ein Gefühl nicht gutheißen.

Verbeugung Da eine Verbeugung vor einer Person dieser Status und Ansehen verleiht, symbolisiert eine Verbeugung unsererseits im Traum, dass wir uns dieser Person gegenüber unterlegen und minderwertig fühlen.

Verehrung, Anbetung – siehe auch **Religiöse Bilder** – Ein Akt der Verehrung bedeutet eine Anerkennung der Macht des Glaubens. Wenn wir träumen, dass wir eine Idee, eine Person, eine Vorstellung oder ein Objekt verehren, so bedeutet dies, dass wir unsere Persönlichkeit ihrem Einfluss zugänglich machen. Sind wir im Grunde nicht religiös, dann versuchen wir möglicherweise nur, uns in einer bestimmten Gruppensituation zurechtzufinden.

Wird etwas verehrt, das kein religiöses Bild ist, dann kann dies signalisieren, dass wir bestimmten Dingen zu viel Aufmerksamkeit schenken (z. B. dass wir zu materialistisch sind).

Verheddert Wenn wir träumen, dass ein Objekt mit einem anderen verheddert ist, so kann dies darauf hinweisen, dass wir im wachen Leben in irgendeiner Hinsicht verwirrt sind. Die Art und Weise, wie wir im Traum die verhedderten Objekte lösen, kann signalisieren, wie wir vorgehen sollten, um die reale Situation in den Griff zu bekommen. Wenn es sich bei dem verhedderten Objekt um Haare handelt, so sollten wir uns darüber klar werden, dass unser öffentliches Image anderen Personen verzerrt erscheint.

Verlassen Ähnlich wie das Gefühl des Abgelehntwerdens ist das Verlassensein in vielerlei Hinsicht eine unserer ersten Erfahrungen. Die Art, wie das Kind die erste Trennung von der Mutter empfindet, kann ein so starkes Trauma bewirken, dass im späteren Leben dieses Gefühl des Verlassenseins und übergroßen Verlustes in seinen Träumen wiederkehrt. Auf der positiven Seite des Traumbilds deutet der uneingeschränkte Spielraum, den der Verlassene genießt, auf ein Bedürfnis nach Freiheit hin.

Verloren Die Suche nach dem verlorenen Objekt oder der verlorenen Schwingung ist der Inbegriff der Suche nach Erleuchtung. Wenn wir im Traum etwas verloren haben, so kann dies bedeuten, dass wir Dinge, die von Bedeutung sein könnten, vergessen haben oder nicht mehr in Verbindung zu ihnen stehen. Einen Verlust erlitten zu haben kann signalisieren, dass ein Teil unseres Ichs oder unseres Lebens nun verstorben ist und wir lernen müssen, ohne ihn auszukommen. Wir können außerdem die Fähigkeit oder die Motivation verloren haben, klare Entscheidungen zu treffen, und müssen nun in einem verwirrten Zustand ausharren. Diese Art von Traum wird als Angsttraum bezeichnet.

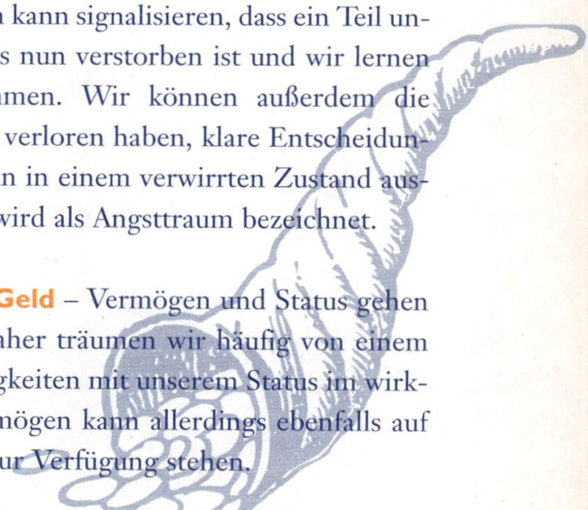

Vermögen – siehe auch **Geld** – Vermögen und Status gehen gewöhnlich Hand in Hand, daher träumen wir häufig von einem Vermögen, wenn wir Schwierigkeiten mit unserem Status im wirklichen Leben haben. Das Vermögen kann allerdings ebenfalls auf die Mittel verweisen, die uns zur Verfügung stehen.

Verräter Wenn wir von einem Verräter träumen, so signalisiert dies, dass wir uns unterschwellig einer Verschlagenheit oder Hinterhältigkeit bewusst sind – entweder in einer anderen Person, oder in einem Teil unserer eigenen Persönlichkeit, der uns enttäuscht hat. Vielleicht fühlen wir auch, dass unsere hohen Ansprüche von anderen nicht gewürdigt werden.

Verschlingen Das Böse zu beseitigen – oder das Gute in sich aufzunehmen – wird durch Verschlingen symbolisiert. Kali, in ihrer Funktion als Hüterin der Grabstätte, verkörpert dies ebenso wie die verschlingenden Götter. Das Verschlingen bedeutet eine Rückkehr zum Ursprung.

Verspätung Wenn wir im Traum zu spät kommen, so signalisiert dies, dass wir die Situation, in der wir uns befinden, nicht vollständig unter Kontrolle haben. Psychologisch gesehen symbolisiert ein solcher Traum ein Streben nach Perfektion und auch das Gefühl, dass wir jemanden haben hängen lassen oder noch enttäuschen werden. Kommt im Traum ein anderer zu spät, erkennen wir vielleicht, dass hier ein Mangel an Kommunikation herrscht.

Versuchung Einer Versuchung zu erliegen bedeutet, dem nachzugeben, was sich als der leichteste, aber nicht unbedingt der beste Weg darstellt – wir müssen auf der Hut sein. Diese Vorstellung suggeriert, dass die Versuchung größer oder mächtiger ist als wir es sind. Oft kann ein Traum uns in dieser Hinsicht den richtigen Weg weisen. Auf einer anderen Ebene symbolisiert die Versuchung ein Hindernis, das wir überwinden müssen. Sie verkörpert einen Konflikt zwischen dem Ego und dem Selbst.

Verwandlung Träume, in denen eine Verwandlung stattfindet, signalisieren ein verändertes Bewusstsein und freiheitliches Denken. Eine dunkle Landschaft kann sich in eine helle verwandeln (Negativität in Positivität), eine Person kann vom Männlichen zum Weiblichen wechseln oder ein Bild sich in ein anderes verwandeln. Hat der Träumer erst begriffen, dass der Wandel eine Verbesserung bedeutet, kann er ebenfalls Veränderungen in seinem Leben vornehmen.

Visionen Ist der Geist erst einmal von bewussten Beschränkungen befreit, dann scheint er auf verschiedenen Ebenen zu arbeiten. Im Traum lassen sich demzufolge drei Ebenen unterscheiden: die des Ichs, die des Inhalts und die der (bildhaften) Information und des Wissens. Sie stellen die Visionen des Traums dar. Manifestationen des Geistes werden im Allgemeinen als Visionen angesehen.

Vorhängeschloss Wenn wir davon träumen ein Vorhängeschloss abzuschließen, so symbolisiert dies den Versuch, etwas Bestimmtes – vielleicht eine Emotion – zu verdrängen und wegzuschließen. Es kann jedoch ebenfalls unser Bedürfnis signalisieren, uns gegen bestimmte Ängste oder besitzergreifende Menschen zu verteidigen. Öffnen wir hingegen ein Vorhängeschloss, so versuchen wir vielleicht, neuen Erfahrungen gegenüber aufgeschlossen zu sein.

Vulkan Ein Vulkanausbruch signalisiert, dass wir eine bestimmte Situation oder auch unsere Gefühle nicht unter Kontrolle haben – und dass dieser Ausbruch Verletzungen verursachen kann. Steht dabei glühende Lava im Vordergrund, dann handelt es sich um sehr tiefe Gefühle; ist sie jedoch erkaltet, so signalisiert dies eine frühere Leidenschaft, die inzwischen abgekühlt ist. Ist die Sprengkraft besonders auffällig, dann wird das Gefühl der Wut betont. Wenn wir von einem erloschenen Vulkan träumen, so bedeutet dies entweder, dass wir unsere Leidenschaften „ausgerottet“ haben oder dass eine schwierige Situation ein Ende gefunden hat.

W

Waage Die Waage symbolisiert unser Bedürfnis nach Gleichgewicht und Selbstkontrolle in unserem Leben. Die Art der Waage im Traum ist entscheidend für ihre Bedeutung. Eine Badezimmerwaage signalisiert, dass eine ganz persönliche Einschätzung gefragt ist, während eine Brückenwaage andeutet, dass wir unser ganzes Leben einmal genauer betrachten sollten. Handelt es sich um eine Arztwaage, so könnte dies auf ein mögliches gesundheitliches Problem hinweisen.

Wachs Wachs weist auf das Erfordernis hin, sich spirituell zu formen, sowie auf den Wunsch, Starrheit und Unbeugsamkeit zu vermeiden. Ein Traum von Wachs gibt Aufschluss über die Geschmeidigkeit, die wir in unserem Leben erreichen. Wir sollten einerseits bereit sein uns zu fügen, andererseits jedoch entschlossen auftreten, wenn dies erforderlich ist. Auf der negativen Seite kann Wachs Falschheit und Unaufrichtigkeit symbolisieren, da es von äußeren Umständen beeinflusst und unwiderruflich verändert wird.

Waffen Waffen dienen dem Schutz und der Verteidigung. Früher gab es aufwendige Rituale, durch die ein Knappe zum Ritter wurde, so dass er die Waffen nicht mehr tragen musste, sondern sie selbst einsetzen durfte. Im Traum können wir uns mit Waffen verteidigen, kämpfen, gefangen gehalten werden oder eine Niederlage eingestehen.

Wagen Von einem Wagen in Gestalt einer Pferdekutsche zu träumen signalisiert altmodische Einstellungen gegenüber modernem Denken. Ein Eisenbahnwagen wiederum verweist auf eine Reise, die einen etwas öffentlicheren Charakter besitzt als eine

Autoreise. Jedes Symbol, das beinhaltet, dass wir in irgendeiner Form von A nach B befördert werden, betont die Fähigkeit, in unserem Leben Veränderungen vorzunehmen, die uns weiterbringen. Eine Kutsche ist ebenfalls ein Symbol der Erhabenheit und der Macht.

Wahnsinn Wahnsinn im Traum ist nicht vergleichbar mit Wahnsinn im wachen Zustand, den man schlicht als unerklärliches Verhalten beschreiben kann. Wahnsinn im Traum kann dagegen einen unkontrollierten und auch unkontrollierbaren Teil unserer Persönlichkeit darstellen, der im Augenblick nicht in unser Wesen integriert ist. Dies kann für uns sehr beängstigend sein; für eine genauere Deutung muss jedoch auf die übrigen Umstände des Traums verwiesen werden.

Waise Jeder von uns fühlt sich zu irgendeinem Zeitpunkt in seinem Leben verlassen, ungeliebt und verletzlich, und dann ist es nicht ungewöhnlich, von einem Waisenkind zu träumen. Wenn wir träumen, dass wir selbst dieses Waisenkind sind, so kann dies signalisieren, dass wir lernen sollten, auf eigenen Füßen zu stehen und verantwortungsvoller zu sein. Kümmern wir uns dagegen im Traum um eine Waise, dann versuchen wir vielleicht, den Teil unserer Persönlichkeit, der sich ungeliebt fühlt, zu heilen.

Wald Vom Wald oder einer Gruppe von Bäumen zu träumen symbolisiert in der Regel ein Eintreten in das Reich des Weiblichen. Der Wald ist häufig ein Ort der Prüfung und der Initiation. Er betrifft immer eine Auseinandersetzung mit unserem emotionalen Selbst und dem Ziel, die Geheimnisse unseres Wesens zu ergründen.

Walzer – siehe **Tanz**

Wandteppich – siehe **Weben**

Wärme Ein Gefühl der Wärme im Traum kann bedingungslose Liebe symbolisieren. Es sorgt dafür, dass wir uns gut fühlen, und fördert die Behaglichkeit und das allgemeine Wohlbefinden. In psychologischer Hinsicht kann ein Bewusstsein von Wärme entstehen, wenn wir uns heiter und hoffnungsvoll fühlen, und auch umgekehrt ist dies der Fall.

Warnung Wenn wir jemanden warnen, so unterstreicht dies unsere Fähigkeit Gefahren und Schwierigkeiten zu erkennen, die entweder andere betreffen oder auch verborgene Aspekte unserer eigenen Persönlichkeit. Im Traum eine Warnung zu erhalten signalisiert unser Bewusstsein, dass jemandem innerlich oder äußerlich Aufmerksamkeit geschenkt werden muss. Möglicherweise bringen wir uns selbst in Gefahr; die Begleitumstände im Traum könnten Aufschluss darüber geben. Wenn wir eine schriftliche (Ver)Warnung erhalten, so kann dies darauf hinweisen, dass unser Verhalten zu wünschen übrig lässt.

Warten Im Traum auf jemanden oder etwas zu warten signalisiert, dass es notwendig ist, die Bedeutung der Geduld zu erkennen. Wir müssen den Lauf der Dinge oder der Zeit abwarten. Vielleicht halten wir nach anderen Menschen oder äußeren Umständen Ausschau, die uns dabei helfen können, Entscheidungen zu treffen und weiterzukommen. Wenn wir ungeduldig sind, dann sind möglicherweise unsere Erwartungen zu hoch.

Wärter, Gefängniswärter Ein Wärter im Traum kann ein starkes Gefühl der Beschränkung signalisieren, das entweder durch einen bestimmten Aspekt unserer Persönlichkeit oder durch einen äußeren Einfluss verursacht wird. Daraus kann sich eine Zeit der Einsamkeit ergeben und auch ein Gefühl des Gefangenseins in einer Situation, die andauert. Die spirituelle Seite unserer Natur ermöglicht es uns vielleicht, dieser Situation zu entkommen, oder sie bringt uns zu der Einsicht, dass wir im Augenblick noch in dieser Situation ausharren müssen.

Warzen Wir sind oft bekümmert über Kleinigkeiten, die ungewöhnlich oder nicht in Ordnung sind. Jeder Makel, der im Traum unsere Aufmerksamkeit auf sich zieht, kann als Hinweis darauf gewertet werden, dass unsere Sicht der eigenen Persönlichkeit oder der Welt einem eher verzerrten Bild entspricht. Um die Erscheinung der Warze und die Möglichkeiten sie wieder loszuwerden hat sich ein ganzes Gebiet des Volksglaubens entwickelt. Ein Traum von Warzen kann uns daher mit der abergläubischen Seite unserer Persönlichkeit in Verbindung bringen.

Waschen Da das Wasser unsere Emotionen und das Unwusste symbolisiert, zeigt ein Waschen, dass es uns gelungen ist, eine Beziehung zu unserem emotionalen Selbst aufzubauen und mit den Ergebnissen positiv umzugehen. Wenn wir träumen, dass wir uns selbst oder z. B. unsere Kleider waschen, so bedeutet dies die Beseitigung negativer Gefühle – unsere innere oder äußere Einstellung muss sich ändern. Jemand anderen zu waschen verweist auf unser Bedürfnis, andere Menschen zu umsorgen.

Wasser – siehe **Teich**

Wassergraben, Burggraben Ein wassergefüllter Burggraben im Traum kann eine emotionale Schranke oder Abwehr symbolisieren. Er verkörpert unsere Verteidigungsmechanismen, die verhindern sollen, dass uns andere Menschen zu nahe kommen und vertraut werden. Im Traum erhalten wir oft Aufschluss über die Art und Weise, wie wir diese Abwehr aufbauen. Wir können ebenfalls entscheiden, welche Schritte erforderlich sind, um sie wieder zu beseitigen. Häufig vermittelt das Wasser im Graben uns Anhaltspunkte über unseren emotionalen Zustand.

Waten Das Waten – insbesondere durch Wasser – symbolisiert in spiritueller Hinsicht einen Reinigungsprozess, der auch mit der Taufe assoziiert wird. Dieses Bild ermöglicht uns häufig Erkenntnisse darüber, welchen Einfluss unsere Emotionen auf uns haben, wie sie uns am Fortschritt hindern können oder wie wir ihren Fluss zu unserem Vorteil nutzen können. Bewegen wir uns durch irgendeine andere Substanz oder Flüssigkeit, so kann ihre Art uns Hinweise darauf geben, wie wir unser Vorankommen in der Regel selbst verhindern.

Wattierung – siehe auch **Packen** – Im Traum kann unser Bedürfnis nach Sicherheit stärker ins Auge fallen als wir es ihm im täglichen Leben gestatten. Vielleicht sollten wir eher Vorkehrungen zu unserem Schutz treffen als uns zu verteidigen. Ein Traum von einer Wattierung kann ebenfalls die Sorge symbolisieren, dick und unansehnlich zu werden.

Weben Das Bild des Webens ist eines der stärksten spirituellen Symbole. In den meisten Kulturen existiert die Vorstellung, dass das Schicksal in einem bestimmten Muster gewoben wird. Es steht uns nicht zu, den Aufbau des Musters selbst festzulegen, und wir müssen akzeptieren, dass Gott oder die Götter wissen, was das Beste für uns ist. Das Bild signalisiert jedoch auch, dass wir Verantwortung für unser Leben übernehmen müssen. Jede Art von Handwerk zeigt, dass wir die Situation selbst in der Hand haben. Das Weben wird als Symbol des Lebens betrachtet und verweist darauf, wie wir unser Leben führen.

Weggabelung – siehe **Kreuzung**

Wehen Wenn eine Frau von Wehen träumt, so hat sie möglicherweise ein Problem mit dem Wunsch nach einer Schwangerschaft oder mit der Mutterschaft selbst. Vielleicht hat sie auch gerade ein Projekt zu Ende gebracht und erntet nun die Früchte ihrer Arbeit oder erreicht ein lang ersehntes Ziel.

Weihnachtsbaum Die meisten Menschen assoziieren mit dem Weihnachtsbaum eine Zeit des Feierns. Daher bedeutet sein Erscheinen im Traum die Markierung eines bestimmten Zeitraums, vielleicht eines Neuanfangs. Der Baum verweist ebenfalls auf eine Zeit des Schenkens und auf die Fähigkeit, den Augenblick zu genießen. Es ist möglich, dass der Weihnachtsbaum die Erleichterung einer Situation signalisiert, die wir als bedrückend empfunden haben.

Wein – siehe auch **Alkohol** – Wein symbolisiert das Potenzial des spirituellen Überflusses und betont unsere Fähigkeit, die Früchte unserer Ernte so zu verwenden, dass sie uns Freude und Glück bereiten. Wir können all unsere Erfahrungen einsetzen, um etwas Schönes und Neues zu schaffen. Ein Weinkeller symbolisiert in diesem Zusammenhang die Gesamtheit unserer Erfahrungen.

Das Weinglas kann zweierlei Bedeutungen haben: Zum einen verkörpert es das Glück und die Fröhlichkeit des Feierns, zum anderen kann es eine Schwangerschaft symbolisieren. Ein zerbrochenes Weinglas kann wiederum Kummer bedeuten oder, im Traum einer Frau, eine Fehlgeburt.

Weinen – siehe auch **Trauer** und **Tränen** – Weinen signalisiert entweder ein unkontrollierbares Gefühl oder auch Trauer. Möglicherweise betrauern wir den Verlust einer spirituellen Eigenschaft.

Tritt irgendeine Flüssigkeit aus einem Objekt heraus, so dass es zu weinen scheint, dann wird damit häufig ein Wunder assoziiert. Ein solcher Traum kann oft in einer Übergangsphase erscheinen, wenn wir vom einen Bewusstseinszustand in den nächsten wechseln.

Weltkugel, Kugel Eine Kugel symbolisiert unser Bedürfnis nach Ganzheit. Betrachten wir im Traum eine Kugel, insbesondere eine Weltkugel, dann zeigt dies, dass wir die Notwendigkeit einer umfassenderen Perspektive anerkennen. Wir besitzen bestimmte innere Kräfte, die uns in die Lage versetzen werden, eine tragfähige Zukunft für die Menschheit zu schaffen, und um diese zu nutzen, müssen wir die ganze Welt in unsere Perspektive mit einbeziehen.

Werbung Für jeden von uns kommt die Zeit, zu der wir Anerkennung brauchen für Dinge, die wir geleistet haben. In unseren Träumen auf Anzeigen oder Plakate aufmerksam zu werden weist auf das Bedürfnis hin, für etwas Bestimmtes öffentliche Anerkennung zu finden. Vielleicht sehen wir auch ein, dass wir uns unter Wert verkauft haben und uns in Zukunft besser verkaufen müssen, um unser selbst gestecktes Ziel zu erreichen.

Wetter Das Wetter als Teil unserer Traum-Umwelt signalisiert in der Regel unsere Stimmungen und Gefühle. Wir sind uns der Veränderung äußerer Bedingungen bewusst und müssen unser Verhalten sorgfältig auf die neuen Umstände abstimmen. Hierin zeigt sich, wie so oft, unsere Zugehörigkeit zu einem größeren Ganzen.

Das Wetter kann auch unseren inneren Reaktionen auf bestimmte Situationen Ausdruck verleihen. Ein Sturm im Traum kann z. B. bedeuten, dass wir Wut oder Aggressionen empfinden. Betrachten wir im Traum einen blauen, wolkenlosen Himmel, dann verheißt er uns schönes Wetter und damit glückliche Zeiten.

Wiege Ein Traum von einer Wiege kann ein neues Leben oder einen Neuanfang, für eine Frau auch eine Schwangerschaft symbolisieren. Im Traum eines Mannes kann die Wiege das Bedürfnis widerspiegeln, in einen geschützten Zustand, wie er im Mutterleib gegeben war, zurückzukehren. Eine leere Wiege kann die Angst einer Frau vor der Kinderlosigkeit oder aber vor der Mutterschaft verkörpern, je nachdem, wie die Begleitumstände im Traum liegen. Auf einer anderen Ebene wird der physische Körper – im Gegensatz zum spirituellen Körper – mitunter durch eine Wiege symbolisiert.

Wiegen Wenn wir im Traum etwas wiegen, so versuchen wir den Wert, den es für uns besitzt, zu ermitteln. Wiegen oder wägen wir etwas ab, dann möchten wir eine Entscheidung in Bezug auf die damit verbundenen Risiken treffen.

Wind Die Kraft des Geistes und die Bewegung des Lebens werden oft als Wind wahrgenommen, und im Traum können wir durch das Symbol des Windes einen mächtigen, leidenschaftlichen Teil unserer Persönlichkeit erkennen. Der Wind verkörpert ebenfalls den Intellekt und die Weisheit, die uns zur Verfügung steht.

Windmühle Als Lagerhaus, das Fruchtbarkeit, Erhaltung und Bewahrung signalisiert, kann eine Windmühle im Traum ein Symbol des Weiblichen oder der Mutter sein. Da der Wind häufig den Intellekt verkörpert, signalisiert die Windmühle den angemessenen Gebrauch unseres intellektuellen Besitzes.

Winter Im Kreislauf der Natur symbolisiert der Winter die Zeit der Brache, die der Wiedergeburt vorangeht. Der Winter kann daher ebenfalls den Tod und das Alter verkörpern. Im Traum kann der Winter eine Zeit signalisieren, die unfruchtbar für uns ist oder war, oder in der wir uns gefühlskalt und einsam fühlten.

Wolken Wolken können im Traum unterschiedliche Bedeutungen haben. Eine davon verweist auf eine positive, „erhebende“ Erfahrung, eine andere kann signalisieren, dass wir uns von jemandem überschattet fühlen, und eine dritte, dass wir an einer versteckten Depression leiden, die nur verarbeitet werden kann, nachdem sie in einem Traum Formen angenommen hat.

Wolle Die Wolle hat seit frühesten Zeiten Schutz und Wärme symbolisiert. Heutzutage verkörpert sie vor allem Sanftheit und mütterliche Fürsorge.

Wrack Ein Wrack in irgendeiner Form symbolisiert ein Versagen, das möglicherweise durch einen Verlust an Kontrolle heraufbeschworen wurde. Der Träumer wird die Situation retten und sich durchkämpfen müssen, um sein Ziel zu erreichen. Wenn wir von einem Autowrack oder einem Schiffswrack träumen, so kann dies bedeuten, dass unsere Pläne durchkreuzt werden, ob nun durch eigenes Verschulden oder das Verschulden anderer.

Wunde Eine Wunde symbolisiert eine unangenehme Erfahrung, die der Träumer zur Kenntnis nehmen sollte, um daraus zu lernen. Die Art der Wunde wird für die Deutung entscheidend sein. Eine große, hässliche Wunde signalisiert stärkere Gewalt, während eine kleine Wunde auf einen gezielteren Angriff verweist.

Jede Wunde und jedes Trauma, das jemandem im Traum zugefügt wird, symbolisiert verletzte Gefühle oder Emotionen. Fügen wir anderen die Wunden zu, so wird uns unser eigenes aggressives Verhalten vor Augen geführt. Empfangen wir dagegen die Wunden, dann begeben wir uns entweder selbst in eine Opferrolle, oder wir werden zum Opfer gemacht.

Wurm Als grundlegende Interpretation kann der Wurm den Penis symbolisieren. Der Wurm wird nicht unbedingt als besonders sauber angesehen, gehört jedoch zu den Bildern, die unterschiedlich gedeutet werden können. Je nach der Einstellung des Träumers zur Sexualität und zu Fragen des Geschlechts kann der Wurm ein Gefühl der Bedrohung auslösen in Bezug auf das Bild, das der Träumer von sich selbst hat, oder aber ein Gefühl der Unfähigkeit und Bedeutungslosigkeit.

Den Würmern überlassen zu werden steht als Metapher für den Tod; es kann also sein, dass spirituelle Veränderungen unmittelbar bevorstehen. Fällt ein von dem Wurm ausgeschiedenes Erdhäufchen besonders ins Auge, so gilt dies als Symbol der Umwandlung, das auf unsere Fähigkeit verweist unser Leben in etwas Fruchtbares zu verwandeln.

Wurzel – siehe **Baum**

X-Y

X Erscheint im Traum ein X, so markieren wir in der Regel damit einen Ort. Es kann ebenfalls einen Fehler kennzeichnen oder etwas, das uns auffallen soll.

Erscheint ein Kreuz in der Form eines X, dann bedeutet dies im Allgemeinen ein Opfer oder auch eine Folter. Dieses Symbol verkörpert außerdem den „Menschen im Kosmos".

Y Auf spiritueller Ebene symbolisiert das Y die Dualität, die zur Einheit wird, oder die Form eines Menschen mit ausgestreckten Armen, der nach der Spiritualität „greift".

Yin-Yang Das Symbol des Yin-Yang verkörpert einen Zustand mit erheblichem dynamischen Potenzial. Im Traum signalisiert es das Gleichgewicht zwischen dem instinktiven, intuitiven Wesen des Weiblichen und dem aktiven, rationalen Wesen des Männlichen. Es ist unsere Aufgabe, diese Ausgewogenheit zu erzielen und zu bewahren.

Z

Zahlen Wenn im Traum unsere Aufmerksamkeit auf Zahlen gelenkt wird, so können sie entweder eine persönliche oder eine symbolische Bedeutung haben, oder auch beides. Häufig wird die Zahl einen persönlichen Bezug aufweisen und z. B. ein besonderes Datum verkörpern oder die Nummer eines Hauses, in dem wir einst wohnten. Es sollte ebenfalls beachtet werden, dass Zahlen Unendlichkeit bedeuten und dass die Mathematik das Verbindungsglied zwischen dem Menschen und der Wissenschaft darstellt.

Zahm, Zähmen Davon zu träumen, dass wir ein wildes Tier zähmen, signalisiert unsere Fähigkeit eine Beziehung zur animalischen Seite unserer Persönlichkeit zu entwickeln und zu kontrollieren. Wenn wir träumen selbst zahm zu sein, so bedeutet dies, dass wir in unserem wachen Leben größere Beherrschung zeigen sollten. Um auf unserem Weg Fortschritte zu erzielen benötigen wir Selbstkontrolle und Disziplin.

Zauberin Als negativer Aspekt des Weiblichen kann die Zauberin im Traum erscheinen, wenn eine Frau ihrer selbstzerstörerischen Seite begegnet. Es ist wichtig, die Zauberin nicht zu fürchten, sondern vielmehr zu verstehen.

Die Zauberin ist ein so starkes Symbol in der weiblichen wie auch der männlichen Psyche, dass sie in vielen verschiedenen Gestalten erscheinen kann. Morgan le Fay aus der Artussage ist der Inbegriff der Zauberin. Sie ist das weibliche Prinzip, das sowohl binden als auch zerstören kann, die böse Hexe oder die schöne Verführerin. Sie besitzt die Kraft, Illusionen zu schaffen, und die Fähigkeit, andere in die Irre zu führen.

Zauberstab Von einem Zauberstab zu träumen kann magische Kräfte symbolisieren, die möglicherweise einen Einfluss auf uns haben. Wir sind uns einer äußeren Kraft bewusst, die nutzbar gemacht werden sollte. Wenn wir träumen, dass wir selbst einen Zauberstab verwenden, so sind wir uns bewusst, welchen Einfluss wir auf andere ausüben.

Zaumzeug Symbolisch gesehen ist oft ein gewisses Maß an geistiger Zurückhaltung oder Kontrolle erforderlich. Im Traum Zaumzeug zu tragen oder in ein Joch gespannt zu sein zeigt, dass der Träumer sich auf eine bestimmte Anstrengung konzentrieren soll. Wenn das Zaumzeug aus einer Blumengirlande besteht, so bedeutet dies eine weiblichere Art, Kontrolle aufzuerlegen. Ist das Zaumzeug härter, etwa aus Metall oder Leder, müssen wir unter Umständen härter zu uns selbst oder einem Menschen sein, den wir lieben.

Zaun Von einem Zaun zu träumen bedeutet, dass wir Grenzen erkennen – klassenbezogene oder auch soziale – möglicherweise auch eine Grenze innerhalb einer Beziehung. Vielleicht fällt es uns schwer, unserer Persönlichkeit Ausdruck zu verleihen; in diesem Fall sollten wir uns etwas mehr anstrengen, um den Zaun zu überwinden.

Zeitung In der wirklichen Welt vermittelt uns eine Zeitung die Dinge, die sich um uns herum ereignen – mit erheblichen Schwankungen im Hinblick auf den Stil und die Genauigkeit der Information. Im Traum symbolisiert die Regenbogenpresse eine niedrige Informationsebene, während eine gute Tageszeitung fundierteren Rat verkörpert. Eine Sonntagszeitung verweist häufig auf Wissen, das in der Ruhe und Erholung gewonnen wird, während ein Lokalblatt signalisiert, dass wir nicht weit zu gehen brauchen, um die Information zu erhalten, die wir benötigen.

Zelt Ein Zelt im Traum signalisiert, dass wir ständig in Bewegung sind und uns nicht in der Lage fühlen, sesshaft zu werden und Wurzeln zu schlagen. Möglicherweise müssen wir auch einfach nur ein wenig Abstand zu unseren alltäglichen Pflichten und unserer Verantwortung gewinnen. Es kann auch seine Vorteile haben, selbstständig und von niemandem abhängig zu sein – wir sind nicht ortsgebunden und können jederzeit dorthin gehen, wo wir gebraucht werden.

Zentaur Der Zentaur ist halb Mensch und halb Tier und wird mit dem Sternzeichen Schütze assoziiert. Das Erscheinen eines Zentaurs im Traum verdeutlicht die Vereinigung der animalischen Natur des Menschen mit seinen menschlichen Qualitäten der Tugend und der Urteilskraft. Das Traumsymbol des Zentaurs verkörpert unsere Fähigkeit, extreme Gegensätze in annehmbarer Weise zu vereinen.

Zentrum Wenn wir uns im Traum im Zentrum von etwas befinden, so betont dies unsere Fähigkeit in einer Situation Macht auszuüben und zu bewirken, dass sich alles um uns dreht. Wenn wir uns von der Mitte wegbewegen, verweist das darauf, dass ein Teil unseres Lebens aus dem Gleichgewicht geraten ist. Sich im Mittelpunkt oder dem Zentrum einer Situation zu befinden bedeutet in psychologischer Hinsicht, dass wir uns sowohl unserer Fähigkeit die Situation zu beherrschen bewusst sein sollen, wie auch der Fähigkeit flexibel zu sein. Sich auf das Zentrum zuzubewegen zeigt unser Bedürfnis nach Einheit und Integrität im alltäglichen Leben.

Zerbrechen Wenn im Traum etwas zerbrochen wird, signalisiert dies einen Verlust oder Schaden. Falls der Träumer derjenige ist, der etwas zerbricht, so muss er Maßnahmen ergreifen, um eine Beziehung oder Verbindung in seinem Leben zu lösen. Wenn das zerbrochene Objekt ein Lieblingsstück war, dann sollte er Dinge verändern und mit der Vergangenheit brechen oder ein Prinzip, das ihm bisher lieb und teuer war, aufgeben.

Zeremonie Wenn wir im Traum an einer Zeremonie teilnehmen, so sind wir uns einer neuen Einstellung oder Fertigkeit bewusst, die wir benötigen, oder einer einschneidenden Veränderung, die sich gerade in unserem Leben vollzieht. Vielleicht brauchen wir auch eine neue Ordnung in unserem Leben oder ein geschärftes Bewusstsein.

Zeuge Im Traum Zeuge (z. B. eines Unfalls) zu sein bedeutet, dass wir bestimmte Umstände in unserem Leben gut im Auge behalten sollten. Es kann sein, dass wir über unsere Handlungen oder Überzeugungen Rechenschaft ablegen müssen. Wenn wir uns auf der Zeugenbank befinden, so signalisiert dies, dass wir einer höheren Instanz gegenüber verantwortlich sind.

Zickzack – siehe auch **Umherschweifen** – Eine Zickzackbewegung kann ein suchendes, forschendes Vorgehen signalisieren oder auch die Überwindung einer Schwierigkeit, die auf geradem Wege nicht zu bewerkstelligen war. Das Symbol kann ebenfalls eine Entladung von Energie, z. B. in Form eines Blitzes, verkörpern.

Ziehen Wenn wir im Traum selbst etwas ziehen, so bedeutet dies eine positive Handlung. Wir werden darauf hingewiesen, dass es in unserer Macht steht, eine bestimmte Situation zu ändern. Werden dagegen wir gezogen, dann fühlen wir vielleicht, dass wir gezwungen werden, einem Druck von außen nachzugeben. Möglicherweise ziehen uns auch unsere eigenen Gefühle – gegen unser besseres Wissen – in eine bestimmte Richtung, und wir fühlen uns machtlos, dieser Kraft zu widerstehen.

Ziel, Zielscheibe Im Traum bedeutet dieses Symbol, dass wir ein Ziel vor Augen haben, das wir anvisieren. Ins Schwarze zu treffen kann hierbei ein Streben nach Perfektion signalisieren. Wenn wir auf eine Person zielen, so kann dies entweder Hass oder sexuelles Begehren verkörpern. Setzen wir im Traum jemand anderem ein Ziel, so sollten wir erkennen, dass jene Person einen Teil unserer eigenen Persönlichkeit darstellt.

Zittern Ein Zittern symbolisiert ein extremes Gefühl. Möglicherweise hat eine Erfahrung aus unserer Vergangenheit dieses Gefühl zu Tage gefördert, und wir müssen nun versuchen, es zu bewältigen. Wenn wir im Traum erschaudern, so signalisiert dies entweder eine Angst vor einem Konflikt oder auch Gefühlskälte. Es kann ebenfalls bedeuten, dass wir kurz vor einem Ausbruch unbewussten Verhaltens stehen.

Zügel – siehe auch **Zaumzeug** – Zügel signalisieren eine intelligente Ausübung von Kontrolle und auch Willenskraft. Auf geistiger Ebene bedeutet gezügeltes Verhalten eine Art der Hemmung – entweder unsere eigene oder die anderer Personen.

Zuschauer – siehe auch **Bühne** – Wir sollten irgendeinen Aspekt in unserem Leben sorgfältig überdenken, insbesondere einen, der sich in der Öffentlichkeit abspielt. Das ganz persönliche Theaterstück unseres Lebens schreiben wir selbst, und die Zuschauer in unserem Traum können die verschiedenen Elemente unserer eigenen, selbst geschaffenen Persönlichkeit verkörpern.

Zwiebel – siehe auch **Nahrungsmittel** – Die Zwiebel wird als Symbol der Ganzheit verstanden, obwohl sie ein komplexes Gebilde ist, das aus vielen Schichten besteht, genau wie unsere Persönlichkeit. Wenn wir also von einer Zwiebel träumen, sollten wir den Blick nach innen wenden, Schicht für Schicht.

Zwillinge Wenn es sich bei den Zwillingen im Traum nicht tatsächlich um Personen handelt, die wir persönlich kennen, dann symbolisieren sie die zwei Seiten einer Idee. Im täglichen Leben begegnen wir ständig Gegensätzen, die sich im Konflikt miteinander befinden – Zwillinge können jedoch zwei Seiten unserer Persönlichkeit verkörpern, die in Übereinstimmung handeln. Dualität muss sich letzten Endes wieder zu einer Einheit zusammenfügen, und Zwillinge symbolisieren die Vorstellung, dass eine Einheit erzielt werden kann, auch wenn im Augenblick noch eine Trennung besteht.

Zwitter – siehe **Hermaphrodit**